北京市高等教育精品教材立项项目

现代桥梁预应力结构

（第 2 版·修订本）

朱尔玉　刘　磊　兰　巍　李学民　编著
董德禄　主审

清华大学出版社
北京交通大学出版社
·北京·

内容简介

本书主要讲述预应力结构的理论、分析计算方法在桥梁工程中的运用。介绍了预应力技术的发展历史、预应力混凝土桥梁结构材料、桥梁预应力施工工艺、预应力混凝土桥梁结构分析与设计原理、预应力桥梁耐久性研究，以及预应力在混凝土桥梁（连续梁桥、刚构桥、刚构—连续组合梁桥、混凝土拱桥、斜拉桥、悬索桥）中具体的运用。

本书既可作为桥梁和结构工程专业本科生和研究生的教材或教学参考书，也可作为桥梁与结构工程领域技术人员和高等院校教师的参考用书。

本书封面贴有清华大学出版社防伪标签，无标签者不得销售。
版权所有，侵权必究。侵权举报电话：010-62782989 13501256678 13801310933

图书在版编目(CIP)数据

现代桥梁预应力结构 / 朱尔玉编著. — 2版. — 北京：清华大学出版社；北京交通大学出版社，2011.11（2019.12修订）
ISBN 978-7-5121-0784-7

Ⅰ. ①现… Ⅱ. ①朱… Ⅲ. ①预应力混凝土桥-结构设计-高等学校-教材 Ⅳ. ①U448.352.5

中国版本图书馆CIP数据核字（2011）第225707号

责任编辑：陈跃琴
出版发行：清华大学出版社　　邮编：100084　电话：010-62776969
　　　　　北京交通大学出版社　邮编：100044　电话：010-51686414
印　刷　者：北京鑫海金澳胶印有限公司
经　　销：全国新华书店
开　　本：185×260　　印张：22　　字数：630千字
版　　次：2019年12月第1次修订　2019年12月第4次印刷
书　　号：ISBN 978-7-5121-0784-7/U·78
定　　价：56.00元

本书如有质量问题，请向北京交通大学出版社质监组反映。对您的意见和批评，我们表示欢迎和感谢。
投诉电话：010-51686043，51686008；传真：010-62225406；E-mail：press@bjtu.edu.cn。

序

  预应力混凝土桥的问世使梁式桥梁的跨度飞速增长。在当前全世界的桥梁中，有70%以上都采用了预应力结构。预应力混凝土技术在桥梁中的地位已经非常重要。中国自改革开放以来，工程与技术都有了巨大的发展，在预应力技术上的应用与创新尤其显著，大跨径桥梁与大型结构的设计与建造都已达到了世界先进水平。

  作者朱尔玉同志及其领导的团队长期以来从事预应力结构设计理论、预应力技术开发及其工程应用的研究和教学工作，在预应力桥梁结构的优化设计与试验验证、预应力结构的耐久性、轨道交通预应力轨道梁制造控制软件系统、预应力轨道梁标准定型化设计等方面做了很多研究并取得了突出的成绩，在预应力技术方面有很高的学术造诣及实践经验。本书是其多年来对预应力混凝土桥梁研究和教学工作的心得和汇总，也是献给有志于从事桥梁建设事业读者的一份礼物。

  这本现代桥梁预应力结构既包括了预应力技术的基本理论、分析计算方法、材料、工艺及设备，还详细论述了预应力技术在桥梁工程中的具体应用。本书在内容的编写上，比以往同类书籍更有所创新与发展。我相信本书不论对学习预应力桥梁的在校学生还是对从事预应力混凝土桥梁的建设者们都非常有用。故愿意进行推荐和作序。

赵国藩
（中国工程院院士）
2012年1月

前　言

现代预应力混凝土桥梁是预应力混凝土发展的象征。现代预应力混凝土桥梁结构是充分利用混凝土和预应力钢筋材料各自优点建造的高效结构。与非预应力混凝土桥梁相比，现代预应力混凝土桥梁具有跨越能力大、受力性能好、结构轻巧美观、经济、节材等优点。

在现代桥梁设计和建造中，预应力混凝土桥梁占了绝大多数。对于桥梁方向的学生来说，预应力混凝土桥梁是一门应用性很强的专业课程。学好这门课程为学生以后从事桥梁工程建设打下坚实的专业基础。

本书是在朱尔玉教授多年的教学讲义和科研成果的基础上编写而成的。在本书出版以前，虽然已经有一些介绍预应力混凝土结构方面的著作，但大多是介绍房屋建筑结构方面的，而对预应力桥梁工程方面专门和系统进行介绍的专著很少。本书编著的目的就是想较系统地介绍现代桥梁预应力结构设计理论、分析计算方法和施工技术在桥梁工程中的运用，并密切结合我国现行的公路和铁路桥梁设计规范进行讲解。全书共分14章，第1章到第8章结合我国现行公路和铁路桥梁设计规范详细地介绍了预应力桥梁结构的基本理论、分析计算方法和施工技术。第9章到第14章结合不同的桥梁类型及工程实例重点介绍其预应力方案选则、结构布置、施工方法、相关计算等内容。每章之后编列了思考题和习题，便于读者巩固所学知识和自我检查。

本书在编写过程中，参考和借鉴了近年来国内外预应力相关的教材、文章和规范等，并已将主要参考文献附在书末，在此对有关作者和出版社深表感谢。本书引用绝无侵权之意，特此申明。

本书由北京交通大学朱尔玉、刘磊、兰巍与中铁四局集团有限公司李学民共同编写，重庆市轨道交通（集团）有限公司董德禄主审。北京交通大学禹国辉、张永宾、韩广晖参加了思考题和习题的编写和校对工作。编者非常感谢敬爱的导师大连理工大学赵国藩院士为本书作序，非常感谢赵国藩院士在百忙之中对本书的关心。在全书的出版过程中，编者得到了北京交通大学土建学院领导、北京交通大学出版社和清华大学出版社的大力支持和帮助，在此一并致以衷心感谢。

由于编者水平和时间有限，书中难免有缺点和错误，恳请读者指正。

编者
2012年1月于北京交大

目 录

第1章 桥梁预应力总论 ... 1
1.1 预应力基本概念 ... 1
1.1.1 预应力结构的定义 ... 1
1.1.2 预应力结构的特点 ... 4
1.1.3 预应力度 ... 5
1.2 预应力桥梁结构基本形式 ... 7
1.2.1 预应力梁桥 ... 7
1.2.2 预应力刚构桥 ... 8
1.2.3 预应力拱桥 ... 9
1.2.4 预应力斜拉桥 ... 10
1.2.5 预应力悬索桥 ... 11
1.3 预应力混凝土的分类 ... 12
1.3.1 按施工工艺分类 ... 13
1.3.2 按预应力度分类 ... 13
1.3.3 按预应力筋的位置分类 ... 13
1.4 预应力桥梁结构发展历史 ... 14
1.4.1 国外预应力混凝土桥梁的发展 ... 14
1.4.2 国内预应力混凝土桥梁的发展 ... 15
1.4.3 预应力混凝土桥梁的优势 ... 15
1.4.4 大跨预应力混凝土桥梁亟待解决的课题 ... 15
1.5 现代预应力桥梁结构最新进展 ... 16
1.5.1 预应力结构型式与体系 ... 16
1.5.2 预应力结构新材料 ... 16
1.5.3 预应力结构设计理论 ... 17
1.5.4 预应力施工工艺 ... 18
习题 ... 18

第2章 预应力桥梁结构材料和产品 ... 20
2.1 预应力筋及非预应力筋 ... 20
2.1.1 预应力筋的性能要求 ... 20
2.1.2 预应力筋的种类 ... 21
2.1.3 预应力筋的力学性能 ... 24
2.1.4 非预应力筋 ... 25
2.2 混凝土 ... 26

2.2.1	混凝土的性能要求	26
2.2.2	混凝土的种类	28
2.2.3	混凝土的力学性能	28

2.3 预应力体系配套产品 33
2.3.1 预应力锚固体系的基本要求 33
2.3.2 预应力锚具的分类 34
2.3.3 常用的锚具 35
2.3.4 桥梁中常用的锚固体系介绍 38
2.3.5 无粘结预应力筋 40
2.3.6 连接器 40
2.3.7 波纹管 41
2.3.8 预应力机具 43

习题 44

第3章 桥梁预应力施工工艺 46

3.1 预应力施工工艺种类 46
3.1.1 先张法预应力施工工艺 46
3.1.2 有粘结后张法预应力施工工艺 47
3.1.3 无粘结预应力施工工艺 48
3.1.4 体外预应力施工工艺 49

3.2 预应力施工 49
3.2.1 预应力设备选用及校正 49
3.2.2 工艺流程 49
3.2.3 施工工艺 50
3.2.4 预应力筋张拉 50
3.2.5 预应力筋张拉要求 52

3.3 灌浆工艺 53
3.3.1 灌浆材料 54
3.3.2 压浆设备 54
3.3.3 普通预应力混凝土孔道灌浆工艺 55
3.3.4 真空辅助灌浆工艺 56

习题 61

第4章 桥梁预应力损失计算、结构性能与构造 62

4.1 预应力张拉控制应力 62

4.2 预应力损失计算 63
4.2.1 总损失估算法（综合估算法） 63
4.2.2 分项计算法 64
4.2.3 精确估算法 73

4.3 有效预应力的计算及减小预应力损失的措施 73
4.3.1 有效预应力的计算 73

4.3.2 减小预应力损失的措施 ·· 74
　　4.3.3 预应力损失算例 ··· 75
习题 ··· 79

第5章　预应力混凝土构件承载能力极限状态计算 ························· 81
5.1　一般规定 ·· 81
　　5.1.1 基本假定 ··· 81
　　5.1.2 受压区混凝土的等效矩形应力图形 ····························· 81
　　5.1.3 相对界限受压区高度 ξ_b 的计算 ··································· 82
　　5.1.4 纵向钢筋应力 ··· 82
　　5.1.5 由预应力产生的混凝土法向应力与预应力钢筋的应力计算 ····· 83
　　5.1.6 预应力筋与非预应力筋的合力及合力点的偏心距 ············ 83
5.2　受弯构件正截面承载力计算 ··· 84
　　5.2.1 预应力混凝土受弯构件的各阶段受力 ··························· 84
　　5.2.2 预应力混凝土受弯截面破坏形态 ································· 87
　　5.2.3 预应力混凝土受弯构件的正截面强度计算 ····················· 88
5.3　受拉截面计算 ··· 90
　　5.3.1 轴心受拉构件的正截面受拉承载力 ······························ 90
　　5.3.2 矩形截面偏心受拉构件的正截面受拉承载力 ·················· 90
　　5.3.3 斜截面抗剪承载力计算 ··· 91
5.4　受剪截面承载力计算 ··· 92
　　5.4.1 预应力混凝土斜截面破坏形态 ····································· 92
　　5.4.2 预应力混凝土斜截面承载力分析 ································· 92
　　5.4.3 预应力混凝土斜截面抗剪承载力计算 ··························· 95
　　5.4.4 预应力混凝土斜截面抗弯承载力计算 ··························· 99
5.5　受扭截面计算 ··· 100
　　5.5.1 预应力对受扭截面的有利作用 ···································· 100
　　5.5.2 矩形截面受扭构件承载力的计算 ································· 100
5.6　局部承压承载力计算 ··· 102
　　5.6.1 局部受压承载力的计算理论 ······································· 102
　　5.6.2 局部受压承载力的计算 ··· 103
　　5.6.3 局部受压构件的构造要求 ··· 105
5.7　受冲切承载力计算 ·· 108
　　5.7.1 预应力混凝土抗冲切破坏形态 ···································· 108
　　5.7.2 计算公式 ·· 108
5.8　疲劳验算 ··· 109
　　5.8.1 概述 ··· 109
　　5.8.2 预应力混凝土构件疲劳验算 ······································· 111

习题 ··· 113

第6章 预应力混凝土构件正常使用极限状态验算 ····················· 115
6.1 裂缝验算 ·· 115
6.1.1 预应力混凝土构件中裂缝的出现、分布及特征 ··································· 115
6.1.2 裂缝宽度限值 ··· 117
6.1.3 裂缝宽度验算 ··· 120
6.1.4 预应力混凝土结构裂缝控制的名义拉应力法 ······································ 129
6.2 受弯构件挠度验算 ·· 130
6.2.1 计算规定 ··· 130
6.2.2 挠度限值 ··· 130
6.2.3 受弯构件挠度的计算 ··· 131
6.2.4 收缩、徐变对挠度的影响 ·· 132
习题 ··· 133

第7章 预应力桥梁耐久性研究 ··· 134
7.1 概述 ·· 134
7.1.1 国外研究概况 ··· 134
7.1.2 国内研究概况 ··· 136
7.2 影响耐久性的主要因素 ··· 140
7.2.1 内在因素 ··· 140
7.2.2 环境因素 ··· 145
7.2.3 受荷状态 ··· 145
7.3 提高混凝土桥梁结构耐久性的技术措施 ··· 146
7.3.1 结构混凝土耐久性的基本要求 ··· 146
7.3.2 加大钢筋的混凝土保护层厚度 ··· 148
7.3.3 加强构造配筋，防止和控制混凝土裂缝 ·· 149
7.3.4 提高后张法预应力钢筋管道压浆质量的措施 ······································ 150
7.3.5 提高预应力钢绞线锚固端的封锚措施 ·· 150
7.3.6 加强桥面排水和桥面铺装层的防水设计 ·· 151
7.4 混凝土结构耐久性设计的内容 ·· 152
7.4.1 结构使用环境类别和设计使用年限的确定 ··· 152
7.4.2 混凝土结构耐久性设计的内容 ··· 153
习题 ··· 154

第8章 预应力混凝土超静定结构设计 ·· 155
8.1 概述 ·· 155
8.1.1 超静定预应力混凝土结构的优缺点 ··· 155
8.1.2 超静定预应力混凝土结构的常用分析方法 ··· 156
8.2 弹性分析 ·· 156
8.3 压力线、线性变换与吻合束 ·· 158
8.3.1 压力线 ··· 158

8.3.2	线性变换	160
8.3.3	吻合束	162

8.4 等效荷载法 ... 163
    8.4.1 直线预应力筋的等效荷载 ... 163
    8.4.2 折线预应力筋的等效荷载 ... 163
    8.4.3 曲线预应力筋的等效荷载 ... 164
    8.4.4 广义等效荷载 ... 166

8.5 荷载平衡法 ... 168
    8.5.1 荷载平衡法的基本原理 ... 168
    8.5.2 荷载平衡法的应用 ... 170
    8.5.3 荷载平衡法的设计步骤 ... 172
    8.5.4 荷载平衡法应用中的探讨 ... 172
    8.5.5 应用举例 ... 174

8.6 约束次内力法 ... 176
    8.6.1 基本原理 ... 176
    8.6.2 计算方法 ... 178
    8.6.3 约束次内力法的优点 ... 179

8.7 超静定结构的内力重分布 ... 179
    8.7.1 内力重分布 ... 179
    8.7.2 弯矩调幅 ... 180
    8.7.3 弯矩重分布中次弯矩的影响 ... 181

习题 ... 183

第9章 预应力混凝土连续梁桥 ... 185

9.1 概述 ... 185
    9.1.1 预应力混凝土连续梁桥的一般特点 ... 185
    9.1.2 预应力混凝土连续梁桥的受力特点 ... 186
    9.1.3 适用范围 ... 188

9.2 连续梁的横截面设计 ... 188
    9.2.1 截面型式 ... 188
    9.2.2 横截面设计原则 ... 188
    9.2.3 板式截面 ... 189
    9.2.4 梁肋式截面 ... 190
    9.2.5 箱形截面 ... 192
    9.2.6 横隔板（梁）... 194

9.3 连续梁的构造特点与配筋原则 ... 195
    9.3.1 构造特点 ... 195
    9.3.2 预应力混凝土梁桥的配束原则 ... 198
    9.3.3 预应力混凝土梁桥的配筋构造 ... 199

9.4 主梁结构内力计算 ... 201

  9.4.1 恒载内力计算 ········· 201
  9.4.2 活载内力计算 ········· 205
  9.4.3 内力组合 ········· 206
  9.4.4 内力包络图 ········· 207
 9.5 配束计算与束界 ········· 208
  9.5.1 主梁截面双向受弯的配束计算 ········· 208
  9.5.2 束界 ········· 209
 9.6 桥面板计算 ········· 210
  9.6.1 桥面板的分类 ········· 210
  9.6.2 车轮荷载在板上的分布 ········· 212
  9.6.3 桥面板的有效工作宽度 ········· 213
  9.6.4 桥面板内力的计算 ········· 217
 9.7 挠度计算与预拱度设置 ········· 221
 9.8 预应力混凝土连续梁桥的工程实例 ········· 224
  9.8.1 上部结构 ········· 225
  9.8.2 预应力体系 ········· 225
 习题 ········· 227

第10章 预应力混凝土刚构桥 ········· 229
 10.1 概述 ········· 229
 10.2 刚构桥的主要类型及构造特点 ········· 229
  10.2.1 结构类型 ········· 229
  10.2.2 构造特点 ········· 231
 10.3 刚构桥的内力计算 ········· 237
  10.3.1 刚构桥设计 ········· 237
  10.3.2 刚构桥附加内力计算 ········· 238
 10.4 预应力钢筋布置 ········· 241
 10.5 预应力混凝土刚构桥的工程实例 ········· 243
 习题 ········· 245

第11章 大跨径刚构—连续组合梁桥 ········· 246
 11.1 概述 ········· 246
 11.2 大跨径刚构—连续组合梁桥的受力性能 ········· 247
 11.3 大跨径刚构—连续组合梁桥箱梁剪力滞效应分析 ········· 249
  11.3.1 剪力滞概念 ········· 249
  11.3.2 剪力滞效应的计算方法 ········· 250
 11.4 合拢前静荷载、风荷载及施工荷载作用下的结构安全度分析 ········· 252
 11.5 大跨径刚构—连续组合梁桥工程实例 ········· 252
 习题 ········· 254

第12章 预应力混凝土拱桥 ········· 255
 12.1 预应力拱桥的特点、类型和组成 ········· 256

  12.1.1　特点 …………………………………………………………………………… 256
  12.1.2　类型 …………………………………………………………………………… 256
  12.1.3　组成 …………………………………………………………………………… 257
 12.2　预应力混凝土拱桥的构造 ……………………………………………………………… 257
  12.2.1　总体布置 ………………………………………………………………………… 257
  12.2.2　杆件的截面 ……………………………………………………………………… 259
  12.2.3　下部结构 ………………………………………………………………………… 264
 12.3　预应力混凝土拱桥的计算 ……………………………………………………………… 266
  12.3.1　计算简图、计算方法及主要计算假定 ………………………………………… 266
  12.3.2　营运阶段受力计算 ……………………………………………………………… 267
  12.3.3　施工过程受力计算 ……………………………………………………………… 267
  12.3.4　预应力混凝土构件应力和强度计算 …………………………………………… 268
  12.3.5　钢筋混凝土构件计算 …………………………………………………………… 269
  12.3.6　稳定分析 ………………………………………………………………………… 269
 12.4　预应力混凝土拱桥的工程实例 ………………………………………………………… 269
  12.4.1　概况 ……………………………………………………………………………… 269
  12.4.2　设计 ……………………………………………………………………………… 270
 习题 ………………………………………………………………………………………………… 272

第13章　预应力混凝土斜拉桥 …………………………………………………………………… 274
 13.1　概述 ……………………………………………………………………………………… 274
 13.2　结构型式的选择 ………………………………………………………………………… 276
  13.2.1　双塔三跨式 ……………………………………………………………………… 276
  13.2.2　独塔双跨式 ……………………………………………………………………… 277
  13.2.3　单跨式 …………………………………………………………………………… 277
  13.2.4　多塔多跨式 ……………………………………………………………………… 278
  13.2.5　辅助墩和边引跨 ………………………………………………………………… 279
 13.3　斜缆索的构造、锚固和防护 …………………………………………………………… 279
  13.3.1　拉索的构造 ……………………………………………………………………… 280
  13.3.2　拉索的锚固 ……………………………………………………………………… 282
  13.3.3　斜索的防护 ……………………………………………………………………… 284
  13.3.4　斜拉索的张拉 …………………………………………………………………… 286
 13.4　缆索受力分析 …………………………………………………………………………… 287
  13.4.1　刚性支撑连续梁法 ……………………………………………………………… 288
  13.4.2　零位移法 ………………………………………………………………………… 288
  13.4.3　倒拆和正装法 …………………………………………………………………… 289
  13.4.4　无应力状态控制法 ……………………………………………………………… 289
  13.4.5　内力平衡法 ……………………………………………………………………… 290
  13.4.6　影响矩阵法 ……………………………………………………………………… 291

13.5 斜拉桥的分析方法 ······ 293
13.5.1 概述 ······ 293
13.5.2 斜拉桥的平面分析 ······ 294
13.5.3 斜拉桥的空间分析 ······ 298
13.5.4 斜拉桥的非线性分析理论 ······ 299
13.5.5 斜拉桥的动力分析特征 ······ 301
13.6 预应力在斜拉桥中的运用总结 ······ 303
13.6.1 预应力在斜拉桥的主梁中的运用 ······ 303
13.6.2 预应力在斜拉桥塔中的运用 ······ 304
13.7 预应力混凝土斜拉桥的工程实例 ······ 306
13.7.1 工程概况 ······ 306
13.7.2 结构设计 ······ 307
13.7.3 结构计算 ······ 308
习题 ······ 309

第14章 预应力混凝土悬索桥 ······ 311
14.1 概述 ······ 311
14.1.1 悬索桥的发展概况 ······ 311
14.1.2 混凝土悬索桥的构造 ······ 312
14.2 悬索桥设计和分析理论 ······ 313
14.2.1 悬索桥在竖向荷载作用下的分析理论 ······ 313
14.2.2 悬索桥在横向荷载作用下的分析理论 ······ 317
14.3 悬索桥施工至成桥状态的分析 ······ 317
14.3.1 施工控制原则 ······ 318
14.3.2 施工控制及计算方法 ······ 318
14.4 索塔结构分析 ······ 320
14.4.1 桥塔结构 ······ 320
14.4.2 缆索结构 ······ 323
14.4.3 吊索的结构 ······ 326
14.4.4 吊索的设计 ······ 326
14.5 预应力混凝土悬索桥的工程实例 ······ 327
14.5.1 概述 ······ 327
14.5.2 桥塔 ······ 327
14.5.3 锚碇 ······ 328
14.5.4 缆索 ······ 329
14.5.5 加劲梁 ······ 330
14.5.6 钢桥面上的桥面铺装 ······ 331
习题 ······ 331

参考文献 ······ 333

第 1 章
桥梁预应力总论

1.1 预应力基本概念

1.1.1 预应力结构的定义

1. 预应力混凝土的定义

由于预应力技术及其应用的不断发展,国际上对预应力混凝土迄今还没有一个统一的定义。著名的预应力混凝土专家林同炎教授认为预应力混凝土的定义为:"预应力混凝土系其中已建立有内应力的混凝土,内应力的大小和分布能抵消给定外部加荷所引起的应力至所预期的程度。"另一个概括性较强,由美国混凝土协会(ACI)给出的广义定义是:"预应力混凝土是根据需要人为引入某一分布与数值的内应力,用以全部或部分抵消外荷载应力的一种加筋混凝土。"我国预应力学者、专家杜拱辰教授从反向荷载出发给出定义,即:"预应力混凝土是根据需要人为地引入某一数值的反向荷载、用以部分或全部抵消使用荷载的一种加筋混凝土。"这样理解比较直观,通俗易懂。例如对承受 45 kN/m 使用荷载的一根混凝土梁,用抛物线后张束预先施加 35 kN/m 方向向上的反向荷载,则这根梁在使用荷载下就只承受 10 kN/m 方向向下的使用荷载了,而梁端的轴向压力,还有利于提高截面的抗裂能力。预加应力可以抵消使用荷载,其优越性是显而易见的。因此,明确提出采用反向荷载的概念对普及和推广预应力混凝土大有益处。

按上述定义,所谓预应力混凝土结构,即结构在承受外荷载以前,预先采用某种人为的方法,在结构内部造成一种应力状态,使结构在使用阶段产生拉应力的区域先受到压应力,这项压应力与使用阶段荷载产生的拉应力会抵消一部分或全部,从而推迟裂缝的出现并且限制裂缝的开展,以提高结构的刚度。例如有一钢筋混凝土轴心受拉构件,承受轴心拉力 P,截面内产生的拉应力假定为 2 N/mm² (见图 1-1 (b))。现在采用某种方法,在荷载作用以前,人为地预加一个轴心压力,使构件截面预先获得 2 N/mm² 的压应力(见图 1-1 (a))。这时,当作用轴心拉力 P 时,截面内产生的应力全部抵消为零(见图 1-1 (c))。

再例如有一钢筋混凝土简支梁,在使用荷载 q 的作用下,中和轴上面受压,下面受拉,其截面应力分布如图 1-2 (b) 所示。现在采用某种方法,在使用荷载作用以前,在梁的下边缘人为地预加一个压力 P,使梁下部产生压应力,上部产生拉应力,或者全部产生压应力,

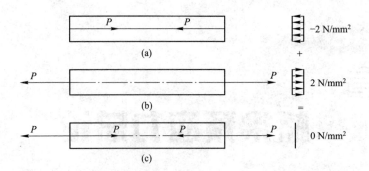

图1-1 轴心受拉构件在预加应力前后截面应力变化示意图

其截面应力分布大致如图1-2(a)所示。当使用荷载作用在构件上时，截面应力状态为上述两种应力状态之和（见图1-2(c)），使用荷载产生的应力被抵消一部分，拉区应力大大减小。这样就改善了构件的应力状态，延缓了裂缝的出现，限制了裂缝的开展，从而提高了构件的刚度，减小了构件的变形。

除了预应力混凝土结构外，我们也可用其他材料来制作预应力结构，例如：

预应力技术+钢结构=预应力钢结构
预应力技术+组合结构=预应力组合结构
预应力技术+砖石结构=预应力砖石结构
预应力技术+木结构=预应力木结构

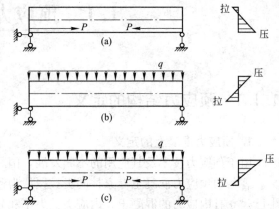

图1-2 简支梁在预加应力前后截面应力变化示意图

这就大大扩大了预应力技术在结构工程领域中的应用范围。

用预先加力的方法防止构件开裂的道理，不仅在钢筋混凝土结构中运用，而且在我们日常生活中亦是经常运用的。例如木桶和木盆，为了防止水从缝隙中流出，在存水以前，要用几道箍把桶箍紧，在木片之间预加一个压应力，把木片挤压紧。当存水时，木片之间产生张力（即拉力），这个张力被预加的压力抵消，这样就不至于在木片之间产生缝隙而漏水。再例如搬书时，总是用手挤压着书，给书一个正压力，从而增加书与书之间的摩擦力，在搬运过程中，使中间的书不掉下来（见图1-3）。类似这种情况很多，如图1-4和图1-5所示。

2. 对预应力混凝土的三种理解

对于采用高强钢材作配筋的预应力混凝土，可以用三种不同的概念或三种不同的角度来理解和分析其性状。设计者同时理解这三种概念及其相应的计算方法是十分重要的，只有这样才能更灵活有效地去选择和设计预应力混凝土结构。

(1) 第一种理解——预加应力使混凝土由脆性材料成为弹性材料

这一概念把预应力混凝土基本看作混凝土经过预压后从原先抗拉弱抗压强的脆性材料变为一种既能抗拉又能抗压的弹性材料。由此混凝土被看作承受两个力系，即内部预应力和外部荷载。外部荷载引起的拉应力被预应力所产生的预压应力所抵消。在正常使用状态下混凝

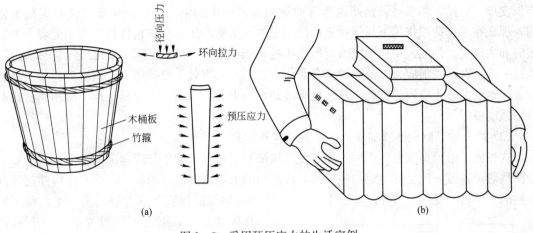

图 1-3 采用预压应力的生活实例

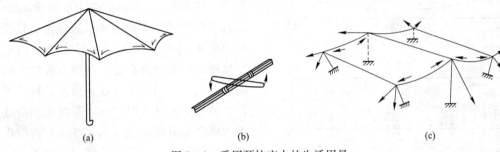

图 1-4 采用预拉应力的生活用具

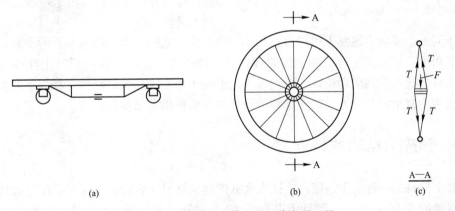

图 1-5 采用预应力技术的现代交通工具

土没有裂缝出现,甚至没有拉应力出现。这是全预应力混凝土结构的情形,在这两个力系作用下所产生的混凝土的应力、应变及挠度均可按弹性材料的计算公式考虑,并在需要时进行叠加。

(2) 第二种理解——预加应力充分发挥了高强钢材的作用,使其与混凝土能共同工作

这种概念是将预应力混凝土看做是高强钢材与混凝土两种材料的一种结合体,它也与钢筋混凝土一样,用钢筋承受拉力、混凝土承受压力以形成一抵抗外力弯矩的力偶。在预应力混凝土结构中采用的是高强钢筋,如果要使高强钢筋的强度被充分利用,必须使其有很大的

伸长变形。但是，如果高强钢筋也像普通钢筋混凝土中的钢筋那样简单地浇注在混凝土体内，那么在工作荷载作用下高强钢筋周围的混凝土势必严重开裂，构件将出现不能容许的宽裂缝和大挠度。因此，用在预应力混凝土中的高强钢筋必须在与混凝土结合之前预先张拉，从这一观点看，预加应力只是一种充分利用高强钢材的有效手段。所以，预应力混凝土又可看成是钢筋混凝土应用的扩展。这一概念清楚地告诉我们：预应力混凝土也不能超越材料本身的强度极限。

(3) 第三种理解——预加应力平衡了结构外荷载

这种概念把预加应力的作用主要看做是试图平衡构件上的部分或全部的工作荷载。如果外荷载对梁各截面产生的力矩均被预加力所产生的力矩所抵消，那么一个受弯的构件就可以转换成一个轴心受压的构件。如图 1-6 所示的按抛物线形设置预应力筋的简支梁，在预加力 N 作用下，梁体可以看成承受向上的均布荷载及轴向力 N。如果作用在梁上的也是荷载集度为 q、方向向下的均布荷载，那么，两种效应抵消后梁在工作荷载作用下仅受轴向力 N 的作用，梁体既不发生挠曲也不产生反拱。如果外荷载超过预加力所产生的反向荷载效应，则可用荷载差值来计算梁截面增加的应力，这种把预加力看成实现荷载平衡的概念是由林同炎（T. Y. Lin）教授提出的。这种方法大大简化了预应力混凝土结构的设计与分析，尤其适用于超静定预应力混凝土梁。

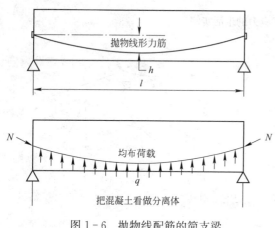

图 1-6 抛物线配筋的简支梁

对于同一个预应力混凝土可以有三种不同的概念，它们之间并没有相互的矛盾，仅仅是从不同的角度来解释预应力混凝土的原理。第一种概念正是全预应力混凝土弹性分析的依据；第二种概念则是强度理论，它指出预应力混凝土也不能超越其材料自身强度的界限；第三种概念则为复杂的预应力混凝土结构的设计与分析提供了简捷的方法。

1.1.2 预应力结构的特点

混凝土材料是一种抗压强度高抗拉强度低的建筑材料，它的抗拉强度不仅很低（一般只有抗压强度的 1/15~1/10），而且还很不可靠；它的抗拉变形能力也很小，这种破坏属于无明显预兆的脆性破坏。钢筋混凝土虽然利用钢筋来帮助混凝土承受拉应力，但如果不允许混凝土开裂，则钢筋的拉应力只能达到 20~30 MPa 左右；如果允许混凝土开裂但需将裂缝宽度限制在 0.2~0.25 mm 以内，则钢筋的拉应力也只能达到约 150~250 MPa。由于钢筋混凝土存在两个难以解决的问题：一是在带裂缝工作状态下，裂缝的存在不仅造成了受拉区混凝土材料不能充分利用，而且结构刚度下降，自重比例上升；二是从保证结构耐久性的要求出发，必须限制混凝土裂缝开展的宽度；这就是高强度钢筋无法在钢筋混凝土结构中充分发挥作用的原因。当跨度增加时，钢筋混凝土结构只有靠增加其构件截面尺寸或增加钢筋用量的方法来控制裂缝和变形。这种做法既不经济又增加结构的自重，因而使钢筋混凝土结构的使用范围受到很大的限制。相比较而言，预应力混凝土结构的主要优点就是能够充分利用材料性能、抗裂性好、刚度大、节省材料、自重轻和结构寿命长等；特别是能够节约材料和造价。一般来说，预应力混凝土结构比普通钢筋混凝土结构能节省20%～40%的混凝土和30%～60%的钢材；而与钢结构相比，则可节省一半的造价。同时，采用预应力混凝土还可以提高工程质量。

通过对高强钢材预先施加较高的拉应力，可以使高强钢材在结构破坏前能够达到其屈服强度或名义屈服强度，充分利用高强钢材性能，可解决大跨度及重载结构跨高比限值造成的使用净空等问题。

预压应力使结构内力分布均匀，使结构在使用荷载下不开裂或减小裂缝宽度，改善结构的使用性能，提高结构的耐久性，增强结构的抗裂性和抗渗性，从而扩大了混凝土结构的使用范围。

预应力可以使构件产生一定的反拱，因此与同样尺寸的非预应力构件相比，施加预应力将使构件总挠度显著减小，从而减小结构变形，达到了优化结构构件使用功能的目的。归纳起来预应力结构有以下主要的特点：

① 改善结构使用性能；
② 减小构件截面高度，减轻自重；
③ 充分利用高强钢材；
④ 具有良好的裂缝闭合性能与变形恢复性能；
⑤ 提高抗剪承载力；
⑥ 提高抗疲劳强度；
⑦ 具有良好的经济性，预应力混凝土结构比普通钢筋混凝土结构节省20%～40%的混凝土和30%～60%的钢材，比钢结构节省一半以上的造价；
⑧ 预应力结构所用材料单价较高，相应的设计、施工等比较复杂，其研究工作也有待进一步深入与完善。

根据预应力结构这些特点，以下结构物宜优先采用预应力混凝土：
① 要求裂缝控制等级较高的结构；
② 大跨度或受力很大的构件；
③ 对构件的刚度和变形控制要求较高的结构构件，如工业厂房中的吊车梁、码头和桥梁中的大跨度梁式构件等。

1.1.3 预应力度

预应力度（PPR）是指衡量预应力混凝土结构施加预应力的大小程度，它能够影响结构在承载时的受力性能和结构变形程度。预应力度也是衡量结构预应力水平的参数，是进行预应力结构研究与设计的最重要指标。基于不同的出发点，预应力度的表述形式也有不同。

1. 基于抗弯承载力的预应力度定义

在极限状态下，由预应力筋提供的抵抗弯矩$(M_u)_p$与由预应力筋和非预应力筋共同提供的抵抗弯矩$(M_u)_{p+s}$的比值，称为预应力度（PPR），这是美国的A. E. Naaman教授首先提出的，即公式：

$$PPR = \frac{(M_u)_p}{(M_u)_{p+s}} \quad (1-1)$$

根据混凝土构件抗弯强度设计方法,当材料充分发挥其强度时,则上式可表示为

$$PPR = \frac{A_p f_{py}\left(h_p - \frac{x}{2}\right)}{A_p f_{py}\left(h_p - \frac{x}{2}\right) + A_s f_y\left(h_s - \frac{x}{2}\right)} \quad (1-2)$$

式中 A_p、A_s——预应力和非预应力筋的截面面积;

f_{py}、f_y——预应力和非预应力筋的抗拉强度设计值;

h_p、h_s——预应力和非预应力筋形心至混凝土受压区最外纤维的距离;

x——混凝土受压区高度。

2. 基于钢筋拉力的预应力度定义

如果 $h_p = h_s$,则上式简化为

$$PPR = \frac{A_p f_{py}}{A_p f_{py} + A_s f_y} \quad (1-3)$$

由于高强预应力钢材没有明显的屈服台阶,瑞士的瑟尔利曼(Thurliman)建议(1-3)式修改为

$$PPR = \frac{A_p f_{0.2}}{A_p f_{0.2} + A_s f_y} \quad (1-4)$$

3. 基于消压弯矩或消压轴力的预应力度定义

印度学者拉曼斯瓦迈(C. S. Ramaswamy)提出了预应力度(PPR)的新概念

$$PPR = \frac{M_0}{M}\left(\text{或}\frac{N_0}{N}\right) \quad (1-5)$$

式中 PPR——预应力度;

M_0——消压弯矩,即使构件控制截面预压受拉边缘应力抵消到零时的弯矩;

M——使用荷载(不包括预加力)短期组合作用下控制截面的弯矩。

截面消压弯矩的定义如图 1-7 所示。

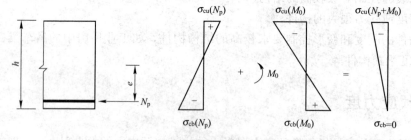

图 1-7 截面消压弯矩的定义

此公式的优点在于,将预应力度和截面预压受拉区是否出现拉应力或开裂联系起来:当 M_0/M 大于或等于 1 时,截面不出现拉应力;当 M_0/M 小于 1 时,则截面出现拉应力,甚至可能开裂。

中国土木工程学会《部分预应力混凝土结构设计建议》(1986 年,以下简称《PPC 建议》)将式(1-5)定义为受弯构件的预应力度,用 λ 表示,并将轴向受拉构件的预应力度

定义为：

$$\lambda = \frac{N_0}{N} \tag{1-6}$$

式中　N_0——消压轴向力，即把构件控制截面受拉边缘预应力抵消到零时的轴向力；

N——使用荷载（不包括预加力）短期组合作用下控制截面的轴向拉力。

预应力度的范围可以从全预应力混凝土变化到钢筋混凝土。《PPC 建议》认为：当预应力度 $\lambda \geqslant 1.0$ 时为全预应力混凝土；当预应力度 $\lambda = 0$ 时为普通钢筋混凝土；预应力度在 $0 < \lambda < 1$ 时为部分预应力混凝土。

用应力比表达预应力度，是一种不仅适用于受弯构件同时可推广到偏心受力构件和轴心受力构件的方法，即：

$$\lambda = \frac{\sigma_{pc}}{\sigma_t} \tag{1-7}$$

式中　σ_{pc}——有效预压应力；

σ_t——使用荷载产生在混凝土中的拉应力。

预应力度的选择，需要考虑不同的预应力度对结构裂缝宽度、反拱度等的影响。在桥梁结构中，承载能力要考虑的全部荷载实际上几乎不会出现。经常出现的活载往往只有全部荷载的 0.4 倍左右，所以就使用性来说，对这部分活载只要避免在混凝土中产生弯曲拉应力即可，而对全部活载来说，则是提出容许裂缝宽度的条件，通过适当配置附加的非预应力钢筋就可以满足要求。

对于铁路预应力混凝土梁，由于承受较大的疲劳荷载作用，为保证梁的抗疲劳性能，预应力度不宜小于 0.7。

1.2　预应力桥梁结构基本形式

20 世纪 50 年代，我国在修建大量小跨径钢筋混凝土梁桥的同时，就开始对预应力混凝土桥梁进行了研究与试验。1956 年在公路上建成了第一座跨径 20 m 的预应力混凝土简支梁桥。随后，预应力混凝土简支梁在公路上获得广泛应用，并提出了装配式预应力混凝土简支梁桥的系列标准设计，最大跨径达 40 m。20 世纪 60 年代中期，我国首次采用了先进的悬臂施工方法，建成了第一座 T 形刚构桥，为我国修建大跨度预应力桥梁提供了成功的经验，开拓了发展的前景。20 世纪 70 年代后，在桥梁的建设上，各种体系的预应力混凝土桥获得了迅猛的发展。其中各国应用最多的预应力混凝土连续梁桥在我国开始兴建。并掌握了各种先进的施工方法与技术，如顶推法、移动模架法、逐跨架设法等。进入 20 世纪 80 年代，用悬臂施工的大跨径连续梁桥也获得了迅速的发展。与此同时，我国也开始了预应力混凝土斜拉桥、悬索桥的设计和建造。在现代桥梁中，70% 以上的桥梁结构都采用了预应力技术。

1.2.1　预应力梁桥

由于混凝土的抗拉强度低，抗拉极限变形很小，钢筋混凝土梁在荷载作用下，受拉区混凝土必然开裂。这种裂缝使受拉区混凝土不能充分发挥作用，降低了梁的刚度。若裂缝宽度超过一定限度，将引起钢筋锈蚀，影响梁的使用寿命。因此，在设计中要把裂缝宽度控制在一定的范围之内。但在普通钢筋混凝土梁中，若限制了裂缝宽度，受拉主筋的应变值也将受到限制，因而无法采用高强钢筋。上述原因限制了钢筋混凝土梁桥的跨越能力。

为了克服上述钢筋混凝土梁的缺点，在外荷载作用下的混凝土受拉区配置预应力钢筋，使受拉区混凝土受到预压应力，即为预应力混凝土梁。与钢筋混凝土梁比较，预应力混凝土梁具有以下优点：

① 由于在混凝土受拉区施加了预压应力，提高了梁的抗裂性能，增加了梁的耐久性，提高了梁的刚度。

② 由于采用了高强度材料，构件截面减小，减小了梁的自重弯矩在总弯矩中的比重，增加了跨越能力。

③ 采用高强度钢筋，节约了钢材用量，而且跨度越大，节约钢材越多。

预应力梁桥包括简支梁桥与连续梁桥两种。预应力简支梁桥具有受力明确、构造简单、施工方便等优点，是中小跨径桥梁中应用最广泛的桥型。预应力连续梁桥为超静定结构，其结构刚度大、变形小、伸缩缝少和行车平稳舒适等优点，因而得到了迅速的发展。预应力梁桥实例如图1-8所示。

图1-8 预应力连续梁桥和预应力简支梁桥实例

1.2.2 预应力刚构桥

预应力刚构桥是连续梁桥与T形刚构桥的组合体系，也称墩梁固结的连续梁桥。大跨径连续刚构桥结构的受力特点主要为：梁体连续，墩、梁、基础三者固结为一个整体共同受力。由于墩梁固结共同参与工作，连续刚构桥由活荷载引起的跨中正弯矩比连续梁要小，因而可以降低跨中截面的梁高，并使恒载内力进一步降低。因此，预应力刚构桥的跨越能力比连续梁桥大些。图1-9为预应力刚构桥。

(a) 预应力刚构桥的施工

(b) 日本岩大桥

图1-9 预应力刚构桥

1.2.3 预应力拱桥

拱式桥的主要承重结构是拱圈或拱肋。拱结构在竖向荷载作用下，桥墩和桥台将承受水平推力。同时，根据作用力和反作用力原理，墩台向拱圈（或拱肋）提供一对水平反力，这种水平反力将大大抵消在拱圈（或拱肋）内由荷载所引起的弯矩。因此，与同跨径的梁相比，拱的弯矩、剪力和变形都小得多。因此拱桥的承重结构以受压为主，通常用抗压能力强的建筑材料来建造。

拱桥不仅跨越能力大,而且外形也十分美观,在地基条件许可时,修建拱桥往往是经济合理的,当桥梁跨径在 500 m 以内时可作为比选方案。当地基条件较差时,可考虑建造系杆拱桥。

按照行车道处于主拱圈的不同位置,拱桥分为上承式拱、中承式拱和下承式拱三种类型。如图 1-10 所示,为万县长江公路大桥(上承式拱桥),主跨 420 m,为同期世界第一大混凝土拱桥,1997 年 6 月建成。其他两座预应力拱桥如图 1-11 所示。图 1-11(a)为海口深湾大桥,是一座下承式系杆钢管拱桥;图 1-11(b)为江界河大桥,它位于贵州省瓮安县境内,采用了贵州省首创的预应力混凝土桁式组合拱桥。

图 1-10 万县长江公路大桥

(a) 海口深湾大桥　　　　　　　　　(b) 江界河大桥

图 1-11 其他两座预应力拱桥

1.2.4 预应力斜拉桥

斜拉桥的上部结构由梁、索、塔三类构件组成,它是一种桥面体系以加劲梁受压(密索)或受弯(稀索)为主、支撑体系以斜索受拉及桥塔受压为主的桥梁。

斜拉桥的基本受力特点是:受拉的斜索将主梁多点吊起,并将主梁的恒载和车辆等其他荷载传至塔柱,再通过塔柱基础传至地基。斜拉桥具有受力合理、跨越能力大、节省材料和造型美观等优点,近年来发展也相当的迅速。1962 年,预应力混凝土首次应用于斜拉桥,即委内瑞拉的马拉开波桥,全长 8.7 km,5 个通航孔跨度为 235 m,结构为预应力混凝土斜拉悬臂加挂梁;主桥墩支撑一连续的预应力混凝土梁,梁两端悬臂伸出墩外,其伸出端部以斜拉索系于 A 形塔架顶部,组成一组独立的悬臂结构;两组悬臂端之间搁以挂梁,连成整桥。图 1-12 和图 1-13 为国内外预应力斜拉桥的两个工程实例。

图 1-12　夷陵长江大桥（中国宜昌）

图 1-13　伊拉斯穆斯大桥（荷兰鹿特丹）

1.2.5　预应力悬索桥

悬索桥（也称吊桥）如图 1-14 和图 1-15 所示。在荷载作用下，悬索桥的缆索承受很大的拉力，缆索锚于悬索桥两端的锚碇结构中，为了承受巨大的缆索拉力，锚碇结构需要做得很大（重力式锚碇），或者依靠天然完整的岩体来承受水平拉力（隧道式锚碇），缆索传至锚碇的拉力可以分解为垂直和水平两个分力，因而悬索桥也是具有水平反力（拉力）的结构。与斜拉桥相比，悬索桥具有更大的跨越能力。由此可见悬索桥的承载系统包括缆索、塔柱和锚碇三部分，而悬索桥的主梁常称为"加劲"梁，不作为承重结构，这使得结构自重较轻，能够跨越任何其他桥型无与伦比的特大跨度。悬索桥的另一个特点是受力简单明了，在将缆索架设完成后，便形成了一个强大稳定的结构支撑系统，施工过程的风险相对较少。悬索桥的另一种形式是自锚式悬索桥，即取消锚碇，而将缆索直接锚固在加劲梁上，此时缆索水平分力由加劲梁承受，竖向分力则由梁端配重来平衡。图 1-14 为福州鼓山大桥，主桥采用主跨 235 m 的独塔自锚式悬索桥的桥型。图 1-15 为美国金门大桥，主跨 1 280 m，钢缆两端伸延到岸上锚碇于岩石中。

图 1-14　福州鼓山大桥

图 1-15　美国金门大桥

1.3　预应力混凝土的分类

预应力混凝土，根据其施工工艺、预应力度、预应力筋的位置等，可作如下分类。

1.3.1 按施工工艺分类

根据混凝土浇注和对预加应力材料施加应力的先后次序，将施加预应力方法归结为两种基本情况：在混凝土浇注前对预加应力材料施加应力的方法，简称为先张（预压或预弯）法；而在混凝土浇注、养护后对预加应力材料施加应力的方法，则简称为后张（后压）法。

1.3.2 按预应力度分类

1. 国外的分类

1970年国际预应力协会（FIP）、欧洲混凝土委员会（CEB）根据预应力程度的不同，建议将加筋混凝土分为四个等级：

① 全预应力混凝土，即在全部荷载最不利组合作用下，混凝土不出现拉应力；

② 限值预应力混凝土，即在全部荷载最不利组合作用下，混凝土允许出现拉应力，但不超过其容许值；在长期持续荷载作用下，混凝土不出现拉应力；

③ 部分预应力混凝土，即在全部荷载最不利组合作用下，混凝土允许出现裂缝，但裂缝的宽度不超过规定值；

④ 普通钢筋混凝土。

2. 国内的分类

中国土木工程学会《部分预应力混凝土结构设计建议》（1986年），根据预应力度（λ）的不同，将加筋混凝土分为：

① 全预应力混凝土，$\lambda \geqslant 1.0$；

② 部分预应力混凝土，$0 < \lambda < 1$；

③ 钢筋混凝土，$\lambda = 0$。

1.3.3 按预应力筋的位置分类

1. 体内预应力混凝土

预应力筋布置在混凝土构件截面内的称为体内预应力混凝土。先张预应力混凝土及预设孔道穿筋的后张预应力混凝土等均属此类。按预应力筋与周围混凝土之间是否有粘结，体内预应力混凝土又分为有粘结预应力混凝土和无粘结预应力混凝土。有粘结预应力混凝土，是指沿预应力筋全长范围内预应力筋完全与周围混凝土或水泥砂浆粘结、握裹在一起的预应力混凝土。先张预应力混凝土和预设孔道穿筋压浆的后张预应力混凝土均属此类。无粘结预应力混凝土，是指预应力筋伸缩变形自由、不与周围混凝土或水泥砂浆粘结的预应力混凝土。这种预应力混凝土采用的预应力筋全长范围内涂有特制的防锈油脂，并外套防老化的塑料保护管。

2. 体外预应力混凝土

体外预应力混凝土为预应力筋布置在混凝土构件截面外的预应力混凝土（见图1-16）。混凝土斜拉桥与悬索桥属此类结构的特例。

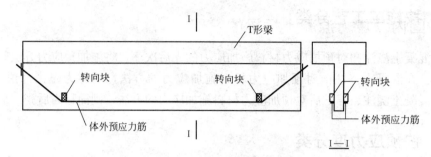

图 1-16　体外预应力混凝土结构示意图

1.4　预应力桥梁结构发展历史

1.4.1　国外预应力混凝土桥梁的发展

1866 年，美国工程师杰克逊（P. H. Jackson）首次将预应力技术应用于混凝土结构。为解决混凝土收缩徐变产生的预应力损失的问题，1908 年美国的斯坦纳（C. R. STEINER）建议，在混凝土收缩徐变发生以后再张拉预应力筋，以减少预应力损失。1925 年美国的狄尔（R. E. Dill）则首次采用带有涂层的预应力筋来避免混凝土与预应力筋之间的粘结，待混凝土结硬后张拉预应力筋。1928 年法国工程师弗莱西奈指出，预应力混凝土必须采用高强钢材和高强混凝土。1938 年德国的霍友（E. Hoyer）研制成功依靠高强钢丝与混凝土之间的粘结力而不靠专用锚具传力的先张法预应力工艺。1939 年弗莱西奈研制成功锚固钢丝束的弗氏锥型锚具及双作用千斤顶。1940 年比利时的麦尼尔（C. Magnel）研制了一次可张拉两根钢丝的麦式锲型锚具。

第二次世界大战后，预应力结构在世界范围内得到了蓬勃发展和广泛应用。1950 年成立的国际预应力协会（FIP）更是促进了世界各国预应力技术的发展。

1953 年联邦德国建成的胡尔姆斯（worms）桥跨径已达到 114.2 m，采用悬臂浇注法，从而发展了预应力混凝土结构的一种新体系——T 形刚构。1964 年联邦德国又建成了主跨为 208 m 本道尔夫桥，成功地表明悬臂法施工方法的优越性，且在结构体系上又有了新的创新。薄型的主墩与上部连续梁固结，形成带铰的连续—刚构体系。1962 年在委内瑞拉建成的马拉开波（malacaibo）桥，桥全长 8 272 m，其中主桥为斜拉桥，跨径为 160＋5×235＋160(m)，它标志着预应力混凝土对新型结构体系的强有力的适应性。20 世纪 70 年代以来，预应力混凝土结构相继应用，成为大跨径预应力混凝土桥梁的主要桥梁之一。如跨度为 320 m 的法国布鲁东（brotonne）桥，为斜拉桥；1983 年建成的最大跨径为 440 m 的西班牙卢纳也里奥斯（barrios de luna）桥，亦为斜拉桥。

1.4.2 国内预应力混凝土桥梁的发展

我国的预应力混凝土桥梁在20世纪50年代才刚开始研究,仅应用于小跨简支梁桥上,最大跨径仅为32 m,当时主要采用了满堂支架施工,费时费工,限制了它的发展。20世纪60年代,预应力混凝土桥梁应用悬臂施工法后,加快了发展速度。结构的悬臂体系和悬臂施工方法相结合产生了T形刚构,几乎是大跨预应力混凝土梁桥中的优选方案。如跨度为124 m的广西柳州大桥,为T形刚构。20世纪70年代,跨度为174 m的四川重庆长江大桥,亦为T形刚构。同时,预应力混凝土梁桥在20世纪70年代首次应用于城市桥梁工程中,发展极为迅速,已成为我国预应力混凝土大跨径桥梁的主要桥型之一,并已掌握各种先进的施工方法,如采用悬臂浇注的洛河大桥、兰州黄河大桥、沙阳汉江桥等;采用顶推法的拉林河大桥、包头黄河大桥、柳州柳江大桥;采用大型块件浮吊拼装的大桥,沙口大桥及采用移动模架法的哈尔滨外环西段松花江大桥引桥。20世纪80年代,建成最大跨径为260 m的天津永和桥,为斜拉桥。现在,预应力混凝土桥梁不但在跨径上已跻身于过去为钢桥所霸占的大跨径范畴,而且在建桥数量上已遥遥领先。我国近十年来,在公路桥梁的中等与大跨径桥梁方面,其建桥总数已上升到75%左右。

预应力混凝土桥梁的高速发展是取决于材料与预应力技术的先进水平、设计理论的日益完善和计算机技术的发展,桥梁方案的竞争能力更加取决于现代化施工技术水平的提高和桥梁造价的降低。在施工技术方面,1953年悬臂浇注法成功问世以来,1960年提出逐孔架设法,1962年又发展了顶推法,同时,在悬臂浇注法不断完善的基础上又发展了悬臂预制拼装法。至20世纪70年代,这些方法在具体桥梁工程的应用上各自又有了不断的革新,例如:A. 悬臂浇注法;B. 应用系梁的悬臂拼装法;C. 渐近架设法;D. 逐孔架设法;E. 逐孔拼装法;F. 下系梁逐孔浇注法;G. 上系梁逐孔浇注法(F、G又称移动模架法);H. 顶推法。

1.4.3 预应力混凝土桥梁的优势

预应力混凝土桥梁有强大的竞争能力,主要的因素有以下内容。

① 预应力混凝土桥梁充分发挥了高强材料的特性,具有可靠的强度、刚度及抗裂性能。结构在车辆运行中噪声小,维修工作量少。

② 预应力混凝土桥梁的施工方法已达到很先进的水平,现代化技术的应用已使它的施工周期大大缩短,显示出巨大经济效益。

③ 预应力混凝土桥梁适用于各种结构体系,而且还在不断创新出体现预应力技术特点的新型结构体系,因而它的适用范围大,竞争强。

④ 预应力混凝土桥梁可充分利用混凝土材料可塑的特点,在建筑上有丰富多彩的表现潜力。

1.4.4 大跨预应力混凝土桥梁亟待解决的课题

① 发展大吨位的锚固张拉体系,避免配筋过多而增大箱梁构造尺寸。否则混凝土保护

层难以保证，密集的预应力管道与普通钢筋层层叠置，使施工质量难以提高。

② 在一切适宜的桥址，建造墩梁固结的连续—刚构体系，尽可能不采用不易养护调整的大吨位支座。

③ 充分发挥三向预应力的优点，对采用悬臂梁顶板的单箱断面，既可节约材料减轻结构自重，又可充分利用悬臂梁方法的特点加快施工进度。

④ 箱梁设计与施工中，其排水问题和降温问题值得进一步研究解决。

1.5 现代预应力桥梁结构最新进展

现代预应力桥梁结构不仅具有跨越能力大、受力性能好、使用性能优越、耐久性高、轻巧美观等优点，而且较为经济。

1.5.1 预应力结构型式与体系

1. 预应力结构型式

粘结预应力结构、无粘结预应力结构及体外预应力结构近年来都逐步走向成熟。

2. 预应力结构体系

近 20 年来，各种体系的预应力桥梁都获得了迅猛的发展。采用顶推法、移动模架法、逐跨架设法和悬臂施工法等多种先进的施工方法与技术修建了大量的预应力连续桥梁。

1.5.2 预应力结构新材料

预应力混凝土所用的基本材料以钢材和混凝土材料为主，这些材料不仅有高强度的要求，而且各种材料之间的强度也要相匹配，以保证结构适用、受力有效，充分发挥材料组合的优势。

1. 混凝土

预应力混凝土结构所采用的混凝土应具有高强、轻质和高耐久性的性质。近年来高强混凝土、高性能混凝土和轻骨料混凝土越来越多地应用于预应力混凝土结构中。

高强混凝土是指采用常规的水泥、沙石为原材料，采用常规的生产工艺，主要依靠添加高效减水剂或同时掺加一定数量的活性矿物材料，使新拌混凝土拥有良好的工作性能，并在硬化后具有高强、高密实性的水泥混凝土。

高强混凝土适合于承受压力，适用于腐蚀环境下或者易遭破损的结构，尤其是基础设施工程。

高性能混凝土（简称 HPC）是在大幅度提高常规混凝土性能的基础上采用现代混凝土技术，选用优质原材料，除水泥、水和粗细骨料外，还需要掺加足够数量的活性细掺和料和高性能外加剂的一种新型高技术混凝土。HPC 需具有高耐久性、高强度和优良的工作性，具体体现在：

① 较高的早期强度、高验收强度（18～24 h 抗压强度为 17.5～28 MPa，28 d 或 56 d 抗压

强度 42~70 MPa，56 d 以上抗压强度 70~126 MPa）和较高的弹性模量（4.55×10^4 MPa）；

② 高耐久性，可保护钢筋不被锈蚀；

③ 良好的工作性能，既可配制坍落度为 152~203 mm 的混凝土，又可配制坍落度大于 203 mm 的流态混凝土，而不发生离析。

轻骨料混凝土主要是通过在混合料中应用轻质骨料而获得的混凝土。骨料密度在 1 120 kg/m³ 以下的骨料通常作为轻骨料，用于配制各种轻混凝土。天然的轻骨料是将火成岩中的火山岩如浮石、火山渣或凝灰岩等经过加工后即得。人造的轻骨料可用多种材料通过热处理来制取，如粘土、页岩、板岩、硅藻土、珍珠岩、蛭石高炉矿渣和粉煤灰等。这种骨料一般通过在旋转炉内高温加工，形成多孔性蜂窝轻骨料结构，自重减轻为 14~19 kN/m³。再通过良好的配合比设计，制成的轻骨料混凝土就能得到与碎石混凝土相似的强度。

2. 预应力筋

预应力结构必须采用高强度且有一定塑性性能的钢材。为解决日益突出的结构耐久性问题，近年来非金属预应力筋（即纤维增强塑料筋或 FRP 筋）得到了很大发展，非金属预应力筋主要是指用连续纤维增强塑料（Continuous Fiber Reinforced Plastics，简称 FRP）制成的预应力筋，主要有以下几种：

玻璃纤维增强塑料（GFRP）：由玻璃纤维与环氧树脂或聚酯树脂复合而成。

芳纶纤维增强塑料（AFRP）：由芳纶纤维与环氧树脂或乙烯树脂复合而成。

碳纤维增强塑料（CFRP）：由碳纤维与环氧树脂复合而成。

纤维增强塑料筋的表面形态有光滑的、螺纹或网状的几种，截面形状包括棒状、绞线形及编织物形等。

FRP 预应力筋具有抗拉强度高、抗腐蚀性能良好、表观密度小、温度影响小、抗磁性能好、耐疲劳性能优良等优点。且其应力—应变关系直至材料断裂仍几乎是线性，弹性模量约为钢筋的一半，这将减少由于混凝土收缩、徐变引起的预应力损失。但 FRP 预应力筋也有受力不均匀、极限延伸率差、抗剪强度低、耐火性能差、成本高和难以用常用的锚具锚固等不足之处。

1.5.3 预应力结构设计理论

1. 设计方法

在现代预应力工业民用建筑和公路桥梁结构的设计中，已采用的是概率极限状态设计法，铁路桥梁仍然采用容许应力设计法。

2. 部分预应力混凝土结构与无粘结预应力混凝土结构

目前，国内外对部分预应力混凝土结构和无粘结预应力混凝土结构的受力性能和设计计算进行了较深入的研究。在裂缝控制方面，提出了应正确考虑与荷载状态的关系，并采用频遇组合，考虑与环境条件的关系，重视非预应力普通钢筋对裂缝控制的作用及相应的计算方法。对无粘结预应力混凝土结构的受弯承载力和刚度的计算也取得了显著的进展，对其适用范围有了新的认识，即特别适宜于建造无粘结预应力混凝土平板和扁梁结构。

3. 预应力超静定结构次内力与内力重分布

对超静定预应力结构的次弯矩、非线性性能、弯矩重分布与调幅，以及极限承载力等方面都有较深入的试验研究和理论分析，并提出了相应的设计计算建议。

4. 预应力结构抗震设计

通过震害调查和试验研究认为，预应力混凝土结构只要正确设计，合理控制预应力度和综合配筋指数，并处理好节点构造，最后再有严格的施工质量保证即可具有良好的延性和耗能能力，在地震区应用是完全可行的。

5. 结构耐久性设计

预应力结构耐久性问题是国内外工程界日益关注的课题，混凝土结构耐久性设计，已成为正常使用极限状态设计的重要方面。

此外，对现代预应力混凝土结构体系及其计算有了新的探索，对曲梁中的空间预应力束的计算、预应力在基础工程中的应用、预应力高强混凝土结构、预应力锚杆、预应力钢—混凝土组合结构及预应力损失、预应力作用下的混凝土局部承压等方面的研究，都取得了新的研究进展。

1.5.4 预应力施工工艺

预应力结构施工技术的新发展，主要反映在以下几方面：① 超长跨度有粘结与无粘结预应力技术的应用与发展；② 体外预应力施工新技术；③ 节段施工技术的发展；④ 与非金属预应力筋配套的预应力锚夹具的开发；⑤ 扁形波纹管与非金属波纹管的开发与应用。

为适应我国经济的发展，缓解交通问题给人们生产生活带来的不便，预应力混凝土结构的应用范围将更加广阔，因此我们应加强提高预应力技术水平的科研工作。和发达国家相比，我们预应力混凝土工程的研究相对落后。凭借我们已有的强大队伍，和一些单位在预应力技术推广应用中的创收实力完全可以承担和完成这些重要的科研任务。同时，设计和施工的分离也是影响我国预应力混凝土结构迅速发展的因素之一。因此有必要成立大型强而有力的预应力混凝土工程公司，承担重大预应力混凝土工程，担负新技术开发研究，并做好与设计和施工之间的联系，以提高我国的预应力技术水平。

在今后的几十年间，在长江、黄河等大江、大河上将继续建筑几十座大桥；由于预应力混凝土的耐久性、强度和经济性，在未来的海洋开发中它将发挥特别重要的作用；预应力混凝土还将进一步为已建工程的修复、加固、加层和改造，甚至拆除，发挥其独特的作用。

习　　题

一、填空题

1. 预应力梁桥包括_____与_____。
2. 大跨径连续刚构桥结构的受力特点主要为_____。
3. 拱式桥的主要承重结构是_____与_____。
4. 根据混凝土浇注和对预加应力材料施加应力的先后次序，施加预应力方法可归结为两种方法：_____、_____。
5. 全预应力混凝土的预应力度 λ 是_____，部分预应力混凝土的预应力度 λ 是_____。

6. 按预应力筋的位置，预应力混凝土分为_____、_____。
7. 预应力混凝土结构所采用的混凝土应具有_____、_____和_____的性质。
8. 在现代预应力结构的设计中，采用了_____和_____的理论。

二、简答题

1. 对预应力混凝土可作哪几种理解？
2. 为什么要对构件施加预应力？预应力混凝土结构的优缺点是什么？
3. 以简支梁为例，说明预应力混凝土结构的基本原理。
4. 给出预应力度的定义。
5. 预应力结构分几大类？有那些基本形式？
6. 预应力混凝土是如何分类的？
7. 描述国内外预应力混凝土的发展历史。
8. 解释高强混凝土、高性能混凝土及轻骨料混凝土的区别？
9. FRP预应力筋分为哪几种？有哪些特点？
10. 预应力结构施工技术的新发展主要反映在哪些方面？

第 2 章
预应力桥梁结构材料和产品

2.1 预应力筋及非预应力筋

2.1.1 预应力筋的性能要求

1. 高强度

预加应力材料必须采用高强度材料,这已被预应力混凝土的发展历史所证明。早在 19 世纪中后期,就有人提出了在钢筋混凝土梁中建立预应力的想法,并进行了试验。但当时采用的是抗拉强度低的普通钢筋,由于混凝土的收缩、徐变等原因,施加的预应力随着时间的延长而丧失殆尽,使这种建立预应力的努力一度遭到失败。直到约半个世纪后的 1928 年,法国工程师弗莱西奈(Freyssinet)在采用高强钢丝试验后才获得成功,并使预应力混凝土结构有了实用的可能。不采用高强度材料,就无法克服由于各种因素所造成的预应力损失,也就不能有效地建立预应力。提高钢材的强度通常有三种不同的方法:在钢材成分中增加某些合金元素,如碳、锰、硅、铬等;采用冷拔、冷拉和冷扭法提高钢材屈服强度;用调质热处理、高频感应热处理、余热处理等方法提高钢材强度。

2. 较好的塑性

高强度材料的塑性一般较弱,不是所有的高强材料都能用作预加应力材料。预应力筋需要弯曲和转折,在锚夹具中还受到较高的局部应力,而且为了保证结构物在破坏之前有较明显的变形预兆和满足结构内力重分布等要求,必须保证其具有足够的塑性性能。因此,对于预应力筋必须满足一定的拉断延伸率和弯折次数的要求。

3. 良好的加工性能

预应力筋在加工后其力学性能应不受到影响。良好的加工性能也是保证加工质量的重要条件。

4. 较好的粘结性能

先张法预应力混凝土构件,预加应力材料和混凝土之间应具有可靠的粘结力,以确保预加力能可靠地传递至混凝土。为此,高强钢丝通过刻痕或把钢丝扭绞形成钢绞线,以增加钢丝与混凝土之间的粘结力;在后张法预应力构件中,预应力筋与孔道后灌水泥浆之间也应有较高的粘结强度。而作为预加应力材料的钢管、钢梁则通过焊接抗剪钢筋、剪力钉以保证其与混凝土之间的粘结力。

5. 低松弛

在持续高应力的作用下，如果长度和温度保持不变，钢材的应力随时间增长而降低的现象称为松弛；而如果应力与温度维持不变，钢材的应变随时间而增加的现象则称为蠕变。在一般预应力混凝土结构中，由于预应力筋张拉后长度基本保持不变，所以应力松弛是预应力筋性能中的一个主要问题。为了减少松弛损失，所以要求预应力筋要具有低松弛的性能。

6. 耐腐蚀

在相同的环境下，预应力钢材腐蚀的程度要比普通钢材严重，后果也更严重。这不仅因为强度等级高的钢材对腐蚀更敏感，还因为预应力筋的直径相对较小。既使一层薄薄的锈蚀或一个锈点就能显著减小钢材的截面积，产生应力集中，最终导致结构提前破坏。而未经保护的预应力筋暴露在正常环境中，短短几个月就会导致抗拉性能的显著下降，疲劳强度的下降则更为严重。

预应力钢材通常对两种类型的锈蚀比较敏感，即电化腐蚀和应力腐蚀。在电化腐蚀中，必须有水溶液的存在，还需要有空气（氧气）。应力腐蚀是在一定的应力和环境条件下引起钢材脆化的腐蚀。不同的钢材对腐蚀的灵敏程度是不同的。

预应力筋在运输、存储期间必须有包装，以防止水分侵入。起运吊装时也应防止受到损伤。当采用后张有粘结预应力时，张拉操作一经完成，应立即灌注高质量的水泥浆。增加混凝土保护层厚度是保护预应力免受腐蚀的有效措施。

7. 稳定性好

经过二次加工的钢筋力学性能离散程度大，质量不稳定，如用于工程实际中往往会造成隐患，影响结构的安全性。因此，我国公路和铁路桥涵规范中规定预应力钢筋宜采用预应力钢绞线、钢丝，也可采用热处理钢筋。

8. 耐火性

超过一定的临界温度，预应力筋的强度与弹性模量将有很大的降低，这对结构防火是很不利的。一旦发生火灾而使预应力筋达到临界温度，此时外荷载所产生的应力将超过预应力筋的强度，从而引起结构的破坏或坍塌。

2.1.2 预应力筋的种类

按材质划分，预应力筋包括金属预应力筋和非金属预应力筋两类。金属预应力筋又可以分为高强钢筋、钢丝和钢绞线三类。而非金属预应力筋主要指纤维增强塑料（即FRP）预应力筋。

1. 高强钢筋

高强钢筋又可以分为以下几种类型。

1) 热扎钢筋

热轧钢筋是经热轧成型并自然冷却的成品钢筋，由低碳钢和普通合金钢在高温状态下压制而成，主要用于钢筋混凝土和预应力混凝土结构的配筋，是土木建筑工程中使用量最大的钢材品种之一。如图2-1所示。分为热轧光圆钢筋和热轧带肋钢筋两种。热轧钢筋为软刚，断裂时会产生颈缩现象，伸长率较大。热轧直条光圆钢筋级别为Ⅰ级，强度等级代号为R235，牌号Q235。热轧带肋钢筋的牌号由HRB和牌号的屈服点最小值构成。H、R、B分别为热轧（Hot rolled）、带肋（Ribbed）、钢筋（Bars）三个词的英文首位字母。热轧带肋钢筋分为 HRB 335、HRB 400、HRB 500 三个牌号。

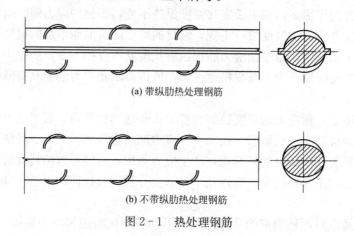

(a) 带纵肋热处理钢筋

(b) 不带纵肋热处理钢筋

图 2-1　热处理钢筋

2) 精轧螺纹钢筋

预应力混凝土用螺纹钢筋（Scres-thread steel bars for the prestressing of concrete），也称精轧螺纹钢筋。它是一种特殊形状带有不连续的外螺纹的直条钢筋，该钢筋在任意截面处，均可以用带有内螺纹的连接器或锚具进行连接或锚固。级别有 HRB500、PSB500、PSB785、PSB830、PSB930、PSB1080。如图 2-2 所示。

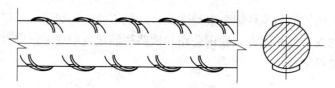

图 2-2　精轧螺旋钢筋

3) 冷轧带肋钢筋

冷轧带肋钢筋是用热轧盘条经多道冷轧减径，一道压肋并经消除内应力后形成的一种带有二面或三面月牙形的钢筋。冷轧带肋钢筋牌号由 CRB 和钢筋的抗拉强度最小值构成。C、R、B 分别为冷轧（Cold-rolled）、带肋（Ribbed）、钢筋（Bars）三个词的英文首位字母。冷轧带肋钢筋分为 CRB550、CRB650、CRB800、CRB970、CRB 1170 等五种牌号。CRB550 为普通钢筋混凝土用钢筋，其他牌号为预应力混凝土钢筋。

2. 高强度钢丝

预应力混凝土结构常用的高强度钢丝，按交货状态分为冷拉和矫直回火两种，按外形分为光面钢丝、螺旋肋钢丝和刻痕钢丝三种类型（见图 2-3）。光面钢丝一般以多根钢丝束或若干根钢丝扭结成钢绞线的形式应用。螺旋肋钢丝和刻痕钢丝，与混凝土之间的粘结性能好，适用于先张法预应力混凝土结构，目前我国生产的螺旋肋钢丝和刻痕钢丝的规格为 $d = 4 \sim 9$ mm。

高强钢丝系采用优质碳素钢盘条经过几次冷拔而形成的达到所需直径和强度的钢丝。然后，若用机械方式对钢丝进行压痕而就成为刻痕钢丝，对钢丝进行低温（一般低于 500 ℃）矫直回火处理后便成为矫直回火钢丝。预应力钢丝经过矫直回火后，可消除钢丝冷拔中产生的残余应力，比例极限、屈服强度和弹性模量均有所提高，塑性也有所改善；同时也解决了钢丝的伸直问题，方便施工。此种钢丝通常称为消除应力钢丝。

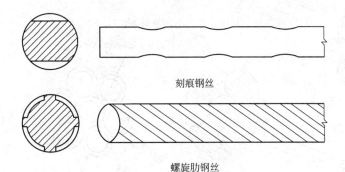

图 2-3 刻痕钢丝与螺旋肋钢丝的外形

消除应力钢丝的松弛损失虽比消除应力前低一些，但仍然较高。于是，又发展了一种称为"稳定化"的特殊工艺，即在一定的温度（如 350 ℃）和拉应力下进行应力消除回火处理，然后冷却至常温。经"稳定化"处理后，钢丝的松弛值仅为普通钢丝的 25%~33%，从而大大减小了钢丝的松弛。这种钢丝称为低松弛钢丝，目前国际上已大量采用。我国消除应力钢丝分为普通松弛（Ⅰ级松弛）和低松弛（Ⅱ级松弛）两种。

桥梁常用的高强钢丝主要为 $\phi 5$ 和 $\phi 7$ 两种规格。目前，我国预应力桥梁用高强钢丝的抗拉强度级别主要为 1 470 MPa、1 570 MPa、1 770 MPa 三种。国外热镀锌高强钢丝的抗拉强度已达 2 000 MPa。

3. 钢绞线

预应力混凝土用高强钢绞线冷拔钢丝制造而成，方法是在绞线机上以一种稍粗的直钢丝为中心，其余钢丝围绕其进行螺旋状绞合（见图 2-4（a）），再经低温回火处理即可。钢绞线规格有 2 股、3 股、7 股、19 股等，常用的是 7 股钢绞线。我国生产的钢绞线分为普通松弛（Ⅰ级松弛）和低松弛（Ⅱ级松弛）两种。7 股钢绞线由于面积较大、柔软，可适用于先张法和后张法，施工操作方便，已成为国内外应用最广的一种预应力筋。在国产低松弛钢绞线中，常用的 7 股钢绞线的抗拉强度为 1 860 MPa，其屈服强度与抗拉强度之比（屈强比）约为 0.85，而国外同一级别 1 860 MPa（270 ksi）钢绞线的屈强比则为 0.90。应该说明的是，我国厂家可按国外的标准生产。目前，国外钢绞线的最高强度已达到 2 300 MPa。

模拔钢绞线是由普通钢绞线在绞制成型时通过一个钨合金模拔机，并经低温回火处理而成。由于每根钢丝在挤压接触时被压扁，钢绞线的内部空隙和外径都大为减小，提高了钢绞线的密度，与相同外径的钢绞线相比，有效面积增加 20% 左右（见图 2-4（b））。而且，由于周边面积较大，易于锚固。

对于长期受不良环境影响或防腐要求很高的预应力混凝土结构，为了提高钢绞线的防腐能力，通常采用喷涂环氧涂层的钢绞线。钢绞线的环氧涂层有两种不同的工艺。第一种为单丝喷涂式工艺，其流程为：成品钢绞线绞散分丝—除锈—静电喷涂环氧层—重新绞合钢绞线；第二种为整体喷涂式工艺，流程为：成品钢绞线除锈—静电填涂环氧层。上述第一种工艺制成的钢绞线（见图 2-5（a）），环氧涂层薄、用料省，锚具与一般钢绞线通用；第二种工艺的钢绞线（见图 2-5（b）），环氧涂层厚、耐磨，防护效果较好，锚具与一般钢绞线不通用。目前，我国已能生产上述第一种环氧涂层钢绞线，产品已主要用作体外预应力桥梁的体外索，使用效果良好。

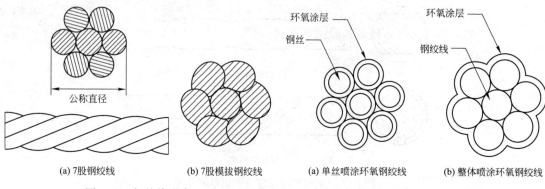

图 2-4 钢绞线形式　　　　　图 2-5 环氧涂层钢绞线

4. 非金属预应力筋

非金属预应力筋主要是指用连续纤维增强塑料（Continuous Fiber Reinforced Plastic，FRP）制成的预应力筋，主要有以下几种。

玻璃纤维增强塑料（GFRP）：由玻璃纤维与环氧树脂或聚酯树脂复合而成。

芳纶纤维增强塑料（AFRP）：由芳纶纤维与环氧树脂或乙烯树脂复合而成。

碳纤维增强塑料（CFRP）：由碳纤维与环氧树脂复合而成。

纤维增强塑料筋的表面形态有光滑的、螺纹及网状的几种，截面形状包括棒状、绞线形及编织物形等。

FRP 预应力筋的优点：具有抗拉强度高、抗腐蚀性能良好、表观密度小、温度影响小、抗磁性能好、耐疲劳性能优良等优点。且其应力—应变关系直至材料断裂时仍几乎是线性的，弹性模量约为钢筋的一半，这将减少由混凝土收缩、徐变引起的预应力损失。

FRP 预应力筋的缺点：与普通预应力筋相比，FRP 预应力筋有受力不均匀、极限延伸率差、抗剪强度低、耐火性能差、成本高和难以用常用的锚具锚固等不足之处。

2.1.3 预应力筋的力学性能

1. 预应力筋的应力—应变曲线

预应力钢筋一般都属于没有明显屈服点的钢筋（见图 2-6）。对于没有明显屈服点的钢筋，工程上习惯称之为硬钢。硬钢的极限抗拉强度（f_{pu}）可通过试验确定。在工程设计中，极限抗拉强度不能作为钢筋强度取值的依据，一般取残余应变为 0.2% 所对应的应力 $\sigma_{0.2}$ 作为无明显屈服点钢筋的强度限值，通常称为条件屈服强度。对高强钢丝，条件屈服强度相当于极限抗拉强度的 0.86 倍。为简化计算《公路钢筋混凝土及预应力混凝土桥涵设计规范》（JTG D62—2004）取 $\sigma_{0.2}=0.8\sigma_b$，其中 σ_b 为无明显屈服点钢筋的抗拉极限强度。

钢材的塑性常用钢材拉断时的应变 δ（即伸长率）来表示。

2. 预应力筋的松弛

应力松弛，就是指在持续高应力的作用下，钢材的应力随

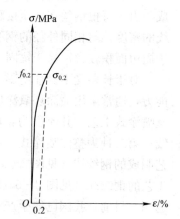

图 2-6 硬钢的应力—应变曲线

时间增长而降低的现象。应力松弛的产生主要是金属内部错位运动使一部分弹性变形转化为塑性变形所致。预应力筋的松弛试验通常在温度20 ℃、初始应力范围$0.6f_{pu}\sim 0.8f_{pu}$的情况下进行。预应力钢材松弛损失的差别较大，低合金钢热轧粗钢筋的松弛值是最小的，热处理钢筋次之，高强钢丝和钢绞线因经冷拔处理则要大些，钢绞线因经缠扭相对更大。钢丝经回火处理可减小松弛，经"稳定化"处理后钢丝的松弛可大大减小。松弛的影响因素有：

① 松弛率与时间的关系：应力松弛初期发展快，第1 h的松弛率相当于1 000 h松弛率的15%～35%；一年的松弛率为1 000 h的1.25倍。

② 松弛率与钢种的关系：钢丝、钢绞线的应力松弛率比热处理钢筋、冷拉钢筋的大。

③ 松弛率与初应力关系：初应力大，松弛损失也大，当$\sigma_{con}>0.8f_{ptk}$时，松弛率明显增大，且呈非线性变化；当$\sigma_{con}\leqslant 0.5f_{ptk}$时，松弛损失可取为零。

④ 松弛率与温度的关系：温度升高，松弛率增大，40 ℃时松弛率约为20 ℃时的1.5倍。

3. 预应力筋的疲劳

预应力筋在重复或反复荷载作用下，基本力学性能之所以有显著的变化，其原因是钢筋在重复荷载作用下，一方面层状珠光体变成粒状珠光体，非稳定组织变成稳定组织；另一方面晶格滑移逐渐减弱，晶粒过劲而产生破坏，因而钢材产生疲劳特性。预应力筋的应力将会出现波动，预应力筋及其锚具抵抗这种波动应力的能力，即为抗疲劳能力。

影响钢筋的疲劳强度的主要因素是钢筋的疲劳应力幅Δf_{py}^f，我国《混凝土结构设计规范》(GB 50010—2002) 中给出了预应力钢筋疲劳应力幅的限值Δf_{py}^f。Δf_{py}^f的限值应由钢筋的疲劳应力比值ρ_p^f按下表2-1采用。

表2-1 预应力筋的疲劳应力幅限值　　　　　　　　　　N/mm²

预应力筋种类			Δf_{py}^f	
			$0.7\leqslant \rho_p^f \leqslant 0.8$	$0.8\leqslant \rho_p^f \leqslant 0.9$
消除应力钢丝	光面	$f_{ptk}=1\ 770、1\ 670$	210	140
		$f_{ptk}=1\ 570$	200	130
	刻痕	$f_{ptk}=1\ 570$	180	120
钢绞线			120	105

注：1. 当$\rho_p^f \geqslant 0.9$时，可不做钢筋疲劳验算；
　　2. 当有充分依据时，可对表中规定的疲劳应力幅限值作适当调整。

预应力钢筋的疲劳应力比值

$$\rho_p^f = \frac{\sigma_{p,min}^f}{\sigma_{p,max}^f} \qquad (2-1)$$

式中　$\sigma_{p,min}^f$，$\sigma_{p,max}^f$——构件疲劳验算时，截面同一层预应力筋的最小应力、最大应力。

影响疲劳强度的因素还有很多，例如钢筋截面形式，螺纹肋条造成的应力集中，钢筋表面的损伤等。

2.1.4 非预应力筋

预应力构件中，除配置预应力钢筋外，为了防止施工阶段因混凝土收缩和温度差及施加预应力过程中引起预拉区裂缝，以及防止构件在制作、堆放、运输、吊装时出现裂缝或减小裂缝宽度，可在构件截面（即预拉区）设置足够的非预应力钢筋。T形和I形截面的悬出翼板一般在横向和纵向都配置张拉的钢筋。

在后张法预应力混凝土构件的预拉区和预压区，应设置纵向非预应力构造钢筋；在预应力钢筋弯折处，应加密箍筋或沿弯折处内侧布置非预应力钢筋网片，以加强在钢筋弯折区段的混凝土。

对预应力钢筋在构件端部全部弯起的受弯构件或直线配筋的先张法构件，当构件端部与下部支撑结构焊接时，应考虑混凝土的收缩、徐变及温度变化所产生的不利影响，宜在构件端部可能产生裂缝的部位，设置足够的非预应力纵向构造钢筋。

预应力混凝土结构中的非预应力纵向钢筋宜选用 HRB 335、HRB 400 钢筋；箍筋宜选用 Q235、HRB 335 钢筋。

2.2 混 凝 土

2.2.1 混凝土的性能要求

混凝土的种类很多，在预应力混凝土中一般采用以水泥为胶结料的混凝土。对预应力混凝土而言，首先应具有高强度的特点，同时在受力、耐久性及施工方面的性能要求，也是预应力混凝土的主要指标。

1. 高强度

预应力混凝土要求采用高强混凝土的原因首先是采用与高强预应力筋相匹配的高强混凝土，可以充分发挥材料的强度，从而能够有效减小构件截面尺寸和自重，以利于适应大跨径的要求；其次是高强混凝土具有较高的弹性模量，从而具有更小的弹性变形和与强度有关的塑性变形，可以减少预应力损失。此外，高强混凝土具有更高的抗拉强度、局部承压强度及与钢筋的粘结力，故可推迟构件正截面和斜截面裂缝的出现、有利于预应力筋的锚固。预应力混凝土不仅应高强而且也要早期高强，以便早日施加预应力、提高构件的生产效率和设备的利用率。

在我国《公路钢筋混凝土及预应力混凝土桥涵设计规范》中，预应力混凝土的强度等级规定为 C40~C80，其对应 28 天、95%保证率的立方体（150 mm 边长）试件抗压强度为 40~80 MPa。但在实际工程设计中，强度大于 60 MPa 的混凝土却使用很少。在一些发达国家，工厂预制混凝土的强度一般为 60~80 MPa，个别业已接近 100 MPa。事实上，抗压强度达到 100 MPa 的混凝土在 20 世纪 30 年代已能工业化生产，今天在实验室已能制造出超过 200 MPa 的混凝土。

为了配制高标号、低收缩的混凝土，20 世纪 60 年代初推广应用干硬性混凝土，这可以在保持水泥用量不变的条件下提高混凝土的强度和早期强度。干硬性混凝土的水灰比较小，因此难以浇注，必须使用高频强振捣力设备。为了改善混凝土的和易性和节省水泥用量，20

世纪70年代中期开始推广使用高效减水剂，混凝土的强度达到60～80 MPa，最高可达100 MPa。掺加高效能减水剂的高强度混凝土具有很高的早期强度，一般混凝土的3天抗压强度可达28天强度的60%～80%，轴心抗压强度和弹性模量都比干硬性混凝土的高一些。除此以外，配制高强度混凝土还要注意选择水泥品种和强度等级，必须使用高强度等级水泥，一般水泥强度等级不低于混凝土强度等级的1.2倍，同时宜采用普通硅酸盐水泥，由于矿渣水泥的早期强度低、干缩性大，一般不宜采用。火山灰水泥不仅早期强度低，而且收缩率大，所以更不能采用。还要注意的是，必须注意加强养护才能保证混凝土得到高强度。

2. 低收缩、低徐变

预应力混凝土要求低收缩、低徐变可减小由于混凝土收缩、徐变产生的预应力损失，同时有效控制结构的徐变变形。

影响混凝土收缩的因素主要有：

① 水灰比：收缩与混凝土的含水量成正比。

② 骨料：骨料含量愈大则收缩愈小。

③ 养护条件：延长潮湿养护的时间可以延滞收缩的发生。

④ 纤维：研究表明，纤维对混凝土的收缩有一定的抑制作用，并能延迟裂缝的形成，减小裂缝宽度。

⑤ 减水剂：以木质磺酸盐为基材的普通减水剂的主要用途是提高工作度或减少用水量，对收缩影响不大。以木质磺酸盐和氯化钙为基材的早强减水剂一般会增加混凝土的收缩。高效减水剂能大量减少用水量并提高水泥浆体的水化程度，从而有利于减少收缩。

影响混凝土徐变的主要因素有：

① 水灰比：低水灰比可减小徐变。

② 骨料：骨料含量愈大则徐变愈小。

③ 养护程度：混凝土养护时的温度和湿度影响水泥的水化程度。

④ 构件尺寸：混凝土徐变随构件尺寸的增加而减小，但当构件尺寸超过0.9 m时，其影响则可忽略。

⑤ 工作应力：在工作应力低于混凝土抗压强度的45%时，混凝土徐变变形与工作应力呈线性关系，当超过这一应力时，混凝土的徐变变形将开始非线性快速增加。

⑥ 纤维：适量纤维的掺加可减小混凝土的徐变。

⑦ 减水剂：普通减水剂和早强减水剂一般会增加混凝土的徐变，而高效减水剂对混凝土的徐变没有明显影响。

3. 快硬、早强

采用快硬、早强混凝土可尽早施加预应力，加快施工进度，提高模板和施工设备的利用率，提高混凝土结构的经济效益。

4. 良好的耐久性

耐久性是混凝土在长时期内保持其强度和外观形状的能力。为满足预应力结构的耐久性要求，混凝土应有足够强度的抗渗透性、抗碳化、抗侵蚀、抗磨损和抗有害介质入侵的能力。并且混凝土应对预应力筋、锚具连接器等无腐蚀性影响。我国公路和铁路桥涵设计规范中对混凝土的耐久性从组成成分的角度加以限制，基本要求主要从水灰比、水泥用量、混凝土的强度等级、氯离子的含量和碱含量加以控制，其中氯离子含量不得超过0.06%（自然状态的氯离子含量），即混凝土的拌合物中不得掺入含氯化物的外加剂。

2.2.2 混凝土的种类

1. 普通混凝土

普通混凝土是指采用常规的水泥、砂石为原材料，采用常规的生产工艺生产的水泥混凝土，是目前钢筋混凝土结构工程中最为常用的混凝土。

2. 高强混凝土

高强混凝土是指采用常规的水泥、沙石为原材料，采用常规的生产工艺，主要依靠添加高效减水剂或同时掺加一定数量的活性矿物材料，使新拌混凝土拥有良好的工作性能，并在硬化后具有高强、高密实性的水泥混凝土。

高强混凝土适合于承受压力，适用于腐蚀环境下或者易遭破损的结构，尤其是基础设施工程。目前抗压强度超过 50 MPa 的混凝土通常认为是高强混凝土，80 MPa 以上的称为超高强混凝土。

3. 高性能混凝土（简称 HPC）

高性能混凝土（简称 HPC）是在大幅度提高常规混凝土性能的基础上采用现代混凝土技术，选用优质原材料，除水泥、水和粗细骨料外，还需要掺加足够数量的活性细掺和料和高性能外加剂的一种新型高技术混凝土。HPC 需具有高耐久性、高强度和优良的工作性，具体体现在：

① 较高的早期强度、高验收强度（18～24 h 抗压强度为 17.5～28 MPa，28 d 或 56 d 抗压强度 42～70 MPa，56 d 以上抗压强度 70～126 MPa）和较高的弹性模量（4.55×10^4 MPa）；

② 高耐久性，可保护钢筋不被锈蚀；

③ 良好的工作性能，既可配制坍落度为 152～203 mm 的混凝土，又可配制坍落度大于 203 mm 的流态混凝土，而不发生离析。

4. 轻骨料混凝土

轻骨料混凝土主要是通过在混合料中应用轻质骨料而获得的混凝土。骨料密度在 1 120 kg/m³ 以下的骨料通常作为轻骨料，用于配制各种轻混凝土。天然的轻骨料是将火成岩中的火山岩如浮石、火山渣或凝灰岩等经过加工后即得。人造的轻骨料可用多种材料通过热处理来制取，如粘土、页岩、板岩、硅藻土、珍珠岩、蛭石高炉矿渣和粉煤灰等。这种骨料一般通过在旋转炉内高温加工，形成多孔性蜂窝轻骨料结构，自重减轻为 14～19 kN/m³。再通过良好的配合比设计，制成的轻骨料混凝土就能得到与碎石混凝土相似的强度。随着预应力混凝土桥梁跨径的不断增大，自重也随之增大，导致结构的承载能力大部分消耗于抵抗自重内力上。因此，轻质混凝土应用于预应力结构具有直接的经济利益。

2.2.3 混凝土的力学性能

在预应力混凝土结构中，预应力筋与混凝土不论其是否相互粘结，都将共同承受外部的作用。结构的变形与应力状态将取决于预应力筋及混凝土的变形性能。由于混凝土是由粗骨料、细骨料和水泥浆等组成的，在承受荷载之前，粗骨料、细骨料的交界面上就已存在大量微裂缝，又由于硬化过程中混凝土内部吸附水的消失而产生的收缩还会形成空隙，这使混凝土在低应力状态下就表现出非线性的性质，变形性能又受到许多随机因素的影响而具有较大的离散性。在分析计算中用来表示这些变形性能的数学模型也将不同程度地偏离其所代表的实际情况。因此，在探讨混凝土应力—应变关系的各种数学模型，对问题进行数学处理以前，更多地了解一些实际的试验结果将有助于更好地了解事物的真实情况。

1. 混凝土的应力—应变关系

在短期单轴受压荷载作用下，典型的混凝土受压应力—应变全过程曲线可用图 2-7 表示。该曲线按最大应力点 C 点划分为上升段与下降段两部分。

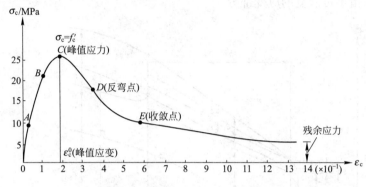

图 2-7　混凝土的应力—应变曲线

上升段中：OA 段（$\sigma_c \leqslant 0.3 f'_c$），此时混凝土仍处于弹性状态；$AB$ 段（$\sigma_c = 0.3 \sim 0.8 f'_c$），内部微裂缝处于稳定发展阶段，塑性变形逐渐增大，σ_c-ε_c 关系越来越偏离直线；BC 段（$\sigma_c > 0.8 f'_c$），内部微裂缝进入非稳定发展阶段，塑性变形显著增大，σ_c-ε_c 曲线的斜率急剧减小。当 σ_c 达到 f'_c 时（C 点），内部微裂缝已延伸扩展成若干连通的裂缝。

在全过程曲线下降段存在反弯点及收敛点（即此时应力下降减缓，全过程曲线的坡度极平缓，最后趋向于稳定的残余应力）。

2. 混凝土的变形

混凝土的应变可分为受力应变和非受力应变两种。根据 1990 年 CEB-FIP 标准规范，在时刻 τ 承受单轴向、不变应力为 $\sigma(\tau)$ 的混凝土构件，在时刻 t 的总应变 $\varepsilon(t)$ 可分解为：

$$\varepsilon(t) = \varepsilon_i(\tau) + \varepsilon_c(t) + \varepsilon_s(t) + \varepsilon_T(t) = \varepsilon_\sigma(t) + \varepsilon_n(t) \tag{2-2}$$

式中　$\varepsilon_i(\tau)$——加载时初始应变；

$\varepsilon_c(t)$——在时刻 $t > \tau$ 时的徐变应变；

$\varepsilon_s(t)$——收缩应变；

$\varepsilon_T(t)$——温度应变；

$\varepsilon_\sigma(t)$——由应力产生的应变 $\varepsilon_\sigma(t) = \varepsilon_i(\tau) + \varepsilon_c(t)$；

$\varepsilon_n(t)$——非应力产生的应变 $\varepsilon_n(t) = \varepsilon_s(t) + \varepsilon_T(t)$。

在不包括温度应变时，混凝土的典型应力—应变过程图 2-8 又可进一步分解为：

$$\varepsilon(t) = \varepsilon_e + \varepsilon_v + \varepsilon_a + \varepsilon_{f,g} + \varepsilon_{f,tr} + \varepsilon_s \tag{2-3}$$

式中　ε_e——初始瞬时弹性应变；

ε_v——滞后弹性应变，属可恢复应变；

ε_a——初始瞬时流塑应变,主要不可恢复;
$\varepsilon_{f,g}$——基本徐变应变,不可恢复;
$\varepsilon_{f,tr}$——干燥徐变应变,部分可能恢复;
ε_s——收缩应变。

从混凝土的典型应力—应变过程图2-8可见:在时刻τ承受单轴向、不变应力为$\sigma(\tau)$时,混凝土产生初始瞬时弹性应变;随着时间的延续,混凝土将产生与应力无关的收缩应变,和与应力有关的应变,即滞后弹性应变和徐变;在某时刻卸除初应力后,混凝土的初始弹性应变将瞬时恢复,随着时间的推移滞后,弹性应变也将逐步恢复,但由于混凝土的塑性性能,它仍将保留不可恢复的应变部分。

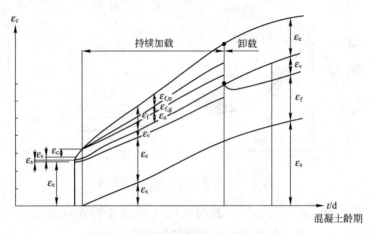

图2-8 混凝土的典型应力—应变过程

3. 混凝土的收缩、徐变

混凝土的收缩是由于所含水分的蒸发及其他物理化学原因产生的体积缩小;混凝土徐变是在荷载长期作用下产生的随时间增长的变形。混凝土的收缩和徐变,将引起预应力损失。混凝土的收缩、徐变越大,预应力损失也就越大,这对预应力混凝土结构是很不利的因素。因此,在预应力混凝土构件的设计、施工中,应尽量设法减少混凝土的收缩和徐变,并应尽量准确地估算出混凝土的收缩和徐变所引起的预应力损失。

(1) 混凝土的收缩

对混凝土产生收缩的原因存在不同的解释。一种理论认为混凝土的收缩由混凝土的凝缩和干缩两部分组成。凝缩是指水泥浆胶体在凝固和硬化过程中产生的收缩,干缩是指混凝土硬化后含水量逐步蒸发而产生的体积收缩。另一种理论认为是由于毛细管的作用,混凝土内部由骨架和小孔隙组成,水分在空隙中形成凹形液面而产生表面张力,对孔壁产生垂直压力而引起水泥浆胶体的压缩。这两种理论,并不是互相对立的,实际上这两个因素的影响同时存在。混凝土收缩主要与混凝土品质和构件所处的环境等有关,其值随时间的增加而衰减,最终收缩值波动在0.000 3~0.000 6范围内,个别的达0.001 0。其中,25%~30%在半月内完成,50%~60%在三个月内完成,75%~80%在一年内完成。根据CEB - FIP(1978年)的建议,混凝土收缩应变的计算公式为:

$$\varepsilon_s(t,\tau) = \varepsilon_{s0}[\beta_s(t) - \beta_s(\tau)] \tag{2-4}$$

式中 $\varepsilon_{s0} = \varepsilon_{s1}\varepsilon_{s2}$——收缩应变基准值;

ε_{s1}——依环境条件而定的应变;

ε_{s2}——依理论厚度而定的应变(见图2-9);

β_s——收缩随时间发展的函数曲线(见图2-10),取决于混凝土理论厚度;

t, τ——计算时刻和开始考虑收缩时刻的混凝土有效龄期。

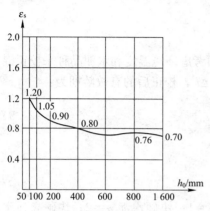

图2-9 理论厚度对收缩应变的影响

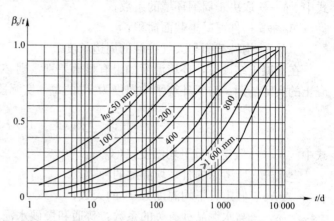

图2-10 收缩随时间发展的函数曲线

还应提出,当采用商品混凝土或掺加 UEA 微膨胀剂时,应特别加强浇水养护,以防产生大量的干缩裂缝。

(2) 混凝土的徐变

混凝土徐变的增长速度也随时间而逐步衰减,但需延续很长时间才接近稳定。其中,在 20 年内发生的总徐变中,18%~35%发生在加载后的头半个月内,40%~70%发生于前三个月,60%~83%在第一年内完成。混凝土徐变通常采用徐变系数 $\varphi(t, \tau)$ 来描述。根据 CEB-FIP 标准规范的定义,在时刻 τ 开始作用于混凝土的单轴向常应力 $\sigma(\tau)$ 至时刻 t 所产生的徐变应变为:

$$\varepsilon_c(t, \tau) = \frac{\sigma(\tau)}{E_{C28}} \varphi(t, \tau) \tag{2-5}$$

式中 E_{C28}——混凝土在 28 天时的弹性模量。

混凝土的徐变系数由下式确定:

$$\varphi(t, \tau) = \beta_a(\tau) + \varphi_d \beta_d(t-\tau) + \varphi_f [\beta_f(t) - \beta_f(\tau)] \tag{2-6}$$

式中 $\beta_a(\tau)$——加载后最初几天产生的不可恢复变形系数,

$$\beta_a(\tau) = 0.8[1 - f_c(\tau)/f_c(\infty)]; \tag{2-7}$$

$f_c(\tau)$——加载后最初几天混凝土抗压强度;

$f_c(\infty)$——混凝土最终的抗压强度;

φ_d——滞后弹性变形系数,取 $\varphi_d = 0.4$;

φ_f——徐塑系数,$\varphi_f = \varphi_{f1} \varphi_{f2}$,其中 φ_{f1} 取决于周围环境,φ_{f2} 由理论厚度决定;

$\beta_d(t-\tau)$——随时间发展的系数;

$\beta_f(t), \beta_f(\tau)$——随时间发展的系数,与理论厚度有关;

t, τ——所求徐变系数时刻和加载时刻混凝土的有效龄期。

(3) 混凝土的理论厚度与有效龄期

在混凝土收缩和徐变计算中，混凝土的理论厚度定义为：

$$h_0 = \lambda \frac{2A_C}{U} \qquad (2-8)$$

式中 λ——取决于周围环境的系数；

A_C——构件混凝土截面面积；

U——构件截面与大气接触的周边长度。

在混凝土结硬时，环境温度如果有显著差别，则必须考虑环境温度和水泥品种来校正混凝土的实际龄期。对于环境平均温度为 T_i 的每一实际段 Δt_i，校正后的有效龄期为：

$$t = \frac{\alpha}{30} \sum_{i=1}^{t_m} [(T_i+10) \cdot \Delta t_i] \qquad (2-9)$$

式中 T_i——假定的日平均温度，(℃)；

t_m——所考虑的日平均温度的种数；

Δt_i——假定日平均温度为 T_i 的天数；

α——与水泥品种有关的系数：普通和慢硬水泥 $\alpha=1$；快硬水泥 $\alpha=2$；快硬高强水泥 $\alpha=3$。在收缩计算时均取 $\alpha=1$。

(4) 计算公式适用范围

上述公式适用于不变环境下硬化的、压应力不超过 $0.4f_{ck}$ 的混凝土；可用于维持时间限定的、压应力超过 $0.4f_{ck}$ 的混凝土；如在预加应力阶段，上述公式允许推广到受拉混凝土。

4. 混凝土的疲劳

通常将混凝土在承受 200 万次或者以上重复荷载时发生破坏时的压应力值或拉应力值称为混凝土的疲劳强度（包括混凝土疲劳抗压强度 f_c^f 和疲劳抗拉强度 f_t^f）。混凝土的疲劳强度主要随疲劳应力比值（也称荷载循环特征）$\rho^f = \sigma_{min}^f / \sigma_{max}^f$ 的增大而增大。σ_{min}^f、σ_{max}^f 分别为混凝土疲劳验算时，截面同一纤维处的最小应力值（绝对值）与最大应力值（绝对值）。

图 2-11 表示混凝土在多次重复荷载下的 σ-ε 曲线。当应力大于和小于疲劳强度时分别有不同的闭合环曲线的凹凸方向。

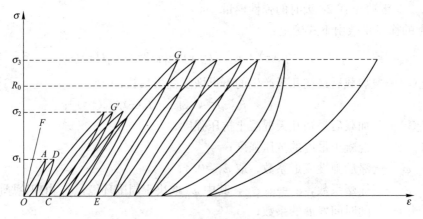

图 2-11 重复荷载下混凝土的 σ-ε 曲线

2.3 预应力体系配套产品

2.3.1 预应力锚固体系的基本要求

预应力锚固体系是预应力混凝土技术的重要组成部分。完善的锚固体系通常包括锚具、夹具、连接器及锚下支撑系统等。

一般地,用于临时锚固先张预应力构件中预应力筋的、可重复使用的锚具称为夹具或工作锚。用于后张预应力混凝土结构,永久锚固在结构构件上的称为锚具。

预应力钢绞线用锚具、夹具和连接器的性能均应符合现行国家标准《预应力钢绞线用锚具、夹具和连接器》(GB/T 14370—2000)的规定。

锚具是保证预应力混凝土结构安全可靠的技术关键,在后张法构件中,它又作为构件的一部分,长期固定在构件上以维持预应力。因此,在设计、制造、选择和使用预应力锚具时,应满足以下要求:

① 根据设计取用的预应力筋种类、预压力大小及布束的需要选择预应力锚具;
② 预应力筋在锚固时应尽可能地减少滑移量,控制在 6 mm 以下,以减少预应力损失;
③ 锚具应具有足够的强度和刚度,安全可靠;
④ 构造简单,加工制作方便;
⑤ 施工方便、节省材料、价格低廉。

按照锚具的锚固性能和结构的受力条件,预应力锚具可分为两类:Ⅰ类锚具——适用于承受动、静荷载的预应力混凝土结构;Ⅱ类锚具——适用于有粘结预应力混凝土结构且锚具处于预应力变化不大的部位。

在预应力钢绞线强度等级已确定的条件下,预应力钢绞线—锚具组装件的静载锚固性能试验结果,应同时满足锚具效率系数 $\eta_a \geq 0.95$ 和预应力钢绞线总应变 $\varepsilon_{apu} \geq 2.0\%$ 两项要求。锚具效率系数:

$$\eta_a = \frac{F_{apu}}{\eta_p F_{pm}} \tag{2-10}$$

式中 F_{apu}——预应力钢绞线锚具组装件的实测极限拉力;

F_{pm}——预应力钢绞线的实际平均极限抗拉力,由预应力钢材试件实测破断荷载平均值计算得出;

η_p——预应力钢绞线的效率系数,应按下列规定取用:预应力钢绞线—锚具组装件在预应力钢材为 1~5 根时,$\eta_p = 1$;6~12 根时,$\eta_p = 0.99$;13~19 根时,$\eta_p = 0.98$,20 根以上时,$\eta_p = 0.97$。

用于承受静、动荷载的预应力混凝土结构,其预应力钢绞线—锚具组装件,除应满足静载锚固性能要求外,尚应满足循环次数为 200 万次的疲劳性能试验。疲劳应力上限为预应力钢丝或钢绞线抗拉强度标准值 f_{ptk} 的 65%(当为精轧螺纹钢筋时,疲劳应力上限为屈服强度的80%），应力幅度不应小于80 MPa。对于主要承受较大动荷载的预应力混凝土结构，要求所选锚具能承受的应力幅度适当增加，具体数值可由工程设计单位根据需要确定。

在抗震结构中，预应力钢绞线—锚具组装件还应满足循环次数为50次的周期荷载试验。组装件用钢丝或钢绞线时，试验应力上限应为$0.8f_{ptk}$；用精轧螺纹钢筋时，应力上限应为其屈服强度的90%。应力下限均应为相应强度的40%。

锚具尚应满足分级张拉、补张拉和放松拉力等张拉工艺的要求。锚固多根预应力钢绞线的锚具，除应具有整束张拉的性能外，尚宜具有单根张拉的可能性。

夹具应具有下列性能：
① 当预应力钢绞线—夹具组装件达到实际极限拉力时破坏；
② 有良好的自锚性能；
③ 有良好的松锚性能；
④ 能安全地重复使用。

如果夹具需要大力敲击才能松开，必须证明其对预应力钢绞线的锚固无影响，且对操作人员的安全不造成危险后，才能采用。

夹具的静载锚固性能，应由预应力钢绞线—夹具组装件静载试验测定的夹具效率系数η_g确定。夹具效率系数η_g按下式计算：

$$\eta_g = \frac{F_{gpu}}{F_{pm}} \tag{2-11}$$

式中 F_{gpu}——预应力钢绞线—夹具组装件的实测极限拉力。

夹具的静载锚固性能应符合下式要求：

$$\eta_g \geq 0.92$$

当预应力钢绞线—夹具组装件达到实测极限拉力时，应由预应力钢绞线的断裂而不是夹具的破坏导致试验的终结。

连接器是预应力筋的连接装置，可将多段预应力筋连接成一条完整的长束，能使分段施工的预应力筋逐段张拉锚固并保持其连接性。永久留在混凝土结构或构件中的预应力钢绞线连接器，应符合锚具的性能要求，用于先张法施工且在张拉后还将放张和拆卸的预应力钢绞线连接器，应符合夹具的锚固性能要求。

锚下支撑体系包括与锚具相配套的锚垫板、螺旋筋或钢筋网片等，布置在锚固区的混凝土体中，作为锚下局部承压、抗劈裂的加强结构。

2.3.2 预应力锚具的分类

1. 按照锚固预应力筋的不同来分类

预应力锚固体系，通常根据锚固预应力筋的不同分为钢绞线锚固体系、钢丝束体系、钢筋束体系及粗钢筋体系。

① 钢绞线体系：QM锚固体系、XM锚固体系、OVM锚固体系、B&S锚固体系、VLM锚固体系。

② 钢丝束体系：墩头锚锚固体系、钢质锥型锚（弗氏锚）、锥形螺杆锚、QM及XM锚固体系。

③ 钢丝束体系：JM 锚具、QM 体系。

④ 粗钢筋体系：螺丝端杆锚、精轧螺纹钢锚具。

2. 按照传力及锚固原理的锚具分类

锚具的形式繁多，按照其传力及锚固原理来说，可分为以下几种。

① 机械承压锚固类。靠预应力筋端采用机械加工的方法，直接支撑在混凝土构件上，如墩头锚、螺纹锚等。

② 摩阻锚固类。利用楔形锚固原理，借张拉钢筋回缩带动锚锲或锥销将钢筋锲紧而锚固，如锥形锚、锲形锚和 OVM、XM、YM 锚具。

③ 粘结力锚固类。利用钢筋与混凝土之间的粘结力进行锚固。主要用于先张法构件的预应力筋锚固及后张自锚中。

3. 按照锚固方式的锚具分类

预应力筋用锚具、夹具和连接器按锚固方式不同，可分为夹片式（多孔夹片锚具、JM 锚具等）、支撑式（墩头锚具、螺丝杆端锚具等）、锥塞式（钢质锥形锚具、槽销锚具等）和握裹式锚具（压花锚具、挤压锚具等）四种。

2.3.3 常用的锚具

1. 钢质锥形锚（弗氏锚）

钢质锥形锚也叫弗氏锚，可锚固标准强度为 1 570 MPa 及以下各级别的 $\phi 5$ 高强钢丝。

钢质锥形锚由锚圈和锚塞两部分组成（见图 2-12）。其工作原理是通过顶压锥形锚塞，将预应力钢丝卡在锚圈与锚塞之间，当张拉千斤顶放松预应力钢丝后，钢丝向体内回缩时带动锚塞向锚圈内移动和楔紧，预应力钢丝通过摩擦力将预拉力传到锚圈，然后由锚圈承压，将预加力传到混凝土构件上。

图 2-12 弗氏锚

预应力筋张拉时需要特制的双作用或三作用千斤顶。锥形锚具的尺寸较小，便于分散布置。缺点是钢丝回缩量较大，所引起的应力损失亦大，并且无法重复张拉和接长。

2. 张拉端锚具

张拉端锚具如图 2-13 所示。

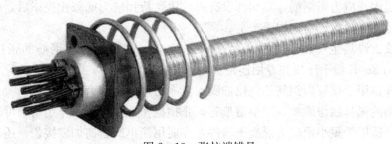

图 2-13 张拉端锚具

张拉端锚具具有良好的锚固性能和放张自锚性能。张拉一般采用 YCW 系列千斤顶。

张拉端锚具由夹片、锚环、锚垫板及螺旋筋四部分组成。夹片是锚固体系的关键零件，其形式为二片或三片式带纵向弹性槽，用优质合金钢制造。

3. 固定端锚具

固定端锚具直接浇入混凝土中，而且应离开承重结构的端面有一定的距离，以适应所规定的混凝土保护层及配钢筋网的要求。如果固定式锚具由平面的锚固件组成，则锚固件后面的混凝土必须锚固到锚固件上或靠近锚固件，以免在张拉时锚固件在张拉方向引起的变形而使混凝土保护层脱落。如果并排布置多个固定锚具，则应留出技术规范给定的最小间距。常用的固定端锚具有以下两种。

1) 固定端 P 型锚具

固定端 P 型锚具如图 2-14 所示。适用于需要把后张力直接传至梁端时的情况。它利用锚固单元受挤压产生塑性变形的原理来夹持钢绞线，锚固单元包括挤压体和挤压簧。

2) 固定端 H 型锚具

固定端 H 型锚具如图 2-15 所示。

图 2-14 固定端 P 型锚具

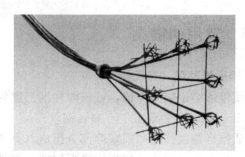
图 2-15 固定端 H 型锚具

固定端 H 型锚具适用于需要把后张力传至混凝土时的情况。它的锚固单元是钢绞线经过压花机挤压后形成的，依靠混凝土对钢绞线的握裹力进行锚固。

4. 精轧螺纹钢锚具和螺丝端杆锚

精轧螺纹钢锚具如图 2-16 所示。

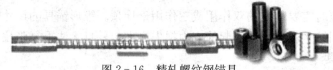
图 2-16 精轧螺纹钢锚具

适用于锚固预应力粗钢筋，其端部设有螺纹段，待预应力筋张拉完毕后，旋紧螺帽，预拉力则通过螺帽和垫板传力到混凝土上。

精轧螺纹钢锚具主要用于直径为 25 mm、32 mm 的精轧螺纹钢筋的张拉锚固，配用 YCW60B 或 YC60B 型千斤顶和专用连接头进行张拉。

螺丝端杆锚用于预应力钢筋的张拉锚固，依靠对焊与预应力钢筋连接。

此种类型的锚具制作简单，用钢量最省，张拉操作方便，锚固作用明确可靠，锚具的预应力损失小，适用于短小预应力混凝土构件，亦能用简单的套筒加以接长，还具有能多次重复张拉与放松的优点。

5. 扁锚

扁锚如图 2-17 所示。扁锚其形状为扁平状，预应力筋一般采用水平平行布置，主要适用于后张预应力混凝土构件厚度较薄的地方。张拉一般采用带止转功能的千斤顶进行单根张拉的形式，也可以采用专用扁形千斤顶进行整体张拉。

6. 环锚

环锚如图 2-18 所示。当需要产生环向预应力时，使用环锚技术。环锚主要用于水电站压力引水隧洞、排砂洞的预应力混凝土衬砌结构和大型污水处理池等环向预应力结构，也可用作预应力筋接长的连接器。

环锚张拉时利用偏转器把需要张拉的钢绞线从环状中分出来，采用 YCW 系列千斤顶进行张拉。

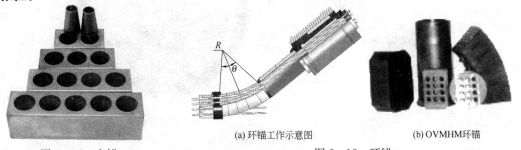

图 2-17 扁锚 　　(a) 环锚工作示意图　　(b) OVMHM 环锚

图 2-18 环锚

以上介绍了几种常用的锚具，下面介绍锚具在预应力结构中的布置。当设计完成预应力钢筋选用的锚具及锚固位置后，预应力钢筋锚具的布置还要满足规范所规定的要求，当设计的结构预应力很大，所需要的预应力钢筋很多时，通常需要把预应力钢筋分散锚固如图 2-19 所示。并排放置多个固定锚具，应满足最小间距的要求等。

对于箱形梁，当预应力钢筋锚固不在梁的两端时，可从梁上顶板、下底板或梁腹板突出做凹槽、凸齿等布置锚具（见图 2-20）。

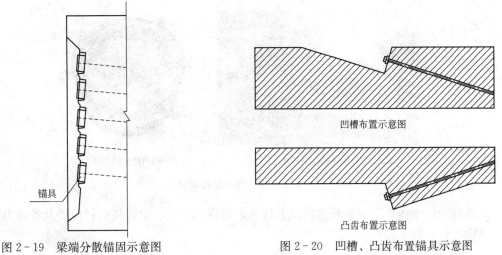

图 2-19 梁端分散锚固示意图　　图 2-20 凹槽、凸齿布置锚具示意图

2.3.4 桥梁中常用的锚固体系介绍

1. 钢丝拉索体系

钢丝拉索如图 2-21 所示。

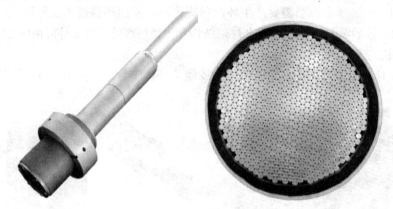

(a) 钢丝拉索冷铸墩头锚   (b) 钢丝拉索截面

图 2-21 钢丝拉索

钢丝拉索体系包括冷铸锚具（或墩头锚具）和 OVM 钢丝成品索。

冷铸锚具主要由张拉端锚杯、后盖、锚板、螺母、连接筒、密封盖、镀锌防护罩、防雨罩、减振器等部分组成。

钢丝拉索体系可应用于斜拉桥拉索、施工中的临时性拉索、大跨度及悬臂构件吊索、体育场馆等膜结构、壳结构等类似的拉索、吊索结构及各种拱桥吊杆体系上。

2. 钢绞线拉索体系

钢绞线拉索体系如图 2-22 所示。

(a) 钢绞线拉索锚具   (b) WGS 拉索群锚锚头

图 2-22 钢绞线拉索体系

钢绞线拉索体系是一种新型的拉索体系，可应用于大、中跨径的斜拉桥及各种类型的悬挑结构。具有以下优点：

① 抗疲劳性能高；
② 良好的异地施工性能；
③ 经济性好；

④ 良好的防护性能。

3. 新型吊杆和系杆

新型吊杆和系杆如图 2-23 所示。

(a) 吊杆锚具

(b) 吊杆局部

图 2-23 新型吊杆和系杆

吊杆和系杆是拱桥最关键的构件之一，其可靠性、耐久性、适应性关系到桥梁结构的安全和正常使用，需要提供一种安全、可靠，具有良好抗疲劳性能和防腐性能，便于施工的产品。

最新的吊杆系统其短吊杆方案能适应桥面系纵向位移，从而减小短吊杆因桥面纵向位移产生的附加力，提高结构的安全性。

4. 悬索桥预应力锚固体系

悬索桥预应力锚固体系如图 2-24 所示。

(a) 悬索桥主缆索

(b) 悬索桥主鞍

(c) 悬索桥主缆锚碇

图 2-24 悬索桥预应力锚固体系

悬索桥预应力锚碇锚固体系是一种用于大型悬索桥、连接主缆索与锚碇混凝土台墩之间、将来自主缆的荷载传递至锚碇混凝土台墩的结构，是悬索桥的关键结构，其设计、施工质量对悬索桥的使用安全具有决定性的作用，由于它具有不可替换性且受力状态复杂而被称为悬索桥的生命线工程。而悬索桥主塔顶主索鞍、散索鞍（套）、索夹等产品是这种桥型重要的受力部件。

悬索桥预应力锚固体系主要有两种：型钢锚固体系和预应力锚固体系，后者又根据预应力材料的不同，可分为预应力粗钢筋锚固体系和预应力钢绞线锚固体系。

2.3.5 无粘结预应力筋

无粘结预应力筋是一种带管道的预应力筋，常用的无粘结预应力筋由 $\phi^s 15.2$ mm 钢绞线、建筑油脂、热挤 PE 套管组成（见图 2-25）。这种预应力筋因管道直径小，适用于尺寸较小的、预应力筋分散的构件；同时，也因为这种预应力筋具有较好的自防腐性能，常被用作体外预应力筋。

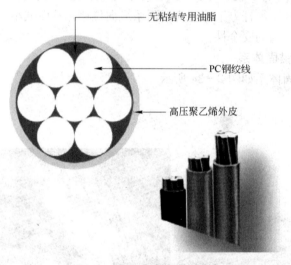

图 2-25 无粘结预应力筋

2.3.6 连接器

连接器（见图 2-26）主要由连接体、夹片、保护罩、约束圈等组成。连接器用于连续构件的预应力筋接长，有单根、多根和扁形三种形式。单根连接器用于接长未张拉的钢绞线，两端均采用夹片进行连接。多根和扁形连接器用于接长钢绞线束，通常用于连续梁中，其连接体是一种带翼的锚板，它的一端支撑在原锚垫板上，另一端设置夹片，即可按常规方法张拉钢绞线束，并予以锚固。在每一根接长钢绞线的端部加上 P 型挤压套，并将它与钢绞线逐根挂入连接体的翼板内，完成钢绞线束的接长。

(a) 多孔连接器

(b) 单孔连接器

图 2-26 连接器

2.3.7 波纹管

波纹管类产品（见图 2-27）既有传统的金属（黑带或镀锌）波纹管，也有新研制成功的塑料波纹管。

(a) 金属波纹管　　(b) 塑料波纹管

(c) 接长套管　　(d) 真空灌浆锚头

图 2-27 金属和塑料波纹管

金属（黑带或镀锌）波纹管可用于各种形状的孔道成孔，具有使用方便、重量轻、刚度好、与混凝土的粘结力强等优点。螺旋波纹铁皮套管系采用厚度为 0.25~0.30 mm 的镀锌或不镀锌低碳钢折剡咬口制成。螺旋波纹铁皮套管的截面形状有圆形及扁形两种。圆形螺旋管的内径尺寸系列从 40 mm 到 160 mm，相邻规格内径差为 5 mm。但是金属波纹管具有耐腐蚀性较差、容易生锈、使用寿命较短等缺点。

塑料波纹管采用的塑料为聚丙烯或高密度聚乙烯。塑料波纹管是一种多方面比金属波纹管性能更优的预应力管道。这种管道具有防水、耐候、抗氧化及化学腐蚀（塑料管道自身不腐蚀，且能有效防止氯离子侵入），有较高的线膨胀系数（$140 \times 10^{-6}/℃$），受力后密封性好、摩阻更小（实测的塑料波纹管的摩擦系数和长度偏差系数分别在 0.14 和 0.000 3/m 左右）、不导电、强度高等优点，有利于预应力筋防腐，适用于小半径布置预应力筋，满足特殊结构对预应力筋的绝缘要求。管壁厚度不小于 2 mm，以提供足够的强度和韧性用以抵抗预应力钢绞线张拉时的压力和摩擦；为有效地将预应力传递给管道外部的混凝土，管道的外形做成波纹状。波纹管一般为圆形，有单波纹和双波纹之分（见图 2-28）。波纹高度：单波纹为 2.5 mm，双波纹为 3.5 mm。波纹管的长度，每根为 4~6 m。选用波纹管时，波纹管的内径宜比钢绞线束或钢丝束的外径大 5~10 mm，且孔道面积不小于预应力钢材净面积的 2 倍。

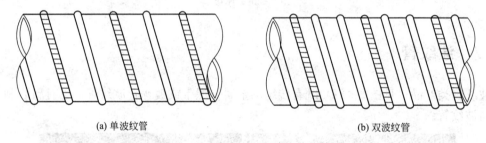

(a) 单波纹管　　　　　　　　　(b) 双波纹管

图 2-28　单波纹和双波纹波纹管

通过对比试验，我们把热镀锌金属波纹管、铁皮波纹管和塑料波纹管的性能进行了对比，如表 2-2 所示。

表 2-2　塑料与铁质波纹管的性能比较

技术参数	塑料波纹管	热镀锌波纹管	铁皮波纹管
耐腐蚀性	高密度聚乙烯是目前塑料中性能最稳定的一种，与水分和硅酸盐水泥不起反应。耐腐蚀性好	镀锌后有防锈能力，但镀锌层易与碱性水泥浆反应，对预应力材料的强度和粘结性不利	耐腐蚀性差，容易生锈
使用寿命	在构件内抗老化性达 50 年之久	使用寿命在 5 年以内	使用寿命在 3 年以内
与混凝土的粘结性	与混凝土的粘结性能良好，由于其波纹高度高，接触面积大粘结强度高	由于镀锌层性能不稳定，与混凝土的粘结性一般	与混凝土的粘结性一般，在施工过程中应严防腐蚀
最小弯曲半径	0.9~1.5 m（约 10~15 倍内径或长轴）	圆管大于 30 倍内径，扁管大于 30 倍长轴	
局部荷载承压能力	荷载作用下无渗漏，在弯曲范围内无渗漏	管材变形后不能恢复，在荷载作用下会有渗漏	

续表

技术参数	塑料波纹管	热镀锌波纹管	铁皮波纹管
集中荷载承压能力	管材壁厚为 2~3 mm，成单环形布置，刚度大，承压强度高，不易被振捣棒戳破	管材壁厚为 0.2~0.3 mm，成螺旋形布置，刚度相对较小，易变形，浇注混凝土时要防止振捣棒接触波纹管	
耐压性	管材连续挤压无断口，在 50 kPa 压力下可保持 24 小时不漏水	管材采用薄钢带折叠咬合，无压力下会渗水，在荷载作用下会渗水泥浆	
孔道摩阻系数	$\mu=0.10~0.14$ $k=0.000\ 8~0.001\ 5/m$	$\mu=0.25~0.30$ $k=0.001\ 5~0.003/m$	
绝缘性	不导电，绝缘性好	导电	

施工时对波纹管的选择，要综合考虑施工环境、施工方法及当地工程管理部门的相关规定等因素。

2.3.8 预应力机具

预应力机具系列（见图 2-29）包括高压油泵、千斤顶、墩头器、挤压器、压花机等设

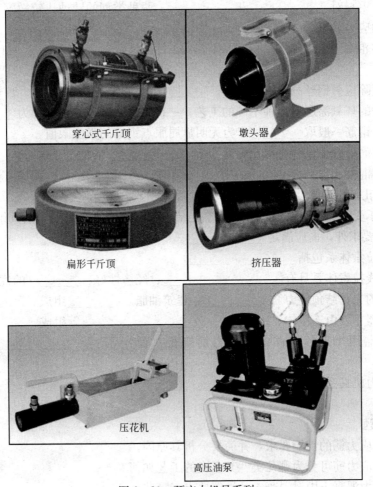

图 2-29 预应力机具系列

备类产品。预应力筋必须预加应力以得到很高的钢筋应力。为此，即使很小的钢筋截面也需要很大的力，产生这样的力用配有高压油泵的千斤顶是极为简便的。不同系列的油泵和千斤顶用于不同的场合。泵和千斤顶之间的连接管通常用柔性的高压软管。对于大型油压千斤顶，要用无缝钢管或铜管作为高压油管，并配备高压离合器和高压阀门。

墩头器是一种预应力施工专用设备，用以制作高强钢丝墩粗头。墩头器有 LD10、LD20K、GD300 等型号，分别用于对 $\phi 5$、$\phi 7$、$\phi 9.2$ 的高强钢丝进行墩头。

锚具通过挤压器将钢绞线挤压连接，连接处安装防护套。挤压器常用的型号是 GYJA 和 GYJB。

压花机主要用于把预应力钢绞线的固定端压成梨形散花状。配上网片筋、螺旋或箍筋等构造筋，靠钢绞线压花部位与混凝土之间握裹、挤压、锚固而形成自锚锚固。

习　　题

一、填空题

1. 提高钢材强度通常采用的三种方法是：＿＿＿＿、＿＿＿＿、＿＿＿＿。
2. 预应力钢材对＿＿＿＿＿＿和＿＿＿＿＿＿两种类型的锈蚀比较敏感。
3. 金属预应力筋可分为＿＿＿＿、＿＿＿＿、＿＿＿＿三类。
4. 预应力混凝土结构常用的高强钢丝，按交货状态可分为＿＿＿＿和＿＿＿＿两种；按外形可分为＿＿＿＿、＿＿＿＿、＿＿＿＿三种类型。
5. 我国消除应力钢丝分为＿＿＿＿、＿＿＿＿两种。
6. 钢绞线的环氧涂层有两种不同的工艺，一种为＿＿＿＿；另一种为＿＿＿＿。
7. 预应力钢筋一般取＿＿＿＿作为无明显屈服点钢筋的强度限值。
8. 预应力筋的松弛试验通常在温度为 20 ℃、＿＿＿＿的情况下进行。
9. 预应力混凝土结构中的非预应力纵向钢筋宜选用＿＿＿＿；箍筋宜选用＿＿＿＿、＿＿＿＿和冷轧带肋钢筋。
10. 用于承受静、动荷载的预应力混凝土结构，其预应力钢绞线—锚具组件，除应满足静载锚固性能要求外，尚应满足＿＿＿＿。
11. 钢丝拉索体系包括＿＿＿＿、＿＿＿＿。
12. 钢绞线拉索体系具有＿＿＿＿、＿＿＿＿、经济性好、＿＿＿＿的优点。
13. 常用的无粘结预应力筋由＿＿＿＿、建筑油脂、＿＿＿＿组成。
14. 连接器主要由连接体、＿＿＿＿、＿＿＿＿、＿＿＿＿等组成。
15. 连接器用于连续构件的预应力筋接长，有＿＿＿＿、＿＿＿＿、＿＿＿＿三种形式。
16. 预应力机具系列包括高压油泵、＿＿＿＿、＿＿＿＿、压花机等设备类产品。

二、简答题

1. 解释预应力筋的性能要求，并简要分析其原因。
2. 金属预应力筋可分为哪几类？其各自的工艺如何？
3. 在预应力混凝土中对混凝土的性能要求有哪些？

4. 分析混凝土梁中哪些裂缝是由混凝土收缩引起的?
5. 预应力筋的松驰和疲劳与什么因素有关?
6. 预应力筋在重复或反复荷载作用下,基本力学性能显著变化的原因是什么?
6. 混凝土的收缩和徐变各与那些因素有关?如何减少?其理论计算公式是什么?
7. 锚具和夹具各应满足什么要求?
8. 预应力锚具体系的分类有哪些?说明常用的锚具及其优缺点。
9. 与金属波纹管相比,塑料波纹管的优缺点有哪些?

第 3 章 桥梁预应力施工工艺

3.1 预应力施工工艺种类

预应力施工工艺是指通过张拉已夹紧预应力筋的锚具,在预应力混凝土结构中建立预加应力的施工方法。

对混凝土结构施加预应力的方法可分为两大类:一类是外部预应力,指通过机械方法调节外部反力,使混凝土结构受到预压应力;另一类是内部预应力,主要是通过机械法即张拉预应力筋来使混凝土受压。内部施加预应力还可用电热法、自张法等方法进行。

机械法施工工艺一般采用千斤顶或其他张拉工具;电热法施工工艺则是将低压强电流通过预应力筋使其发热伸长,锚固后利用预应力筋的冷缩而建立预应力;自张法施工工艺是利用膨胀水泥带动预应力筋一起伸长的张拉方法。

预应力结构主要采用机械法施工工艺。根据张拉预应力筋与浇注混凝土构件的先后次序,机械法预应力施工工艺可分为先张法预应力施工工艺和后张法预应力施工工艺两种;按预应力筋与混凝土之间是否有粘结力及预应力筋在体内还是在体外的不同,后张法预应力施工工艺又可分为有粘结后张法预应力施工工艺、无粘结预应力施工工艺及体外预应力施工工艺三种。

3.1.1 先张法预应力施工工艺

在浇注混凝土之前先张拉预应力筋的方法称为先张法,如图 3-1 所示。

先张法的主要施工工序为:在台座上张拉预应力筋至预定长度后,将预应力筋固定在台座的传力架上;然后在张拉好的预应力筋周围浇注混凝土;待混凝土达到一定的强度后(约为混凝土设计强度的 70% 左右)切断预应力筋。由于预应力筋的弹性回缩,使得与预应力筋粘结在一起的混凝土受到预压作用。因此,先张法是靠预应力筋与混凝土之间粘结力来传递预应力的。

先张法适用在长线台座上成批生产配直线预应力筋的混凝土构件,如混凝土预制箱梁和 T 形梁等。其优点为生产效率高、施工工艺简单、锚夹具可多次重复使用等。

图 3-2 为先张法预应力施工工艺的相关现场照片。

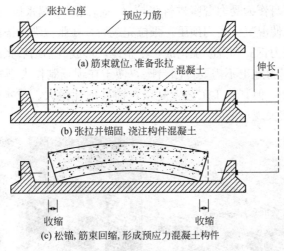

图 3-1　先张法施工工艺

图 3-2　用先张法施工混凝土预制箱梁

3.1.2　有粘结后张法预应力施工工艺

后张法主要施工工艺如图 3-3 所示：先浇注好混凝土构件，并在构件中预留孔道（直线或曲线形）；待混凝土达到预期强度后（一般不低于混凝土设计强度的 75%），将预应力钢筋

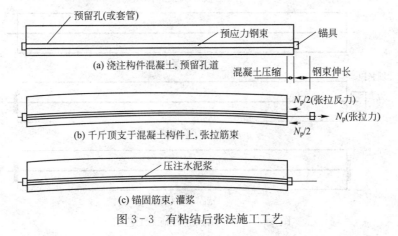

图 3-3　有粘结后张法施工工艺

穿入孔道；利用构件本身作为受力台座进行张拉（一端锚固一端张拉或两端同时张拉），在张拉预应力钢筋的同时，使混凝土受到预压。张拉完成后，在张拉端用锚具将预应力筋锚住；最后在孔道内灌浆使预应力钢筋和混凝土构成一个整体，形成有粘结后张法预应力结构。

有粘结后张法预应力施工不需要专门台座，便于在现场制作大型构件，适用于配直线及曲线预应力钢筋的构件。但其施工工艺较复杂、锚具消耗量大、成本较高。图3-4为有粘结后张法施工工艺的相关现场照片。

图3-4 用后张法施工混凝土预制箱梁

3.1.3 无粘结预应力施工工艺

主要施工工序为：将无粘结预应力筋准确定位，并与普通钢筋一起绑扎形成钢筋骨架，然后浇注混凝土；待混凝土达到预期强度后（一般不低于混凝土设计强度的75%），利用构件本身作为受力台座进行张拉（一端锚固一端张拉或两端同时张拉），在张拉预应力筋的同时，使混凝土受到预压。张拉完成后，在张拉端用锚具将预应力筋锚住，形成无粘结预应力结构。如图3-5所示。

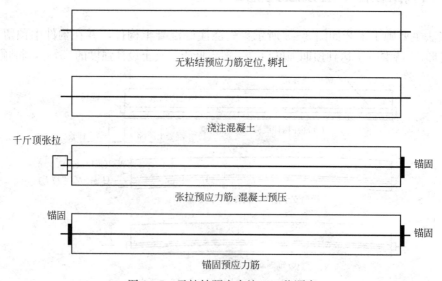

图3-5 无粘结预应力施工工艺顺序

无粘结预应力施工工艺的基本特点与有粘结后张法预应力比较相似，区别在于：① 由于避免了预留孔道、穿预应力筋及压力灌浆等施工工序，无粘结预应力的施工过程较为简单；② 由于无粘结预应力筋通长与混凝土无粘结，其预应力的传递完全依靠构件两端的锚具，因此无粘结预应力对锚具的要求非常高。

3.1.4 体外预应力施工工艺

主要施工工序为：先浇注好混凝土构件，并在构件中预埋预应力筋转向块；待混凝土达到预期强度后（一般不低于混凝土设计强度的75%），穿入预应力筋、并定位；利用构件本身作为受力台座进行张拉（一端锚固一端张拉或两端同时张拉），在张拉预应力筋的同时，使混凝土受到预压。张拉完成后，在张拉端用锚具将预应力筋锚住，从而形成体外预应力结构。如图3-6所示。一套完整的体外预应力体系的组成还应包括体外预应力防护系统和体外预应力减振器等。混凝土斜拉桥与悬索桥属此类结构的特例。

与有粘结后张法预应力结构相比，体外预应力结构的优点在于后张预应力筋布置灵活，并便于更换，但预应力筋的防火、防腐蚀及防冲撞等措施较为复杂。

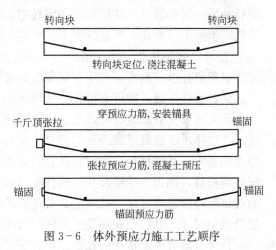

图3-6 体外预应力施工工艺顺序

3.2 预应力施工

3.2.1 预应力设备选用及校正

① 张拉千斤顶在整拉整放工艺中，单束初调及张拉宜采用穿心式双作用千斤顶。整体张拉和整体放张宜采用自锁式千斤顶，额定张拉吨位宜为张拉力的1.5倍，且不得少于1.2倍，张拉千斤顶前必须经过校正，校正系数不得大于1.05。校正有效期为一个月且不超过200次张拉作业，拆修更换配件的张拉千斤顶必须重新校正。

② 压力表应选用防震型，压力表的最大读数应为张拉力的1.5至2.0倍，精度不低于1.0级，校正有效期为一周。

③ 压力表应与张拉千斤顶配套使用。预应力设备应建立台账及卡片并定期检查。

3.2.2 工艺流程

制孔—→穿束—→张拉—→压浆。

3.2.3 施工工艺

1) 制孔

预应力孔道位置及材质应符合设计要求,并满足灌浆工艺的要求。制孔管应管壁严密不易变形,确保其定位准确,管节连接应平顺。孔道锚固端的预埋钢板应垂直于孔道中心线。孔道成型后应对孔道进行检查,发现孔道阻塞或残留物应及时处理。

后张法混凝土构件的预留孔道是由制孔器来形成的。常用的制孔器的型式有:

① 抽拔式制孔器,即在预应力混凝土构件中根据设计要求预埋制孔器具,待混凝土初凝后抽拔出制孔器具,从而形成预留孔道。采用抽拔式制孔器成型的预应力孔道,虽然造价较低,但施工较麻烦、孔道摩阻大、易穿孔漏浆,故只在一般特殊情况下采用。

② 埋入式制孔器,即在预应力混凝土构件中根据设计要求永久埋置制孔器(管道),从而形成预留孔道。通常可采用金属或塑料波纹管作为制孔器。这种预埋管道的构件,在混凝土达到设计强度后,即可直接张拉管道内的预应力筋。

埋入式制孔器形成的孔道系统由孔道连接器、进浆口、出浆口、出气孔(阀门)、阀连接、孔道排水、锚具过渡段及与锚具连接的压浆保护罩组成一个封闭的孔道系统,以防空气和水的进入。孔道材料应由耐腐蚀材料制成,在结构设计年限内,其性能不得退化。孔道系统应与锚具、钢束连接器及其他构件相一致。如孔道材料是非导体,孔道系统应与其一致并通过试验检验是否可导。孔道应具有足够的刚度,其定位间距及支撑应保证孔道的线形、位置及截面尺寸,并避免在混凝土灌注过程中孔道支撑处变形。

预埋金属管道是常用的孔道制作方法,金属波纹管由于其摩阻小、整体弯曲方便、局部承压强度较大、制作及布设简便,是目前最常用的预应力管道。

塑料波纹管是近几年国外发展起来的一种新型制孔器。塑料波纹管的具体特点第 2 章已经作了介绍,这里就不再赘述了。

2) 穿束

钢绞线下料按设计长度加张拉设备长度的总长度下料,下料应用砂轮机平放切割。切断后平放在地面上,采取措施防止钢绞线散头。钢绞线切割完后按各束理顺,并间隔 1.5 m 用铁丝捆扎编束。同一孔道穿束应整束整穿。钢绞线穿束采用整束牵引法进行,先将钢绞线束端部扎紧,套上穿束器,将穿束器的引线穿过孔道,在前端用 5T 慢速卷扬机拉动,后端人工向孔道内送进,直至两端露出所需的工作长度为止。穿好的钢绞线应顺直,中间无扭结现象,以防止影响预应力的精确性。钢绞线束穿好后,应按两端每根钢绞线的编号对称穿入锚具中。束头应平顺,以防挂破管壁。钢绞线穿束完成后,应尽快进行张拉压浆,以防锈蚀。钢绞线安装在管道中后,管道端部开口应使用彩条布包裹密封以防止湿气进入。

3.2.4 预应力筋张拉

1) 锚具的安装及准备工作

① 将锚垫板上的混凝土清理干净,检查锚垫板的注浆孔是否堵塞。清除钢绞线上的锈

蚀、泥浆。

② 检查预应力孔道中是否有漏浆粘结预应力筋的现象,如有应予以排除。

③ 安装工作锚板,锚板应与锚垫板止口对正。

④ 将清洗过的夹片,按原来在锚具中的片位号依次嵌入预应力钢绞线之间,夹片嵌入后,随即用手锤轻轻敲击夹片,使其夹紧预应力钢束,并使夹片外露长度齐整一致。将预应力钢束依次穿入千斤顶,锚环对中,并将张拉油缸先伸出2~4 cm,锚环内壁可涂少量润滑油。梁体两端千斤顶安装完毕后使顶压油缸处于回油状态,向张拉缸供油,开始张拉,同时注意工具锚夹片应使其保持整齐(差值不超过3 mm),张拉工作应平稳进行。

2) 千斤顶的定位安装

① 在工作锚上套上相应的限位板,根据钢绞线直径大小确定限位尺寸。

② 装上张拉千斤顶,使之与高压油泵相连接。

③ 装上可重复使用的工具锚板。

④ 装上工具夹片(夹片表面涂上退锚灵)。

3) 预应力张拉程序

初张拉时混凝土弹性模量应达到 $E_c = 3.45 \times 10^4$ MPa 以上,混凝土强度应不小于设计强度的75%,龄期不小于7天。终张拉时混凝土弹性模量应达到 $E_c = 3.75 \times 10^4$ MPa 以上,混凝土强度应达到设计强度,龄期不小于14天。

在进行第一孔梁张拉时需要对管道摩阻损失、锚圈摩阻损失进行测量。根据测量结果对张拉控制应力作适当调整,确保有效应力值。

梁体两侧宜对称张拉,其不平衡束最多不超过一束,张拉同束钢绞线应由两端对称同步进行,且按设计规定的编号及张拉顺序张拉。

预加应力应由两端同时进行,其程序为:0→0.1σ→σ(持荷5分钟)→锚固;预加应力值应以油压表读数为主,预应力筋伸长量作校核。预应力筋伸长量应从0.1σ开始记录,张拉至σ后,根据记录伸长量推算0~σ的伸长量作为实测伸长量;实测伸长量与设计的理论伸长量之差不应超过±6%。张拉预应力钢筋束应按照:左右对称、上下平衡的张拉顺序原则,对曲线梁片应严格按设计要求设置防崩钢筋。

4) 预应力理论和实际伸长量的计算

后张法预应力筋理论伸长值及预应力筋平均张拉力的计算公式如下:

$$\Delta l = \frac{P_p \times l}{A_p \times E_p} \tag{3-1}$$

$$P_p = P \times \frac{1 - e^{-(kx + \mu\theta)}}{kl + \mu\theta} \tag{3-2}$$

式中 Δl——预应力筋理论伸长值,mm;

l——预应力筋的长度,mm;

P_p——预应力筋的平均张拉力,N;

x——从张拉端至计算截面孔道长度,m;

A_p——预应力筋截面面积,mm²;

E_p——预应力筋的弹性模量,MPa;

P——预应力筋张拉端的张拉力,N;

θ——从张拉端至计算截面曲线孔道部分切线的夹角之和,单位 rad;

k——孔道每米局部偏差对摩擦的影响系数,取 0.001 5;

μ——预应力筋与孔道壁的摩擦系数,对塑料波纹管取 0.14~0.17。

5) 实际伸长量的量测及计算方法

预应力筋张拉前,应先调整到初应力 σ_0(一般可取控制应力的 10%~15%),伸长量应从初应力时开始量测。实际伸长值除张拉时量测的伸长值外,还应加上初应力时的推算伸长量,对于后张法混凝土结构在张拉过程中产生的弹性压缩量一般可省略。实际伸长值的量测采用量测千斤顶油缸行程数值的方法。在初始应力下,量测油缸外露长度,在相应分级的荷载下量测相应油缸外露长度。实际伸长值 ΔL 的计算公式如下:

$$\Delta L = B + C - 2A$$

式中　A——0~10%σ_k 应力下的千斤顶的实际引伸量;

B——10%σ_k~20%σ_k 应力下的千斤顶的实际引伸量;

C——20%σ_k~100%σ_k 应力下的千斤顶的实际引伸量。

6) 预应力张拉其他要求

张拉钢绞线之前,对梁体作全面检查,如有缺陷修补完好且达到设计强度,并将承压垫板及锚下管道扩大部分的残余灰浆铲除干净,否则不得进行张拉。

钢绞线张拉完毕后,伸出锚环外的多余钢绞线应使用切割器在距锚具 30 mm 以外的位置切割,严禁采用氧气乙炔火焰进行切割。

张拉锚固后应及时灌浆,一般应在 48 小时内完成,如因特殊情况不能及时灌浆,则应采取相应的保护措施,保证锚固装置及钢绞线不被锈蚀。

高压油表须经校验合格后方允许使用。校验有效期不得超过一周。千斤顶必须经过校验合格后才能使用。校正期限不得超过一个月。

高压油泵有不正常情况时,应立即停止作业并进行检查,严禁在千斤顶工作时,拆卸液压系统的部件和敲打千斤顶。

张拉钢绞线时,必须两边同时给千斤顶主油缸徐徐充油张拉,两端伸长量基本保持一致,严禁一端张拉。张拉时,应有专人负责及时填写张拉记录。

张拉完毕,卸下千斤顶及工具锚后,要检查工具锚处每根钢绞线的刻痕是否平齐,若不平齐说明有滑束现象,如遇有这种情况要对滑束进行补拉,使其达到控制应力。全梁断丝、滑丝总数不得超过该断面钢丝总数的 0.5%,且一束内断丝不得超过一丝,也不得在同一侧。

3.2.5　预应力筋张拉要求

预应力筋张拉或放张时,混凝土强度应符合设计要求;当设计无具体要求时,不应低于设计的混凝土立方体抗压强度标准值的 75%。

检查数量:全数检查。

检验方法:检查同条件养护试件试验报告。

过早地对混凝土施加预应力,会引起较大的收缩和徐变预应力损失,同时可能因局部承压过大而引起混凝土损伤。本条规定的预应力筋张拉及放张时混凝土强度要求,是根据现行公路或铁路桥涵设计规范的规定确定的。若设计对此有明确要求，则应按设计要求执行。

预应力筋的张拉力、张拉或放张顺序及张拉工艺应符合设计及施工技术方案的要求，并应符合下列规定：

① 当施工需要超张拉时，最大张拉应力不应大于国家现行公路或铁路桥涵设计规范的规定；

② 张拉工艺应能保证同一束中各根预应力筋的应力均匀一致；

③ 后张法施工中，当预应力筋是逐根或逐束张拉时，应保证各阶段不出现对结构不利的应力状态；同时宜考虑后批张拉预应力筋所产生的结构构件的弹性压缩对先批张拉预应力筋的影响，确定张拉力；

④ 当采用应力控制方法张拉时，应校核预应力筋的伸长值。实际伸长值与设计计算理论伸长值的相对允许偏差为±6%。

检查数量：全数检查。

检验方法：检查张拉记录。

预应力筋张拉应使各根预应力筋的预加力均匀一致，以使各根预应力筋同步受力，应力均匀。预应力筋的张拉顺序、张拉力及设计计算伸长值均应由设计确定，施工时应遵照执行。实际施工时，为了部分抵消预应力损失等，可采取超张拉方法，但最大张拉应力不应大于现行国家公路或铁路桥涵设计规范的规定。实际张拉时通常采用张拉力控制方法，但为了确保张拉质量，还应对实际伸长值进行校核，相对允许偏差±6%是基于工程实践提出的，有利于保证张拉质量。

预应力筋张拉锚固后实际建立的预应力值与工程设计规定检验值的相对允许偏差为±5%。

检查数量：对环氧涂层钢绞线施工，每工作班抽查预应力筋总数的1%，且不少于3根；对后张法施工，在同一检验批内，抽查预应力筋总数的3%，且不少于5束。

预应力筋张拉锚固后，实际建立的预应力值与量测时间有关。相隔时间越长，预应力损失值越大，故检验值应由设计通过计算确定。预应力筋张拉产生的实际预应力值对结构受力性能影响很大，必须予以保证。

3.3 灌浆工艺

在浇注混凝土之前需设置灌浆孔、排气孔、排水孔与泌水管。

灌浆孔或排气孔一般设置在构件两端及跨中处，也可设置在锚具或铸铁喇叭管处，孔距不宜大于12 m。灌浆孔用于压进水泥浆。排气孔是为了保证孔道内气流通畅及水泥浆充满孔道，不形成死角。灌浆孔或排气孔在跨内高点处应设在孔道上侧方，在跨内低点处应设在孔道下侧方。

排水孔一般设在每跨曲线孔道的最低点，开口向下，主要用于排除灌浆前孔道内冲洗用水或养护时进入孔道内的水分。泌水管应设在每跨曲线孔道的最高点处，开口向上，露出梁面的高度一般不小于500 mm。泌水管用于排除孔道灌浆后水泥浆的泌水，并可二次补充水泥浆。泌水管一般与灌浆孔统一设置。

3.3.1 灌浆材料

对于后张预应力混凝土结构或构件，在预应力钢筋张拉之后，孔道中应灌入水泥浆。灌浆的目的有两个：一是用水泥浆保护预应力钢筋，避免预应力钢筋受腐蚀；二是使得预应力钢筋与它周围的混凝土共同工作，变形一致。因此，水泥浆应具有一定的粘结强度，其收缩也不能过大。

如今使用最多的灌浆材料是水泥浆。对于灌浆用的水泥浆，性能要求如下。

① 工作性好：不泌水，在水灰比很低的情况下，仍有很大的流动性，可填充全部间隙。

② 无收缩、粘结强度高：具有微膨胀，与钢绞线的握裹力 28 天大于 6 MPa。

③ 耐久性好：是无机灌浆材料（灌浆料或灌注料），不老化，对钢绞线无锈蚀。

水泥浆体除了具有足够的抗压强度和粘结强度外，还必须保证有良好的防腐性能和稠度，不离析、泌水，硬化后孔隙率低、渗透性小，不收缩或低收缩。对水泥浆体技术要求如表 3-1 所示。

表 3-1 水泥浆技术条件

项 目	要 求	备 注
强度	不小于 $0.8f_{cu}$	f_{cu} 为 70.7 mm 水泥浆立方体试块实测强度
水灰比	0.40～0.45	最大不超过 0.50
流动性	不大于 6 秒	
泌水率	不大于 2%	500 cm^3 量筒、3 小时
收缩率	不大于 2%	
灌浆料掺入量	由试验确定	

制作水泥浆时，对水也有严格的要求。水中硫酸盐含量不能大于 0.1%，氯盐含量不能大于 0.5%，水中不能含有糖分或悬浮有机质。

3.3.2 压浆设备

1. 要求

压浆设备应包括搅拌器、储浆桶及一个带所需的连接软管和阀门的压浆泵、水、水泥和灌浆料的测量装置与测试设备。

2. 搅拌器

应用机械搅拌以获得均匀、稳定的水泥浆。高速强制式搅拌器具有以下优点：

① 使水泥分布更均匀；

② 改善泌水特性；

③ 减少水泥团块。

添加水泥浆成分的顺序取决于所用的搅拌器的类型。灌浆料应很好地散开，在制作水泥浆时水泥不应结块。

除灌浆料的制造厂商另有不同的规定外，建议按下列顺序添加其成分：
① 对于叶片式搅拌器：全部的水＋约 2/3 的水泥＋灌浆料＋其余的水泥；
② 对于高速强制式搅拌器：水＋水泥＋灌浆料。

3. 搅拌时间

水泥浆的搅拌时间应根据适用性试验结果确定，对于叶片式搅拌器不应超过 4 min，对于高速强制式搅拌器为 2 min。

4. 滤网

压浆设备应包括一个最大孔径为 1.2 mm 的滤网，水泥浆在进入压浆泵之前必须通过滤网。

5. 压浆泵

压浆泵应使水泥浆能连续流动并能够保持至少 1 MPa 的压力。压力表应指示泵压，并设有一个安全装置防止压力超过 2 MPa。

限制灌浆压力有利于：
① 防止崩开压浆管和排气管；
② 保护设备和阀不受损坏；
③ 保护操作人员；
④ 防止离析。

6. 灌浆温度

根据《水工建筑物水泥灌浆施工技术规范》规定，水泥浆温度不能超过 40 ℃，也不宜低于 5 ℃。

3.3.3 普通预应力混凝土孔道灌浆工艺

对于梁长在 24 m 以内的各种 PC 轨道梁，可采用普通预应力混凝土孔道灌浆工艺，建议采用真空灌浆。

1. 普通灌浆设备

普通灌浆设备包括强制式水泥浆搅拌机、活塞式压浆泵、计量设备、储浆桶、过滤网、高压橡胶管、控制阀。

2. 灌浆工艺

压浆机械使用活塞式压浆泵。同时压浆时对孔道的排气孔和排水孔应按照规范使用，浆体应到达孔道的另一端饱满出浆，并应到达排气孔排出与规定稠度相同的水泥浆为止。为保证管道中充满水泥浆，关闭出浆口后，应保持不小于 0.5 MPa 的一个稳压期，该稳压期不应小于 2 min。

具体流程如下。

① 在预应力钢绞线张拉完成后，用高压塑胶管或高压橡皮管将孔道上预留的灌浆口与压浆泵联结可靠。

② 孔道的准备：用压缩空气或压力水清除孔道内的杂物，金属波纹管孔道一般不必要用水冲洗，因为清除孔道中的水有困难；对混凝土壁的孔道应当冲洗以确保混凝土充分润湿。

③ 制浆：首先将水泥加入水泥浆搅拌机，随后加水和灌浆料，水泥浆应连续搅拌直到

泵送为止。一般情况下 1.5～3 min 的搅拌即可制造出适合灌注的水泥浆，因此，水泥在搅拌 3 min 后开始灌注。

④ 灌浆：水泥浆制好后，立即启动压浆泵压浆，在该孔道终端排气口排出和入口相当的水泥浆后，封闭排气口，持压（0.5 MPa）2 min 后，关停压浆机，封闭进浆口。

⑤ 制作试压块：每批灌浆施工的水泥浆都需制作一组试压块，以便测定试块 28 天的强度。

3.3.4 真空辅助灌浆工艺

对于梁长超过 24 m 以上的各种 PC 梁，应采用真空辅助灌浆工艺。

1. 真空压浆的原理

真空辅助压浆工艺是在传统压浆工艺的基础上，将孔道系统密封，一端用真空泵抽吸预应力孔道的空气，使孔道达到负压 0.1 MPa 左右的真空度，然后在孔道的另一端用压浆机以不小于 0.7 MPa 的正压力压入水灰为 0.29～0.35 的水泥浆。当水泥浆从真空端流出且稠度与压浆端基本相同时，再经过特定的排浆和保压以保证孔道内水泥浆体饱满。管道中间可以根据需要设置一定数量的观察孔，但必须保证观察孔在抽真空时的密封性能，以防止观察孔漏气导致抽真空失败，其原理图如图 3-7 所示。

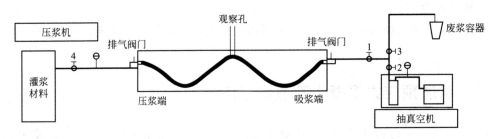

图 3-7 真空压浆原理图

2. 真空压浆程序

① 按图 3-7 中的方法安装压浆设备和管道。连接出浆孔与真空泵的管道一定要采用透明的塑料钢丝管。这样既可以满足真空状态下，管子不被压瘪，同时还可以方便地观察水泥浆的排出情况。出浆口到阀门之间的管道长度一般不小于 5 m，这样当水泥浆排出时，可以有足够的时间进行控制。

② 关掉阀 3、阀 4，打开阀 1、阀 2，启动真空泵进行抽真空。当真空达到 -0.08 MPa 左右时，可打开阀 4，启动灌浆泵开始灌浆。如果真空度达不到要求，应停止真空泵，检查各自连接部位，使气密性符合要求。

③ 保持真空泵开启状态，当观察到阀 1、阀 2、阀 3 之间的透明三通管内有浆体通过时，立即关掉真空泵及阀 2，并打开阀 3。

④ 观察通向废浆桶内的管道出浆情况，当浆体稠度和压入端一样时，关掉阀 3，仍继续灌浆，使管道内有 0.5～0.7 MPa 的压力，持压 2 min，再关掉阀 4。

⑤ 将除阀 1、阀 4 之外的部件拆除，并清洗，然后接到另一组孔道压浆部位处。

3. 真空辅助压浆技术要求

压浆前，先用真空泵抽吸预应力孔道中的空气，使孔道的真空度达到负压 $-0.06\sim-0.1$ MPa，然后在孔道另一端用压浆泵以一定的压力将搅拌好的水泥浆压入预应力孔道并产生一定的压力。由于孔道内只有极少数空气，浆体中很难形成气泡；同时，由于孔道内和压浆泵之间的正负压力差，大大提高孔道内浆体的饱满和密实度。而且在水泥浆中，由于添加专用的灌浆料，降低水灰比，从而减少浆体的离析、泌水和干硬收缩，同时提高浆体的强度。

技术要求：整个预留孔道及孔道的两端必须密封，且孔道内无沙石、杂物等；预留孔道用的管材必须具有一定的强度，必须与混凝土可靠粘结，防止在孔道抽真空过程中，管壁瘪凹；孔道内的真空度宜控制在 -0.08 MPa 左右，不宜过大，也不宜过小。

4. 真空辅助压浆主要设备

压浆设备包括：水泥浆搅拌机、压浆泵、计量设备、储浆桶、过滤网、高压橡胶管、连接头、控制阀。

真空辅助设备包括：真空泵、压力表、控制盘、加筋透明输浆管、气密阀、锚具保护帽。

具体连接如图 3-8 所示，图 3-9、图 3-10 和图 3-11 为相关的设备照片。

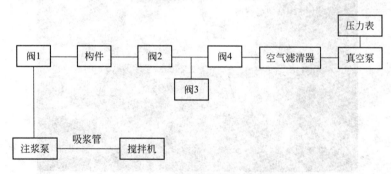

图 3-8 真空灌浆设备连接图

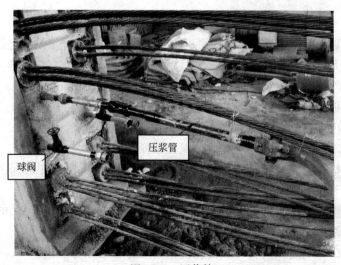

图 3-9 压浆管

图 3-10 灌浆泵

图 3-11 真空泵

5. 工艺流程

准备设备，在梁体的两端采用锚具保护帽进行封锚处理。详细的工艺流程如下。

① 张拉工序完成。

② 切断锚具外露的钢绞线，注意保证钢绞线外露量≥25 mm。

③ 清理锚垫板表面的水泥浆和其他杂物，保证表面平整。

④ 清理锚垫板上装配螺孔内的水泥浆，必要时用丝攻重新清理螺纹。

⑤ 用钢丝刷清理锚垫板上的水泥浆，保证锚座底面平整。

⑥ 在两端锚垫板上安装压浆管、球阀和快换接头，必须检查并确保所装阀能安全开启及关闭。

⑦ 确定抽真空端及压浆端。一般情况下，抽吸真空端置于构件高处的锚垫板上，压浆端则置于低处的锚垫板上。

⑧ 拧开排水口，用高压空气将预留孔道内可能存在的水分吹出。

⑨ 将接在真空泵负压容器上的三向阀的上端出口用透明胶管连接到抽真空端的快换接

头上。

⑩ 在正式开始真空压浆前，先用真空泵抽吸真空。

图 3-12 为真空灌浆工艺流程图。

6. 真空辅助压浆施工工艺

在真空灌浆施工中，灌浆施工机械连接简图如图 3-8 所示。在施工中应认真执行《铁路桥涵施工技术规范》（JTJ 041—2000）的有关规定，并应严格按照以下程序执行操作：

① 在预应力钢绞线施工完成后，切除外露的钢绞线，不宜用水泥砂浆封锚，应采用锚具保护帽封锚。并将锚板、夹片、外露钢绞线全部包裹，覆盖层应保证防水、防潮、防腐蚀气体和杂散电流的要求。封锚后 24～48 小时内进行真空灌浆。

② 浆体严格按照配合比进行称量配料，同时搅拌机在拌制灌注浆体前，应加水空转搅拌数分钟，将积水排净，并使其内壁充分湿润，在全部浆体用完之前再投入原材料，更不能采取边出料边进料的方法，搅拌好的水泥浆须一次用完。

③ 在压浆前，清理锚垫板上的灌浆孔，保证灌浆孔与孔道畅通连接。确定抽真空端与灌浆端，安装引出管、球阀和接头，并检查其功能，确保施工安全、顺利。

④ 灌浆。首先启动真空泵抽真空，使孔道真空达到 −0.08 MPa 左右且保持稳定，同时对拌制好存储在储存罐中

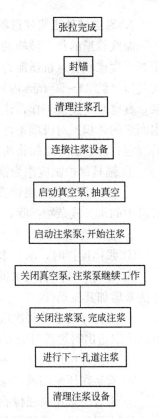

图 3-12 真空灌浆工艺流程图

浆体采用 1.2 mm 的筛网过滤后加入到灌浆泵中，当灌浆泵输出的浆体稠度达到要求稠度时，灌浆泵上的输送管接到锚垫板上的引出管上，开始灌浆。灌浆过程中保持真空泵连续工作，待抽真空端的空气滤清器中有浆体经过时，关闭空气滤清器前端的阀门，稍后打开排气阀，当浆体从排气阀顺畅流出且稠度与灌入的浆体相同时，关闭抽真空端的所有阀门。灌浆泵继续工作，并沿着管道由高到低将排气孔打开，待排气孔流出的浆体稠度与灌入的浆体稠度相同时，由低到高关闭排气孔，在小于或等于 0.7 MPa 的压力下，持压 1～2 分钟，然后关闭灌浆泵及灌浆端所有阀门，完成灌浆。拆除外接管及各种附件，清洗空气滤清器及阀门等。

⑤ 灌浆顺序。根据结构物的特点，灌浆顺序应从孔道的下层孔道开始，对于曲线孔道和竖向孔道应从最低点灌浆孔灌入，并且由最高点的排气孔排出水和泌水。

⑥ 压力和速度。在真空灌浆过程中，一般情况下压力控制在 0.5～0.7 MPa。当孔道较长时，压力可以达到 1.0 MPa，同时应经常检查孔道真空度的稳定性；灌浆时速度一般控制在 5～15 m/min，对竖向孔道的灌浆宜采用低限，对较长或直径较大的管道或在炎热气候条件下，压浆应采用较快的速度，但应注意压浆胶管和孔道内的压力情况，防止超压将胶管压裂事故的发生。

⑦ 在整个灌浆过程中，对灌浆孔数和位置应作好记录，防止漏灌。同时每一工作班应留取不少于 3 组的 70.7 mm×70.7 mm×70.7 mm 的立方试件，并进行标准养护，以便检查真空灌浆质量。

7. 真空辅助压浆注意事项

曲线管道的每个波峰的最高点靠同一端设置观察阀，高出混凝土 200 mm；输浆管应采用高强度橡胶管（抗压能力≥2.0 MPa），并注意连接牢固；灌浆工作宜在浆体流动性下降前进行（约 30～50 min 内），孔道一次连续灌注；中途调换压浆管道时，应继续启动灌浆泵，真空泵应连续工作，让浆体循环流动；储浆罐中的浆体体积必须大于所需灌浆的一孔道水泥浆的体积；对极端条件下（如炎热或寒冷天气）的孔道压浆，应严格执行国家有关规范的规定；灌浆后，必须将所有粘有浆体的设备清洗干净。

① 锚具保护帽应作为锚具的保护装置永久留在梁体上。

② 在压浆前若发现管道内残留有水分或杂物的话，则须考虑使用空压机先行将残留在管道中的水分或杂物排除，确保真空辅助压浆工作能够顺利进行。

③ 整个连通管路的气密性必须认真检查，合格后方能进入下一道工序。

④ 浆体搅拌时，水、水泥和灌浆料的用量都必须严格控制。

⑤ 必须严格控制用水量，对不及时使用而降低了流动性的水泥浆，严禁采用增加水的办法来增加其流动性。

⑥ 搅拌好的浆体每次应全部卸尽，在浆体全部卸出之前，不得投入未拌和的材料，更不能采取边出料边进料的方法。

⑦ 向搅拌机送入任何一种灌浆料，均需在浆体搅拌一定时间后送入。

⑧ 安装在压浆端及出浆端的阀门和接头，应在灌浆后 1 小时内拆除并清洗干净。

⑨ 浆管应选用高强橡胶管，抗压能力大于 1 MPa，连接要牢固，不得脱管。

⑩ 水泥浆进入灌浆泵前应通过 1.2 mm 的筛网进行过滤。

⑪ 搅拌后的水泥浆必须做流动度、泌水性试验，并制作浆体强度试块。

⑫ 灌浆工作宜在水泥浆流动性下降前进行（约 30～45 min），孔道一次灌注要连续。

⑬ 在中途换管道的时间内，应连续启动灌浆泵，让浆体循环流动。

⑭ 灌浆孔数和位置必须作好记录，防止漏灌。

⑮ 储浆灌的储浆体积必须大于所灌注的一条预应力孔道的体积。

8. 真空辅助压浆工艺特点

① 可以排除普通压浆引起的气泡。同时，在孔道中残留的水珠在接近真空的情况下被汽化，随同空气一起被抽出，增强了浆体的密实度。

② 消除混在浆体中的气泡，这样就避免了有害水积聚在预应力筋附近的可能性，防止预应力筋的腐蚀。

③ 优良的浆体设计，使其不会发生析水、干硬收缩等问题。

④ 孔道在真空状态下，减小了由于孔道高低弯曲而使浆体自身形成的压力差，便于浆体充满整个管道，对于弯形、U 形、竖向预应力筋更能体现其优越性。

真空压浆法和传统的普通压浆法相比，灌浆过程连续、迅速，减小了曲线孔道中浆体自身引起的压力差，特别是对于一些异形管道的关键部位，提高了孔道压浆的密实性，在钢束曲率半径较小、钢束过长及常规压浆法不好施工的结构中应用，均能取得良好的效果，但是真空压浆工艺复杂，需要特定的设备，造价高，对施工人员的技术要求较之普通压浆工艺要高，所以目前在实际工程中，特别是对大、中跨径预应力混凝土箱形截面梁需要进行推广应用。

习 题

一、填空题

1. 一套完整的体外预应力体系的组成应包括_____和_____等。
2. 张拉千斤顶在整拉整放工艺中，单束初调及张拉采用_____；整体张拉和整体放张宜采用_____。
3. 压力表应选用防震型，压力表的最大读数应为张拉力的_____，精度不低于_____，校正有效期为_____。
4. 埋入式制孔器形成的孔道系统由_____、进浆口、_____、_____、阀连接、_____、锚具过渡段及与锚具连接的_____组成一个封闭的孔道系统。
5. 钢绞线下料按_____加_____的总长度下料，下料应用砂轮机平放切割。
6. 张拉预应力钢筋束应按照_____的张拉顺序原则进行。
7. 预应力筋的实际伸长值除张拉时量测的伸长值外，还应加上_____。
8. 预应力混凝土全梁断丝、滑丝总数不得超过该断面钢丝总数的_____，且一束内断丝数不得_____。
9. 压浆设备应包括_____、_____及一个带所需的连接软管和阀门的压浆泵、水、水泥和_____。
10. 水泥浆的搅拌时间应根据适用性试验结果确定，对于叶片式搅拌器不应超过_____，对于高速强制式搅拌器为_____。
11. 压浆设备应包括一个最大孔径为_____的滤网。
12. 压浆泵应使水泥浆能连续流动并能够保持至少_____的压力。
13. 水泥浆的温度不能超过_____，也不宜低于_____。
14. 压浆设备包括：水泥浆搅拌机、_____、_____、储浆桶、_____、高压橡胶管、连接头、_____。

二、简答题

1. 混凝土结构施加预应力的方法有哪两大类？简述它们的施工工艺。
2. 先张法、后张法及体外预应力施工工艺有哪些？
3. 对预应力筋张拉应符合哪些要求？
4. 解释灌浆孔、排气孔、排水孔与泌水管的布置位置及原因。
5. 普通灌浆的工艺有哪些？
6. 给出真空压浆的工作原理。
7. 给出真空辅助灌浆的施工工艺。
8. 给出真空辅助灌浆的注意事项。

第 4 章
桥梁预应力损失计算、结构性能与构造

4.1 预应力张拉控制应力

预应力张拉控制应力 σ_{con} 是指预应力筋张拉时锚下的控制应力,其值宜定得高一些,以便使混凝土能获得较高的预压应力,从而提高构件的抗裂性,减小变形。但 σ_{con} 定得过高则会:

① 可能引起钢丝破断。由于同一束中各根钢丝的应力不可能完全相同,其中少数钢丝的应力必然超过 σ_{con},如果 σ_{con} 值定得过高,个别钢丝就可能破断。另外,如果设计中需要进行超张拉(即全预应力束平均应力比 σ_{con} 高 5%),这种个别钢丝先被拉断的现象就可能更多一些。此外,由于气温的降低,也可能使张拉后的预应力筋在与混凝土完全粘结之前突然断裂;

② σ_{con} 值越高,预应力筋的应力松弛也将越大;

③ σ_{con} 值越高,预应力混凝土构件没有足够的安全系数来防止混凝土的脆裂;

④ 反拱过大不易恢复;

⑤ 后张法构件还可能在预拉区出现裂缝或产生局部受压破坏。

因此《公路钢筋混凝土及预应力混凝土桥涵设计规范》(JTG D62—2004)(以下简称《桥规 JTG D62》)对张拉控制应力规定了上限值,其限值见表 4-1。

表 4-1 预应力钢筋张拉控制应力限值

对于钢丝、钢绞线	$\sigma_{con} \leqslant 0.75 f_{pk}$
对于冷拉粗钢筋	$\sigma_{con} \leqslant 0.90 f_{pk}$

式中 σ_{con}——张拉控制应力值;
f_{pk}——预应力钢筋抗拉强度标准值。

《铁路桥涵钢筋混凝土和预应力混凝土结构设计规范》(TB 10002.3—2005)(以下简称《桥规 TB 10002.3》)对张拉控制应力上限值的规定和《桥规 JTG D62》一致。

在预应力钢筋张拉阶段允许超张拉,但在任何情况下,预应力钢筋的最大控制应力:钢丝、钢绞线不应超过 $0.80 f_{pk}$,精轧螺纹钢筋不超过 $0.95 f_{pk}$。

4.2 预应力损失计算

在预应力结构的施工及使用过程中,由于张拉工艺、材料特性及环境条件的影响等原因,使得预应力筋中的拉应力不断降低,称为预应力损失。满足设计需要的预应力筋中的拉应力值,应是张拉控制应力扣除预应力损失后的有效预应力。

预应力损失可分为两类:瞬时损失和长期损失。瞬时损失指的是施加预应力时短时间内完成的损失,包括锚具变形和钢筋滑移、混凝土弹性压缩、先张法蒸汽养护及折点摩阻、后张法孔道摩擦及分批张拉等损失。长期损失指的是考虑了材料的时间效应所引起的预应力损失,主要包括了混凝土的收缩、徐变和预应力松弛的损失。

目前,关于预应力损失的计算方法大体上可分为三类:

4.2.1 总损失估算法(综合估算法)

综合估算法以其简单和实用性得以广泛采用,尽管损失计算的误差虽有可能影响结构的使用性能,但对受弯构件的抗弯强度来说,除非采用的是无粘结筋或有效预应力小于 $0.5f_{pu}$,是几乎没有影响的。

早在1958年,美国混凝土学会与土木工程学会(ACI - ASCE)第423委员会提出的"预应力混凝土结构设计建议"就对混凝土弹性压缩、收缩、徐变和钢材的松弛引起的总损失值(不包括摩擦损失和锚具损失)作出如下规定:

先张法　　241 MPa
后张法　　172 MPa

上述损失值被1963年的ACI规范和美国公路桥梁规范(AASHTO)所采纳,设计了大量的具有良好工作性能的房屋结构和桥梁结构,随着工程实践的发展考虑到对松弛应力估计偏低,于1975年作了修订,具体数值见下表4-2;美国后张混凝土协会(PTI)也于1976年在其手册中规定了总损失值,具体数值见表4-3。

表4-2　美国公路桥梁规范(AASHTO)总损失值

预应力钢筋种类	总损失值/MPa	
	27.6	34.5
先张钢绞线	—	310
后张钢绞线或钢丝	221	228
钢筋	152	159

注:后张钢丝或钢绞线的总损失值不包括摩擦损失。

表4-3　美国后张混凝土协会(PTI)建议的总损失值

预应力筋种类	总损失值/MPa	
	板	梁或小梁
应力消除处理的1 860 MPa的钢绞线与强度为1 655 MPa的钢丝	210	240
高强粗钢筋	138	170
低松弛1 860 MPa钢绞线	100	138

表中数值仅适用于中等条件下的一般结构和构件。如果混凝土在强度很低时就承受高预压应力,或者混凝土处于非常干燥或非常潮湿的暴露条件下,总损失值会有很大的差别。

由于混凝土和钢材的性能,养护和湿度条件,预加应力的时间和大小及预应力工艺等诸多因素的影响,要定出一个统一的预应力总损失值是很困难的,林同炎教授提出总损失及各个组成因素损失的平均值,用预加力百分比表示,如表4-4所示。

表4-4 林同炎提出的损失占预加力百分比

	先张/%	后张/%		先张/%	后张/%
混凝土弹性压缩	4	1	钢材损失	8	8
混凝土收缩	7	6	总损失	25	20
混凝土徐变	6	5			

注:1. 此表已考虑了适当的超张拉以降低松弛和克服摩擦和锚固损失,凡未被克服的摩擦损失必须另加;
2. 当条件偏离一般情况时应根据条件作相应增减。

4.2.2 分项计算法

工程设计中为了简化起见,采用将各种损失值分项计算再进行累积叠加的方法来求预应力总损失。这也是我国现行规范目前采用的预应力损失计算方法。以下我们将分别介绍我国公路规范《桥规 JTG D62》和铁路《铁路桥涵钢筋混凝土和预应力混凝土结构设计规范》(TB 10002.3—2005)对于预应力损失计算的规定:

《桥规 JTG D62》规定,预应力混凝土构件在持久状况正常使用极限状态计算中,应考虑下列因素引起的预应力损失:

预应力钢筋与管道壁之间的摩擦　　　　σ_{l1}
锚具变形、钢筋回缩和接缝压缩　　　　σ_{l2}
预应力钢筋与台座之间的温差　　　　　σ_{l3}
混凝土的弹性压缩　　　　　　　　　　σ_{l4}
预应力钢筋的应力松弛　　　　　　　　σ_{l5}
混凝土的收缩和徐变　　　　　　　　　σ_{l6}

《桥规 TB 10002.3》也同样规定,在计算预应力钢筋的应力时,也要考虑上述的六种预应力损失。这两种规范在预应力损失计算公式中参数值的选择有所不同。总的来说,铁路规范在公式参数选择上要比公路规范保守些。

1. 预应力筋与孔道壁之间摩擦引起的应力损失 σ_{l1}

这项预应力损失出现在后张法预应力混凝土构件中。在张拉预应力筋时,因预留孔道的位置可能有偏差、孔壁不光滑(有混凝土灰浆碎碴之类的杂物)等原因而引起。其值为从张拉端至计算截面的摩擦损失值,以 σ_{l1} 表示。

摩擦损失主要由孔道的弯曲和管道的偏差两部分影响所产生。对直线孔道存在偏差影响(或长度影响)摩擦损失,其值较小,主要与预应力筋的长度、接触材料间的摩阻系数及孔道成型的施工质量等有关。而对弯道部分,除了孔道偏差影响外,还有因孔道弯曲,张拉时预应力筋对孔道内壁的径向垂直挤压力所引起的摩擦损失,称为弯道影响的摩擦损失,其值较大,并随预应力筋弯曲角度之和的增加而增加。

1) 弯道影响引起的摩擦力

预应力筋在曲线段内预应力损失的分析如图 4-1（c）所示。

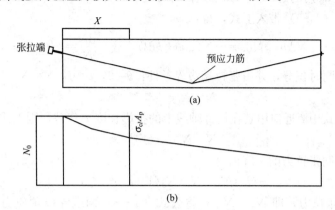

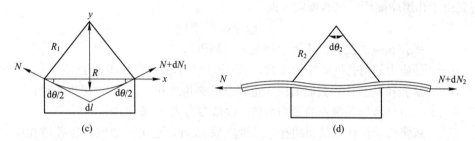

图 4-1 摩阻损失计算简图

在曲线段内，取微段预应力筋 dl 为脱离体，相应的弯曲角为 $d\theta$，弯道在此处的半径为 R_1，则 $dl = R_1 d\theta$。若预应力筋与孔壁间的摩擦系数为 μ，则预应力筋对孔道内壁的法向压力 F 而引起的摩擦力为：

$$dN_1 = -\mu F \tag{4-1}$$

根据力的平衡条件，$\sum Y = 0$，则：

$$F = N\sin\frac{d\theta}{2} + (N - dN_1)\sin\frac{d\theta}{2} = 2N\sin\frac{d\theta}{2} - dN_1\sin\frac{d\theta}{2}$$

略去高阶微量 $dN_1 \sin\frac{d\theta}{2}$，又 $\sin\frac{d\theta}{2} \approx \frac{d\theta}{2}$，得：$F = 2N\sin\frac{d\theta}{2} \approx Nd\theta \tag{4-2}$

将上式代入公式（4-1），得： $\quad dN_1 = -\mu N d\theta \tag{4-3}$

2) 孔道偏差影响引起的摩擦力

设孔道具有正负偏差，其平均半径为 R_2（图 4-1（d））。同理，假定预应力筋与平均弯曲半径为 R_2 的孔道壁相贴，在直线部分取微段预应力筋 dl 为脱离体，并假定其相应的弯曲角为 $d\theta_2$，则预应力筋与微段孔壁间的法向压力产生的摩擦力为：

$$dN_2 = -\mu N d\theta_2 = -\mu N \frac{dl}{R_2} \tag{4-4}$$

令 $k = \mu/R_2$ 为孔道设计位置偏差系数，则

$$dN_2 = -kN dl \tag{4-5}$$

3) 预应力筋计算截面处因摩擦力引起的应力损失值 σ_{l1}：

弯道部分微段 dl 内的总摩擦力为上述两部分之和，即 $dN=dN_1+dN_2$ 将公式（4-3）和（4-5）带入上式，得：

$$dN=-\mu Nd\theta-kNdl=-N(\mu d\theta+kdl) \quad 或 \quad \frac{dN}{N}=-(\mu d\theta+kdl) \quad (4-6)$$

对式（4-6）两边同时积分，并由张拉端边界条件：$\theta=0$，$l=0$，$N=N_0$，可得：

$$N=N_0 e^{-(\mu\theta+kl)}$$

为方便计算，式中 l 近似用其在构件轴线上的投影长度 x 代替，则上式为：

$$N=N_0 e^{-(\mu\theta+kx)} \quad (4-7)$$

于是，预应力筋张拉力的下降值为：

$$\Delta N=N_0-N=N_0(1-e^{-(\mu\theta+kx)}) \quad (4-8)$$

当 N_0 取控制张拉力，即 $N_0=N_{con}$，将公式（4-8）两端除以预应力筋的截面积 A_p，即可得到由于孔道摩擦所引起的预应力损失：

$$\sigma_{l1}=\sigma_{con}[1-e^{-(\mu\theta+kx)}] \quad (4-9)$$

式中 σ_{con}——张拉预应力筋时的锚下控制应力（MPa）；

μ——预应力筋与孔壁的摩擦系数，《桥规 JTG D62》建议按表 4-5 采用；

θ——从张拉端至计算截面曲线孔道部分的夹角之和，以 rad（弧度）计；

k——孔道每米局部偏差的影响系数，一般参考表 4-5 采用；

x——从张拉端至计算截面的孔道长度，以 m 计，也可近似取该段孔道在纵轴上的投影长度。

表 4-5 偏差系数 k 和摩擦系数 μ 值

管道成型方式	k	μ	
		钢绞线、钢丝束	精轧螺纹钢筋
预埋金属波纹管	0.001 5	0.20~0.25	0.40
预埋塑料波纹管	0.001 5	0.14~0.17	—
预埋铁皮管	0.003 0	0.35	0.40
预埋钢管	0.001 0	0.25	—
抽芯成型	0.001 5	0.55	0.60

《桥规 JTG D62》和《桥规 TB 10002.3》对于预应力筋与孔道壁之间摩擦引起的应力损失 σ_{l1} 都采用了（4-9）的计算方法。

2. 锚具变形、预应力筋回缩和分块拼装构件接缝压密引起的应力损失 σ_{l2}

《桥规 JTG D62》和《桥规 TB 10002.3》都给出了预应力直线钢筋，由锚具变形、钢筋回缩和接缝压缩引起的预应力损失 σ_{l2} 的计算表达式为：

$$\sigma_{l2}=E_p\varepsilon=\frac{\sum \Delta l}{l}E_p \quad (4-10)$$

式中 Δl——锚具变形、预应力筋回缩和构件接缝压密值（mm），《桥规 JTG D62》规定按表 4-6 取用；

l——预应力筋的有效长度，mm；

E_p——预应力筋的弹性模量,MPa。

表4-6 锚具变形、预应力筋回缩和接缝压密值表   mm

锚具、接缝类型		ΔL	锚具、接缝类型	ΔL
钢丝束的钢制锥形锚具		6	墩头锚具	1
夹片式锚具	有顶压时	4	每块后加垫板的缝隙	1
	无顶压时	6	水泥砂浆接缝	1
带螺帽锚具的螺帽缝隙		1	环氧树脂砂浆接缝	1

应该指出,按公式4-9计算锚具变形损失 σ_{l2} 时,未考虑管道的反摩擦影响,即认为沿构件全长各截面的锚具变形损失均相等。实际上,由于锚具变形所引起的钢筋回缩,同样会受到管道摩擦力的影响,这种摩擦力与钢筋张拉时的摩擦力方向相反,故称为反摩擦。若考虑反摩擦的影响,则锚具变形损失 σ_{l2} 仅影响锚具附近一段的钢筋,在这一影响区段内其数值也是变化的。《桥规 JTG D62》规定,后张法构件预应力曲线钢筋由锚具变形、钢筋回缩和接缝压缩引起的预应力损失,应考虑反向摩擦的影响。而《桥规 TB 10002.3》则规定,在计算时,可考虑钢筋与管道间反向摩擦的影响。

在《桥规 JTG D62》中,又推荐了考虑反摩擦后钢筋应力损失计算图示,是目前国际上多数国家规范采用的简化计算图式,其核心是认为由张拉端至锚固范围内由管道摩擦引起的预拉损失沿梁长方向均匀分配,即将扣除管道摩擦损失后钢筋应力沿梁长方向的分布曲线简化为直线(图4-2中的 caa' 线),显然,这条线的斜率为

$$\Delta\sigma_d = \frac{\sigma_0 - \sigma_l}{l} \tag{4-11}$$

式中 $\Delta\sigma_d$——单位长度由管道摩擦引起的预应力损失,MPa/mm;
σ_0——张拉端锚下控制应力(即 $\sigma_0 = \sigma_{con}$)(MPa);
σ_l——扣除沿途管道摩擦损失后锚固端的预应力(即 $\sigma_l = \sigma_{con} - \sigma_{l1}$)(MPa);
l——张拉端至锚固端之间的距离,mm。

图4-2所示为考虑反摩擦后钢筋应力损失的简化计算图式。图中 caa' 表示预应力钢筋扣除管道正摩擦损失后锚固前瞬间的应力分布线,其斜率为 $\Delta\sigma_d$。锚固时张拉端预应力筋将发生钢筋的回缩,由此引起的张拉端预应力损失为 $\Delta\sigma$。考虑反摩擦的作用,此项预拉力损失将随着离开张拉端距离 x 的增加而逐渐减小,并假定按直线规律变化。由于钢筋回缩发生的反向摩擦力和张拉时发生摩擦力的摩擦系数相等,因此,代表锚固前和锚固后瞬间的预应力钢筋应力变化的两根直线 caa' 和 ea 的斜率相等,但方向相反。两根直线的交点 a 至张拉端的水平距离即为回缩影响区长度 l_f。当 $l_f < l$ 时,锚固后整根预应力钢筋的预应力变化线可用折线 eaa' 表示。为了确定这根折线,我们需要求出两个未知量:一个是张拉端预应力损失 $\Delta\sigma$,另一个是预应力钢筋回缩影响区长度 l_f。

由于直线 caa' 与 ea 的斜率相等,△cae 为等腰三角形,可将底边 $\Delta\sigma$ 通过高度 l_f 和斜率 $\Delta\sigma_d$ 表示,钢筋回缩引起的张拉端预应力损失为

$$\Delta\sigma = 2l_f \Delta\sigma_d \tag{4-12}$$

钢筋的总回缩量等于回缩影响区 l_f 范围内各微分段回缩应变的累计,并应与锚具变形值 $\sum \Delta l$ 相协调:

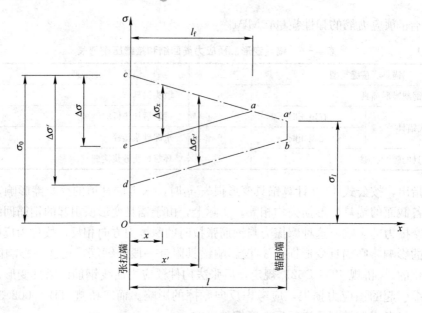

图 4-2 考虑反摩擦后钢筋应力损失计算简图

图中：caa'——预应力钢筋扣除管道正摩擦损失后的应力分布线；
eaa'——$l_f \leqslant l$ 时，预应力钢筋扣除管道正摩擦和回缩（考虑反摩擦）损失后的应力分布线；
db——$l_f > l$ 时，预应力钢筋扣除管道正摩擦和回缩（考虑反摩擦）损失后的应力分布线；
cae——等腰三角形；$ca'bd$——等腰梯形。

$$\sum \Delta l = \int_0^a \frac{\Delta \sigma_x}{E_p} dx = \frac{1}{E_p} \int_0^a \Delta \sigma_x dx \tag{4-13}$$

式中 $\int_0^a \Delta \sigma_x dx$ 即为 $\triangle cae$ 的面积，所以

$$\sum \Delta l \cdot E_p = \frac{1}{2} \Delta \sigma \cdot l_f \tag{4-14}$$

将 $\Delta \sigma = 2 l_f \Delta \sigma_d$ 式（4-12）代入上式，则得回缩影响长度 l_f 的计算表达式：

$$l_f = \sqrt{\frac{\sum \Delta l \cdot E_p}{\Delta \sigma_d}} \tag{4-15}$$

式中，$\Delta \sigma_d$ 由式（4-11）计算。

求得回缩影响长度 l_f 后，即可按下列不同情况计算考虑反摩擦后预应力钢筋的应力损失。

① 当 $l_f \leqslant l$ 时，扣除管道正摩擦和钢筋回缩（考虑反摩擦）损失后的预应力线以折线 eaa' 表示。离张拉端 x 处由锚具变形引起的考虑反摩擦后的预应力损失为：

$$\Delta \sigma_x (\sigma_{l2}) = \Delta \sigma \frac{l_f - x}{l_f} \tag{4-16}$$

式中，$\Delta \sigma$ 为张拉端处由锚具变形引起的考虑反摩擦后的预应力损失，按式（4-12）计算，即取 $\Delta \sigma = 2 l_f \Delta \sigma_d$。

如 $x \geqslant l_f$，表示该截面不受反摩擦的影响，即取 $\sigma_{l2} = 0$。

② 当 $l_f > l$ 时，预应力钢筋的全长均处于反摩擦影响长度以内，扣除管道摩擦和钢筋回

缩等损失后的预应力线以 db 线表示，距张拉端 x' 处由锚具变形引起的考虑反摩擦后的预应力损失为：

$$\Delta\sigma_x(\sigma'_{l2})=\Delta\sigma'-2x'\Delta\sigma_d \qquad (4-17)$$

式中，$\Delta\sigma'$ 为当 $l_f>l$ 时，在 l 范围内预应力钢筋考虑反摩擦后在张拉端锚下的预应力损失，其数值可按以下方法求得：令图 4-2 中 $ca'bd$ 等腰梯形面积 $A=\sum \Delta l E_p$，试算得到 cd，则 $\Delta\sigma'=cd$。

两端张拉（分次张拉或同时张拉）且反摩擦损失影响长度有重叠时，在重叠范围内同一截面扣除正摩擦和回缩反摩擦损失后预应力钢筋的应力可取：两端分步张拉、锚固，分别计算正摩擦和回缩反摩擦损失，分别将张拉端锚下控制应力减去上述应力计算结果所得较大值。

3. 预应力筋和台座之间温差引起的应力损失 σ_{l3}

这项损失仅发生在采用蒸汽或其他方法加热养护混凝土的先张法构件中。

当采用蒸汽或其他加热方法养护混凝土时，钢筋将因受热而伸长，而加力台座不受升温的影响，设置在两个加力台座上的临时锚固点间的距离保持不变，这样将使钢筋松动。当降温时，预应力筋已与混凝土结成整体，无法恢复到原来的应力状态，于是产生了应力损失 σ_{l3}。

设预应力筋张拉时制造场地的自然气温为 t_1，蒸汽养护或其他方法加热混凝土的最高温度为 t_2，温度差为 $\Delta t=t_2-t_1$，则预应力筋因温度升高而产生的变形为：

$$\Delta l=\alpha\Delta t l \qquad (4-18)$$

式中　α——预应力筋的线膨胀系数，钢材一般可取 $\alpha=1.0\times10^{-5}$；

预应力筋的应力损失 σ_{l3} 的计算公式为：

$$\sigma_{l3}=\frac{\Delta l}{l}E_p=\alpha(t_2-t_1)E_p \qquad (4-19)$$

式中，E_p 为预应力钢筋的弹性模量，取 $E_p=2.0\times10^5$ MPa 代入式（4-19），则得《桥规 JTG D62》和《桥规 TB 10002.3》都规定的公式：$\sigma_{l3}=2(t_2-t_1)$。

如果台座是与预应力混凝土构件共同受热一起变形的，则不需计算此项损失。为了减小温差损失，可采用两次升温分阶段养护的措施。第一次升温的温差一般控制在 20 ℃ 以内，此时，钢筋与混凝土之间尚无粘结，因而这个温差将引起应力损失。待混凝土结硬并具有一定的强度（7.5～10 MPa）后，再进行第二次升温，这时钢筋与混凝土已粘结为一体，共同受热，共同变形，不会引起新的应力损失。

4. 混凝土弹性压缩引起的应力损失 σ_{l4}

预应力混凝土构件受到预压力后，会产生弹性压缩应变 ε_c，此时已与混凝土粘结的或已张拉并锚固的预应力筋也将产生与相应位置处混凝土一样的压缩应变 $\varepsilon_p=\varepsilon_c$，因而引起预应力损失，这种损失称为混凝土弹性压缩损失，以 σ_{l4} 表示。引起应力损失的混凝土弹性压缩量，与预加应力的方式有关。《桥规 JTG D62》和《桥规 TB 10002.3》相同的规定混凝土弹性压缩引起的应力损失 σ_{l4} 计算公式如下。

1）先张法构件

先张法构件预应力筋的张拉和对混凝土进行传力预压，是先、后分开的两个工序。因此，在放松、截断预应力筋时，由于其已与混凝土粘结，预应力筋与混凝土将发生相同的压

缩应变 $\varepsilon_p = \varepsilon_c$，因而引起预应力损失，其值为：

$$\sigma_{l4} = \varepsilon_c E_p = \frac{\sigma_c}{E_c} E_p = \alpha_{E_p} \sigma_c \qquad (4-20)$$

式中 E_c——混凝土的弹性模量；

α_{E_p}——预应力钢筋弹性模量与混凝土弹性模量的比值；

σ_c——在计算截面的预应力筋截面形心处，由预加应力产生的混凝土截面正应力，可按下式计算：

$$\sigma_c = \frac{N_{p0}}{A_0} + \frac{N_{p0} e_p^2}{I_0} \qquad (4-21)$$

式中 N_{p0}——混凝土应力为零时预应力筋的预加力（扣除相应阶段的预应力损失）；

A_0, I_0——预应力混凝土构件的换算截面面积和换算截面惯性矩；

e_p——预应力筋截面形心至换算截面形心的距离，其余符号意义同前。

2) 后张法构件

对于一次张拉完成的后张法构件，无须考虑损失 σ_{l4}。但采用分批张拉时，后张拉预应力筋所产生的混凝土弹性压缩，使已张拉的预应力筋产生应力损失 σ_{l4}，按下式计算：

$$\sigma_{l4} = \alpha_{E_p} \sum \Delta \sigma_c \qquad (4-22)$$

式中 $\sum \Delta \sigma_c$——在先张拉预应力筋形心处，由后张拉各批预应力筋所产生的混凝土截面压应力之和，其余符号意义同前。

n_p——当钢束为曲线布置时，对于不同的计算截面可近似以代表截面（如 $l/4$ 截面）计算 σ_{l4}，作为构件各截面的应力损失。

如果截面上有 m 批张拉的预应力筋，那么第 i 批张拉的预应力筋的应力损失，是由在其后张拉 $(m-i)$ 批预应力筋所引起的。因此，如 m 批预应力筋是同类型的，假定都位于预应力筋合力的形心处，那么，第 i 批张拉预应力筋的应力损失为：

$$\sigma_{l4}^i = (m-i) \alpha_{E_p} \Delta \sigma_c \quad i=1, \cdots, m \qquad (4-23)$$

实际设计中，可取 m 批预应力筋的平均弹性压缩损失作为每一批的 σ_{l4} 的计算值，则

$$\sigma_{l4}^i = \frac{\sum_{i=1}^{m}(m-i) \alpha_{E_p} \Delta \sigma_c}{m} = \frac{m-1}{2m} \alpha_{E_p} \Delta \sigma_c \qquad (4-24)$$

令 $\sigma_c = \sum \Delta \sigma_c = m \Delta \sigma_c$ 则 $\Delta \sigma_c = \frac{\sigma_c}{m}$

整理以上各式可得 m 批预应力筋张拉后 σ_{l4} 的实用计算公式：

$$\sigma_{l4} = \frac{m-1}{2m} \alpha_{E_p} \sigma_c \qquad (4-25)$$

式中 σ_c——在代表截面（如 $l/4$ 截面）的全部预应力筋形心处混凝土的预压应力（预应力筋的预拉应力按控制应力扣除 σ_{l1} 和 σ_{l2} 后算得）。

5. 预应力筋松弛引起的应力损失 σ_{l5}

预应力筋在持久不变的应力作用下，会产生随持荷时间而增加的蠕变，从而使预应力筋中的应力随时间而降低的现象称为松弛或应力松弛。因此，松弛是预应力筋的一种塑性特征，其特点：

① 预应力筋的初拉应力越高，其应力松弛越大。

② 预应力筋松弛量的大小与其材料品质有关。一般热轧钢筋的松弛较碳素钢丝小，而钢绞线的松弛则比其原单根钢丝大。

③ 预应力筋的松弛，在承受初拉应力的初期发展最快，第一小时内松弛量最大，24 h 内完成约 50% 以上，以后逐渐趋向稳定。

④ 在短时间内，用超过设计初应力 5% 左右的应力张拉预应力筋，并保持 2 min 以上（即超张拉），然后降回到设计控制应力值，这样可使构件中由预应力筋松弛而引起的应力损失减小约 40%～50%。此外，预应力筋松弛还将随温度的升高而增加。

我国现行《桥规 JTG D62》规定，预应力钢筋由于钢筋松弛引起的预应力损失极值，可按下列规定计算：

(1) 预应力钢丝、钢绞线

$$\sigma_{l5} = \psi\zeta\left(0.52\frac{\sigma_{pe}}{f_{pk}} - 0.26\right)\sigma_{pe} \tag{4-26}$$

式中　ψ——张拉系数，一次张拉时，$\psi=1.0$；超张拉时，$\psi=0.9$；

　　　ζ——钢筋松弛系数，I级松弛（普通松弛），$\zeta=1.0$；II级松弛（低松弛），取 $\zeta=0.3$；

　　　σ_{pe}——传力锚固时的钢筋应力，对后张法构件，$\sigma_{pe}=\sigma_{con}-\sigma_{l1}-\sigma_{l2}-\sigma_{l4}$；对先张法构件，$\sigma_{pe}=\sigma_{con}-\sigma_{l2}$；

　　　f_{pk}——预应力钢筋的抗拉强度标准值。

(2) 精轧螺纹钢筋

一次张拉　　$\sigma_{l5}=0.05\sigma_{con}$

超张拉　　　$\sigma_{l5}=0.035\sigma_{con}$

预应力钢丝、钢绞线当需分段计算钢筋应力松弛损失时，其中间值与终极值的比值应根据建立预应力的时间按表 4-7 确定。

表 4-7　钢筋松弛损失中间值与终极值的比值

时间（d）	2	10	20	30	40
比值	0.5	0.61	0.74	0.87	1.00

我国铁路《桥规 TB 10002.3》中规定，对于预应力钢筋，仅在 $\sigma_{con} \geqslant 0.5f_{pk}$ 的情况下，才考虑由于钢筋松弛引起的应力损失，其终极值：

$$\sigma_{l5} = \zeta\sigma_{con} \tag{4-27}$$

式中符号的含义同上，特别注意的是 ζ——钢筋松弛系数所采用的值与《桥规 JTG D62》有所不同。

6. 混凝土收缩和徐变引起的应力损失 σ_{l6}

混凝土的收缩、徐变会使构件缩短，对于预应力混凝土构件将产生预应力损失。由于影响混凝土收缩与徐变的因数极为复杂，因此，混凝土的收缩与徐变引起的应力损失计算是各项预应力损失计算中最为复杂的一项。对于部分预应力混凝土，由于配置有一定数量的非预应力钢筋，非预应力钢筋对混凝土的收缩与徐变影响比较明显，因此，部分预应力混凝土构件的混凝土收缩与徐变引起的预应力损失计算应当考虑非预应力钢筋含筋率的影响。《桥规 JTG D62》的此项损失考虑非预应力钢筋含筋率的影响。《桥规 JTG D62》规定，由混凝土收缩、徐变引起的结构构件受拉区预应力钢筋的应力损失，可按下式计算：

$$\sigma_{l6}(t) = \frac{0.9[E_p \varepsilon_{cs}(t, t_0) + \alpha_{E_p} \sigma_{pc} \phi(t, t_0)]}{1 + 15\rho\rho_{ps}} \tag{4-28}$$

式中　$\sigma_{l6}(t)$——由混凝土收缩、徐变引起的结构构件受拉区预应力钢筋的应力损失；

σ_{pc}——构件受拉区全部纵向钢筋截面重心处由预加力（扣除相应阶段的预应力损失）和结构自重产生的混凝土法向应力；

E_p——预应力钢筋的弹性模量；

α_{E_p}——预应力钢筋弹性模量与混凝土弹性模量的比值；

ρ——构件受拉区全部纵向钢筋配筋率，其值为

$$\rho = (A_p + A_s)/A \tag{4-29}$$

ρ_{ps}——计算参数，其值为

$$\rho_{ps} = 1 + \frac{e_{ps}^2}{i^2} \tag{4-30}$$

其中　A, I——构件截面面积和惯性矩，《桥规 JTG D62》规定，对先张法取换算截面A_0、I_0；对后张法取净截面A_n、I_n；

e_{ps}——构件截面受拉区全部纵向钢筋截面重心至构件截面重心的距离，其值为

$$e_{ps} = \frac{A_p e_p + A_s e_s}{A_p + A_s} \tag{4-31}$$

其中　e_p——构件受拉区预应力钢筋截面重心至构件截面重心的距离；

e_s——构件受拉区普通钢筋截面重心至构件截面重心的距离；

$\varepsilon_{cs}(t, t_0)$——预应力钢筋传力锚固龄期为t_0，计算考虑龄期为t时的混凝土收缩应变，其终极值$\varepsilon_{cs}(t_u, t_0)$可按《桥规 TB 10002.3》表 6.3.4-3 取用；

$\phi(t, t_0)$——加载龄期为t_0，计算考虑龄期为t时的徐变系数，其终极值$\phi(t_u, t_0)$可按《桥规 TB 10002.3》表 6.3.4-3 取用。

对于受压区配置预应力钢筋和普通钢筋的情况，由混凝土收缩、徐变引起的构件受压区预应力损失，亦可参照上式计算，但式中有关符号的意义及取值方法，应改为以受压区的有关参数表示。

《桥规 TB 10002.3》中对由于混凝土收缩、徐变引起的应力损失终极值按下列公式计算：

$$\sigma_{l6}(t) = \frac{0.8 n_p \sigma_{c0} \varphi_\infty + E_p \varepsilon_\infty}{1 + \left(1 + \frac{\varphi_\infty}{2}\right) \mu_n \rho_A} \tag{4-32}$$

$$\mu_n = \frac{n_p A_p + n_s A_s}{A} \tag{4-33}$$

$$\rho_A = 1 + \frac{e_A^2}{i^2} \tag{4-34}$$

式中　σ_{c0}——传力锚固时，在计算截面上预应力钢筋重心处，由于预加力（扣除相应阶段的应力损失）和梁自重产生的混凝土正应力；对简支梁可取跨中与跨度 1/4 截面的平均值；对连续梁和连续刚构可取若干有代表性截面的平均值，MPa；

φ_∞——混凝土徐变系数的终极值；
ε_∞——混凝土收缩应变的终极值；
μ_n——梁的配筋率换算系数；
n_s——非预应力钢筋弹性模量与混凝土弹性模量之比；
A_p, A_s——预应力钢筋及非预应力钢筋的截面面积，m^2；
A——梁截面面积，对后张法构件，可近似按净截面计算，m；
e_A——预应力钢筋与非预应力钢筋重心至梁截面重心轴的距离，m；
i——截面回转半径$\left(i=\sqrt{\dfrac{I}{A}}\right)$，m；
I——截面惯性矩，对于后张法构件，可近似按净截面计算，m^4。

4.2.3 精确估算法

随着电子计算机的飞速发展，以及对预应力各时间效应因素——混凝土徐变、收缩和钢筋应力松弛相互作用研究的深化，近年来提出了一套可以求得比较精确的预应力损失计算方法。美国混凝土学会（ACI）预应力损失委员会提出了时步分析法。此法以除去各项瞬时损失后的初始预应力作为长期损失计算的基点。可根据需要的精度，将产生的预应力损失的时间分成若干个阶段（建议至少取四个，当荷载有显著变化时，还要增加额外的时间阶段）。在任一时间阶段内引起损失的预应力应取前一时段末的数值。通过增加时段的数量，亦即减少每一时段的时间长短就可以使总损失计算的精度提高到要求的程度。

4.3 有效预应力的计算及减小预应力损失的措施

4.3.1 有效预应力的计算

有效预应力 σ_{pe} 定义：预应力筋锚下张拉控制应力 σ_{con} 扣除相应应力损失 σ_l 后的预拉应力。公式表示为：$\sigma_{pe}=\sigma_{con}-\sigma_l$。

上节我们列出了各项预应力损失的计算方法，各项预应力损失在不同的施工方法中所考虑的亦不相同。从损失完成的时间看，有些损失出现在混凝土预压完成以前，有些损失出现在混凝土预压以后；有些损失很快就完成，有些损失则需要延续很长的时间。通常按损失完成的时间将其分为两组：

第一批损失 $\sigma_{l,I}$，传力锚固时的损失，损失发生在混凝土预压过程完成以前，即预施应力阶段；

第二批损失 $\sigma_{l,II}$，传力锚固后的损失，损失发生在混凝土预压过程完成以后的若干年内，即使用荷载作用阶段。

不同施工方法所考虑的各阶段预应力损失值组合情况列于表 4-8。

表 4-8 各阶段预应力损失值的组合

预应力损失值的组合	先张法构件	后张法构件
传力锚固时的损失（第一批）$\sigma_{l,\mathrm{I}}$	$\sigma_{l2}+\sigma_{l3}+\sigma_{l4}+0.5\sigma_{l5}$	$\sigma_{l1}+\sigma_{l2}+\sigma_{l4}$
传力锚固后的损失（第二批）$\sigma_{l,\mathrm{II}}$	$0.5\sigma_{l5}+\sigma_{l6}$	$\sigma_{l5}+\sigma_{l6}$

在设计预应力混凝土结构时，应根据所采用的施工方法，按照不同的工作阶段考虑有关的预应力损失。在各项损失中，一般来说，以混凝土收缩、徐变引起的应力损失最大；此外，在后张法中摩擦损失的数值也较大；当预应力钢筋长度较短时，锚具变形损失也不小，这些都应予以重视。

4.3.2 减小预应力损失的措施

1. 减少预应力筋与孔道间摩擦引起的应力损失的措施

① 采用两端张拉。这样，曲线的切线夹角 θ 及管道计算长度 x 即可减少一半；

② 进行超张拉。超张拉的张拉程序为从应力为零开始张拉至 $1.03\sigma_{con}$，或从应力为零开始张拉至 $1.05\sigma_{con}$，持荷 2 min 后，卸载至 σ_{con}。

不同张拉方式引起的应力损失如图 4-3 所示。

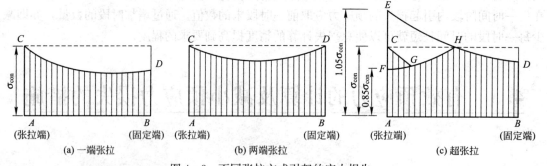

图 4-3 不同张拉方式引起的应力损失

③ 在接触材料表面涂水溶性润滑剂，以减少摩擦损失。

④ 提高施工质量，减少钢筋位置偏差。

⑤ 尽可能避免使用连续弯束及超长束，同时采用超张拉方法克服此项应力损失。

2. 减少锚具、钢筋内缩和接缝压缩引起的应力损失的措施

① 采用超张拉，可以部分地抵消锚固损失；

② 对直线预应力钢筋可采用一端张拉方法；

③ 选择锚具变形和内缩值较小的锚具；

④ 减少垫板块数或螺帽个数；

⑤ 先张法时选择较长的台座。

3. 减少预应力筋与台座间温差引起的应力损失

对先张法构件可采用两次升温养护的措施。其中，初次升温应在混凝土尚未结硬、未与预应力筋粘结时进行，初次升温的温差一般可控制在 20 ℃ 以内；第二次升温则在混凝土构件具备一定强度（例如 7.5～10 MPa），即混凝土与预应力筋的粘结力足以抵抗温差变形后，再将温度升到 t_1 进行养护。

4. 减少混凝土弹性压缩引起的应力损失的措施

尽量减少后张法构件的分批张拉次数。

5. 减少预应力筋松弛引起的应力损失的措施

① 采用低松弛预应力筋；

② 进行超张拉。

6. 减少混凝土收缩和徐变引起的应力损失措施

① 控制混凝土法向压应力；

② 采用高强度等级水泥，以减少水泥用量；

③ 采用级配良好的骨料及掺加高效减水剂，减少水灰比；

④ 延长混凝土的受力时间，即控制混凝土的加载龄期；

⑤ 振捣密实，加强养护。

4.3.3 预应力损失算例

【例 4-1】 一个 2×25 m 的两跨公路连续梁，预应力束由 12 根钢绞线组成，采用波纹管成孔。预应力钢筋采用直径为 15.2 mm 的钢绞线。预应力钢束布置如图 4-4 所示，试计算预应力损失 σ_{l1}、σ_{l2}。

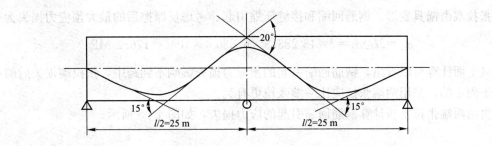

图 4-4 预应力钢束布置图

1. 已知条件

钢绞线束总长约：$l=50$ m

钢绞线的标准强度：$f_{pk}=1\ 860$ MPa

钢绞线束的总截面积：$A_p=12\times139=1\ 668$ mm^2

弹性模量：$E_p=1.95\times10^5$ MPa

2. 张拉控制应力

锚下张拉控制应力：$\sigma_{con}=0.75 f_{pk}=1\ 395$ MPa

假定钢束在锚具部分的摩阻损失为 3%，则

钢筋中的张拉控制应力：$1.03\sigma_{con}=1\ 436.85$ MPa

钢筋中的张拉控制力：$1.03\sigma_{con}A_p=2\ 396.71$ kN

再假定千斤顶的摩阻损失为 2%（实际可根据标定曲线计算），则油压表显示的拉力应

为 $1.03 \times 1.02 \times \sigma_{con} A_p = 2\,444.6$ kN

3. 摩擦引起的预应力损失

按一端张拉和两端张拉两种情况分别计算。

从公路《桥规 JTG D62》查 μ、k 值，取中值 $\mu = 0.225$，$k = 0.0015$

一端张拉时固定端的预应力损失：$\sigma_{l1} = \sigma_{con}[1 - e^{-(\mu\theta + kx)}]$

式中：$\sum \theta = 50° = 0.872\,66$ rad、$l = 50$ m

$$\sigma_{l1} = 1\,395[1 - e^{-(0.196\,348\,5 + 0.075)}] = 331.52 \text{ MPa}$$

两端张拉时跨中的预应力损失同上式。

式中：$\sum \theta = 25° = 0.436\,33$ rad、$l = 25$ m

$$\sigma_{l1} = 1\,395[1 - e^{-(0.098\,174\,7 + 0.037\,5)}] = 176.988 \text{ MPa}$$

4. 钢筋回缩引起的预应力损失

假定采用 YM15-12 锚具，锚固时钢筋的回缩值为 6 mm。

先按一端张拉进行计算，单位长度由管道摩擦引起的预拉力损失为：

$$\Delta\sigma_d = \frac{\sigma_0 - \sigma_l}{l} = \frac{331.52}{5 \times 10^3} = 6.630\,4 \times 10^{-4}$$

反摩擦影响长度为：$l_f = \sqrt{\dfrac{\sum \Delta l \cdot E_p}{\Delta\sigma_d}} = \sqrt{\dfrac{6 \times 1.95 \times 10^5}{6.630\,4 \times 10_d^{-3}}} = 13\,283.8$ mm

张拉端由锚具变形、钢筋回缩和接缝压缩引起、考虑反摩擦后的最大预应力损失为：

$$\sigma_{l2} = 2l_f \Delta\sigma_d = 2 \times 13\,283.8 \times 6.630\,4 \times 10^{-3} = 176.2 \text{ MPa}$$

从上面计算可以看出，钢筋回缩引起的预应力损失影响不到跨中，张拉端损失后的应力仍大于固定端，采用两端张拉应比一端张拉更有利。

再用两端张拉重新计算钢筋回缩引起的应力损失，如图 4-5 所示。

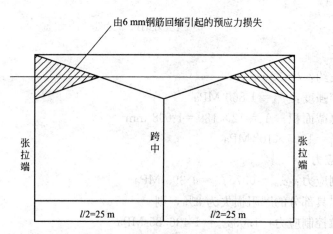

图 4-5 预应力损失示意图

$$\Delta\sigma_\mathrm{d} = \frac{\delta_0 - \delta_l}{l} = \frac{176.988}{25 \times 10^3} = 7.079\ 52 \times 10^{-3}$$

反摩擦影响长度为：$l_\mathrm{f} = \sqrt{\dfrac{\sum \Delta l \cdot E_\mathrm{p}}{\Delta\sigma_\mathrm{d}}} = \sqrt{\dfrac{6 \times 1.95 \times 10^5}{7.079\ 52 \times 10^{-3}}} = 12\ 855.6\ \mathrm{mm}$

张拉端由于锚具变形、钢筋回缩和接缝压缩引起的、考虑反摩擦后的最大预拉应力损失为：

$$\Delta\sigma = 2l_\mathrm{f}\Delta\sigma_\mathrm{d} = 2 \times 12\ 855.6 \times 7.095\ 2 \times 10^{-3} = 182\ \mathrm{MPa}$$

【例 4-2】 一长度为 3.6 m 的先张法圆孔板截面如图 4-6 所示。预应力筋采用 8φ5 碳素钢丝（$A_\mathrm{p} = 157\ \mathrm{mm}^2$），在 4 m 长钢模上采用螺杆成组张拉。混凝土为 C40 级，达到 75% 强度放张，$\sigma_\mathrm{con} = 0.7 f_\mathrm{ptk}$。要求计算其预应力损失。

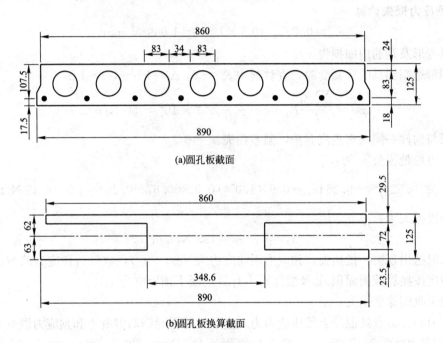

图 4-6 先张法圆孔板截面图

解：

1. 截面几何特征

根据截面面积、惯性矩相等、形心位置不变的原则，将圆孔板截面 (a) 换算图 (b) 所示的工字形截面。

碳素钢丝　　　　　　　$E_\mathrm{p} = 2 \times 10^5\ \mathrm{N/mm}^2$

C40 混凝土　　　　　　$E_\mathrm{c} = 3.25 \times 10^4\ \mathrm{N/mm}^2$

$$n_\mathrm{p} = \frac{E_\mathrm{p}}{E_\mathrm{c}} = \frac{20 \times 10^4}{3.25 \times 10^4} = 6.15$$

换算截面面积：

$$A_0 = 860 \times 29.5 + 348.6 \times 72 + 890 \times 23.5 + 808.6 = 72\ 193\ \mathrm{mm}^2$$

求换算截面形心至截面下边缘距离 y_0：

$$S_0 = 860 \times 29.5 \times 110.2 + 348.6 \times 72 \times 59.5 + 890 \times 23.5 \times 11.15 + 808.6 \times 17.5$$
$$= 4\ 537 \times 10^3\ \text{mm}^3$$

$$y_0 = \frac{S_0}{A_0} = 63\ \text{mm}$$

预应力筋偏心距 $\qquad e_{\text{poI}} = 63 - 17.5 = 45.5\ \text{mm}$

换算截面惯性矩为：

$$I_0 = \frac{1}{12} \times 860 \times 29.5^3 + 860 \times 29.5 \times \left(62 - \frac{29.5}{2}\right)^2 + \frac{1}{12} \times 348.6 \times 72^3 +$$

$$348.6 \times 72 \times \left(\frac{72}{2} + 23.5 - 62\right)^2 + \frac{1}{12} \times 890 \times 23.5^3 +$$

$$890 \times 23.5 \times (63 - 11.75)^2 + 808.6 \times 45.5^2 = 1\ 272 \times 10^5\ \text{mm}^4$$

2. 预应力损失计算

$$\sigma_{\text{con}} = 0.7 f_{\text{ptk}} = 0.7 \times 1\ 570 = 1\ 099\ \text{N/mm}^2$$

锚具变形及钢筋内缩损失 σ_{l2}：

采用带螺帽锚具的螺帽缝隙，查教材中表 4-6，$\Delta l = 1\ \text{mm}$，$l = 4\ \text{m}$

$$\sigma_{l2} = \frac{\sum \Delta l}{l} E_p = \frac{1}{4 \times 10^3} \times 2 \times 10^5 = 50\ \text{N/mm}^2$$

钢模与构件一同入窑蒸汽养护，温差损失 $\sigma_{l3} = 0$

预应力松弛损失 σ_{l5} 为：

$$\sigma_{l5} = \psi \zeta \left(0.52 \frac{\sigma_{\text{pe}}}{f_{\text{ptk}}} - 0.26\right) \sigma_{\text{pe}} = 0.9 \times 1.0 \times (0.52 \times 0.67 - 0.26) \times 1\ 049 = 83\ \text{N/mm}^2$$

第一批损失为：

$$\sigma_{lI} = \sigma_{l2} + \sigma_{l5} = 133\ \text{N/mm}^2$$

放张时已出现第一批损失，预应力钢筋应力为 $(\sigma_{\text{con}} - \sigma_{lI})$，放张后预应力筋与构件共同变形，故应按换算截面面积 A_0 及惯性矩 I_0 计算混凝土预压应力 σ_{pcI}。

混凝土收缩徐变损失 σ_{l6}：

预应力筋合力点处混凝土预压应力为：查《铁路桥涵钢筋混凝土和预应力混凝土结构设计规范（TB 10002.3—2005）》表 6.3.4-3 得 $\varepsilon_{\text{cs}}(t, t_0) = 0.282\ 5$，$\phi(t, t_0) = 1.932\ 5$

$$N_{\text{poI}} = (\sigma_{\text{con}} - \sigma_{lI}) A_p = (1099 - 133) \times 157 = 151\ 662\ \text{N}$$

$$e_{\text{poI}} = 63 - 17.5 = 45.5\ \text{mm}$$

预应力筋合力点处混凝土预压应力为

$$\sigma_{\text{pc}} = \frac{N_{\text{poI}}}{A_0} + \frac{N_{\text{poI}} e_{\text{poI}}^2}{I_0} = \frac{151\ 662}{72\ 193} + \frac{151\ 662 \times 45.5^2}{1\ 272 \times 10^5} = 4.57\ \text{N/mm}^2$$

$$\rho = \frac{A_p + A_s}{A} = \frac{157}{72\ 193} = 0.002$$

$$\rho_A = 1 + \frac{e_A^2}{i^2} = 1 + \frac{45^2}{41.97^2} = 2.25$$

$$\sigma_{l6} = \frac{0.9 [E_p \varepsilon_{\text{cs}}(t, t_0) + \alpha_{\text{Ep}} \sigma_{\text{pc}} \phi(t, t_0)]}{1 + 15 \rho \rho_{\text{ps}}}$$

$$= \frac{0.9 [2 \times 10^5 \times 0.28 + 6.15 \times 4.57 \times 1.93]}{1 + 15 \times 0.002 \times 2.25}$$

$$=92.95 \text{ N/mm}^2$$

第二批预应力损失为:
$$\sigma_{lII}=\sigma_{l6}=92.95 \text{ N/mm}^2$$

全部预应力损失为:
$$\sigma_l=\sigma_{lI}+\sigma_{lII}=133+92.95=225.95 \text{ N/mm}^2$$

习 题

一、填空题

1. 预应力钢筋的最大控制应力: 钢丝、钢绞线不应超过_____, 精轧螺纹钢筋不应超过_____。

2. 预应力损失可以分为_____和_____。

3. 瞬时损失主要包括_____; 长期损失包括_____。

4. 摩擦损失主要由_____和_____两部分影响产生。

5. 后张法构件预应力曲线钢筋由_____、_____、和_____引起的预应力损失应考虑反摩擦的影响。

6. 预应力筋在持久不变的应力作用下, 会使预应力筋应力值随时间而降低, 这种现象叫_____。

7. 部分预应力混凝土构件的混凝土收缩与徐变引起的预应力损失计算应考虑_____的影响。

8. 由 ACI 提出的_____以除去各项瞬时损失后的初始预应力作为长期损失计算的基点。

二、简答题

1. 什么是张拉控制应力? 为何它不能取得太高, 也不能取得太低?

2. 简述 $\sigma_{l1} \sim \sigma_{l6}$ 预应力损失产生的原因和减少各项损失应采取的措施。

3. 说明各项预应力损失计算公式的适用条件。

4. 预应力钢筋与孔道之间的摩擦引起的损失 σ_{l1} 的计算公式是如何推导的?

5. 圆弧形曲线预应力钢筋张拉端由锚具变形以及钢筋内缩引起的预应力损失 σ_{l2} 应如何计算?

6. 松弛是预应力筋的一种塑性特性, 它有哪些特点?

7. 为什么预应力损失要分组计算? 在不同使用阶段预应力筋中的有效预应力各采用哪些公式?

8. 先张法构件中预应力筋会产生哪几项预应力损失? 后张法构件中预应力筋会产生哪几项预应力损失?

9. 怎样理解对于一次张拉完成的后张法构件无须考虑损失 σ_{l4}?

三、计算题

1. 一榀 9 m 长后张法预应力混凝土 T 形截面梁, 截面构造如图 4-7 所示, 采用超张拉工艺一端张拉, 预应力筋为二束, 每束 6Φ¹6 刻痕钢丝, 孔道为抽芯成型, 采用支承式锚具，张拉控制应力 $\sigma_{con}=0.9f_{ptk}$，混凝土为 C40 级，$f'_{cu}=30$ N/mm²。试计算此梁的各项预应力损失。

2. 某跨长为 12 m 的预应力混凝土工字形薄腹梁，截面尺寸如图 4-8 所示。采用在先张法台座上生产，不考虑锚具损失，养护温度 $\Delta t=20$ ℃，采用超张拉。设钢筋松弛损失在放张前已完成 50%，预应力钢筋采用 ϕ^s5 刻痕钢丝，张拉控制应力 $\sigma'_{con}=\sigma_{con}=0.75f_{ptk}$，箍筋采用 HPB235，混凝土为 C40 级，放张时 $f'_{cu}=30$ N/mm²。试计算该梁的各项预应力损失值。

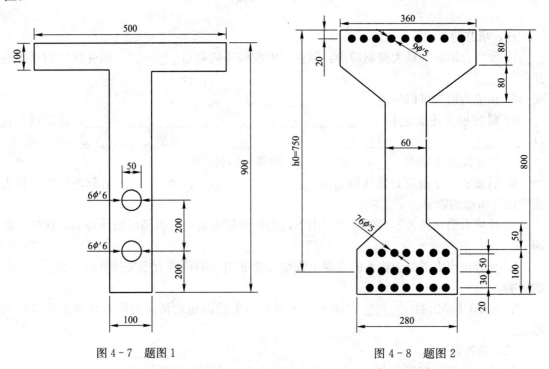

图 4-7　题图 1　　　　　　　　图 4-8　题图 2

第 5 章
预应力混凝土构件承载能力极限状态计算

5.1 一般规定

本节内容适用于受弯及受拉构件的正截面承载力的计算，其他受力构件的承载力计算见具体章节。

5.1.1 基本假定

《桥规 JTG D62》规定，结构正截面承载力计算以下列基本假定作为计算的基础：
① 构件弯曲后，其截面仍保持为平面；
② 截面受压混凝土的应力图形简化为矩形，其压力强度取混凝土的轴心抗压强度设计值 f_{cd}；截面受拉混凝土的抗拉强度不予考虑；
③ 极限状态计算时，受拉区钢筋应力取其抗拉强度设计值 f_{sd} 或 f_{pd}（小偏心受压构件除外）；受压区或受压较大边钢筋应力取其抗压强度设计值 f'_{sd} 或 f'_{pd}；
④ 钢筋应力等于钢筋应变与其弹性模量的乘积，但不大于其强度设计值。纵向受拉钢筋的极限拉应变取为 0.01。

5.1.2 受压区混凝土的等效矩形应力图形

矩形应力图的受压区高度 x 可取平截面假定所确定的受压区高度 x_c 乘以系数 β_1。当混凝土强度等级不超过 C50 时，β_1 取为 0.8；当混凝土强度等级为 C80 时，β_1 取为 0.74；其间按线性内插法确定。

矩形应力图的应力值取为混凝土轴心抗压强度设计值 f_{cd} 乘以系数 α_1。当混凝土的强度等级不超过 C50 时，α_1 取为 1.0；当混凝土的强度等级为 C80 时，α_1 取为 0.94；其间按线性内插法确定。

5.1.3 相对界限受压区高度 ξ_b 的计算

$$\xi_b = \frac{\beta_1}{1 + \dfrac{0.002}{\varepsilon_{cu}} + \dfrac{f_{py} - \sigma_{p0}}{E_p \varepsilon_{cu}}} \tag{5-1}$$

式中 ξ_b——相对界限受压区高度，$\xi_b = x_b/h_0$；

x_b——界限受压高度；

h_0——截面有效高度，为纵向受拉钢筋合力点至截面受压边缘的距离；

f_{py}——预应力钢筋抗拉强度设计值；

E_p——预应力钢筋弹性模量；

σ_{p0}——受拉区纵向预应力钢筋合力点处混凝土法向应力等于零时的预应力钢筋应力；

ε_{cu}——非均匀受压时混凝土极限压应变；

β_1——与截面中和轴高度有关的系数。

注：当截面受拉区内配置有不同种类或不同预应力值的钢筋时，受弯构件的相对界限受压区高度应分别计算，并取其较小值。

5.1.4 纵向钢筋应力

1. 纵向钢筋应力宜按下列公式计算：

普通钢筋：
$$\sigma_{si} = E_s \varepsilon_{cu} \left(\frac{\beta_1 h_{0i}}{x} - 1 \right) \tag{5-2}$$

预应力钢筋：
$$\sigma_{pi} = E_p \varepsilon_{cu} \left(\frac{\beta_1 h_{0i}}{x} - 1 \right) + \sigma_{p0i} \tag{5-3}$$

2. 钢筋应力也可按下列近似公式计算：

普通钢筋：
$$\sigma_{si} = \frac{f_y}{\xi_b - \beta_1} \left(\frac{x}{h_{0i}} - \beta_1 \right) \tag{5-4}$$

预应力钢筋：
$$\sigma_{pi} = \frac{f_y - \sigma_{p0i}}{\xi_b - \beta_1} \left(\frac{x}{h_{0i}} - \beta_1 \right) + \sigma_{p0i} \tag{5-5}$$

说明：按以上公式计算的纵向钢筋应力应符合下列条件：

$$-f'_y \leqslant \sigma_{si} \leqslant f_y \qquad \sigma_{p0i} - f'_{py} \leqslant \sigma_{pi} \leqslant f_{py}$$

当计算的 σ_{si} 为拉应力且其值大于 f_y 时，取 $\sigma_{si} = f_y$；当 σ_{si} 为压应力且其绝对值大于 f'_y 时，取 $\sigma_{si} = -f'_y$。当计算的 σ_{pi} 为拉应力且其值大于 f_{py} 时，取 $\sigma_{pi} = f_{py}$；当计算的 σ_{pi} 为压应力且其绝对值大于 $(\sigma_{p0i} - f'_{py})$ 的绝对值时，取 $\sigma_{pi} = \sigma_{p0i} - f'_{py}$。

式中 h_{0i}——第 i 层纵向钢筋截面重心至截面受压边缘的距离；

x——等效矩形应力图形的混凝土受压区高度；

σ_{si}、σ_{pi}——第 i 层纵向普通钢筋、预应力钢筋的应力，正值代表拉应力，负值代表压应力；

f'_y、f'_{py}——纵向普通钢筋、预应力钢筋的抗压强度设计值；

σ_{p0i}——第 i 层纵向预应力钢筋截面重心处混凝土法向应力等于零时的预应力钢筋应力。

5.1.5 由预应力产生的混凝土法向应力与预应力钢筋的应力计算

1. 先张法构件

由预加力产生的混凝土法向应力

$$\sigma_{pc} = \frac{N_{p0}}{A_0} \pm \frac{N_{p0}e_{p0}}{I_0}y_0 \quad \text{(应力相同时取加号,相反时取减号)} \tag{5-6}$$

相应阶段预应力钢筋的有效预应力

$$\sigma_{pe} = \sigma_{con} - \sigma_l - \alpha_E \sigma_{pc} \quad (\sigma_{pc}\text{为压应力的情况,当为拉应力时应以负值代入}) \tag{5-7}$$

预应力钢筋合力点处混凝土法向应力等于零时的预应力钢筋应力

$$\sigma_{p0} = \sigma_{con} - \sigma_l \tag{5-8}$$

2. 后张法构件

由预加力产生的混凝土法向应力

$$\sigma_{pc} = \frac{N_p}{A_n} \pm \frac{N_p e_{pn}}{I_n}y_n \pm \frac{M_2}{I_n}y_n \quad \text{(应力相同时取加号,相反时取减号)} \tag{5-9}$$

相应阶段预应力钢筋的有效预应力

$$\sigma_{pe} = \sigma_{con} - \sigma_l \tag{5-10}$$

预应力钢筋合力点处混凝土法向应力等于零时的预应力钢筋应力

$$\sigma_{p0} = \sigma_{con} - \sigma_l + \alpha_E \sigma_{pc} \tag{5-11}$$

式中 A_n——净截面面积,即扣除孔道、凹槽等削弱部分以外的混凝土全截面面积及纵向非预应力钢筋截面面积换算成混凝土的截面面积之和;对由不同混凝土强度等级组成的截面,应根据混凝土弹性模量比值换算成同一混凝土强度等级的截面面积;

A_0——换算截面面积,包括净截面面积及全部纵向预应力钢筋截面面积换算成混凝土的截面面积;

I_0、I_n——换算截面惯性矩、净截面惯性矩;

e_{p0}、e_{pn}——换算截面重心、净截面重心至预应力钢筋及非预应力钢筋合力点的距离;

y_0、y_n——换算截面重心、净截面重心至计算纤维处的距离;

σ_l——相应阶段预应力损失值;

α_E——预应力钢筋弹性模量与混凝土弹性模量的比值:$\alpha_E = E_P/E_C$;

N_{p0}、N_p——先张法构件、后张法构件的预应力钢筋及非预应力钢筋的合力;

M_2——由预应力 N_p 在后张法预应力混凝土超静定结构中产生的次弯矩。

5.1.6 预应力筋与非预应力筋的合力及合力点的偏心距

预应力钢筋及非预应力钢筋的合力及合力点的偏心距(见图 5-1)宜按下列公式计算:

1. 先张法构件

$$N_{p0} = \sigma_{p0}A_p + \sigma'_{p0}A'_p - \sigma_{l5}A_s - \sigma'_{l5}A'_s \tag{5-12}$$

$$e_{p0} = \frac{\sigma_{p0} A_p y_p + \sigma'_{p0} A'_p y'_p - \sigma_{l5} A_s y_s - \sigma'_{l5} A'_s y'_s}{\sigma_{p0} A_p + \sigma'_{p0} A'_p - \sigma_{l5} A_s - \sigma'_{l5} A'_s} \quad (5-13)$$

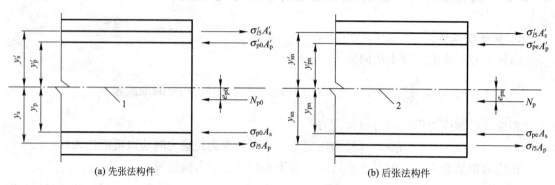

(a) 先张法构件　　　　　　　　　(b) 后张法构件

1—换算截面重心轴；2—净截面重心轴

图 5-1　预应力钢筋及非预应力钢筋合力位置

2. 后张法构件

$$N_p = \sigma_{pe} A_p + \sigma'_{pe} A'_p - \sigma_{l5} A_s - \sigma'_{l5} A'_s \quad (5-14)$$

$$e_{pn} = \frac{\sigma_{pe} A_p y_{pn} + \sigma'_{pe} A'_p y'_{pn} - \sigma_{l5} A_s y_{sn} - \sigma'_{l5} A'_s y'_{sn}}{\sigma_{pe} A_p + \sigma'_{pe} A'_p - \sigma_{l5} A_s - \sigma'_{l5} A'_s} \quad (5-15)$$

式中　σ_{p0}、σ'_{p0}——受拉区、受压区预应力钢筋合力点处混凝土法向应力等于零时的预应力钢筋应力；

σ_{pe}、σ'_{pe}——受拉区、受压区预应力钢筋的有效应力；

A_p、A'_p——受拉区、受压区纵向预应力钢筋的截面面积；

A_s、A'_s——受拉区、受压区纵向非预应力钢筋的截面面积；

y_p、y'_p——受拉区、受压区预应力合力点至换算截面重心的距离；

σ_{l5}、σ'_{l5}——受拉区、受压区预应力钢筋在各自合力点处混凝土收缩和徐变引起的预应力损失值；

y_{pn}、y'_{pn}——受拉区、受压区预应力合力点至净截面重心的距离；

y_{sn}、y'_{sn}——受拉区、受压区非预应力合力点至净截面重心的距离；

当 $A'_p = 0$ 时，可取式中 $\sigma'_{l5} = 0$。

5.2　受弯构件正截面承载力计算

5.2.1　预应力混凝土受弯构件的各阶段受力

预应力混凝土结构的受力状态与钢筋混凝土构件的受力状态有所不同，钢筋混凝土结构受力一般可区分为正常使用极限状态与承载能力极限状态两个主要受力阶段，而预应力混凝土结构除这两个主要受力状态外，还存在施加预应力的施工阶段，而且这一阶段受力状态的受力分析也极为重要。预应力混凝土构件与钢筋混凝土构件还存在的不同点是：预应力混凝土构件的预应力筋可看成是施加预应力的媒介,即预加力一般是通过预应力筋(或预应力筋系统)传递给混凝土构件的,但预应力筋本身又是构件中承受拉力的主要部分,即预应力筋既对混凝土构件作用一预压荷载,又与混凝土共同承担作用在构件上的外部荷载。因此,预应力混凝土构件的受力过程要比钢筋混凝土构件复杂。

预应力混凝土结构从张拉预应力筋到承受极限荷载而破坏,其受力全过程大致分为三个工作阶段:第一阶段为预加应力阶段(包括预制、运输、安装);第二阶段为正常使用阶段,即正常使用极限状态,在这一阶段全预应力混凝土结构不出现拉应力,部分预应力混凝土结构允许出现拉应力或有限的裂缝;第三阶段为承受极限荷载的破坏阶段,即承载能力极限状态。图 5-2 所示为后张法预应力混凝土简支梁预应力筋到破坏阶段受力过程跨中截面的应力状态。

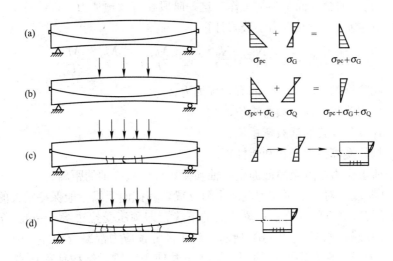

图 5-2 预应力混凝土简支梁受力过程的应力状态

1. 施加预应力阶段

预应力混凝土构件施加预应力主要有先张法和后张法两种。这两种施加预应力的方法在施加预应力阶段的受力稍有不同,其中主要差别在于预应力损失的计算和在施加预应力阶段换算截面的取值等方面。在工程中,后张法的应用更为广泛,本节选择后张法构件予以说明。后张法预应力混凝土构件在预应力筋张拉锚固后,预应力混凝土梁受到预应力的作用,将产生变形,对于简支构件将向上弯起,即反拱。梁的自重是自重荷载,即在预加应力阶段梁将受到预加力和自重的共同作用,此时预应力损失完成了第一阶段的损失,因此预加力应扣除第一批预应力损失。此时对后张法构件,因管道尚未灌浆,预应力筋与混凝土还未粘结在一起,计算截面应力时应采用扣除管道影响的净截面几何特征值。预施应力阶段梁处于弹性工作状态,由预加力和自重引起的截面应力,可按材料力学公式计算:

$$\sigma_{cp} \text{ 或 } \sigma_{tp} = \frac{N_{p1}}{A_n} \mp \frac{N_{p1} e_{pn}}{I_n} y_n \pm \frac{M_{G1}}{I_n} y_n \quad (5-16)$$

式中 N_{p1}——扣除第一批预应力损失的预加力值,$N_{p1} = (\sigma_{con} - \sigma_{l1}) A_p$;

M_{G1}——计算截面处梁的自重或施工阶段的恒载弯矩值;

e_{pn}——相对于净截面重心轴的预加力偏心距；

A_n、I_n——混凝土净截面面积和惯性矩。

为了保证结构在预施应力阶段（构件制造、运输、吊装）的安全，对于全预应力混凝土构件一般规定在预加力和自重作用下，梁截面上边缘不出现拉应力，梁截面的下边缘压应力亦不应超过规范规定的允许值，如图5-2（a）所示。

2. 正常使用阶段

正常使用阶段经历的时间比较长，荷载组合的工况也较复杂。在这一阶段，一般假定预应力损失已全部完成，预应力筋对混凝土的作用为扣除全部预应力损失的有效预加力。对后张法构件，此时管道已灌浆，预应力筋与混凝土已经粘结在一起共同受力，计算截面应力时应采用考虑预应力筋作用的换算截面的几何特征值。全预应力混凝土构件在这一阶段处于弹性工作状态，即构件的全截面都参加工作。这一阶段在有效预加力、构件自重、恒载及活荷载作用下的截面应力仍可按材料力学公式计算：

$$\sigma_{cp} \text{ 或 } \sigma_{tp} = \frac{N_{pe}}{A_n} \mp \frac{N_{pe}e_{pn}}{I_n}y_n \pm \frac{M_{G1}}{I_n}y_n \pm \frac{M_{G2}}{I_0} \pm \frac{M_p}{I_0}y_0 \qquad (5-17)$$

式中　N_{pe}——扣除全部预应力损失的有效预加力；

　　　M_{G2}——使用阶段二期恒载弯矩值；

　　　M_p——计算截面梁的活载弯矩值；

A_0、I_0——构件换算截面面积和惯性矩；

y_n、y_0——所求应力之点至净截面重心轴和换算截面重心轴的距离。

在正常使用阶段，对于全预应力混凝土简支梁，其截面上缘一般保持较大的压应力，但其数值不应大于规范规定的允许值；梁截面的下缘，即预压受拉边缘，一般不出现拉应力，这是理想的工作状态，如图5-2（b）所示。对于部分预应力混凝土构件，则允许在正常使用阶段出现拉应力或出现有限宽度的裂缝。在正常使用阶段对结构往往还有最大变形的限制，以使结构在正常使用阶段不发生过大的影响结构使用功能的变形。

3. 承载能力极限阶段

当作用在构件上的荷载超过正常使用极限状态的值并继续增大时，预应力混凝土梁的受拉区出现拉应力，当拉应力达到混凝土抗拉强度极限值时，梁的预压受拉区边缘就会出现裂缝，如图5-2（c）所示。当荷载继续增大时，裂缝宽度也增大，裂缝继续向上扩展，裂缝的数量增多，混凝土受压高度迅速减少，当受压区混凝土的压应力达到混凝土的最大压应力后即进入应力应变的下降段，截面上的应力即发生应力重分布现象，最后，受压区混凝土的压应变达到极限压应变，受压区混凝土被压碎，同时受拉区的预应力筋和非预应力钢筋也都达到极限抗拉强度，构件即破坏，如图5-2（d）所示。构件受力的最后状态即为承载能力极限状态，它表明构件所能承受的最大荷载。全预应力混凝土构件的破坏一般表现为脆性破坏，即破坏前的变形预兆远不如钢筋混凝土构件，而部分预应力混凝土则处于两者之间。

预应力混凝土构件从正常使用极限状态到承载能力极限状态其预应力逐渐失效，至受破坏前预应力完全失效。因此，在承载能力极限状态梁截面的受力分析为截面受力的平衡设计，即受压区混凝土的应力达到混凝土的抗压设计强度值，受压区的应力分布以等效矩形块代替，受拉区的预应力钢筋和非预应力钢筋的应力都达到抗拉设计强度值。

5.2.2 预应力混凝土受弯截面破坏形态

在预应力混凝土受弯截面开裂之前,外弯矩的增加主要由内力臂的增加来抵抗,截面的总拉力或总压力增加不多。但是截面开裂之后,预应力混凝土梁的性能接近于普通钢筋混凝土梁的性能,随着荷载的增加,内力臂的变化不大,钢材的应力却不断增大,最后在混凝土达到极限压应变时或预应力筋被拉断时,梁发生弯曲破坏。

预应力混凝土受弯截面的破坏形态与截面面积、配筋率、混凝土的抗压强度和预压筋的极限抗拉强度等因素有关,弯曲破坏有下列三种形态。

1. 少筋梁的破坏

由于受拉区预应力筋及非预应力钢筋突然拉断而产生破坏,导致这种破坏发生的主要原因是截面上的预应力筋和非预应力钢筋的总量过少,它们不能承受已开裂的混凝土传给它们的附加拉力。由于这种破坏很突然,没有任何预兆,各国规范要求在设计时不允许出现这种破坏形式,一般用最小配筋率或 M_u/M_{cr} 的最小比值来保证。英国 CP110 规定最小配筋率为 0.15%,美国 ACI—318 规定最小配筋不小于混凝土毛面积受拉一侧面积的 0.4%,我国规范要求预应力混凝土受弯截面的最小配筋率为 $M_u/M_{cr}>1.0$ 时的配筋率,其中 M_u 为截面的计算抗弯承载力,M_{cr} 为截面的开裂弯矩。

2. 超筋梁的破坏

若预应力混凝土构件配有过多的预应力筋和非预应力筋,通常会发生混凝土突然压碎的破坏,此时挠度很小,裂缝很细,受拉钢筋没有达到抗拉强度,这种破坏形态也没有明显预兆,属于脆性破坏。如图 5-3(a)所示。由于这种截面不经济,在超静定结构中无法实现内力重分布而发生局部破坏,从而影响整个结构的承载能力,因此规范建议不采用这种形式的构件。

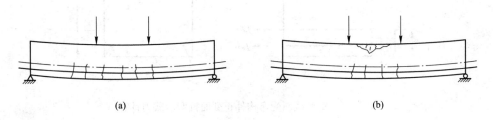

图 5-3 梁的破坏形态

3. 适筋梁的破坏

当截面配筋率介于少筋梁与超筋梁之间,预应力混凝土梁在开裂后,随着荷载的增加,裂缝不断扩展,受压区不断减少,预应力筋的应力也不断增大,约在破坏荷载的 90% 时,受压区混凝土出现纵向裂缝,预应力筋接近破坏强度,非预应力筋屈服,最后受压区混凝土被压碎而发生受弯破坏,属延性破坏。如图 5-3(b)所示,这是规范要求的受弯截面破坏形态。

5.2.3 预应力混凝土受弯构件的正截面强度计算

受弯构件的正截面强度一般即为承载能力极限状态下的截面强度。我国现行的《混凝土结构件设计规范》(GB 50010—2002)与《公路钢筋混凝土及预应力混凝土桥涵设计规范》(JTG D62—2004),对预应力混凝土受弯构件的正截面强度计算均以塑性理论为基础,并考虑截面平衡设计的协调条件。对于仅在受拉区设置预应力钢筋的矩形截面的受弯构件,如图5-4所示,其正截面受弯承载力的计算公式为:

$$M \leqslant \alpha_1 f_c b x (h_0 - x/2) + f'_y A'_s (h_0 - a'_s) \tag{5-18}$$

混凝土受压区高度为:

$$x = (f_y A_s - f'_y A'_s + f_{py} A_p)/\alpha_1 f_c b \tag{5-19}$$

式中 M——弯矩设计值;
h_0——受拉区预应力筋与非预应力钢筋合力中心至混凝土受压区边缘的距离;
f_c——混凝土轴心抗压强度设计值。

式中,α_1 为矩形应力图的应力值系数,取为混凝土轴心抗压强度设计值 f_c 的系数,当混凝土强度等级不超过 C50 时,α_1 取为 1.0,混凝土受压区的高度应符合 $x \leqslant \xi_b \cdot h_0$,即为最大配筋率的限制。

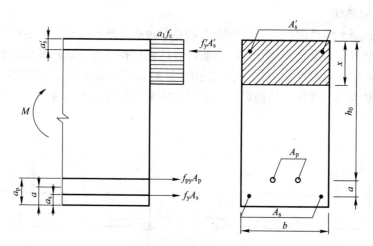

图 5-4 矩形截面受弯构件正截面抗弯承载力计算

对于翼缘位于受压区的 T 形截面受弯构件(考虑在受压区也存在预应力钢筋),其正截面受弯承载力按下列情况计算(见图5-5)。

① 当符合下列条件时:

$$f_y A_s + f_{py} A_p \leqslant \alpha_1 f_c b'_f h'_f + f'_y A'_s - (\sigma'_{p0} - f'_{py}) A'_p \tag{5-20}$$

按宽度为 b'_f(b'_f 为 T 形截面的翼缘板宽度)的矩形截面计算;

② 当不符合①的条件时,计算中应考虑截面中腹板受压的作用,按下式计算:

$$M \leqslant \alpha_1 f_c b x \left(h_0 - \frac{x}{2}\right) + f_{cm} (b'_f - b) h'_f \left(h_0 - \frac{h'_f}{2}\right) + f'_y A'_s (h_0 - a'_s) - (\sigma'_{p0} - f'_{py}) A'_p (h_0 - a'_p) \tag{5-21}$$

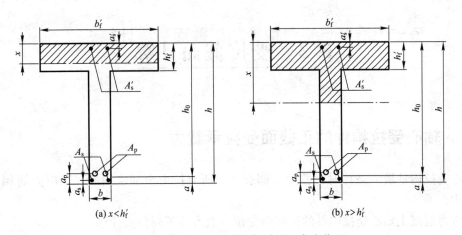

图 5-5 T形截面受弯构件受压区高度位置

混凝土受压区高度按下式确定：

$$\alpha_1 f_c [bx+(b'_f-b)h'_f] = f_y A_s - f'_y A'_s + f_{py} A_p + (\sigma'_{p0} - f'_{py})A'_p \quad (5-22)$$

按以上两种情形计算 T 形截面受弯构件时，混凝土受压区高度也应符合相应规范的要求。

《公路钢筋混凝土及预应力混凝土桥涵设计规范》（JTG D62—2004）中正截面强度的计算与上述基本相同，但对材料强度的取值，以及构件的重要性系数等考虑不同。该规范对于 T 形截面预应力混凝土受弯构件正截面承载能力计算，按中性轴所在的位置不同区分为：

① 中性轴位于翼缘内，即 $x \leqslant h'_f$，混凝土受压区为矩形，应按宽度为 b'_f 的矩形截面计算，即满足下列条件：

$$f_{sd}A_s + f_{pd}A_p \leqslant f_{cd}b'_f h'_f + f'_{sd}A'_s + (f'_{pd}-\sigma'_{p0})A'_p \quad (5-23)$$

正截面承载力计算公式为：

$$\gamma_0 M_d \leqslant f_{cd} b'_f x \left(h_0 - \frac{x}{2}\right) + f'_{sd}A'_s(h_0-a'_s) + (f'_{pd}-\sigma'_{p0})A'_P(h_0-a'_p) \quad (5-24)$$

② 中性轴位于腹板内时，即 $x > h'_f$，混凝土受压区为 T 形。

此时，截面不符合①中公式的条件，其正截面承载力计算公式，由内力平衡条件可得：

$$\gamma_0 M_d \leqslant f_{cd} bx \left(h_0 - \frac{x}{2}\right) + f_{cd}(b'_f-b)h'_f \left(h_0 - \frac{h'_f}{2}\right) + f'_{sd}A'_s(h_0-a'_s) + (f'_{pd}-\sigma'_{p0})A'_p(h_0-a'_p)$$

$$(5-25)$$

式中　γ_0——构件的重要性系数；

　　　M_d——弯矩设计值；

　　　f_{cd}——混凝土抗压强度设计值；

　　f_{sd}、f'_{sd}——钢筋抗拉、抗压强度设计值；

　　f_{pd}、f'_{pd}——预应力钢筋抗拉、抗压强度设计值。

5.3 受拉截面计算

5.3.1 轴心受拉构件的正截面受拉承载力

轴心受拉构件最终破坏时,截面全部裂通,所有拉力全部由钢筋(预应力筋和普通钢筋)承担。

预应力混凝土轴心受拉构件的正截面受拉承载力按下列公式计算:

$$N \leqslant f_y A_s + f_{py} A_p \tag{5-26}$$

式中 N——轴向拉力设计值;

A_s、A_p——纵向普通钢筋、预应力钢筋的全部截面面积;

f_y、f_{py}——非预应力钢筋、预应力钢筋的抗拉强度设计值;f_y 大于 300 N/mm² 时,仍按 300 N/mm² 取用。

5.3.2 矩形截面偏心受拉构件的正截面受拉承载力

偏心受拉构件根据偏心距 e_0 大小的不同,有大偏心受拉和小偏心受拉两种破坏形态。小偏心受拉破坏形态为全截面开裂贯通,拉力完全由钢筋承担。大偏心受拉破坏形态为部分截面受拉、部分截面受压,裂缝出现后,开展并延伸发展,受压区面积减少,破坏时受拉钢筋屈服,继而受压区混凝土达到极限强度破坏。

当轴向拉力作用在钢筋 A_s 与 A_p 的合力点和 A'_s 与 A'_p 的合力点之间时为小偏心受拉破坏。当轴向拉力作用在钢筋 A_s 与 A_p 的合力点和 A'_s 与 A'_p 的合力点之外时,为大偏心受拉破坏。

受拉构件正截面承载力基本假定与受弯构件、受压构件相同。

1. 小偏心受拉

如图 5-6 所示,当轴向拉力作用在钢筋 A_s 与 A_p 的合力点和 A'_s 与 A'_p 的合力点之间时:

$$Ne \leqslant f_y A'_s (h_0 - a'_s) + f_{py} A'_p (h_0 - a'_p) \tag{5-27}$$

$$Ne' \leqslant f_y A_s (h'_0 - a_s) + f_{py} A_p (h'_0 - a_p) \tag{5-28}$$

式中 f_y 大于 300 N/mm² 时,仍按 300 N/mm² 取用。

2. 大偏心受拉

如图 5-7 所示,当轴向拉力不作用在钢筋 A_s 与 A_p 的合力点和 A'_s 与 A'_p 的合力点之间时:

$$N \leqslant f_y A_s + f_{py} A_p - f'_y A'_s + (\sigma'_{p0} - f'_{py}) A'_p - \alpha_1 f_c b x \tag{5-29}$$

$$Ne \leqslant \alpha_1 f_c b x \left(h_0 - \frac{x}{2} \right) + f'_y A'_s (h_0 - a'_s) - (\sigma_{p0} - f'_{py}) A'_p (h_0 - a'_p) \tag{5-30}$$

且混凝土的受压区高度应满足 $x \leqslant \xi_b h_0$。

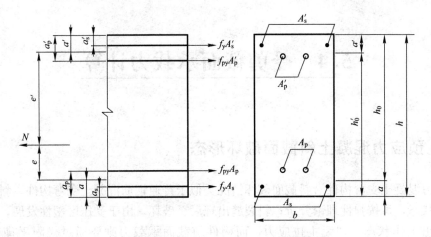

图 5-6 矩形截面小偏心受拉构件正截面受拉承载力计算

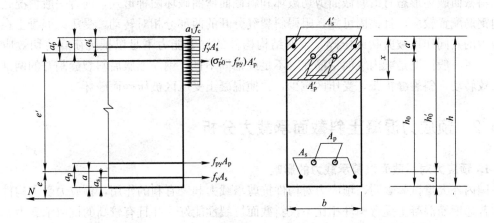

图 5-7 矩形截面小偏心受拉构件正截面受拉承载力计算

当计算中计入纵向普通受压钢筋时，尚应满足 $x \geqslant 2a'$。
当 $x < 2a'$ 时，应按照小偏心受拉的公式计算。

5.3.3 斜截面抗剪承载力计算

矩形、T 形和 I 形截面的钢筋混凝土偏心受拉构件其斜截面受剪承载力应符合下列规定：

$$V \leqslant \frac{1.75}{\lambda+1} f_t b h_0 + f_{yv}\frac{A_{sv}}{s}h_0 - 0.2N \tag{5-31}$$

式中 N——与建立设计值 V 相应的轴向拉力设计值；
λ——计算截面的剪跨比。

当右边的计算值小于 $f_{yv}\dfrac{A_{sv}}{s}h_0$ 时，应取等于 $f_{yv}\dfrac{A_{sv}}{s}h_0$，且 $f_{yv}\dfrac{A_{sv}}{s}h_0$ 值不得小于 $0.36f_t b h_0$。

5.4 受剪截面承载力计算

5.4.1 预应力混凝土斜截面破坏形态

预应力混凝土受弯构件沿斜截面破坏情况类似于普通钢筋混凝土受弯构件。斜裂缝出现前的应力状态，可按弹性理论分析；斜裂缝出现后至破坏，由于受压区塑性发展，受拉区混凝土已退出工作状态，即无主拉应力，而构件斜截面承载力则要通过极限平衡关系分析得到。

斜截面破坏形态有沿斜截面剪切破坏和斜截面弯曲破坏两种形式，前者一般情况是梁内纵向钢筋配置较多，且锚固可靠，阻碍斜裂缝分开的两部分相对转动，受压区混凝土在压力和剪力的共同作用被剪断或压碎，致使结构构件的抗剪能力不足以抵抗荷载剪切效应而破坏；后者一般情况是梁内纵向钢筋配置不足或锚固不良，钢筋屈服后斜裂缝割开的两部分绕公共铰转动，斜裂缝扩张，受压区减少，致使混凝土受压区被压碎而破坏。

5.4.2 预应力混凝土斜截面承载力分析

1. 预应力对斜截面抗剪承载力的影响

国内外大量试验表明，预应力对构件抗剪承载力起着有利的作用，预应力受弯构件与相应的普通钢筋混凝土受弯构件相比不仅斜截面抗裂性能好，并且有较高的抗剪承载力。其原因是，在出现裂缝前，纵向预压力减小了主拉应力并改变了其作用方向，从而提高了斜裂缝出现时的荷载，并且减小了斜裂缝倾角，从而提高了腹筋抗剪的作用；若有弯起预应力钢筋则其竖向分力还可部分抵消荷载剪力。

在斜裂缝出现后，预应力在受拉区混凝土中的预压应力能阻止裂缝开展、减小裂缝宽度，减缓斜裂缝沿截面高度的发展，增大剪压区高度，并且加大斜裂缝之间骨料的咬合，从而提高构件抗剪承载力。

但是，预应力对提高梁抗剪承载力的这种作用并不是无限的。从试验结果（见图 5-8）看，当换算截面重心处的混凝土预压应力 σ_{pc} 与混凝土轴心抗压强度 f_c 之比为 0.3～0.4 之间时，这种有利作用反而有下降趋势。

2. 斜裂缝的出现和分类

近 30 年，国内外做了大量预应力构件的剪切承载力试验，得到了大量的资料和数据，但是由于这一问题的复杂性，至今还没有形成一个被大家所接受的抗剪强度计算方法。

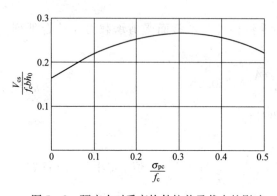

图 5-8 预应力对受弯构件抗剪承载力的影响

但是，对剪切裂缝的形式和分类，极限状态下构件的性能及预应力对抗剪强度的有利作用等问题，各国研究者的看法是相近的。

试验研究表明，预应力混凝土受弯构件与普通钢筋混凝土受弯构件一样，主要有两类剪切裂缝，这两类斜裂缝分别称为腹剪斜裂缝与弯剪斜裂缝，如图 5-9 所示。腹剪斜裂缝往往首先在剪跨区梁腹中的某一点出现，随后分别向支座和荷载点斜向延伸，主要受剪力控制。通常出现在薄腹预应力混凝土受弯构件支座附近及承受集中荷载的构件和剪跨比较小的构件。弯剪斜裂缝是弯曲裂缝的斜向扩展，它的扩展主要是因为剪应力和弯曲拉应力的共同作用所致。若构件不配抗剪箍筋，且剪跨比较大，这种弯剪裂缝会迅速延伸到受压区，构件可能会突然破坏，通常称为斜拉破坏。若配有抗剪箍筋，且剪跨比也不过大，则箍筋将抑制斜裂缝的发展，箍筋将承受一部分的截面剪力，构件最后发生剪压破坏。

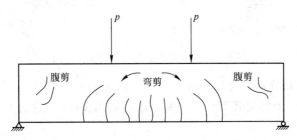

图 5-9 预应力受弯构件的剪切裂缝

构件的剪切破坏是较突然的，预兆不如受弯构件破坏明显，属于脆性破坏。所以在设计预应力混凝土构件时通常要求在弯曲破坏之前不发生剪切破坏。

3. 预应力筋对抗剪承载力的有利作用

国内数家单位曾进行了 100 多根预应力混凝土梁的抗剪承载力的试验研究。结果表明预应力受弯构件抗剪承载力较相应的钢筋混凝土受构件抗剪承载力提高，表现在以下两个方面。

① 直线预应力筋的预应力及曲线预应力筋的水平力能阻滞斜裂缝的出现和发展，增加混凝土剪压区的高度，从而能较大程度地提高混凝土剪压区承担剪力的能力，使预应力混凝土梁的抗剪承载力高于相同截面和配筋的钢筋混凝土梁。

② 跨度较大的预应力受弯构件，一般预应力筋为曲线布置形式。曲线预应力筋或折线预应力筋的等效荷载抵消一部分外剪力，预应力弯起筋的应力增量的竖向分力通常与外荷载产生的剪力方向相反，这样在外荷载作用下混凝土承受的剪力较小。一般地，预应力筋的布置与构件的弯矩图是一致的，预应力筋的弯起区一般是在构件承受弯矩较小的区域。这样，甚至在构件发生抗弯破坏时，弯起区仍保持不开裂，对简支构件有粘结预应力弯起筋在剪切区的应力增量很小，可略去增量部分引起的抗剪承载力的增加。

目前，许多国家的规范都考虑了预应力对构件抗剪承载力的提高作用，但计算方法不同。

4. 斜裂缝出现时的剪力

预应力混凝土构件在斜裂缝出现前，基本上处于弹性工作状态，因此出现斜裂缝的应力可用材料力学方法计算。在荷载作用下，截面上的剪力 V 和弯矩 M 使梁端产生较大的主拉应力和主压应力以致形成斜裂缝。

在荷载及预应力共同作用下的主拉应力和主压应力可用摩尔圆或公式求得。如图5-10所示,在梁内任一微元体上,作用着由外载和预应力共同作用产生的正应力及剪应力,且可按下述公式计算:

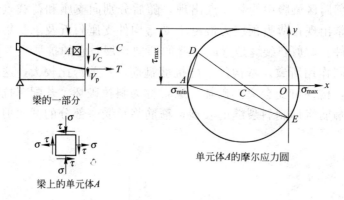

图5-10 预应力受弯构件的主拉应力

1) 由外荷载引起的弯曲应力及剪应力

设任一截面上承受由外荷载引起的弯矩 M_k 及剪力 V_k,则截面上任一点的正应力和剪应力为:

$$\sigma_q = \frac{M_k y_0}{I} \quad (5-32)$$

$$\tau_q = \frac{V_k S}{bI} \quad (5-33)$$

式中 y_0——截面重心至所计算纤维处的距离;

S——应力计算点纤维以上部分的截面面积对构件截面重心轴的面积矩。

根据弹性理论及实测结果,在集中荷载作用点附近将产生竖向正应力和剪应力,而且,在集中荷载作用点附近,竖向 σ_y 及 τ 呈曲线变化。我国规范为简化计算,假定在作用点两边梁高0.6倍内直线变化,其最大值和分布情况如图5-11所示。

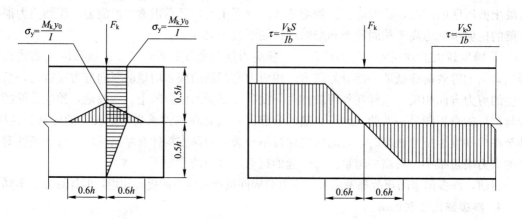

图5-11 集中荷载作用点附近产生的竖向正应力和剪应力图

需要指出的是,垂直正应力 σ_y 对斜截面的抗裂度起有利作用。剪力在集中荷载作用点处也减小,若不考虑这一项的影响是偏于安全的。

2) 由预应力产生的 σ_x 及 τ

由预应力筋产生的 σ_x 及 τ 可由预应力筋的等效荷载来分析,如某计算截面处,预应力等效荷载将产生一与外荷载相反的弯矩和剪力,这一弯矩和剪力在斜裂缝出现之前可与外荷载产生的弯矩和剪力相叠加。故预应力的引入将减小该点的正应力与剪应力,斜裂缝将推迟出现。

3) 总的正应力和剪应力

微元体上总的正应力和剪应力由上述两项叠加:

$$\sigma_x = \sigma_{pc} + \sigma_q = \sigma_{pc} + (M_x y / I) \tag{5-34}$$

$$\tau = \tau_{pc} + \tau_p = \frac{[V_k - V_p] S}{I b} \tag{5-35}$$

若在集中荷载附近,还应考虑由荷载产生的 σ_y。

根据莫尔圆,微元体上的主拉应力 σ_{tp} 和主压应力 σ_{cp} 可用下式求得:

$$\sigma_{tp}、\sigma_{cp} = -\frac{(\sigma_x - \sigma_y)}{2} \pm \sqrt{\left(\frac{\sigma_x - \sigma_y}{2}\right)^2 + \tau^2} \tag{5-36}$$

式中的 σ_x、σ_y、σ_{pc}、$M_x y / I$ 的正负号规定如下:

拉应力为正,压应力为负。

计算混凝土的主拉应力和主压应力时,应选择剪跨内不同位置的截面,且对该截面的中性轴处及腹宽剧烈改变处分别验算。

试验研究表明,在平面应力状态下,压应力对开裂时的抗拉强度有影响。当主压应力较大时,开裂时的主拉应力小于混凝土的抗拉强度。因此,我国规范在规定斜截面抗裂度验算时允许主拉应力取混凝土抗拉强度乘以一个折减系数,并要求压应力在一定的范围内。规范规定如下。

① 混凝土的主拉应力。

对严格要求不出现斜裂缝的构件: $\sigma_{tp} \leqslant 0.85 f_{tk}$

对一般要求不出现裂缝的构件: $\sigma_{tp} \leqslant 0.95 f_{tk}$

② 混凝土的主压应力: $\sigma_{cp} \leqslant 0.6 f_{ck}$。

式中 f_{tk}、f_{ck}——混凝土的抗拉强度标准值和混凝土的轴心抗压强度标准值。

5. 其他因素对斜截面抗剪承载力的影响

试验还表明,预应力度对预应力受弯构件的剪切破坏形态无明显影响,剪跨比、腹板配筋率仍是影响破坏形态的主要因素。

5.4.3 预应力混凝土斜截面抗剪承载力计算

1. 斜截面抗剪承载力计算公式的形式

鉴于预应力受弯构件与普通钢筋混凝土受弯构件剪切破坏形式相同,一般预应力受弯构件斜截面抗剪承载力的计算公式,是在普通混凝土受弯构件的计算公式的基础上,考虑预应力对抗剪能力的提高作用而建立起来的。

就其形式而言,斜截面抗剪承载力计算公式可归类于三种:

形式一 $$V_u = k_p V_c + V_{sv} + V_b \tag{5-37}$$

形式二 $$V_u = V_c + k_p V_{sv} + V_b \tag{5-38}$$

形式三 $$V_u = V_c + V_{sv} + V_b + V_p \tag{5-39}$$

式中 V_c、V_{sv}、V_b——普通钢筋混凝土受弯构件中混凝土、箍筋和弯起钢筋的抗剪承载力;

k_p——预应力对受弯构件抗剪承载力的提高系数;

V_p——预应力所提供的抗剪承载力。

第一种形式反映出预应力提高了梁内混凝土的抗剪承载力但并不影响普通钢筋抗剪能力的概念,国外有许多规范采用这种形式;

第二种形式,直观上预应力的存在提高了箍筋的抗剪能力,概念上比较模糊,尚不够合理;

形式三可以在不改动普通钢筋混凝土梁抗剪承载力计算公式方法基础上,简单添加上预应力抗剪承载力这一项。国内规范主要采用后两种形式。以下对形式三表示的斜截面抗剪承载力计算公式作一介绍。

2. 预应力的抗剪承载力

根据配有箍筋的矩形截面预应力混凝土梁的试验结果,并取低值,V_p的简化公式为:

$$V_p = 0.05 N_{p0} \tag{5-40}$$

式中 N_{p0}——计算截面上混凝土法向预应力为零时,即消压状态时,预应力和非预应力筋的合力,并且按前述有限预应力作用理由,当 $N_{p0} > 0.3 f_c A_0$ 时,取 $N_{p0} = 0.3 f_c A_0$,A_0 为构件的换算截面面积。

对于有下述情况之一时,应取 $V_p = 0$,即不计预应力所提供的抗剪作用:

① 当 N_{p0} 所产生的弯矩与外荷载弯矩同方向时;

② 预应力混凝土连续梁及允许出现裂缝的部分预应力混凝土简支梁,由于缺乏试验资料,偏安全地忽略 V_p。

此外,应注意按此计算的 V_p,只考虑了预应力筋合力 N_{p0} 这一主要因素,而未计及预应力筋合力对于换算截面形心偏心距 e_{p0} 的影响。

3. 斜截面抗剪承载力计算公式

有了 V_p,不难得到预应力混凝土受弯构件斜截面抗剪承载力计算公式:

$$V < V_u = V_{cs} + V_b + V_p \tag{5-41}$$

式中 V——斜截面剪力设计值;

V_u——斜截面抗剪承载力;

V_{cs}——斜截面上混凝土和箍筋提供的抗剪承载力;

V_b——斜截面上弯起钢筋提供的抗剪承载力。

试验研究表明,剪弯截面的平均剪应力与箍筋的配筋率和钢筋屈服强度的乘积成正比。根据矩形截面简支梁的实测数据的变化趋势,考虑混凝土棱柱体积强度大小的影响,选用两个综合性无量纲参数，建立如下斜截面上混凝土和箍筋抗剪承载力的经验公式：

$$\frac{V_{cs}}{f_t b h_0} = \alpha_1 + \alpha_2 \frac{f_{yv}}{f_t} \cdot \frac{A_{sv}}{bs} \tag{5-42}$$

式中 b、h_0——构件的宽度和有效高度；
　　　α_1、α_2——经验系数，由实验确定；
　　　f_{yv}——箍筋抗拉强度设计值；
　　　A_{sv}——配置在同一截面内箍筋各肢的全部截面面积；
　　　s——箍筋间距。

其余符号意义同前。

在集中荷载作用下（包括作用有多种荷载，其中集中荷载对支座截面或节点边缘所产生的剪力值占总剪力值的75%以上的情况）的独立梁，由无腹筋和不同箍筋配筋率的简支梁的试验结果，可分别确定系数 α_1、α_2，从而可得：

$$V_{cs} = \frac{1.75}{\lambda + 1} f_t b h_0 + f_{yv} \frac{A_{sv}}{s} h_0 \tag{5-43}$$

式中 λ——计算截面的剪跨比，可取 $\lambda = a/h_0$，a 为集中荷载作用点至支座或节点边缘的距离。当 $\lambda < 1.5$ 时，取 $\lambda = 1.5$；当 $\lambda > 3$ 时，取 $\lambda = 3$。

其余符号意义同前。

同样，在均布荷载作用下，也由无腹筋和不同箍筋配筋率的简支梁的试验结果，分别确定系数 α_1、α_2，得：

$$V_{cs} = 0.7 f_t b h_0 + 1.25 f_{yv} \frac{A_{sv}}{s} h_0 \tag{5-44}$$

斜截面上弯起钢筋提供的抗剪承载力 V_b，当仅配箍筋时 $V_b = 0$；否则，在考虑钢筋应力不均匀系数 0.8 后：

$$V_b = 0.8 f_y A_{sb} \sin \alpha_s + 0.8 f_{py} A_{pb} \sin \alpha_p \tag{5-45}$$

式中 A_{sb}、A_{pb}——与验算的斜截面相交的非预应力弯起钢筋和预应力弯起钢筋的全部截面面积；
　　　α_s、α_p——弯起的非预应力筋和预应力筋的切线倾角。

其余符号意义同前。

4. 公式的限制条件

上述预应力混凝土受弯构件斜截面承载力计算公式仅适用于剪压破坏情况，公式适用时的上、下限分别为：

1) 上限值——最小截面尺寸

当构件的截面尺寸较小而剪力过大时，就可能在梁的腹部产生很大的主拉应力和主压应力，使梁发生斜压破坏（或腹板压坏），或在构件中产生过宽的斜裂缝。这种情况下，试验研究表明梁的抗剪承载力取决于混凝土的抗压强度及梁的截面尺寸，过多地配置腹筋并不能无限提高梁的抗剪承载力，因此构件斜截面抗剪承载力的上限值限制条件，也即截面最小尺寸条件为：

对于一般梁（$h_w/b \leq 4$），应满足：$V \leq 0.25 f_c b h_0$

对于薄腹梁（$h_w/b \geq 6$），为防止使用荷载下斜裂缝开展过宽，控制更严，应满足：

$V \leqslant 0.20 f_c b h_0$

对于中等梁（$4 < h_w/b < 6$），按上两式直线插值计算。

式中　h_w——截面腹板高度，矩形截面为有效高度 h_0，T形截面为 h_0 减去翼缘高，I形截面为 h_0 减去上、下翼缘高；

　　　b——腹板宽度。

其余符号意义同前。

以上条件不满足时，应加大截面尺寸或提高混凝土强度等级。

2）下限值——按构造要求配置箍筋条件

试验表明，梁斜裂缝出现后，斜裂缝处原由混凝土承受的拉力全部由箍筋承担，使箍筋拉应力增加很多，若箍筋配置量过小，则斜裂缝一旦出现后，箍筋应力很快达到其屈服强度，而不能有效地抑制斜裂缝的发展，乃至箍筋拉断，构件发生斜拉破坏。

矩形、T形和I字形截面的一般受弯构件当满足下述条件时可不进行斜截面抗剪承载力计算，但必须按构造要求配置箍筋，其配筋率需满足最小配筋的要求：

$$V \leqslant V_c + V_p \tag{5-46}$$

当均布荷载为主时：

$$V_c = 0.7 f_t b h_0 \tag{5-47}$$

当集中荷载为主时：

$$V_c = \frac{1.75}{\lambda + 1} f_t b h_0 \tag{5-48}$$

式中符号意义同前。

若上式不满足时，应按斜截面承载力计算要求配置箍筋。

5. 斜截面抗剪承载力计算截面

在计算斜截面的受剪承载力时，其剪力设计值的计算截面取为

① 支座边缘处截面，见图 5-12（a），（b）截面 1-1；

② 受拉区弯起钢筋弯起点处的截面，见图 5-12（a）截面 2-2、3-3；

③ 箍筋截面面积或间距改变处的截面，见图 5-12（b）截面 4-4；

④ 腹板宽度或厚度改变处的截面。

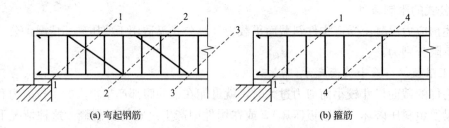

(a) 弯起钢筋　　　　　　　　　　(b) 箍筋

图 5-12　斜截面受剪承载力剪力设计值的计算截面

1-1 支座边缘处的斜截面；

2-2、3-3 受拉区弯起钢筋弯起点处的斜截面；

4-4 箍筋截面面积或间距改变处的斜截面

注：1. 对受拉边倾斜的受弯构件，尚应包括梁的高度开始变化处、集中荷载作用处和其他不利截面；
2. 箍筋的间距及弯起钢筋前一排（对支座而言）的弯起点至后一排的弯起点的距离应符合有关构造要求。

5.4.4 预应力混凝土斜截面抗弯承载力计算

按斜截面的受弯破坏形态，取斜截面左半部分为脱离体（见图 5-13）作用点（转动铰），取 $\sum M_0 = 0$，得：

$$M \leqslant (f_y A_s + f_{py} A_p)Z + \sum f_y A_{sb} Z_{sb} + \sum f_{py} A_{pb} Z_{pb} + \sum f_{yv} A_{sv} Z_{sv} \quad (5-49)$$

式中　M——通过斜截面顶端正截面内最大的弯矩设计值；
　　　A_p、A_{pb}——与斜截面相交的纵向预应力筋、弯曲预应力筋的截面面积；
A_s、A_{sb}、A_{sv}——普通纵向钢筋、弯起钢筋和箍筋的截面面积；
　　　Z——纵向预应力筋和普通钢筋合力点至受压区合力点 O 的力臂长度；
Z_{pb}、Z_{sb}、Z_{sv}——弯起预应力筋合力点、弯起普通钢筋合力点和箍筋合力点至受压区合力点 O 力臂长度。

其他符号意义同前。

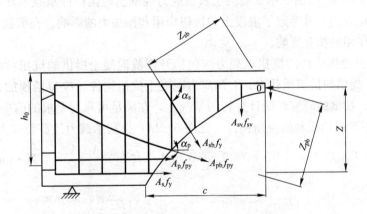

图 5-13　受弯构件斜截面抗弯承载计算图式

斜截面的水平投影长度，按破坏斜截面的抗剪承载力（刚好是剪力设计值条件）确定（可用试算法）：

$$V = \sum f_y A_{sb} \sin \alpha_s + \sum f_{py} A_{pb} \sin \alpha_p + \sum f_{yv} A_{sv} \quad (5-50)$$

式中　V——为斜截面受压区末端的剪力设计值；

其他符号意义同前。

计算斜截面的抗弯承载力时，其最不利斜截面位置应选在预应力筋减小处、箍筋间距变化处和混凝土腹板突变处。预应力混凝土受弯构件斜截面抗弯承载力如同普通钢筋混凝土梁一样，一般采用构造措施予以保证，取代承载力计算。

需要指出，同正截面计算一样，本节给出的方程和公式也是最基本的形式。

5.5 受扭截面计算

5.5.1 预应力对受扭截面的有利作用

实际工程中的受扭构件包括：① 平衡扭转构件；② 协调扭转构件。施加预应力可以推迟受扭截面的斜裂缝的出现，提高其抗扭承载力。

试验研究表明，在纯扭矩作用下，仅配置预应力筋的预应力混凝土受扭截面与素混凝土受扭构件的破坏形态非常相似，但预应力可以大幅度提高素混凝土构件的抗扭承载力，最大可提高 2.5 倍以上。需要指出，仅增加受扭截面的纵向钢筋不能相应增加受扭截面的承载力，只有同时增加纵向钢筋与箍筋时，才能有效提高其抗扭承载力。

5.5.2 矩形截面受扭构件承载力的计算

《桥规 JTG D62》给出的钢筋混凝土及预应力混凝土纯扭构件承载力计算公式是按变角空间桁架模型建立的，并考虑了混凝土的抗扭作用和预加力的影响。在剪扭构件承载力计算中考虑了剪扭作用的相互影响。

钢筋混凝土纯扭构件的抗扭承载力应包括开裂前混凝土提供的抗扭承载力和抗扭钢筋（纵筋和箍筋）提供的抗扭承载力，对预应力混凝土抗扭构件尚应包括预加力对混凝土抗扭承载力的影响。在试验研究和统计分析的基础上，在满足可靠度要求的前提下，《桥规 JTG D62》给出的矩形或箱形截面纯扭构件（见图 5-14）抗扭承载力计算公式为：

$$\gamma_0 T_d \leqslant 0.35\beta_a f_{td} W_t + 0.05 \frac{N_{p0}}{A_0} W_t + 1.2\sqrt{\xi} \frac{f_{sd,v} A_{sv1} A_{cor}}{s_v} \quad (\text{N·mm}) \qquad (5-51)$$

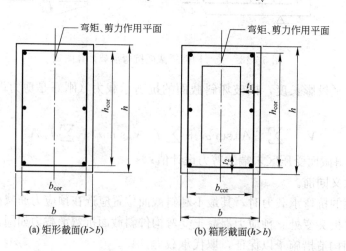

图 5-14 受扭构件截面图

式中，第一项为开裂前混凝土提供的抗扭承载力，是按塑性剪应力分布图式计算的，W_t 为构件的受扭塑性抵抗矩，其数值可按下式计算：

矩形截面

$$W_t = \frac{b^2}{6}(3h-b) \tag{5-52}$$

箱形截面

$$W_t = \frac{b^2}{6}(3h-b) - \frac{(b-2t_1)^2}{6}[3(h-2t_2)-(b-2t_1)] \tag{5-53}$$

β_a 为箱形截面有效壁厚折减系数，当 $0.1b \leqslant t_2 < 0.25b$ 或 $0.1h \leqslant t_1 < 0.25h$ 时，取 $\beta_a = 4t_2/b$ 或 $\beta_a = 4t_1/h$ 两者较小者。当 $t_2 \geqslant 0.25b$ 或 $t_1 \geqslant 0.25h$ 时，取 $\beta_a = 1.0$。

式中第二项为考虑预加力的影响所增加的混凝土抗扭承载力，其数值是由试验确定的，N_{p0} 为计算截面上混凝土法向应力等于零时的纵向预应力筋和普通钢筋的合力，A_0 为计算截面的换算截面面积。

式中第三项为抗扭钢筋（纵筋和箍筋）提供的抗扭承载力，是按变角空间桁架模型建立的。公式推导中引入了纵筋与箍筋配筋强度比 ξ，其数值按下式计算：

$$\xi = \frac{A_{st} f_{sd} s_v}{A_{sv1} f_{sv} U_{cor}} \tag{5-54}$$

试验表明，当纵筋与箍筋的配筋强度比在 $\xi = 0.5 \sim 2.0$ 变化，构件破坏时纵向筋和箍筋的应力基本上均可达到屈服强度。为此，《桥规 JTG D62》取 ξ 的限制条件为 $0.6 \leqslant \xi \leqslant 1.7$。

应该指出上面给出的抗扭承载力计算公式是以适筋梁的受扭塑性破坏为前提建立的，应用时必须满足下列限制条件。

（1）抗扭强度上限值

当抗扭钢筋配置过多时，构件可能发生完全超筋脆性破坏，在这种情况下，构件的抗扭承载力取决于混凝土的强度等级和截面尺寸。为了防止出现这种脆性破坏，应规定截面最小尺寸，限制截面剪应力。《桥规 JTG D62》规定，纯扭构件的截面尺寸应符合下列要求：

$$\frac{\gamma_0 T_d}{W_t} \leqslant 0.51 \times 10^{-3} \sqrt{f_{cu,k}} \tag{5-55}$$

式中　T_d——扭矩组合设计值，$kN \cdot mm$；

　　　W_t——截面的受扭塑性抵抗矩，mm^3；

　　　$f_{cu,k}$——混凝土立方体抗压强度标准值，MPa。

（2）抗扭强度下限值

若承担的扭矩较小，满足下列要求时，可不进行抗扭承载力计算，但必须按构造要求配置抗扭钢筋。

$$\frac{\gamma_0 T_d}{W_t} \leqslant 0.5 \times 10^{-3} f_{td} \tag{5-56}$$

式中　f_{td}——混凝土抗拉强度设计值，MPa。

（3）最小配筋率限值

规定最小配筋率的目的是防止构件开裂后发生突然的脆性破坏。纯扭构件的最小配筋率根据钢筋混凝土构件的抗扭承载力不小于同一截面的素混凝土的抗扭承载力（即开裂扭矩）的原则确定。最小配筋率应包括：

最小抗扭箍筋配筋率

$$\rho_{sv,min}^v = 0.055 \frac{f_{cd}}{f_{sd,v}} \tag{5-57}$$

最小抗扭纵筋配筋率

$$\rho_{sv,min}^v = 0.08 \frac{f_{cd}}{f_{sd,t}} \tag{5-58}$$

以上式中　f_{cd}——混凝土抗压强度设计值；
　　　　　$f_{sd,v}$——抗扭箍筋抗拉强度设计值；
　　　　　$f_{sd,t}$——抗扭纵筋抗拉强度设计值。

5.6　局部承压承载力计算

5.6.1　局部受压承载力的计算理论

后张法构件的预压力是通过锚具经垫板传给混凝土的。由于预压力很大，而锚具下的垫板与混凝土的传力接触面积往往很小，锚具下的混凝土将承受较大的局部压力。这种局部压力的作用下，局部承压破坏有两种情况：一种是由于集中压力的作用，在锚具与混凝土接触面局部压碎；另一种是由于压力曲线垂直方向的拉应力达到混凝土抗拉强度极限出现裂缝而破坏。为了避免这两种破坏，一方面要有足够的局部承压面积；另一方面要设置钢筋网片，以限制其横向扩张，从而提高局部承压能力。

预应力混凝土构件在预应力筋的锚固区附近其受力一般都处于局部受压状态，尤其在预应力混凝土桥梁结构中其预应力索的张拉吨位都比较高，局部受压问题更加严重。因此，预应力混凝土构件局部受压的承载力也是设计计算中一个不可忽视的问题。

当前预应力混凝土局部受压承载力的计算理论主要有套箍理论和剪切理论两种。

(1) 套箍理论

套箍理论认为：局部承压区的混凝土可看做是承受侧压力作用的混凝土芯块。当局部荷载作用增大时，受挤压的混凝土向外膨胀，核心混凝土处于三向受压状态，因此，混凝土抗压强度有所提高。当周围混凝土环向应力达到抗拉极限强度时，混凝土开裂，试件破坏（见图5-15）。

(2) 剪切理论

近年来，国内外对局部承压的开裂和破坏机理开展了较多的研究，提出了以剪切破坏为标志的局部承压"剪切破坏机理"。认为在局部荷载作用下，构件端部的受力特征可以比拟为一个带多根拉杆的拱结构（见图5-16(a)），紧靠承压板下面的混凝土在拱顶部分承受轴向局部荷载和拱顶的侧压力。距承压板较深的混凝土，位于拱拉杆处，承受横向拉力。当局部承压荷载达到开裂荷载时，相当于部分拉杆达到抗拉极限强度，从而产生局部纵向裂缝（见图5-16(b)），当荷载继续增加，裂缝延伸，拱结构中更

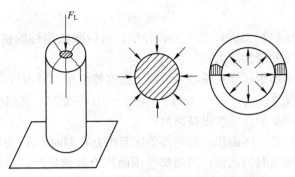

图 5-15 混凝土局部承压的套箍理论受力模型

多的拉杆破坏，内力进一步调整，拉杆合力中心至拱顶压力中心的力臂逐渐加大，拱顶侧向压力 T 与局部荷载 N 的比值有所下降，承压板下核心混凝土所受的三轴应力也随之发生变化，当 N 与 T 的比值达到某一数值时，核心混凝土逐步形成剪切破坏的楔形体，拱结构最终破坏（见图 5-16（c））。

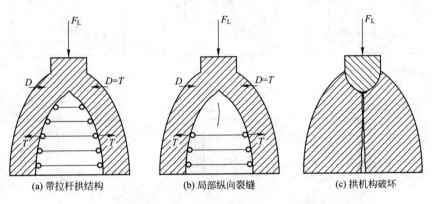

(a) 带拉杆拱结构　　(b) 局部纵向裂缝　　(c) 拱机构破坏

图 5-16 局部承压剪切理论受力模型

局部受压的套箍理论是早期局部承压构件承载力计算中采用较多的理论，当随着对局部承压研究的逐步完善，发现套箍理论中存在与实际局部承压受力相矛盾的现象，如"套箍"外围混凝土对核心混凝土约束的解释，在外围混凝土开裂后的实际受力与试验现象不符。因此，在现行的规范中大都采用剪切理论为依据。

5.6.2 局部受压承载力的计算

对于局部受压承载力的计算我国现行规范《桥规 TB 10002.3》与《桥规 JTG D62》中的计算公式基本一致，仅是一些符号的表达不一样。由于预应力混凝土桥涵结构的局部承压问题更为突出，因此，以下给出《桥规 JTG D62》中局部承压承载力的计算公式。

配置间接钢筋的混凝土构件，其局部受压区的截面尺寸应满足下列要求：

$$\gamma_0 F_{ld} \leqslant 1.3 \eta_s \beta f_{cd} A_{ln} \tag{5-59}$$

$$\beta=\sqrt{\frac{A_b}{A_l}} \qquad (5-60)$$

式中 F_{ld}——局部受压面积上的局部压力设计值,对后张法构件的锚头局压区,应取 1.2 倍张拉时的最大压力;

η_s——混凝土局部承压修正系数,混凝土强度等级在 C50 及以下时,取 $\eta_s=1.0$;混凝土强度等级为 C50~C80 时,取 $\eta_s=1.0\sim0.76$,其间按直线内插法确定;

β——混凝土局部承压强度提高系数;

A_{ln}、A_l——混凝土局部受压面积,当局部受压面积有孔洞时,A_{ln} 为扣除空洞的面积,A_l 为不扣除空洞的面积;当局部受压面积设置垫板时,局部受压面积应计入在垫板中沿 45°刚性角所扩大的面积;对于具有喇叭管并与垫板连成整体的锚具,A_{ln} 可取垫板面积扣除喇叭管尾端孔面积;

A_b——局部受压时的计算底面积,按图 5-17 所示确定。

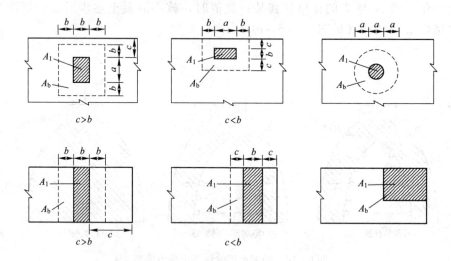

图 5-17 局部承压时计算底面积 A_b 的示意图

对配置间接钢筋的局部受压构件,其局部抗压承载力按下式计算:

$$\gamma_0 F_{ld} \leqslant 0.9(\eta_s\beta f_{cd}+k\rho_v\beta_{con}f_{sd})A_{ln} \qquad (5-61)$$

$$\beta_{cor}=\sqrt{\frac{A_{cor}}{A_l}} \qquad (5-62)$$

当采用方格钢筋网时

$$\rho_v=\frac{n_1 A_{s1} l_1+n_2 A_{s2} l_2}{A_{cor} s} \qquad (5-63)$$

式中 n_1、A_{s1}——方格钢筋网沿 l_1 方向的钢筋根数、单根钢筋的截面面积;

n_2、A_{s2}——方格钢筋网沿 l_2 方向的钢筋根数、单根钢筋的截面面积;

A_{cor}——方格网或螺旋形钢筋内表面范围内的混凝土核心面积;

s——方格钢筋网的层距(方格钢筋网不应小于 4 层,见图 5-18)。

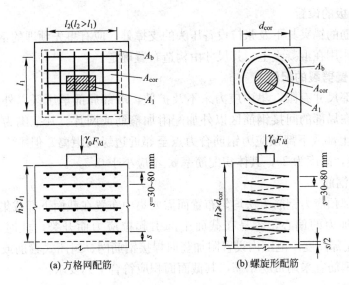

图 5-18　局部承压配筋图

此时，在钢筋网两个方向的钢筋截面面积相差不应大于 50%。

当采用螺旋形钢筋时

$$\rho_v = \frac{4A_{ss1}}{d_{cor}s} \tag{5-64}$$

式中　A_{ss1}——单根螺旋形钢筋的截面面积；

　　　d_{cor}——螺旋形钢筋内表面范围内混凝土核心面积的直径；

　　　s——螺旋形钢筋的螺距（螺旋形钢筋不应小于 4 圈）。

为了防止梁端混凝土由于强大集中压力作用而出现裂缝，尚需对锚固区进行抗裂性验算。若不能满足要求，则应加大构件端部截面尺寸，或调整局部承压面积。

5.6.3　局部受压构件的构造要求

对后张法预应力混凝土构件，为避免预应力钢筋在构件端面过分集中而造成局部受压破坏及裂缝，构件端部尺寸应考虑锚具的布置、张拉设备的尺寸和局部受压的要求，并宜按下列规定配置间接钢筋。

1. 弯起部分预应力钢筋

在靠近支座的区域弯起部分预应力钢筋，弯起的预应力钢筋宜沿构件端部均匀布置。这样不仅减小了梁底部预应力钢筋密集造成的预应力集中和施工困难，也减小了支座附近的主拉力和因此而引起开裂的可能性，而且对于弯矩不大的支座截面，承载力基本不受影响。

2. 端部弯折处的构造配筋

处于构件安装的需要，预制构件端部预应力筋锚固处往往有局部凹进。此时应增设折线形的构造钢筋，连同支座垫板的竖向构造钢筋（插筋或埋件的锚筋）共同构成对锚固区域的约束。

3. 预埋钢垫板的设置

在预应力钢筋的锚夹具下及张拉设备压头的支撑处，应有事先预埋的钢垫板以避免巨大的预压压力直接作用在混凝土上，其尺寸由构造布置确定。

4. 防止孔道壁劈裂的配筋

由于构件端部尺寸有限，集中应力来不及扩散，端部局部承压区以外的孔道仍可能劈裂。因此，还应在局部的间接钢筋区以外加配附加箍筋或网片。其范围为长度 l 不小于 $3e$（e 为截面中心线上部或下部预应力钢筋合力点至邻近边缘的距离）但不大于 $1.2h$（h 为构件端部截面高度），高度为 $2e$，其体积配筋率 ρ_v 不应小于 0.5%。

5. 附加竖向钢筋

如果构件端部预应力钢筋无法均匀布置而需要集中布置在截面下部或集中布置在上部和下部时，由于预加力的偏心，容易在截面中部引起拉应力而开裂。此时，应在构件端部 $0.2h$（h 为构件端部高度）范围内设置附加竖向焊接钢筋网、封闭式箍筋或其他形式的构造钢筋。附加竖向钢筋宜采用带肋钢筋，其截面面积应符合下列要求：

当 $e \leqslant 0.1h$ 时

$$A_{sv} \geqslant 0.3 \frac{N_p}{f_y} \quad (5-65)$$

当 $0.1h < e \leqslant 0.2h$ 时

$$A_{sv} \geqslant 0.15 \frac{N_p}{f_y} \quad (5-66)$$

式中 N_p——作用在构件端部截面重心线上部或下部预应力钢筋的合力，仅考虑混凝土预压前的预应力损失；

e——截面重心线上部或下部预应力钢筋的合力点至截面近边缘的距离；

f_y——附加竖向钢筋的抗拉强度设计值，但不应大于 $300\ \text{N/mm}^2$。

当 $e > 0.2h$ 时，可根据实际情况适当配置构造钢筋。

当端部截面上部和下部均有预应力钢筋时，附加竖向钢筋的总截面面积应按上部和下部的预应力合力分别计算的数值叠加后采用。

【例 5-1】 一榀预应力混凝土屋架下弦杆，截面尺寸为 250×160（mm），端部尺寸如图 5-19（a）、(b) 所示。孔道为 $2\Phi50$，混凝土强度等级为 C45（$f_c = 21.1\ \text{N/mm}^2$），采用后张法一端张拉，锚具为 JM12 型，孔道为冲压橡皮管抽芯成型，张拉控制应力 σ_{con} 为 $595\ \text{N/mm}^2$，张拉时混凝土的强度为 $f'_c = 19.5\ \text{N/mm}^2$，预应力钢筋配筋量为 $1\ 131\ \text{mm}^2$，横向钢筋（间接钢筋）采用 4 片 $\phi6$ 方格焊接网片（见图 5-19（b）），间距 $s = 50\ \text{mm}$，网片尺寸如图 5-19（d）所示，试验算此下弦杆端部局部受压承载力。

解

1. 端部受压区截面尺寸验算

JM12 锚具的直径为 $100\ \text{mm}$，锚具下垫板厚 $20\ \text{mm}$，局部受压面积可按压力 F_l 从锚具边缘在锚垫板中按 $45°$ 扩散角的面积计算，在计算局部受压的计算底面积时，近似的按图 5-19（a）两实线所围的矩形面积代替两个圆面积。

锚具下局部受压面积：

$$A_l = 250 \times (100 + 2 \times 20) = 35\ 000\ \text{mm}^2$$

$$A_b = 250 \times (140 + 2 \times 60) = 65\ 000\ \text{mm}^2$$

$$\beta_c = \sqrt{\frac{A_b}{A_l}} = \sqrt{\frac{65\ 000}{35\ 000}} = 1.36$$

又有

$$F_l = 1.2\sigma_{\text{con}}A_p = 1.2 \times 595 \times 1\ 131 = 807\ 534\ \text{N} \approx 808\ \text{kN};$$

$$A_{ln} = 35\ 000 - 2 \times \frac{\pi}{4} \times 50^2 = 31\ 075\ \text{mm}^2$$

$$1.3\eta_s\beta_l f_c A_{ln} = 1.3 \times 1.0 \times 1.36 \times 19.5 \times 31\ 075$$

$$\approx 1\ 071.3\ \text{kN} > F_l = 808\ \text{kN}\ (\text{满足要求})$$

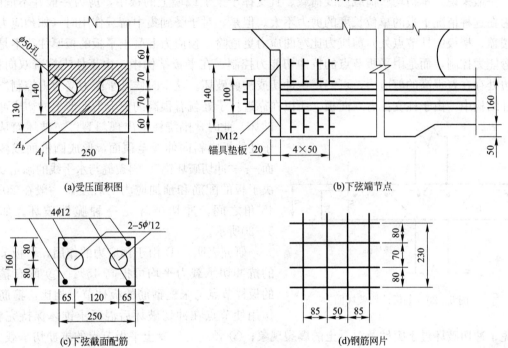

图 5-19 预应力混凝土屋架下弦杆

2. 局部受压承载力计算

$$A_{\text{cor}} = 220 \times 230 = 50\ 600\ \text{mm}^2 < A_b = 65\ 000\ \text{mm}^2$$

$$\beta_{\text{cor}} = \sqrt{\frac{A_{\text{cor}}}{A_l}} = \sqrt{\frac{50\ 600}{35\ 000}} = 1.2$$

横向钢筋的体积配筋率为：

$$\rho_v = \frac{n_1 A_{s1} l_1 + n_2 A_{s2} l_2}{A_{\text{cor}} s} = \frac{4 \times 28.3 \times 220 + 4 \times 28.3 \times 230}{50\ 600 \times 50} = 0.02$$

故有

$$0.9(\beta_c\beta_l f_c + 2\alpha\rho_v\beta_{\text{cor}} f_y)A_{ln} = 0.9 \times (1.36 \times 1.0 \times 19.5 + 2 \times 0.02 \times 1.2 \times 210) \times 31\ 075$$

$$\approx 1\ 023.3\ \text{kN} > F_l = 808\ \text{kN}\ (\text{满足要求})$$

5.7 受冲切承载力计算

5.7.1 预应力混凝土抗冲切破坏形态

一般来说，承担均布荷载或线荷载、且支撑于梁上或墙上的板中，剪力一般并不危险，因为在这种情况下板的单位长度的剪力不大。但是，对于受到集中荷载作用时（如预应力无梁楼盖、楼板中柱节点处）剪应力比弯曲应力更危险，预应力混凝土平板的板厚往往不是由抗弯能力控制，而是由平板节点的抗冲切能力控制。在平板结构中，由于柱支撑着双向板，柱边处存在着很高的剪应力，可能产生冲切或冲剪破坏。这个时候其承载力受剪力控制。在板柱结构中，由于柱支撑着双向板，所以在靠近柱子处就有很高的剪应力，产生冲切或冲剪破坏。此时，围绕柱子出现斜裂缝。破坏面从柱子处的板底斜向伸展至顶面，形成圆锥面或棱锥面——"冲切破坏锥"。斜裂缝与水平线的倾角 θ 取决于板的配筋和预加应力的程度，一般在 $20°\sim 45°$ 角之间。冲切破坏是一种脆性破坏。如图 5-20 所示。

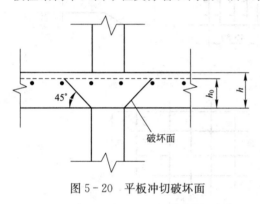

图 5-20 平板冲切破坏面

研究表明：① 由于预应力的作用，平板节点的抗冲切承载力平均可提高 45%；② 配有箍筋的板柱节点与未配箍筋的板柱节点相比，箍筋的作用使节点在冲切破坏后混凝土锥体保持完整，避免了冲切破坏过于突然及混凝土的爆裂现象；③ 预应力混凝土平板节点的抗冲切承载力，主要取决于混凝土的强度和有效预压应力值，此外还与板的有效高度、柱的边长和形状、受拉钢筋、板的双向性质等因素有关，为了提高其冲切承载力，可采用带柱帽、托板及配筋加强措施等。

5.7.2 计算公式

通常假定板的冲切破坏锥体与板底面成 $45°$ 角，在冲切承载力计算中取冲切破坏锥体斜面的上下边长的平均值，即距荷载边 $h_0/2$ 处的周长作为计算周长。

《无粘结预应力混凝土结构技术规程》（JGJ/T 92—1993）中给出了平板节点抗冲切承载力的计算公式，该公式未考虑传递节点不平衡弯矩的剪应力的影响。

$$F_l \leqslant (0.6f_t + 0.15\sigma_{pc})u_m h_0 \tag{5-67}$$

式中 F_l——集中反力设计值，即柱所承受的轴向力设计值减去柱顶冲切破坏锥体范围内的荷载设计值；

σ_{pc}——由预应力筋的有效预应力产生的混凝土平均预压应力，当两个方向预压应力值不同时，取其加权平均值；

u_m——冲切计算周长，一般取距集中反力作用面周边 $h_0/2$ 处的周长；

h_0——平板的截面有效高度。

《桥规 JTG D62》中对在集中反力作用下不配置抗冲切钢筋的钢筋混凝土板，其抗冲切承载力可按下列公式计算（见图 5-21）：

$$\gamma_0 F_{ld} \leqslant (0.7\beta_h f_{td} + 0.15\sigma_{pc,m}) U_m h_0 \quad (5-68)$$

式中 F_{ld}——最大集中反力设计值。当计算由墩柱支撑的板的抗冲切承载力时，可取墩柱所承受的最大轴向力—设计值减去柱顶冲切破坏锥体范围内的荷载设计值；

$\sigma_{pc,m}$——设有预应力钢筋的板的截面上，由预加力引起的混凝土有效平均压应力，其值宜控制在 $1.0 \sim 3.5$ MPa 范围内；

β_h——截面高度尺寸效应系数，当 $h \leqslant 300$ mm 时，取 $\beta_h = 1.0$；当 $h \geqslant 800$ mm 时，取 $\beta_h = 0.85$，其间按直线插入取值，此处 h 为板的高度；

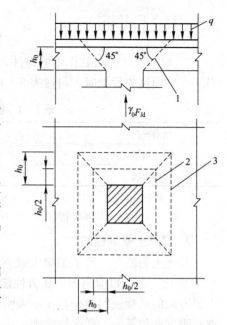

1—冲切破坏锥体的斜面；2—距集中反力作用面 $h_0/2$ 处破坏锥体截面周长；
3—冲切破坏锥体的底面线

图 5-21 板抗冲切承载力计算

U_m——距集中反力作用面 $h_0/2$ 处破坏锥体截面面积的周长，当墩柱为圆形截面时，可将其换算为边长等于 0.8 倍直径的方形截面墩柱再取 U_m；

h_0——板的有效高度。

5.8 疲劳验算

5.8.1 概述

按照一定承载能力设计的预应力混凝土结构，在使用期间完全因为超载而引起结构破坏的情况很少。但在低于设计值的荷载重复作用下，荷载作用次数累加数以百万计以上，也可能产生突然的脆性破坏。这种在低于结构承载力下多次作用后发生破坏的现象，称为结构疲劳破坏。

1. 预应力钢筋疲劳性能

根据对有关预应力疲劳性能试验资料的分析表明，仅限制最大应力或仅限制应力变化幅都不能保证预应力筋不发生疲劳破坏，因此需在限制最大应力的同时也必须限制其应力变化幅。《桥规 TB 10002.3》规定如下。

① 在运营荷载作用下，预应力钢筋（钢丝、钢绞线、预应力混凝土用螺纹钢筋）最大

应力应符合下列规定：
$$\sigma_p \leqslant 0.6 f_{pk} \tag{5-69}$$

② 对承受疲劳荷载作用的构件，应验算钢筋应力幅，其容许值 $[\Delta\sigma]$ 应根据试验确定。当缺少该项试验数据时，可按表 5-1 的规定采用。

表 5-1 钢筋应力幅容许值 $[\Delta\sigma]$（MPa）

钢筋种类	$[\Delta\sigma]$	钢筋种类	$[\Delta\sigma]$
带肋钢筋	150	钢绞线	140
光面钢丝	150	预应力混凝土用螺纹钢筋	80

注：1. 对于开裂截面，钢丝和钢绞线的应力幅容许值应适当折减；
2. 预应力混凝土用螺纹钢筋的应力幅容许值应根据试验确定，当无可靠试验数据时可按本表采用。

2. 混凝土疲劳性能

混凝土的疲劳一般随加荷次数 N、疲劳应力比值 ρ、加荷频率 ω 及混凝土抗压极限强度 f_c 而变化。由于目前国内外疲劳性能试验大多局限于轴心受压棱柱体试件，而预应力混凝土梁方面的试验资料较少，仅能表明，预应力混凝土梁在重复荷载作用下处于良好的弹性状态，刚度变化不大，残余挠度则远小于普通钢筋好混凝土梁。

《桥规 TB 10002.3》中给出的混凝土疲劳强度的容许值 $[\sigma_c^f]$，目前只能参照棱柱体轴心受压的疲劳试验资料，考虑有关因素求得：

$$[\sigma_c^f] = \frac{K_y f_c}{K} \tag{5-70}$$

式中　K——考虑混凝土的均质性及其强度随时间等因素影响的安全系数，取 1.2；
　　　K_y——混凝土疲劳折减系数（指轴心受压疲劳极限强度与静力极限强度之比）。

K_y 值与加荷次数 N、疲劳应力比值 ρ、加荷频率 ω 及混凝土抗压极限强度 f_c 等因素有关。根据国内外大量试验资料统计求得：当 $N = 2 \times 10^6$、$\rho = 0.15$、$f_c = 21 \sim 42$ MPa 时，$K_y = 0.57 \sim 0.65$，实际采用平均值 $K_y = (0.57 + 0.65)/2 = 0.61$，求得 $[\sigma_c^f] = 0.5 f_c$。

因此，《桥规 TB 10002.3》规定，运营荷载作用下正截面混凝土压应力（扣除全部应力损失后）应符合下列规定：

主力组合作用时：　　　　　$\sigma_c \leqslant 0.5 f_c$ 　　　　　　(5-71)
主力加附加力组合作用时　　$\sigma_c \leqslant 0.55 f_c$ 　　　　　(5-72)

式中　σ_c——运营荷载及预应力钢筋有效预应力产生的正截面混凝土最大压应力，MPa；
　　　f_c——混凝土抗压极限强度（MPa），按本规范表 3.1.4 采用。

3. 构件的疲劳性能

在荷载多次重复作用下，构件截面的开裂弯矩 M_{cr}^f 小于一次加载时的相应值 M_{cr}，比值 $\dfrac{M_{cr}^f}{M_{cr}}$ 主要取决于混凝土的抗拉疲劳强度，且随荷载重复作用次数的增大而减小。部分预应力混凝土受弯构件，在重复荷载上限值 P_{max} 的一次作用下就已开裂。因此，在荷载重复作用时，构件都处于带裂缝工作阶段，直至发生疲劳破坏。

国内外的试验结果表明，构件的力学性能在荷载等幅重复加卸过程中逐渐发生变化。随着荷载重复次数的增多，已有裂缝加宽但逐渐趋于稳定；已有裂缝之间混凝土的抗拉强度降低而出现新裂缝，并逐渐加宽而趋于稳定。每次加载达到上限弯矩 M_{max} 时的预应力筋应力、截面受压边缘混凝土应变、卸载后混凝土的残余应变,以及钢筋与混凝土之间的粘结滑移、构件变形等,都有相似的变化规律。增大上限弯矩 M_{max} 时,裂缝、预应力筋和混凝土应力等都有相应增大,重复加卸载后,各项指标有所增加但趋向稳定。在荷载多次重复作用下,截面平均应变仍符合平截面假定,受压区高度变化不大。构件经多次加卸荷载趋于稳定的各项性能指标,相对于第一次加载时相应指标的增大或减小幅度,主要取决于弯矩上限值 M_{max}、构件材料和配筋、预应力度、性能指标的敏感性等因素。其中,混凝土压应变和裂缝宽度增大幅度较大。

当弯矩的上限达到疲劳极限值 M'_u,经过一定次数重复加卸载后构件发生疲劳破坏。绝大多数构件的破坏过程,首先是一根预应力筋疲劳断裂、其余预应力筋应力突增、裂缝开展、截面中心轴上移;再经过数万次的重复加卸荷载,材料损伤积累、其余预应力筋相继疲劳断裂,构件完全丧失承载能力。数根预应力筋同时疲劳断裂的可能性极小,一般取第一根预应力筋断裂时的荷载重复次数作为构件的疲劳寿命 N。国内外的试验结果表明,绝大多数部分预应力混凝土受弯构件的疲劳破坏是由预应力筋断裂所控制。只有极少数配筋率很高、截面形状特殊的构件,才会出现因受压混凝土疲劳而破坏。

5.8.2 预应力混凝土构件疲劳验算

1. 基本假定

需作疲劳验算的受弯构件,其正截面疲劳应力应按下列基本假定进行计算:

① 截面应变保持平面;

② 受压区混凝土的法向应力图形取为三角形;

③ 对钢筋混凝土构件,不考虑受拉区混凝土的抗拉强度,拉力全部由纵向钢筋承受;对要求不出现裂缝的预应力混凝土构件,受拉区混凝土的法向应力图形取为三角形。

④ 采用换算截面计算。

2. 预应力混凝土受弯构件疲劳验算的部位

① 正截面受拉区和受压区边缘纤维的混凝土应力及受拉区纵向预应力钢筋、非预应力钢筋的应力幅;

② 截面重心及截面宽度剧烈改变处的混凝土主拉应力;

③ 受压区纵向预应力钢筋可不进行疲劳验算。

3. 验算公式

1) 受弯疲劳验算

根据国内文献,部分预应力混凝土受弯构件的抗弯疲劳极限,可以用 $S=M'_u/M_u$ 和 N 坐标轴如图 5-22 所示。

对于承受重复荷载的部分预应力混凝土受弯构件,抗弯疲劳强度验算方法如下:

① 确定疲劳荷载值,以确定构件材料所受到正应力的最小和最大值。构件材料受到的最小与最大应力一般按重复荷载的标准值计算。

② 在疲劳荷载作用下,采用换算截面分别计算构件混凝土的应力幅度($\sigma'_{c,min}$,$\sigma'_{c,max}$)、预应力筋的应力幅度($\sigma_{p,min}$,$\sigma_{p,max}$)和($\sigma^f_{s,min}$,$\sigma^f_{s,max}$)、非预应力筋的应力幅度。计算方法见考虑开裂的部分预应力混凝土构件应力计算内容,其中混凝土的弹性模量应采用疲劳变形模量。

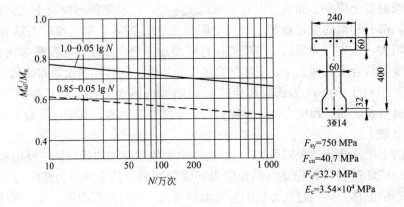

图 5-22 部分预应力混凝土受弯构件抗弯疲劳极限的 S—N 图

③ 根据构件材料的应力幅度 ($\sigma_{c,min}^f$, $\sigma_{c,max}^f$)、($\sigma_{p,min}^f$, $\sigma_{p,max}^f$) 和 ($\sigma_{s,min}^f$, $\sigma_{s,max}^f$),分别计算疲劳应力比值 $\rho_c^f=\sigma_{c,min}^f/\sigma_{c,max}^f$, $\rho_p^f=\sigma_{p,min}^f/\sigma_{p,max}^f$, $\rho_s^f=\sigma_{s,min}^f/\sigma_{s,max}^f$,确定混凝土材料的疲劳强度 f_c^f 和 f_t^f、预应力和非预应力钢材的疲劳应力幅限值 Δf_{py}^f 与 Δf_{sy}^f。进行材料疲劳应力验算:

压应力 $\qquad \sigma_{cc,max}^f \leqslant f_c^f \qquad$ (5-73)

拉应力 $\qquad \sigma_{ct,max}^f \leqslant f_t^f \qquad$ (5-74)

$$\Delta \sigma_p^f = \sigma_{p,max}^f - \sigma_{p,min}^f \leqslant \Delta f_{py}^f \qquad (5-75)$$

$$\Delta \sigma_s^f = \sigma_{s,max}^f - \sigma_{s,min}^f \leqslant \Delta f_{sy}^f \qquad (5-76)$$

2) 受剪疲劳验算

有腹筋的部分预应力混凝土受弯构件,在荷载多次重复作用下发生斜裂缝的剪力 V_{cr}^f 小于一次加载的相应值 V_{cr}。比值 V_{cr}^f/V_{cr} 主要取决于混凝土的抗拉疲劳强度,其随荷载重复作用次数的增大而减小。

试验结果表明,在第一次加载的过程中,斜裂缝出现之前剪力主要由混凝土承担,所配箍筋的应力较低,其对延迟裂缝出现的影响很小;斜裂缝出现后,箍筋应力显著增大、混凝土承担的剪力减小。在等幅重复加卸荷载作用下,每次达到上限剪力 V_{max} 时的箍筋应力和斜裂缝的宽度,以及卸载至下限值 V_{min} 时的残余应力和裂缝宽度等指标,随荷载重复次数的增加表现出相似的变化规律,即起始阶段增长明显而后逐渐趋于稳定。增大重复荷载上限值后,构件的应力、变形及斜裂缝等均有新的增长,重复次数增加后趋向稳定。

当剪力的上限达到疲劳极限值 V_u^f 经过一定次数重复加卸载后构件发生受剪疲劳破坏。这种破坏是弯与剪共同作用造成的,其有两种破坏形态。一般破坏过程为:首先,与斜裂缝相交的箍筋中一根疲劳断裂,相邻箍筋的应力和斜裂缝宽度突增;荷载继续重复加卸,邻近的箍筋相继断裂、斜裂缝加宽并同时向上下方延伸和扩展;最后,由于受压区混凝土面积减小,在剪压共同作用下达疲劳强度时破坏。另一类破坏发生在纵向配筋较低的构件中,当箍筋发生断裂和斜裂缝开展后,纵筋在拉力和销栓力的共同作用下发生疲劳断裂,破坏时受压区混凝土无明显破坏征兆。

根据国内文献,部分预应力混凝土受弯构件的抗剪疲劳极限,可以用 $S=V_{cr}^f/V_u$ 和 N 坐标轴如图 5-23 所示。

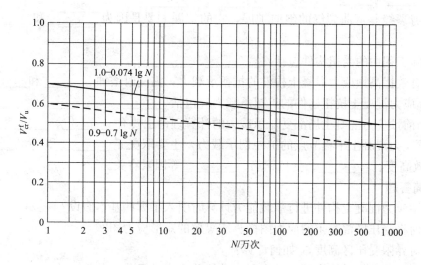

图 5-23 部分预应力混凝土受弯构件抗剪疲劳极限的 S—N 图

对于承受重复荷载的部分预应力混凝土受弯构件，抗剪疲劳强度验算方法如下：

① 确定疲劳荷载值，以确定混凝土所受到主拉应力的最小和最大值。荷载取法同前。

② 在疲劳荷载作用下，计算构件混凝土的主拉应力幅度（$\sigma_{tp,min}^f$，$\sigma_{tp,max}^f$）。

③ 由混凝土的主拉应力幅度，计算疲劳应力比值 $\rho_c^f = \sigma_{tp,min}^f / \sigma_{tp,max}^f$，确定混凝土材料的疲劳强度 f_t^f，进行材料疲劳应力验算：

$$\sigma_{tp,max}^f \leqslant f_t^f \tag{5-77}$$

以上主要讨论了体内部分预应力混凝土受弯构件的疲劳试验分析及疲劳强度验算问题。对于体外预应力混凝土构件，尽管体外索的拉应力幅度较小，但在重复荷载作用下，可能发生索体与转向构件之间的纵向摩擦，以及索体在转向和锚固构造处因结构变形或振动引起的弯曲，这些变形都对索体疲劳不利，有关这方面的问题还有待研究。

习 题

一、填空题

1. 预应力混凝土结构从张拉预应力筋到承受极限荷载破坏，其受力过程大致分为三个阶段：_____、_____、_____。

2. 先张法和后张法在施加预应力阶段的受力稍有不同，其中主要区别在于_____、_____等方面。

3. 全预应力混凝土构件在正常使用阶段经历的时间比较长。在这一阶段，一般假定_____；全预应力混凝土构件在这一阶段处于_____状态。

4. 在预应力混凝土受弯截面开裂之前，外弯矩的增加主要由_____的增加来抵抗。

5. 我国规范要求预应力混凝土受弯截面的最小配筋率为_____时的配筋率，其中 M_u 为截面的计算抗弯承载力，M_{cr} 为截面的开裂弯矩。

6. 预应力混凝土受弯构件与普通钢筋混凝土受弯构件一样，主要有两类剪切裂缝，分别称为_____与_____。

7. 弯剪裂缝是弯曲裂缝的斜向扩展，它的扩展主要是因为_____和_____的共同作用所致。

8. 实际工程中的受扭构件包括：_____、_____。

9. 要有效提高预应力混凝土构件的抗扭承载力，需同时增加_____和_____。

10. 预应力混凝土抗扭构件的抗扭承载力应包括_____、_____、_____。

11. 当前预应力混凝土局部受压承载力的计算理论主要有_____、_____。

12. 预应力混凝土平板节点的抗冲切承载力，主要取决于_____和_____。此外还与板的有效高度、_____、受拉钢筋、_____等因素有关。

二、简答题

1. 对预应力混凝土构件进行承载能力计算时引入了哪些基本假设？
2. 如何将受压区混凝土的应力图换算成等效的矩形应力图？
3. 相对界限受压区高度 ξ_b 如何计算？
4. 受弯构件截面破坏有哪几种形态？计算公式应满足什么条件？
5. 预应力混凝土结构的受力状态与钢筋混凝土构件的受力状态有何不同？
6. 预应力混凝土受拉截面破坏过程包括哪几个阶段？推导预应力混凝土受拉截面承载力计算公式。
7. 对矩形截面受弯构件，其受剪截面的限制条件有哪些？
8. 计算预应力混凝土梁斜截面的受剪承载力时应取哪些计算截面？
9. 写出预应力混凝土梁斜截面抗剪承载力的计算公式。
10. 给出在弯、剪、扭共同作用下，且 $h_w/b \leqslant 6$ 的矩形截面预应力混凝土构件的截面限制条件。
11. 给出预应力混凝土矩形截面构件分别受纯扭、剪扭、轴压和扭矩作用下的承载力计算公式。
12. 预应力混凝土局部受压构件的构造要求包括哪些内容？
13. 先张法与后张法构件局部承压设计的主要区别是什么？
14. 对配置间接钢筋的预应力混凝土构件其局压区的截面尺寸应符合那些要求？
15. 分别给出预应力混凝土构件按方格网和螺旋式配筋时 ρ_v 的计算公式。
16. 预应力混凝土构件疲劳验算的部位有哪些？
17. 简述受弯构件和受剪构件疲劳强度验算的方法。

三、计算题

1. 设置螺旋筋的预应力混凝土构件端部局部承压计算。某楼盖结构中的扁平梁，截面尺寸如图 5-24 所示。混凝土 C_{40}，$f_c = 19.1$ N/mm²，张拉时混凝土强度≥70%。采用五孔锚环，预应力筋为 $7\Phi^s 5$ 高强钢丝，$A_P = 139$ mm²，$f_{ptk} = 1\,570$ N/mm²。张拉控制力 $N_{con} = 758$ kN。五孔预应力束的毛面积为 $1\,272$ mm²。螺旋筋为 HPB235 级钢筋，$f_y = 210$ N/mm²。要求对本扁平梁端部进行构造设计，并验算承载力极限状态和施工阶段的局部承压力。

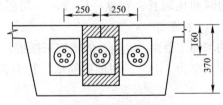

图 5-24 局压计算

第 6 章
预应力混凝土构件正常使用极限状态验算

6.1 裂缝验算

6.1.1 预应力混凝土构件中裂缝的出现、分布及特征

许多混凝土结构、砌体结构在建设过程和使用过程中出现了不同程度和不同形式的裂缝，这是一个相当普遍的现象。近代科学技术关于混凝土强度的综合研究，以及大量的工程实践所提供的经验都表明：钢筋混凝土结构出现裂缝是不可避免的；在保证结构的安全性和耐久性的前提下，裂缝是人们可以接受的材料特性。虽然结构设计是建立在强度的极限承载力基础上的，但大多数工程的使用标准却是由裂缝控制的。钢筋混凝土结构的裂缝影响到结构的美观，也可能影响结构的正常使用与耐久性。当裂缝宽度达到一定的数值时，还可能危及结构的安全。正确地评价混凝土结构中的裂缝，对结构的评估、鉴定和维护具有非常重要的现实意义。

1. 预应力混凝土构件裂缝的出现

预应力混凝土构件中裂缝的出现和普通混凝土构件基本相同。由于混凝土的抗压强度高，而抗拉强度则低很多，钢筋混凝土结构往往是带裂缝工作的。一般认为，在混凝土结构内，当截面上的实际拉应力超过材料的实际抗拉强度后便会出现裂缝，其形态与主拉力的性质有关。预应力构件由于预先对构件的受拉区混凝土施加了一个预压应力，造成一种人为的应力状态。当构件承受外荷载后，混凝土中将产生拉应力，于是，混凝土中事先已存在的预压应力将全部或部分抵消荷载产生的拉应力，使得在正常使用状态下结构不会出现裂缝或推迟出现裂缝，从而提高了结构的抗裂性能，扩大了其使用领域。在预应力构件中，当构件下边缘混凝土中的拉应力达到其抗拉强度时，构件并不立即出现裂缝。由于混凝土的塑性，受拉区应力并非按线性变化，而呈曲线分布（见图 6-1）。按曲线分布的应力图形所能抵抗的弯矩大于下边缘应力为 f_{tk} 的三角形应力图形所能抵抗的弯矩。为便于抗裂计算，可将曲线分布的应力图形折算成下边缘为 γf_{tk} 的等效三角形应力图形（γ 为混凝土塑性影响系数）。因此只有当 $\sigma_c - \sigma_{pcII} = \gamma f_{tk}$ 时，截面才可能出现裂缝，达到抗裂极限状态。

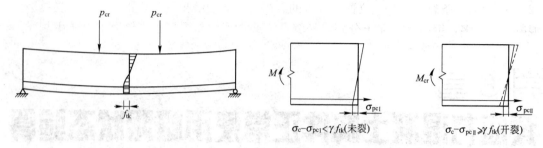

图 6-1 混凝土构件截面的受力状况

2. 预应力构件中裂缝的分布及特征

根据预应力钢筋与混凝土有无粘结，预应力混凝土可分为有粘结构件和无粘结构件，二者在裂缝的分布及特征等方面有着较大的不同。

按照 Saliger 于 1936 年根据拉杆试验提出的粘结—滑移理论，在有粘结预应力混凝土构件中，当轴拉力很小，构件尚未出现裂缝前，钢筋和混凝土中的拉应力 σ_s 和 σ_c 沿构件轴线都是均匀分布的（见图 6-2（b））。随着轴拉力的增大，构件将出现第一条裂缝 1—1（见图

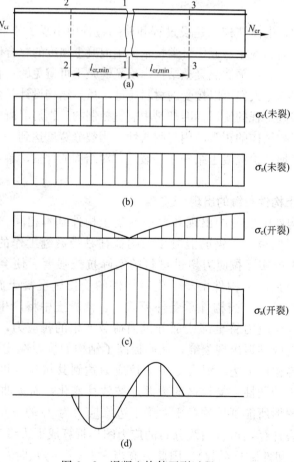

图 6-2 混凝土构件开裂过程

6-2（a）），第一条裂缝出现的位置是随机的。当第一条裂缝出现后，由于钢筋的受拉应力比混凝土大得多，钢筋和混凝土分别向裂缝截面两边回缩，混凝土与钢筋表面产生相对滑移，形成一条内外宽度相近的裂缝。开裂后，裂缝截面混凝土退出工作，应力为零，全部拉力由钢筋承受，使受拉钢筋的应变和应力突然增大，形成一峰值（见图 6-2（c））。由于沿钢筋长度上的应力发生了变化，从而产生了粘结应力（见图 6-2（d））。通过混凝土与钢筋之间的粘结应力，在沿构件长度方向，钢筋的应力逐渐传递给混凝土，经过一段长度的传递（即应力传递长度），当钢筋传递给混凝土的应力使其应变达到混凝土的极限拉应变时，便会出现另一条裂缝，如此反复，裂缝不断出现，直至两条裂缝之间的间距小于应力传递长度的两倍，则两裂缝之间将不可能再出现新的裂缝（因为通过粘结应力的积累，尚不足以使混凝土中的拉应力达到抗拉极限强度）。构件中裂缝基本出齐，间距基本稳定，裂缝大致成等间距分布。如果再增大荷载，只会使已有的裂缝宽度增大，一般将不再出现新裂缝。

对于无粘结预应力混凝土构件，由于预应力钢筋与混凝土之间没有粘结作用，不会产生纵向相对滑动。如果忽略摩擦的影响，可认为预应力钢筋的应力沿全长是相同的，其应变等于预应力钢筋全长周围混凝土应变变化的平均值。因此，当梁截面受压区的混凝土达到极限压应变时，无粘结预应力钢筋的应变将比相应有粘结预应力钢筋的应变来得低；而当梁截面达到受弯承载力极限状态时，无粘结预应力钢筋的应力将低于有粘结预应力钢筋的应力，不能达到其抗拉强度设计值。另外由于预应力钢筋与混凝土之间没有粘结，钢筋无法把力传递给混凝土，因而以后将不会再出现新裂缝。纯无粘结预应力混凝土梁的挠度较大，开裂荷载较低，裂缝比较集中，特别是在低配筋梁中一般只会出现一条或少数几条裂缝，其宽度和高度随荷载增加而急剧发展，使梁顶的混凝土很快达到极限压应变，致使构件破坏突然发生，呈较大的脆性，破坏时没有明显的预兆，延性差，如图 6-3 所示。

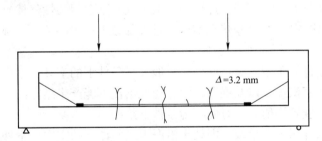

图 6-3 无粘结试验梁裂缝分布

6.1.2 裂缝宽度限值

预应力混凝土结构所处的环境是确定裂缝控制等级的重要因素。室内正常环境、室内潮湿环境、露天环境、腐蚀性环境等对结构物的影响是各不相同的，如在相对湿度低于 60% 的环境中，混凝土中的钢筋很少发生腐蚀，即使发生也是很轻微的；相对湿度在 60% 以上时，腐蚀将随湿度的增大而增加；在干湿循环环境中，钢筋腐蚀最为严重；而在永久饱和的混凝土中，钢筋不会腐蚀。因此，根据结构构件所处环境等级的不同，应采用不同的裂缝控制等级及最大裂缝宽度限制。

1. 环境等级的分类

根据《桥规 JTG D62》对混凝土结构的环境等级分类如表 6-1 所示。

表 6-1　混凝土结构的环境等级分类

Ⅰ类	温暖或严寒地区的大气环境、与无侵蚀性的水或土壤接触的环境
Ⅱ类	严寒地区的大气环境、使用除冰盐的环境、滨海环境
Ⅲ类	海水环境
Ⅳ类	受侵蚀性物质影响的环境

根据《混凝土结构设计规范》（GB 50010—2002）的规定，混凝土结构的环境等级分类如表 6-2 所示。

表 6-2　混凝土结构的环境类别

环境类别		条　件
一		室内正常环境
二	a	室内潮湿环境；非严寒和非寒冷地区的露天环境，无侵蚀性的水或土壤直接接触的环境
	b	严寒和寒冷地区的露天环境，与无侵蚀性的水或土壤直接接触的环境
三		使用除冰盐的环境；严寒和寒冷地区冬期水位变动的环境；海滨室外环境
四		海水环境
五		受人为或自然的侵蚀性物质影响的环境

注：严寒和寒冷地区的划分应符合国家现行标准《民用建筑热工设计规范》GB 50176 的规定。

铁路桥涵设计规范根据环境条件的不同，给出了如下三种类型的环境等级：

第一类是环境条件属于轻度级，即处于一般大气（不含侵蚀性气体）条件下的室内环境（室内无直接或间接水源）。桥梁修建在室外，且大都处于有水的地方，湿度较大，不宜按轻度环境考虑。

第二类是环境条件属于中等级，即处于一般大气条件下的室外、室内有水源（包括有直接水源或间接水源如蒸汽等）以及湿度较大、通风不良可能产生结露的室内环境。铁路桥涵设计规范中的裂缝宽度容许值是针对此环境条件下给出的。

第三类是环境条件属于严重级，即处于沿海大气条件下的室内或室外环境。在此环境下不应采用允许开裂的预应力混凝土构件。

2. 裂缝控制等级的划分

从 1985 年开始，公路预应力混凝土桥梁的正常使用极限状态采用预应力度进行设计。根据预应力度的大小将构件划分为全预应力和部分预应力，部分预应力又分为 A 类和 B 类构件。全预应力混凝土构件，在作用（或荷载）短期效应组合作用下构件任何截面的受拉边缘不允许出现拉应力，因此需要保持较大的预应力度。部分预应力混凝土构件，意味着在作用（或荷载）短期效应组合作用下控制截面受拉边缘已出现拉应力或裂缝，与全预应力构件比较，此时的预应力度有所降低。预应力度的降低，表示预应力钢筋可以少用，这是设计部分预应力构件的目的之一。部分预应力的 A 类构件，其控制截面受拉边缘的拉应力受到限制；拉应力超过限值直到出现裂缝均属于部分预应力 B 类构件。部分预应力混凝土构件的应用，可以为工程带来实效。部分预应力不但改善构件预压区的受力状况，节省预应力钢材甚至降低构件的高度,而且预应力即使是允许开裂的 B 类构件,在桥梁使用期内的大部分时间,其裂缝也是闭合的。只有荷载达到设计最大值的短时间内构件才可能开裂。按照本规范的规定,部分预应力构件必须是混合配筋,一般预应力钢筋设置在非预应力钢筋的里面,只要设计合理,预应力钢筋不致因裂缝遭受腐蚀。然而,部分预应力构件尤其是带裂缝的 B 类构件,应有选择地使用,地处有侵蚀物质严重影响的桥梁,不应进行有裂缝的预应力混凝土构件设计。跨径大于 100 m 桥梁的主要受力构件也不宜进行部分预应力设计。

3. 最大裂缝宽度限制

当结构构件允许出现裂缝时,应根据结构类别和规范规定的环境类别,按对应的规定选用不同的控制等级及最大裂缝控制宽度值。表 6-3 为《桥规 JTG D62》中对钢筋混凝土与预应力结构构件的裂缝控制等级及最大裂缝宽度限制值。

表 6-3 钢筋混凝土与预应力结构构件的裂缝控制等级及最大裂缝宽度限制值

环境类别	钢筋混凝土构件	采用精轧螺纹钢筋的预应力混凝土构件	采用钢丝或钢绞线的预应力混凝土构件
I 类	0.20mm	0.20mm	0.10mm
II 类			
III 类	0.15mm	0.15mm	不允许出现裂缝
IV 类			

我国《桥规 TB 10002.3》对钢筋混凝土结构的计算裂缝宽度容许值如表 6-4 所示。

表 6-4 钢筋混凝土结构的计算裂缝宽度容许值 $[w_f]$ mm

结构构件所处环境条件			$[w_f]$
水下结构或地下结构	长期处于水下或潮湿的土壤中	无侵蚀性介质	0.25
		有侵蚀性介质	0.20
	处于水位经常反复变动的条件下	无侵蚀性介质	0.20
		有侵蚀性介质	0.15
一般大气条件下的地面结构	有防护措施		0.25
	无防护措施		0.20

注:表列数值为主力作用时的容许值,当主力加附加力作用时可提高 20%。

对允许开裂的预应力混凝土受弯构件,《桥规 TB 10002.3》规定在恒载作用下,正截面混凝土受拉区压应力(扣除全部应力损失后)不应小于 1.0MPa;在运营恒载作用下的特征裂缝宽度应符合表 6-5 的规定。

表 6-5 预应力混凝土结构的计算裂缝宽度容许值 $[w_f]$ mm

荷载组合	特征裂缝宽度最大值
主力组合	0.10
主力加附加力组合	0.15
特种超载荷载	0.15

6.1.3 裂缝宽度验算

众所周知，混凝土在硬化过程中，由于温度、湿度的变化，以及不同材料间热膨胀系数的差异，沿水泥石与钢筋的粘结面上和水泥石与骨料的粘结面上，就可能形成许多微裂缝。在使用过程中，由于荷载及温度变化、混凝土收缩、支座不均匀沉降等因素的影响，钢筋混凝土结构可能扩展、贯通乃至形成较宽和较长的可见裂缝。对于部分预应力混凝土结构也是如此。由此可见，影响混凝土构件产生裂缝及影响裂缝开展的因素很多，而且各影响因素又有较大的随机性，因此到目前为止，对于裂缝的计算仍没有完善、统一的计算公式。

影响裂缝宽度的因素很多，其中最主要的因素有消压后的钢筋应力、钢筋类型、混凝土保护层、混凝土的受拉面积、受拉区的钢筋分布即预应力筋和非预应力筋的数量和直径、混凝土的强度、预加应力的方法、横向钢筋、荷载变化过程等。关于裂缝宽度的计算，《PPC建议》提供了两种方法：一种是计算"特征裂缝宽度"，使构件出现的裂缝宽度控制在规范允许值的范围之内。另一种是采用名义拉应力的方法。预应力混凝土结构的抗裂性验算是正常使用极限状态计算的核心内容。

1. 抗裂性验算的内容及控制条件

《桥规 JTG D62》对预应力混凝土构件抗裂性验算包括正截面抗裂性和斜截面抗裂性验算两部分内容。

1）正截面抗裂性是通过正截面混凝土的法向拉应力来控制的

《桥规 JTG D62》规定，正截面抗裂性应满足下列要求。

① 全预应力混凝土构件，在作用（或荷载）短期效应组合下

预制构件
$$\sigma_{st} - 0.85\sigma_{pc} \leqslant 0 \tag{6-1}$$

现场浇注（包括预制拼装）构件
$$\sigma_{st} - 0.80\sigma_{pc} \leqslant 0 \tag{6-2}$$

② 部分预应力混凝土 A 类构件，在作用（或荷载）短期效应组合下

$$\sigma_{st} - \sigma_{pc} \leqslant 0.75 f_{tk} \tag{6-3}$$

但在作用（或荷载）长期效应组合下

$$\sigma_{lt} - \sigma_{pc} \leqslant 0 \tag{6-4}$$

2）斜截面的抗裂性是通过斜截面混凝土的主拉应力来控制的

《桥规 JTG D62》规定，斜截面抗裂性应符合下列条件。

① 全预应力混凝土构件，在作用（或荷载）短期效应组合下

预制构件
$$\sigma_{tp} \leqslant 0.6 f_{tk} \tag{6-5}$$

现场浇注（包括预制拼装）构件
$$\sigma_{tp} \leqslant 0.35 f_{tk} \tag{6-6}$$

② 部分预应力混凝土 A 类构件和允许开裂的 B 类构件，在作用（或荷载）短期效应组合下

预制构件
$$\sigma_{tp} \leqslant 0.8 f_{tk} \tag{6-7}$$

现场浇注（包括预制拼装）构件
$$\sigma_{tp} \leqslant 0.45 f_{tk} \tag{6-8}$$

以上式中 σ_{st} ——在作用（或荷载）短期效应组合下，构件抗裂性验算截面边缘混凝土的法向拉应力；

σ_{lt} ——在由于（或荷载）长期效应组合下，构件抗裂验算截面边缘混凝土的法向

拉应力；

σ_{pc}——扣除全部预应力损失后的预加力在构件抗裂性验算截面边缘产生的混凝土有效预压应力；

σ_{tp}——在作用（或荷载）短期效应组合下，构件抗裂性验算截面混凝土的主拉应力；

f_{tk}——混凝土的抗拉强度标准值。

2. 全预应力混凝土及部分预应力混凝土 A 类构件正截面抗裂性验算

正截面抗裂性验算的实质是选取若干控制截面（例如，简支梁的跨中截面，连续梁的跨中和支点截面等），计算在作用（或荷载）短期效应组合作用下截面受拉边缘混凝土的法向拉应力，并控制其满足上述公式的限制条件。式中荷载产生的截面受拉边缘法向拉应力和有效预压应力可按一般材料力学公式计算。

1) 荷载产生的截面受拉边缘法向拉应力计算

荷载产生的抗裂验算截面受拉边缘的法向应力按下式计算（以预应力混凝土简支梁为例）：

在作用（或荷载）短期效应组合 $[M_s = M_{Gk} + 0.7 M_{Q1k}/(1+\mu) + M_{Q2k}]$ 作用下：

对先张法构件 $\quad\quad\quad\quad \sigma_{st} = M_s/W_0$ (6-9)

对后张法构件 $\quad\quad \sigma_{st} = \dfrac{M_{G1k}}{W_n} + \dfrac{M_{G2k} + 0.7[M_{Q1k}/(1+\mu) + M'_{Q2k}]}{W_0}$ (6-10)

在荷载长期效应组合 $[M_L = M_{Gk} + 0.4[M_{Q1k}/(1+\mu) + M_{Q2k}]]$ 作用下：

对先张法构件 $\quad\quad\quad\quad \sigma_{lt} = M_L/W_0$ (6-11)

对后张法构件 $\quad\quad \sigma_{lt} = \dfrac{M_{G1k}}{W_n} + \dfrac{M_{G2k} + 0.4[M_{Q1k}/(1+\mu) + M_{Q2k}]}{W_0}$ (6-12)

以上式中 M_{Gk}——永久荷载弯矩标准值：$M_{Gk} = M_{G1k} + M_{G2k}$；

M_{G1k}——构件自重弯矩标准值；

M_{G2k}——恒载（桥面铺装、人行道、栏杆等）弯矩标准值；

M_{Q1k}——包括冲击系数影响的汽车荷载弯矩标准值；

M_{Q2k}——人群荷载弯矩标准值；

W_0——构件换算截面对抗裂验算截面边缘的弹性抵抗矩；

W_n——构件净截面对抗裂验算截面边缘的弹性抵抗矩。

2）预加力产生的截面边缘混凝土有效预压应力计算

预加力产生的截面边缘混凝土有效预压应力，按材料力学给出的偏心受压构件应力计算公式计算。预加力应扣除全部预应力损失，对先张法构件采用净截面几何性质，对后张法构件采用换算截面几何性质。

由预加力产生的构件抗裂验算截面边缘混凝土的有效预压应力 σ_{pc}，按下式计算（以预应力混凝土简支梁为例）：

对先张法构件 $\quad\quad\quad\quad \sigma_{pc} = \dfrac{N_{p0}}{A_0} + \dfrac{N_{p0} e_{p0}}{W_0}$ (6-13)

对后张法构件 $\quad\quad\quad\quad \sigma_{pc} = \dfrac{N_p}{A_n} + \dfrac{N_p e_{pn}}{W_n}$ (6-14)

式中 N_{p0}、N_p——先张法构件、后张法构件的预应力钢筋与普通钢筋的合力；

e_{p0}、e_{pn}——预应力钢筋和普通钢筋的合力对构件换算截面、净截面重心的偏心距。

预应力钢筋和普通钢筋的合力 N_{p0}、N_p 及其偏心距 e_{p0}、e_{pn} 按下列公式计算（见图 6-4）

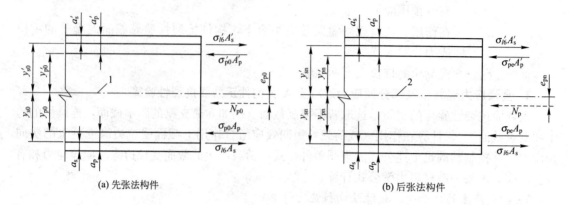

(a) 先张法构件　　　　　　　　　(b) 后张法构件

1—换算截面重心轴；2—净截面重心轴
图 6-4 预应力钢筋和普通钢筋合力及偏心距

(1) 先张法构件

$$N_{p0} = \sigma_{p0}A_p + \sigma'_{p0}A'_p - \sigma_{l6}A_s - \sigma'_{l6}A'_s \tag{6-15}$$

$$e_{p0} = \frac{\sigma_{p0}A_p y_{p0} - \sigma'_{p0}A'_p y'_{p0} - \sigma_{l6}A_s y_{s0} + \sigma'_{l6}A'_s y'_{s0}}{\sigma_{p0}A_p + \sigma'_{p0}A'_p - \sigma_{l6}A_s - \sigma'_{l6}A'_s} \tag{6-16}$$

$$\sigma_{p0} = \sigma_{con} - \sigma_l + \sigma_{l4} \tag{6-17}$$

$$\sigma'_{p0} = \sigma'_{con} - \sigma'_l + \sigma'_{l4} \tag{6-18}$$

(2) 后张法构件

$$N_p = \sigma_{pe}A_p + \sigma'_{pe}A'_p - \sigma_{l6}A_s - \sigma'_{l6}A'_s \tag{6-19}$$

$$e_{pn} = \frac{\sigma_{pe}A_p y_{pn} - \sigma'_{pe}A'_p y'_{pn} - \sigma_{l6}A_s y_{sn} + \sigma'_{l6}A'_s y'_{sn}}{\sigma_{pe}A_p + \sigma'_{pe}A'_p - \sigma_{l6}A_s - \sigma'_{l6}A'_s} \tag{6-20}$$

$$\sigma_{pe} = \sigma_{con} - \sigma_l \tag{6-21}$$

$$\sigma'_{pe} = \sigma'_{con} - \sigma'_l \tag{6-22}$$

式中　y_{p0}、y_{pn}——受拉预应力钢筋对构件换算截面和净截面重心的距离；

y'_{p0}、y'_{pn}——受压预应力钢筋对构件换算截面和净截面重心的距离；

y_{s0}、y_{sn}——受拉普通钢筋对构件换算截面和净截面重心的距离；

y'_{s0}、y'_{sn}——受压普通钢筋对构件换算截面和净截面重心的距离；

σ_l、σ'_l——受拉预应力钢筋和受压预应力钢筋的全部预应力损失；

σ_{l6}、σ'_{l6}——由混凝土收缩与徐变引起的受拉预应力钢筋和受压预应力钢筋的应力损失；

σ_{l4}、σ'_{l4}——由混凝土弹性压缩引起先张法构件受拉预应力钢筋和受压预应力钢筋的应力损失；

σ_{con}、σ'_{con}——受拉预应力钢筋和受压预应力钢筋的张拉控制应力。

应该指出，上述计算混凝土法向拉应力 σ_{st} 和混凝土有效预压应力 σ_{pc} 的计算公式，与《公路钢筋混凝土及预应力混凝土桥涵设计规范 JTJ 023—85》没有实质性区别。现仅就使用中应注意的问题做补充说明。

① 按《桥规 JTG D62》规定，根据正常使用极限状态的要求，应采用作用（或荷载）的短期效应组合、长期效应组合或短期效应组合并考虑长期效应组合，对构件的抗裂性、裂缝宽度和变形进行验算，在上述各种组合中，车辆荷载效应不计冲击系数。

按《桥规 JTG D62》规定，正截面抗裂性是以在作用（或荷载）短期效应组合 [$M_s = M_{Gk} + 0.7 M_{Q1k}/(1+\mu) + M_{Q2k}$] 作用下的截面受拉边缘的法向力应力来控制。

② 计算后张法构件的截面应力时，应根据构件制造施工情况，考虑分阶段受力特点，采用不同的截面几何特征值。

在预加力和构件自重效应作用下，预应力筋孔道尚未灌浆，应采用扣除孔道影响（但应计入普通钢筋作用）的净截面几何特征值 A_n、I_n，其中 A_n 应按受压翼缘全宽计算，I_n 应按受压翼缘的有效宽度 b_f' 计算。

在附加恒载和使用荷载效应作用下，预应力孔道已灌浆，应采用考虑预应力钢筋和普通钢筋作用的换算截面几何特征值 I_0。

对于上翼缘板间设有现浇板的情况，净截面几何特征值 A_n、I_n 应按预制构件部分计算。换算截面几何特征值应按考虑现浇段的整体截面计算。

③ 在计算钢筋合力 N_{p0}、N_p 及相应的偏心距 e_{p0}、e_{pn} 时，应考虑混凝土收缩、徐变对普通钢筋应力的影响。

当混凝土产生收缩、徐变损失 σ_{l6}，普通钢筋必将受到同样大小的压缩，相当于普通钢筋获得一个压力 $\sigma_{l6} A_s$ 或 $\sigma_{l6}' A_s'$，为了平衡此项压力，在混凝土中产生一个拉力 $\sigma_{l6} A_s$ 或 $\sigma_{l6}' A_s'$。换句话说，考虑混凝土收缩和徐变的影响，相当于在普通钢筋截面重心处对混凝土施加一个拉力 $\sigma_{l6} A_s$ 或 $\sigma_{l6}' A_s'$（见图 6-4）。

④ 对连续梁等超静定结构，在计算钢筋合力 N_{p0}、N_p 的偏心距 e_{p0}、e_{pn} 时，应考虑二次力 M_{p2} 的影响。

3. 预应力混凝土受弯构件斜截面抗裂性验算

斜截面抗裂性验算的实质是选取若干最不利截面（例如支点附近截面，梁肋宽度变化处截面等），计算在荷载短期效应组合作用下截面的主拉应力，并控制其满足式（6-7）、式（6-8）、式（6-9）、式（6-10）的限制条件。

全预应力混凝土及部分预应力混凝土 A 类构件，在荷载短期效应组合作用下，全截面参加工作，构件处于弹性工作阶段。即使是允许开裂的部分预应力混凝土 B 类构件，验算抗裂性所选取的支点附近截面，在一般情况下也是处于全截面参加工作的弹性工作状态。因此，主拉应力可按材料力学公式计算。

对于配有纵向预应力钢筋和竖向预应力钢筋的预应力混凝土受弯构件，由预加力和荷载短期效应组合产生的混凝土主拉应力，按下式计算（以预应力混凝土简支梁为例）：

$$\sigma_{tp} = \frac{\sigma_{cx} + \sigma_{cy}}{2} - \sqrt{\left(\frac{\sigma_{cx} - \sigma_{cy}}{2}\right)^2 + \tau_s^2} \qquad (6-23)$$

1) 混凝土法向应力 σ_{cx}

σ_{cx} 为在预加力（扣除全部预应力损失后）和作用（或荷载）短期效应组合弯矩 [$M_s = M_{Gk} + 0.7 M_{Q1k}/(1+\mu) + M_{Q2k}$] 作用下，计算主应力点的混凝土法向应力，其数值可参照式（6-9）、式（6-10）、式（6-13）、式（6-14）计算，但式中的 W_n、W_0 应以 I_n/y_n、I_0/y_0 代替，式中 y_n、y_0 为所求应力之点至净截面和换算截面重心的距离。

2) 混凝土竖向压应力 σ_{cy}

由竖向预应力钢筋的预加力产生的混凝土竖向压应力，按下式计算：

$$\sigma_{cy} = 0.6 \frac{n\sigma_{pe,v} A_{pv}}{bs_v} \qquad (6-24)$$

式中 $\sigma_{pe,v}$——竖向预应力钢筋的有效预应力（$\sigma_{pe,v} = \sigma_{con,v} - \sigma_{l,v}$）；

A_{pv}——单肢竖向预应力钢筋的截面面积；

n——同一截面上竖向预应力钢筋的肢数；

s_v——竖向预应力钢筋的纵向间距；

b——梁的腹板宽度。

3) 混凝土剪应力 τ_s

τ_s 为由预应力弯起钢筋预加力的竖向分力（又称预剪力）V_p 和按作用（或荷载）短期效应组合剪力 V_s 产生的计算主应力点处的混凝土剪应力。

预剪力
$$V_p = \sum \sigma_{pe,b} A_{pb} \sin \theta_p \qquad (6-25)$$

作用（或荷载）短期效应组合剪力 $V_s = V_{G1k} + V_{G2k} + 0.7 V_{Q1k}/(1+\mu) + V_{Q2k}$

由预剪力 V_p 和荷载剪力 V_s 产生的混凝土剪应力，按下式计算：

$$\tau_s = \frac{V_{G1k} S_n}{bI_n} + \frac{[V_{G2k} + 0.7 V_{Q1k}/(1+\mu) + V_{Q2k}] S_0}{bI_0} - \frac{\sum \sigma_{pe,b} A_{pb} \sin \theta_p}{bI_n} S_n \qquad (6-26)$$

式中 S_n、S_0——所求应力之水平纤维以上（或以下）部分截面面积，对净截面重心轴和换算截面重心轴的面积矩。

在应用上述公式计算主拉应力时应特别注意以下几点。

① 主拉应力计算公式（6-23）中的 σ_{cx} 和 τ_s 应是同一计算截面、同一水平纤维处，由同一荷载产生的法向应力和剪应力值。

一般是按最大的可变荷载剪力和与其对应的可变荷载弯矩组合计算，切不可不加分析地随意组合。

② 对先张法构件端部区段进行抗裂性验算，计算由预加力引起的截面应力时，应考虑梁端预应力传递长度 l_{tr} 范围内预加力的变化。

《桥规 JTG D62》规定，预应力传递长度 l_{tr} 范围内预应力钢筋的实际应力值，在构件端部取为零，在预应力传递长度末端取有效预应力，两点之间按直线变化取值。

4. 钢筋混凝土及部分预应力混凝土 B 类构件的裂缝宽度计算是正常使用极限状态的核心内容之一

钢筋混凝土和部分预应力混凝土 B 类构件，在正常使用极限状态下的裂缝宽度，应按作用（或荷载）短期效应组合计算并考虑长期效应影响进行验算。

1) 裂缝宽度限值

《桥规 JTG D62》规定，钢筋混凝土构件和部分预应力混凝土 B 类构件，其计算的最大裂缝宽度不应超过下列规定的限值：

(1) 钢筋混凝土构件

① Ⅰ类和Ⅱ类环境　　0.20 mm

② Ⅲ类和Ⅳ类环境　　0.15 mm

(2) 采用精轧螺纹钢筋的预应力混凝土构件

① Ⅰ类和Ⅱ类环境　　　0.20 mm

② Ⅲ类和Ⅳ类环境　　　0.15 mm

(3) 采用钢丝或钢绞线的预应力混凝土构件

① Ⅰ类和Ⅱ环境　　　0.10 mm

② Ⅲ类和Ⅳ类环境不得进行带裂缝的B类构件设计

上述裂缝宽度的限值，是指在作用（或荷载）短期效应组合作用下，并考虑长期效应影响的构件垂直裂缝，不包括施工中混凝土收缩过大、养护不当及掺入氯盐过多等引起的其他非受力裂缝。

裂缝宽度限值与构件的使用环境及钢筋种类有关。钢筋混凝土结构中采用的粗钢筋和预应力混凝土结构中采用的精轧螺纹钢筋，其直径较大，钢筋锈蚀后截面损失率相对较小，规定的裂缝宽度限值相对较大。预应力混凝土结构中采用钢丝和钢绞线，其直径较小，钢筋锈蚀后截面损失率相对较大，在高应力下易发生脆断，因而其裂缝宽度限值比钢筋混凝土构件适当降低。

2）裂缝宽度计算的通用公式

《桥规JTG D62》规定，矩形、T形和I形截面钢筋混凝土构件及B类预应力混凝土受弯构件，其最大裂缝宽度W_{fk}可按下列公式计算：

$$W_{fk}=C_1C_2C_3\frac{\sigma_{ss}}{E_s}\left(\frac{30+d}{0.28+10\rho}\right) \quad (\text{mm}) \tag{6-27}$$

式中　C_1——钢筋表面形状系数，对光面钢筋，$C_1=1.4$；对带肋钢筋，$C_1=1.0$；

　　　C_2——作用（或荷载）长期效应影响系数，$C_2=1+0.5\dfrac{S_l}{S_s}$，其中$S_l$和$S_s$分别为按作用（或荷载）长期效应组合和短期效应组合计算的弯矩或轴向力设计值；

　　　C_3——与构件受力特征有关的系数，当为钢筋混凝土板或受弯构件时，$C_3=1.15$；其他受弯构件，$C_3=1.0$；偏心受压构件，$C_3=0.9$；偏心受拉构件，$C_3=1.1$；轴心受拉构件$C_3=1.2$；

　　　d——纵向受拉钢筋直径（mm），当采用不同直径的钢筋时，d改用换算直径d_e，$d_e=\dfrac{\sum n_i d_i^2}{\sum n_i d_i}$，式中，对钢筋混凝土构件，$n_i$为受拉区第$i$种普通钢筋的根数，$d_i$为受拉区第$i$种普通钢筋的公称直径；对混合配筋的预应力混凝土构件，预应力钢筋为由多根钢丝或钢绞线组成的钢丝束或钢绞线束时，式中d_i为普通钢筋公称直径、钢丝束或钢绞线束的等代直径d_{pe}，$d_{pe}=\sqrt{nd}$，此处，n为钢丝束中钢丝根数或钢绞线束中钢绞线根数，d为单根钢丝或钢绞线的公称直径；对于钢筋混凝土构件中的焊接钢筋骨架，考虑钢筋叠放对周长的影响，式中的d或d_e应乘以系数1.3；

　　　ρ——截面配筋率，对矩形及T形截面，$\rho=\dfrac{A_s+A_p}{bh_0}$；对带有受拉翼缘的T形截面，$\rho=\dfrac{A_s+A_p}{bh_0+(b_f-b)h_f}$；当$\rho>0.02$时，取$\rho=0.02$；当$\rho<0.006$时，取$\rho=0.006$；对轴心受拉构件，$\rho$按全部受拉钢筋截面面积$A_s$的一半计算；

其中：h_0——梁的有效高度；

b——矩形截面宽度或 T 形截面的腹板宽度；

b_f——构件受拉翼缘宽度；

h_f——构件受拉翼缘厚度；

σ_{ss}——作用（或荷载）短期效应组合作用下，开裂截面纵向受拉钢筋的应力。

3) 钢筋应力计算公式

《桥规 JTG D62》规定，由作用（或荷载）短期效应组合引起的开裂截面纵向受拉钢筋的应力 σ_{ss}，可按下列近似公式计算：

(1) 钢筋混凝土构件

受弯构件
$$\sigma_{ss}=\frac{M_s}{0.87A_sh_0} \tag{6-28}$$

轴心受拉构件
$$\sigma_{ss}=\frac{N_s}{A_s} \tag{6-29}$$

偏心受拉构件
$$\sigma_{ss}=\frac{N_se'_s}{A_s(h_0-a'_s)} \tag{6-30}$$

偏心受压构件
$$\sigma_{ss}=\frac{N_s(e_s-z)}{A_sz} \tag{6-31}$$

$$z=\left[0.87-0.12(1-\gamma'_f)\left(\frac{h_0}{e_s}\right)^2\right]h_0 \tag{6-32}$$

$$\gamma'_f=\frac{(b'_f-b)h'_f}{bh_0} \tag{6-33}$$

式中 M_s、N_s——按作用（或荷载）短期效应组合计算的弯矩值、轴向力值；

A_s——受拉区纵向钢筋截面面积，对轴心受拉构件，取全部纵向钢筋截面面积；对偏心受拉构件，取受拉较大边的纵向钢筋截面面积；对受弯、偏心受压构件，取受拉区纵向钢筋截面面积；

e_s——轴向压力作用点至纵向受拉钢筋合力作用点的距离，$e_s=\eta_se_0+y_s$；

e'_s——轴向拉力作用点至受压区（或受拉较小边）纵向钢筋合力作用点的距离；$e'_s=\eta_se_0-y'_s$；

其中：y_s——纵向受拉钢筋合力点至截面重心的距离；

y'_s——受压区（或受拉较小边）纵向钢筋合力点至截面重心的距离；

e_0——轴向力作用点至截面重心的偏心距，$e_0=M_s/N_s$；

η_s——使用阶段的轴向力偏心距增大系数，其值为

$$\eta_s=1+\frac{1}{4\,000e_0/h_0}\left(\frac{l_0}{h}\right)^2 \tag{6-34}$$

当 $l_0/h\leqslant14$ 时，取 $\eta_s=1$；

γ'_f——受压区翼缘截面面积与腹板有效截面面积之比，其值为 $\gamma'_f=(b'_f-b)h'_f/(bh_0)$。

(2) 部分预应力混凝土 B 类受弯构件

$$\sigma_{ss}=\frac{M_s-N_{p0}(z-d_{p0})\pm M_{p2}}{(A_p+A_s)z} \tag{6-35}$$

式中 N_{p0}——混凝土法向应力为零时，纵向预应力筋和普通钢筋的合力，对先张法构件，可按前面的公式计算；对后张法构件，应按下式计算：

$$N_{p0} = \sigma_{p0}A_p + \sigma'_{p0}A'_p - \sigma_{l6}A_s - \sigma'_{l6}A'_s \tag{6-36}$$

$$\sigma_{p0} = \sigma_{con} - \sigma_l + \alpha_{E_p}\sigma_{pc,p} \tag{6-37}$$

$$\sigma'_{p0} = \sigma'_{con} - \sigma'_l + \alpha_{E_p}\sigma'_{pc,p} \tag{6-38}$$

其中：$\sigma_{pc,p}$、$\sigma'_{pc,p}$——在预应力筋和普通钢筋合力 $[N_p = (\sigma_{con} - \sigma_l)A_p + (\sigma'_{con} - \sigma'_l)A'_p - \sigma_{l6}A_s - \sigma'_{l6}A'_s]$ 作用下，受拉预应力钢筋和受压预应力钢筋重心处的预压应力；

z——受拉区纵向预应力钢筋和普通钢筋合力作用点（近似取预应力钢筋和普通钢筋截面重心）至截面受压区合力作用点的距离，其值按公式 (6-32) 计算，式中的 e_s，以 e 代入，e 的表达式为

$$e = d_{p0} + \frac{M_s \pm M_{p2}}{N_{p0}} \tag{6-39}$$

式中 d_{p0}——混凝土法向力等于零时，纵向预应力钢筋和普通钢筋合力 N_{p0} 的作用点至受拉区纵向预应力钢筋和普通钢筋合力作用点（近似取预应力钢筋和普通钢筋截面重心）的距离（原公式以 e_0 表示，为了与偏心距区别，此处改为 d_{p0}）；

M_{p2}——有效预加力 N_{pe} 在预应力混凝土连续梁等超静结构中产生的次弯矩。

《桥规 JTG D62》推荐的部分预应力混凝土 B 类构件钢筋应力 σ_{ss} 的计算公式 (6-35) 与钢筋混凝土偏心受压构件钢筋应力计算公式是相似的。在 M_s 作用下的部分预应力混凝土 B 类构件，经过"消压"处理后，即可转化为弯矩 M_s 和偏心力 N_p 作用下的钢筋混凝土偏心受压构件。然后，由所有的力对受压区合力作用点取矩的平衡条件，建立钢筋应力计算公式，计算中内力臂取用了偏心受压构件相同的近似公式。

4）圆形截面偏心受压构件裂缝宽度计算公式

对于桥梁结构中大量采用的圆形截面偏心受压构件，《桥规 JTG D62》给出的裂缝宽度计算公式是原哈尔滨建筑工程学院在分析研究国内开展的圆形截面偏心受压构件抗裂试验资料的基础上，通过多元回归方法建立的。

《桥规 JTG D62》规定，圆形截面钢筋混凝土偏心受压构件最大裂缝宽度，可按下列公式计算

$$W_{fk} = C_1 C_2 \left[0.03 + \frac{\sigma_{ss}}{E_s} \left(0.004 \frac{d}{\rho} + 1.52c \right) \right] \quad (\text{mm}) \tag{6-40}$$

式中 σ_{ss}——在作用（或荷载）短期效应组合作用下，截面受拉边缘钢筋的应力，其值为

$$\sigma_{ss} = \left[59.42 \frac{N_s}{\pi r^2 f_{cu,k}} \left(2.80 \frac{\eta_s e_0}{r} - 1.0 \right) - 1.65 \right] \rho^{-\frac{2}{3}} \quad (\text{MPa}) \tag{6-41}$$

ρ——截面配筋率，$\rho = A_s / (\pi r^2)$；

c——混凝土保护层厚度（mm）；

r——构件截面半径（mm）；

$f_{cu,k}$——混凝土强度等级（MPa）；

其余符号的意义及取值方法与公式 (6-27) 和公式 (6-34) 相同。

按式 (6-41) 求得 $\sigma_{ss} \leqslant 24$ MPa 时，可不必验算裂缝宽度。

我国《桥规 TB 10002.3》对钢筋混凝土矩形、T 形及工字形截面受弯及偏心受压构件的计算裂缝宽度按下列公式计算

$$w_f = K_1 K_2 r \frac{\sigma_s}{E_s}\left(80 + \frac{8 + 0.4d}{\sqrt{\mu_z}}\right) \tag{6-42}$$

$$K_2 = 1 + \alpha \frac{M_1}{M} + 0.5 \frac{M_2}{M} \tag{6-43}$$

$$\mu = \frac{(\beta_1 n_1 + \beta_2 n_2 + \beta_3 n_3) A_{s1}}{A_{cl}} \tag{6-44}$$

$$A_{cl} = 2ab \tag{6-45}$$

式中　　w_f——计算裂缝宽度，mm；

　　　　K_1——钢筋表面形状影响系数，对光圆钢筋 $K_1=1.0$，带肋钢筋 $K_1=0.8$；

　　　　K_2——荷载特征影响系数；

　　　　α——系数，对光圆钢筋取 0.5，对带肋钢筋取 0.3；

　　　　M_1——活载作用下的弯矩，kN·m；

　　　　M_2——恒载作用下的弯矩，kN·m；

　　　　M——全部计算荷载作用下的弯矩。在主力作用时为恒载弯矩与活载弯矩之和，在主力加附加力作用时为恒载弯矩、活载弯矩及附加力弯矩之和，kN·m；

　　　　r——中性轴至受拉边缘的距离与中性轴至受拉钢筋重心的距离之比。对梁和板，r 可分别采用 1.1 和 1.2；

　　　　σ_s——受拉钢筋重心处的钢筋应力，MPa；

　　　　E_s——钢筋的弹性模量，MPa；

　　　　d——受拉钢筋直径，mm；

　　　　μ_z——受拉钢筋的有效配筋率；

n_1，n_2，n_3——单根，两根一束，三根一束的受拉钢筋根数；

β_1，β_2，β_3——考虑成束钢筋的系数，对单根钢筋 $\beta_1=1.0$，两根一束 $\beta_2=0.85$，三根一束 $\beta_3=0.70$；

　　　　A_{s1}——单根钢筋的截面积，m^2；

　　　　A_{cl}——与受拉钢筋相互作用的受拉混凝土面积，取为与受拉钢筋重心相重合的混凝土面积（即图 6-5 中的阴影面积，图中 a 为钢筋重心至受拉边缘的距离），m^2。

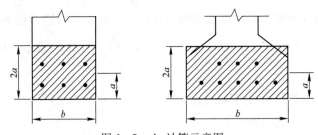

图 6-5　A_{cl} 计算示意图

《桥规 TB 10002.3》对钢筋混凝土圆形或环形截面偏心受压构件的计算裂缝宽度，可按下列公式计算

$$w_f = K_1 K_2 K_3 r \frac{\sigma_s}{E_s}\left(100 + \frac{4 + 0.2d}{\sqrt{\mu_z}}\right) \tag{6-46}$$

$$r=\frac{2R-x}{R+r_s-x}\leqslant 1.2 \tag{6-47}$$

$$\mu_z=\frac{(\beta_1 n_1+\beta_2 n_2+\beta_3 n_3)A_{s1}}{A_z} \tag{6-48}$$

$$A_z=4\pi r_s(R-r_s) \tag{6-49}$$

式中 K_1——钢筋表面形状影响系数，对光圆钢筋 $K_1=1.0$，带肋钢筋 $K_1=0.8$；

K_2——荷载特征影响系数；

r——中性轴至受拉边缘的距离与中性轴至受拉钢筋重心的距离之比，当 $r>1.2$ 时，取为 1.2；

σ_s——钢筋的最大拉应力，MPa；

d——纵向钢筋直径，当钢筋直径不同时，按大直径取用，mm；

μ_z——纵向钢筋的有效配筋率，当 μ_z 小于 0.005 时，按 0.005 采用；计算时，$n_1 \sim n_3$ 应计入全部纵向钢筋；

A_z——与纵向钢筋相互作用的混凝土面积，图 6-6 中的阴影面积，m^2。

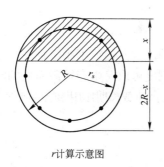

r 计算示意图　　　　　　　　A_z 计算示意图

图 6-6　计算示意图

6.1.4 预应力混凝土结构裂缝控制的名义拉应力法

现代预应力混凝土结构，无论从其结构或是承载能力来看都带来了许多新情况和新问题。通过各类典型预应力结构受力特性的研究，已经表明：由于超静定约束及预应力结构受力特点的复杂化（结构体系的复杂性，柱、墙或筒体的约束，结构轴向变形及预应力工艺的影响等），迫切需要一种具有一定普遍意义的正常使用极限状态下截面抗裂验算的计算方法。而名义拉应力法就是满足这种条件的一种比较简便的正截面抗裂验算的计算方法。

由英国学者 Abeles 提出的名义拉应力法是假设混凝土截面未开裂，按均质截面计算出混凝土的名义拉应力，然后再依据大量的试验数据建立起最大裂缝宽度与其相对应的混凝土容许名义拉应力。在使用荷载弯矩 M 和有效预加力 N_{pe} 的共同作用下，构件截面受拉区边缘的名义拉应力 σ_{cl} 表示为

$$\sigma_{cl}=\frac{M}{W}-\left(\frac{N_{pe}}{A}+\frac{N_{pe}e_p}{W}\right) \tag{6-50}$$

式中 A、W——不考虑开裂及钢筋影响的混凝土截面面积和抗弯截面模量。

根据试验资料的分析结果，对于一定裂缝宽度，不同高度、不同配筋、不同混凝土标号

的部分预应力混凝土构件,将对应不同的名义拉应力,因而相应的容许名义拉应力值也不同,详见有关规范。

6.2 受弯构件挠度验算

6.2.1 计算规定

预应力混凝土构件所使用的材料一般都是高强度材料,相对普通钢筋混凝土来说在同样承载能力下其截面尺寸较小。同时,预应力混凝土结构构件的跨度较大。因此,应注意验算预应力混凝土受弯构件的挠度,防止出现过大的挠度(或反拱度)影响构件的正常使用。

预应力混凝土受弯构件在正常使用极限状态下的挠度,可根据构件的刚度用结构力学方法计算。

在等截面构件中,可假定各同号弯矩区段的刚度相等,并取用该区段最大弯矩处的刚度值。当计算跨度内的支座截面刚度不大于跨中截面刚度的两倍或不小于跨中截面刚度的二分之一时,该跨也可按等刚度构件进行计算,其构件刚度可取跨中弯矩截面处的刚度值。

受弯构件的挠度应按照荷载效应标准组合并采用考虑荷载长期作用影响的刚度来进行计算。

6.2.2 挠度限值

对于不同的预应力结构其用途和要求是不一样的,其挠度的限值也是不一样的。在桥梁中,《桥规 JTG D62》规定,钢筋混凝土及预应力混凝土受弯构件使用阶段的挠度应考虑长期效应的影响,即根据给定的抗弯刚度,按作用(或荷载)短期效应组合计算求得的挠度值 f_s 乘以挠度长期增长系数 η_θ,即构件的长期挠度为:

$$f_l = \eta_\theta f_s \tag{6-51}$$

式中 η_θ ——挠度长期增长系数,采用 C40 以下混凝土时,$\eta_\theta = 1.6$;采用 C40~C80 混凝土时,$\eta_\theta = 1.45 \sim 1.35$;中间强度等级可按直线插入法取值。

钢筋混凝土及预应力混凝土受弯构件按上述计算的长期挠度值,在消除自重产生的长期挠度后,不应超过下列规定的限值:

梁式桥主梁的最大挠度处,$l/600$;

梁式桥主梁的悬臂端,$l_1/300$。

此处,l 为梁的计算跨度,l_1 为悬臂长度。

我国《桥规 TB 10002.3》中规定:

① 静活载(即不计列车竖向动力作用)所引起的最大竖向挠度应符合下列规定:

ⓐ 对于简支梁不应超过跨度的 1/800;

ⓑ 对于连续梁边跨不应超过跨度的 1/800,中间跨不应超过跨度的 1/700。

② 梁截面尺寸和构造应保证梁体具有足够的横向刚度。在列车摇摆力、离心力和风力

的作用下，梁体的水平挠度应不大于计算跨度 1/4 000。对温度变形敏感的结构，计算梁体水平挠度时尚应根据实际情况考虑温度作用的影响。跨度 24～40 m 后张法预应力混凝土梁的横向自振频率宜大于 $55 \times L^{-0.8}$。

③ 当有恒载及静活载引起的竖向挠度等于或小于 15 mm 或跨度的 1/1 600 时，可不设预拱度，宜用调整道砟厚度的办法解决。大于上述数值时应设预拱度，其曲线与恒载及 1/2 静活载所产生的挠度曲线基本相同，但方向相反。预应力混凝土梁，计算预拱度时尚应考虑预加力的影响。

6.2.3 受弯构件挠度的计算

按持久状况正常使用极限状态计算的要求，应对钢筋混凝土及预应力混凝土受弯构件进行挠度计算。为了保证结构在使用过程中不致产生过大的挠度，应对使用阶段梁的挠度值加以限制。钢筋混凝土及预应力混凝土受弯构件使用阶段的挠度，按作用（或荷载）短期效应组合计算，并考虑荷载长期效应的影响。

钢筋混凝土及预应力混凝土受弯构件在作用（或荷载）短期效应组合作用下的挠度，可根据给定的构件刚度用结构力学方法计算。

从结构力学分析得知，受弯构件挠度计算的通式是

$$f = \int_0^l \frac{\overline{M}_1 M}{B} dx \tag{6-52}$$

式中 $\overline{M}_1$——在挠度计算点作用单位力时产生的弯矩图；

M——荷载产生的弯矩图。

对于等截面梁可不做积分运算，直接用图乘法计算。

按上述公式计算钢筋混凝土和预应力混凝土受弯构件的挠度时，关键是要解决抗弯刚度的合理取值问题。

1. 抗弯刚度的取值

1) 钢筋混凝土构件

《桥规 JTG D62》在总结分析国内外研究资料的基础上，给出了钢筋混凝土受弯构件的抗弯刚度计算表达式：

$$B = \frac{B_0}{\left(\frac{M_{cr}}{M_s}\right)^2 + \left[1 - \left(\frac{M_{cr}}{M_s}\right)^2\right]\frac{B_0}{B_{cr}}} \tag{6-53}$$

式中 B——开裂构件等效截面的抗弯刚度；

B_0——全截面的抗弯刚度，$B_0 = 0.95 E_c I_0$；

B_{cr}——开裂截面的抗弯刚度，$B_{cr} = E_c I_{cr}$；

M_s——短期荷载效应弯矩值；

M_{cr}——开裂弯矩，其值为：$M_{cr} = \gamma f_{tk} W_0$；

γ——构件受拉区混凝土塑性影响系数，其值为 $\gamma = 2 \frac{S_0}{W_0}$；

S_0——全截面换算截面重心轴以上（或以下）部分面积对换算截面重心轴的面积矩；

W_0——全截面换算截面面积对受拉边缘的弹性抵抗矩；

I_0——全截面换算截面惯性矩；

I_{cr}——开裂截面换算截面惯性矩。

2) 预应力混凝土构件

《桥规 JTG D62》规定，预应力混凝土抗弯构件按下列规定采用。

(1) 全预应力混凝土和部分预应力混凝土 A 类构件

$$B_0 = 0.95 E_c I_0 \qquad (6-54)$$

(2) 允许开裂的部分预应力混凝土 B 类构件

在开裂弯矩 M_{cr} 作用下 $\qquad B_0 = 0.95 E_c I_0 \qquad (6-55)$

在 $(M_s - M_{cr})$ 作用下 $\qquad B_0 = E_c I_0 \qquad (6-56)$

式中 I_0——全截面换算截面惯性矩；

I_{cr}——开裂截面换算截面惯性矩，其数值应按作用（或荷载）短期效应 M_s 作用下的中性轴计算；

M_{cr}——开裂弯矩。

部分预应力混凝土 B 类构件的开裂弯矩，应按下式计算：

$$M_{cr} = (\sigma_{pc} + \gamma f_{tk}) W_0 \qquad (6-57)$$

式中 σ_{pc}——为相应于 N_{p0} 作用时，构件抗裂验算边缘混凝土的预压应力，此处 N_{p0} 为相应于混凝土法向应力为零时（即完全消压），全部预应力钢筋和普通钢筋的合力，先张法按公式 (6-15) 计算，后张法按公式 (6-36) 计算。

2. 预拱度的设置

《桥规 JTG D62》规定，受弯构件的预拱度可按下列规定设置。

1) 钢筋混凝土受弯构件

① 当由作用（或荷载）短期效应组合并考虑荷载长期效应影响产生的长期挠度不超过计算跨径的 1/1 600 时，可不设预拱度；

② 当不符合上述规定时应设预拱度，且其值应按结构自重和 1/2 可变荷载频遇值计算的长期挠度值之和采用。

2) 预应力混凝土受弯构件

① 当预加应力产生的长期反拱值大于按作用（或荷载）短期效应组合计算的长期挠度时，可不设预拱度；

② 当预加应力的长期反拱值小于按作用（或荷载）短期效应组合计算的长期挠度时应设预拱度，其值应按该项荷载的挠度值与预加应力长期反拱值之差采用。

对自重相对于活载较小的预应力混凝土受弯构件，应考虑预加应力反拱值过大可能造成的不利影响，必要时采取反预拱或设计和施工上的其他措施，避免桥面隆起直至开裂破坏。

预应力混凝土受弯构件由预加力引起的反拱值，可用结构力学方法计算，并乘以长期增长系数。计算使用阶段预加力反拱值时，预应力钢筋的预加应力应扣除全部预应力损失，长期增长系数取用 2.0。

6.2.4 收缩、徐变对挠度的影响

就预应力混凝土简支梁而言，预加应力将使梁产生向上的反拱。混凝土的收缩、徐

变和钢筋的松弛损失使初始预加力引起的反拱随预加力的降低而逐渐减小。然而，徐变有双重的作用，一方面由于引起预应力的损失而减小反拱，另一方面却又由于加大了负曲率而增大反拱。一般情况下，后一项作用是主要的，以致尽管预加力减小，而反拱值仍不断增大。

严格来讲，预应力混凝土梁的挠度由三部分组成。第一部分是由作用荷载产生的挠度；第二部分是预加力所产生的反拱；这两部分变形均受混凝土徐变的影响。另外无论预应力和荷载存在与否混凝土必然收缩，因拉、压区用钢量不同也会产生挠度，因此，第三部分的挠度是由混凝土收缩引起的。同时考虑预加力、作用荷载、收缩和徐变影响下梁的挠度时是很复杂的事，此处只需考虑由混凝土徐变引起的挠度，而不考虑混凝土收缩引起的挠度。

习　　题

一、填空题

1. 根据预应力钢筋和混凝土之间有无粘结，预应力混凝土可以分为_____和_____。
2. 在相对湿度低于_____的环境中，混凝土中的钢筋很少发生腐蚀，在_____环境中钢筋腐蚀最为严重。
3. 确定裂缝控制等级需根据混凝土结构构件的功能要求、_____、_____、_____等四方面的因素来确定。
4. 关于裂缝宽度的计算，《PPC建议》中提供了两种方法：_____、_____。
5. 预应力混凝土受弯构件的挠度应按照_____并采用考虑荷载长期作用影响的刚度来进行计算。
6. 预应力混凝土构件正截面的抗裂性是通过正截面混凝土的_____来控制；斜截面的抗裂性是通过斜截面混凝土的_____来控制的。
7. 预应力混凝土结构斜截面的抗裂性验算的实质是_____。

二、简答题

1. 如何划分混凝土结构裂缝控制等级？其相应的最大裂缝宽度限值是如何规定的？
2. 有粘结预应力混凝土构件和无粘结预应力混凝土构件在裂缝的分布和特征等方面的有哪些不同？
3. 矩形截面预应力混凝土轴心受拉构件和受弯构件的最大裂缝宽度和钢筋应力是如何计算的？
4. 钢筋混凝土及部分预应力混凝土的裂缝宽度限值及影响因素有哪些？
5. 给出混凝土结构中裂缝宽度的计算公式，并解释公式中各项参数的意义。
6. 预应力混凝土受弯构件中的预拱度设置有哪些规定？收缩、徐变对挠度产生哪些影响？
7. 预应力混凝土受弯构件刚度 B 的计算公式中各参数含义是什么？对裂缝要求不同的预应力混凝土受弯构件，其相应的短期刚度 B_s 是如何计算的？

第 7 章 预应力桥梁耐久性研究

7.1 概述

耐久性是很难准确定义的，Holland（1993）提出了一个很好的定义：在正常养护条件下，在一定时间内，材料或结构具有抵抗各种作用的能力，以使其承载能力和正常使用性能不发生明显变化。或者换一种说法，耐久性就是桥梁的组成部分或建筑材料抵抗不可承受的破坏和退化的能力。

耐久性会影响安全性和适用性，因为材料的退化会引起功能的丧失并影响桥梁外观，同时腐蚀又会使强度降低。耐用的桥梁随时间变化很小，也就是说能持久地保持良好状态。这种桥梁非常经济，服役期长，维护需求低，因此降低了全生命周期费用。

由于技术力量有限，施工工艺不够完善，无法预测出防护系统破坏和退化的程度及所有的产生原因，这一切都使得达到 100% 耐久性是不现实的。现在所能做的只是在理论上探讨设计、施工、检测（从开始规划到最终停止使用）对桥梁整体耐久性的影响。整个过程是一个反复进行的综合体，不同于常规的结构计算和设计。

对预应力混凝土的耐久性方面，国内外都做了大量的研究。

7.1.1 国外研究概况

对预应力钢筋混凝土结构耐久性的研究，可分成材料的耐久性和结构的耐久性两个层次。相对而言，前者的研究比较深入，而后者对构件的研究又多于对结构物整体的研究。

在 1996 年伦敦后张法混凝土结构会议上，英国公路局负责桥梁工程方面的领导 Alan Pickett 宣布了一条消息，并在一份重要报告中引叙了 Alan Pickett 的一段话："通过检查发现 80% 的预应力混凝土桥梁有缺陷，50% 的桥梁在管道内有空洞，其中 1/3 呈现有某些锈蚀，但并非通过检查即可发现其具有立刻垮塌的危险性……"。目前世界上因预应力钢束锈蚀而损坏的桥梁也有不少：在 1967 年，Bickton Meadows 一座人行桥突然垮塌，后来发现其预应力钢束有少量锈蚀；1980 年，在北伦敦的 Angel 公路桥上，发现由于某些锚具后面的预应力钢丝锈蚀，导致了钢丝断裂；1985 年，在英国 Welsh 桥上发现在块件之间的接缝处，由于预应力钢束锈蚀而使桥梁突然垮塌；此外，建于 1957 的美国康涅狄格州的 Bissell 大桥，因为预应力筋锈蚀导致整个桥体安全度下降，在使用了 35 年后，即在 1992 年也不得不炸毁重建。

目前美国50万座公路桥梁中有20万座已经损坏，平均每年有150～200座将部分或完全坍塌，而其寿命往往不足20年。根据著名混凝土专家美国加州大学伯克利分校的P. K. Mehta教授的研究，混凝土结构破坏的原因首先是钢筋腐蚀，其次是冻害。据美国1988年的统计，当年钢筋混凝土腐蚀破坏的修复费为2 500亿美元，其中桥梁修复费为1 550亿美元，这是这些桥初建费用的4倍。

美国20世纪80年代初的调查结果显示，全国共有566 000座公路桥梁。在调查报告中涉及了514 000座桥梁，其中有40%以上桥梁都有不同程度的损坏。98 000座桥梁结构强度降低，只能停止或限载通行，102 000座桥梁行车道太窄，桥下净空不够或承载力不足。由于桥梁陈旧老化、失修，塌桥事故不断发生。

原联邦德国曾于20世纪70年代末对一个州的150座钢筋混凝土和预应力混凝土公路桥做了全面检查，结果发现，钢筋混凝土桥桥龄在50～60年的，有27%的桥梁至少有一处严重损伤，64%的桥梁至少有一处重要损伤，77%的桥梁至少有一处中等损伤；桥龄在30～50年的，有13%的桥梁上部结构至少有一处严重损伤，37%的桥梁至少有一处重要损伤，53%的桥梁至少有一处中等损伤；桥龄在20～30年的，有8%的桥梁上部结构至少有一处严重损伤，24%的桥梁至少有一处重要损伤，46%的桥梁至少有一处中等损伤；预应力混凝土桥的损伤情况比钢筋混凝土桥更严重，20～30年桥龄的预应力混凝土桥，有将近50%的桥梁上部结构至少有一处严重损伤，其中2/3的桥梁至少有一处中等损伤。

在后张有粘结预应力混凝土结构中，高应力状态下的预应力筋对腐蚀极为敏感，因此预应力筋防腐问题一直是工程界研究的重要课题和施工中的重点。金属波纹管压浆工艺是目前普遍采用的防腐施工工艺。金属波纹管通常由0.3 mm左右的钢带经防腐处理后卷制而成，在施工中主要用于形成预应力筋孔道和起到保护预应力筋的作用；压浆工艺是将调好的水泥浆通过压浆机以大约0.5～1.0 MPa的压力灌入张拉后的预应力筋孔道内，以填充预应力筋与孔道间的空隙，形成一个对预应力筋密闭的保护屏障，同时传递预应力。尽管大量的工程实践证明，只要严格控制施工质量，金属波纹管—压浆工艺对预应力筋可以起到一定的保护作用，但该项技术本身存在的固有缺陷，使其在不利的环境中难以为预应力筋提供长久的保护。这是因为金属波纹管容易锈蚀；压浆技术容易出现灌浆不密实、气孔等，破坏了对预应力筋形成保护的密闭环境，在结构出现破损或裂缝的情况下，外界的水汽、腐蚀性物质逐渐侵入，预应力筋就完全暴露在腐蚀环境中，直接威胁到结构的安全。英国Ynys-Gwas大桥和Bickou Meadeas大桥的垮塌就是例证。调查与研究表明，现有的金属波纹管压浆工艺技术不能很好地保护预应力筋，正是预应力筋的锈蚀引起大桥最终垮塌。此事对工程界震动很大，导致英国从1992年至1996年间禁止使用后张灌浆预应力技术，并促使预应力工程界对后张预应力筋的腐蚀问题进行了全面的审视和反思，加速了对新型预应力筋保护材料和方法的研究，塑料波纹管和真空灌浆工艺就是这项研究的重要成果之一。总结这些惨痛的教训，英国新规范要求使用高密度聚乙烯（HDPE）或聚丙烯（PP）波纹管，同时提高灌浆质量来加强预应力筋的防腐保障。

早在1957年美国混凝土学会（ACI）成立了"ACI-201委员会"，负责指导和协调混凝土耐久性方面的研究。国际材料与结构试验研究联合会（RILEM）于1960年专门成立了"混凝土中钢筋锈蚀"技术委员会（CRC），该委员会历时5年总结了当时各国在钢筋锈蚀方面的研究成果，并对以后的研究方向提出了提议；RILEM TC-116技术委员会通过长时间大量的试验对比工作，确定以混凝土的透气性和毛细孔吸水率试验两种方法作为混凝土耐久性评定标准。1980年国际标准化委员会预应力混凝土委员会ISO/TC-71提出了影响混凝土环境条件的级别标准。1982年RILEM和国际建筑研究与文献协会（CIB）联合成立共同工作委员会RILEM-71 PSL/CIB W80共同研究结构的寿命预测问题，每三年举行一次有关建筑材料与构件耐久性国际会议。

1987年在亚特兰大召开了"第一届混凝土耐久性会议"，出版论文集SP-100；1989年IABSE在里斯本召开"结构耐久性"国际会议。欧洲混凝土学会（CEB）颁布了"耐久混凝土结构设计指导"，1990年欧洲CEB的模式规范（MODEL CODE）增加耐久性一章。1991年在法国召开了"第二届混凝土耐久性会议"，出版论文集SP-126，Mehta教授在"混凝土耐久性——50年的进展"主题报告中指出，"当今世界混凝土破坏的主要原因是钢筋锈蚀、寒冷气候下的冻害、侵蚀环境下的物理化学作用"。1992年英国标准（BS）"建筑物及其构件、产品与组件的耐久性"发表。1994年在法国召开了"第三届国际混凝土耐久性会议"，出版论文集SP-145。1996年RILEM TC 130-CSL委员会的"混凝土结构服务寿命设计计算方法"报告，提出基于破坏概率设计理论的混凝土结构耐久性设计概念。1998年5月在荷兰阿姆斯特丹召开"第十三届预应力混凝土会议"。2000年6月由CANMET/ACI主办在西班牙巴塞罗那召开"第五届混凝土耐久性会议"。2000年11月在法国由RILEM主持召开"混凝土结构的寿命预测和耐久性设计国际会议"。

美国实验材料协会（ASTM）每隔三年就召开一次建筑材料耐久性研讨会。1992年ACI-201委员会编制了"耐久性混凝土指南"。

日本从20世纪70年代开始重视耐久性研究。建设省制订过1980—1984年"提高建筑物耐久性开发技术计划"。1986年日本建筑学会建筑工程标准设计书（JASS5）在钢筋混凝土工程中增设"高耐久性混凝土"章节。1988年日本土木学会混凝土委员会成立"耐久性设计委员会"，提出了"耐久性设计基本方法指南"。1990年建设省提出1990—1992年"提高混凝土耐久性技术的开发"的综合技术开发项目。1991年日本建筑学会制定"高耐久性钢筋混凝土结构设计、施工指针（草案）"。1997年在日本建筑学会建筑工程标准设计第五章钢筋混凝土工程中规定了设计使用期限的等级。

7.1.2 国内研究概况

我国在20世纪六七十年代间出现了跨径在50 m左右的中型预应力混凝土梁桥，在八九十年代，预应力混凝土公路桥梁开始被广泛采用，从跨径16 m的小型板梁桥到跨径270 m的大型刚构桥等都无一例外地采用了预应力混凝土的结构形式。目前我国有相当数量的混凝土桥梁暴露出严重的耐久性问题，据估计我国1999年年底一年内由腐蚀造成的损失约在1 800亿~3 600亿元，其中钢筋腐蚀占40%，约为720亿~1 440亿元。

调查表明，在后张预应力混凝土结构中，由孔道灌浆不密实引起的预应力结构耐久性失效的例子很多。例如广州海印大桥拉索压浆不饱满密实，在使用过程中突然发生的断索事故，即被认为是车辆疲劳荷载和钢筋锈蚀共同作用的结果，造成营运3年即在1999年全桥换索。呼和浩特铁路西机务段的中检库屋顶为高强钢丝束配筋的21 m跨预应力梯形屋架，其中1榀发生塌落。该屋架由4个块体组成，预制厂制作，现场拼接张拉，孔道灌浆用500

号纯水泥浆（按原标准）、内掺5%氯化钙。灌浆后由于排气检查不全面，其中约有0.1 m段被空气阻隔，未能灌入水泥浆，致使此段预应力钢丝束暴露于管道中。由于块体拼缝间砂浆干缩，出现裂缝。蒸汽机的喷烟排气使库内潮湿度较大，并具有SO_2等腐蚀性气体及氯离子，这些有害介质腐蚀钢丝束。在使用10年后，于1972年屋架塌落（钢丝束早在此前就陆续腐蚀拉断，最后一次拉断，仅存7根钢丝）。

2004年6月坍塌的辽河大桥曾经是1969年经周恩来总理亲自批准的"07021工程"，是由国防经费投资修建的大型桥梁工程。发生坍塌的原因初步分析是由车辆超载引起，后经进一步检查发现，起因是预应力筋的腐蚀，因为该桥是拼装式结构，预应力筋的锈断直接导致悬臂梁端突然断裂，桥板脱落，而发生锈蚀最为严重的预应力筋则几乎全部位于排水不利的位置。

上海市某越江大桥浦西主引桥40 m现场预制简支曲线箱梁的制孔器为双波纹波纹管，施工中在预应力钢丝张拉后按常规进行预应力管道压浆，水泥浆的泌水率为3小时3%。为使水泥浆水化多余的水分排出波纹管孔道，在梁两端的XM锚具的灌浆孔上安装了泌水铁管。但结果发现某施工单位所制梁上的泌水管作用不明显，经打开灌浆完毕外观密实的灌浆孔后，发现弯起束的锚下的一段孔道水泥浆不密实，代替水泥浆的是水泥浆中泌出的水，最长孔长约70 cm。这一质量隐患经大批量检查，排出积水，填入干浆捣实，得以消除。在其他工程和相关的试验中也发现类似现象，图7-1、图7-2为有关试验照片。图7-3、图7-4为实际照片。

图7-1 真空灌浆中波纹管顶部泌水现象

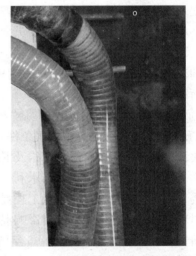

图7-2 真空灌浆中波纹管顶部泌水现象

图7-3 管道内预应力筋的腐蚀情况

图7-4 预应力混凝土锚头下预应力筋的腐蚀情况

隐患产生的原因分析如下，为了满足水泥浆 14 s～18 s 的流动性要求以便于灌浆操作，浆体应具有一定量的泌水率，在水泥浆水化后有多余水分泌出乃正常现象。由于为了防止浇注混凝土时出现漏浆堵塞孔道现象，波纹管必须制作得密封，这样水泥浆水化后的泌水就无法像在抽拔橡胶管成型的孔道内的水那样顺管壁渗入梁体，然后逐步蒸发，而只能存留在波纹管中。积水留在高应力状态的预应力筋下，给钢丝束的腐蚀提供了必要条件，在结构使用基准期内，一旦腐蚀导致钢丝束破坏则会引起结构的破坏，破坏位置处于构件最大弯矩处，如悬臂梁根部，则会引起不堪设想的后果，结构的耐久性也得不到保证。

我国过去基于计划经济体制和国民经济基础相对薄弱的条件，对混凝土结构设计长期沿袭"按强度设计混凝土"的传统思维，对混凝土结构的耐久性和结构长期安全性问题认识不足，但是对混凝土材料耐久性的研究，还进行着不断的探索和实践。在 20 世纪 50 年代开始建设大型水利工程时，吴中伟院士就曾提出预防混凝土碱骨料反应破坏的问题，从而在水工结构中采取了相应措施，对保证当时建设的水工混凝土结构物的耐久性起了重要作用。

我国对钢筋混凝土结构的耐久性问题，从 20 世纪 80 年代起日益引起重视，逐渐形成有组织和系统的研究。1989 年我国颁布了《钢铁工业建（构）筑物可靠性鉴定规程》（YBJ 219—1989），其中规定了钢筋混凝土结构使用寿命预测方法；1990 年在中国工程建设标准化协会下成立了"全国建筑物鉴定加固标准委员会"。1991 年全国钢筋混凝土标准委员会下成立"混凝土结构耐久性学组"；1992 年中国土木工程委员会混凝土及预应力混凝土分科学会下成立"混凝土耐久性专业委员会"。

1990 年，王光远院士提出并建立了结构服役期间的动态可靠度分析及优化维修决策理论和在役结构强度储备评估方法。1991 年，赵国藩院士提出了在役结构在剩余寿命内荷载及荷载效应的统计分析方法。

建设部、冶金部在"七五"、"八五"、"九五"期间都设立了混凝土结构耐久性课题。"七五"期间攻关课题为"大气条件下钢筋混凝土结构耐久性及其使用年限"；"八五"期间攻关课题为"预应力混凝土结构及混凝土耐久性技术"。"八五"期间，国家科委、国家自然科学基金委设立"重大土木与水利工程安全性与耐久性基础研究"项目。"九五"期间国家计委、国家科技部设立"重点工程混凝土安全性的研究"国家重点科技攻关项目，由中国建筑材料科学研究院牵头，针对影响混凝土耐久性的主要因素设立了三大课题，十个专题开展了研究，取得了大量成果。1996 年清华大学、建设部建筑科学研究院、交通部科学研究院公路科学研究所、冶金部建筑研究院等单位完成《混凝土结构耐久性检测指南》编写工作。1998 年经建设部批准，全国建筑物鉴定加固标准委员会下达《混凝土结构耐久性评估标准》项目，有数十家单位参与编制。交通部组织编制了《混凝土结构耐久性及耐久性设计指南》。

塑料波纹管及真空辅助压浆工艺是 20 世纪 90 年代初欧洲为解决预应力混凝土构件的钢绞线存在可能发生的电化腐蚀和氧化锈蚀两个技术问题所研发的一种新型预应力成孔材料与施工工艺。与金属波纹管相比，塑料波纹管具有强度高、刚度大、密封性好、可施工性好、耐腐性强、孔道摩阻小等优点，而且塑料波纹管可配合真空辅助灌浆技术，有效地保证压浆质量。在国内的一些桥梁工程和特种工程中，塑料波纹管及真空辅助压浆工艺得到了一定应用。如泉州后诸大桥主梁预应力引进真空辅助压浆工艺，采用 PVC 塑料波纹管成孔，桥墩加厚钢筋保护层，并且钢筋采用涂层保护等特殊措施进行防腐。再如南京长江二桥、鄂黄大桥、荆沙大桥、云南沉江大桥等已率先采用真空辅助压浆工艺，均取得了较好的使用效果。

近年发展中的缓粘结技术有利于后张预应力混凝土梁桥预留孔道和灌浆作业，更有效防止钢筋锈蚀，提高结构耐久性。它是通过应用一种先期流动（相当于油脂）、一定时间后能缓慢凝固的特种涂料封裹钢绞线，再以压有波纹的聚乙烯护套包裹，形成缓粘结预应力钢绞线。特种涂料固化前具有良好的粘结性、一定的流动性、偏碱性和对钢绞线较好的附着性，对钢绞线的防腐很有益处。但缓粘结技术还不成熟，需对其继续深入研究。

目前，国内外对预应力混凝土结构耐久性的研究很少，尚需做大量的工作。与普通混凝土结构相比，预应力混凝土构件的耐久性失效有如下特点：

① 由于预应力筋断面小且长期处于高应力状态，锈坑腐蚀、应力腐蚀及氢脆腐蚀现象特别突出，预应力筋自开始腐蚀至失效历时很短，破坏形式表现为无任何先兆的脆性破坏；

② 预应力技术在工程中的成功应用，需要经过多道工艺来保证，如波纹管的制作、埋置、管道的灌浆、预应力钢筋的锚固及锚具的防腐处理等，任何一个环节的疏忽或质量的缺陷都有可能影响到结构的耐久性。因此，预应力混凝土结构的耐久性比普通钢筋混凝土结构有更多及更高的要求。在设计和施工时，不考虑使用条件的影响会引起混凝土性能的变化，这也是造成预应力结构破坏事故发生的原因。

预应力混凝土结构耐久性问题已引起各有关单位的高度重视，相关的研究工作正在开展，但还没有制定出符合我国国情的行之有效的预应力混凝土结构耐久性评估标准和设计规范。为了保证预应力混凝土桥梁的耐久性及寿命要求，需要成立专题研究小组，针对我国预应力混凝土桥梁新近暴露出的有关耐久性的质量问题进行专门的研究，制定出相应的对策及措施。

新颁布的《桥规 JTG D62》在总则中增加了耐久性设计内容，提出了公路桥涵结构应根据所处的环境条件进行耐久性设计的概念。2004 年 5 月出版的中国土木工程学会标准《混凝土结构耐久性设计与施工指南》（CCES 01—2004）进一步提出了混凝土结构及其构件的耐久性应根据不同的设计年限及相应的极限状态和不同的环境类别及其作用等级进行设计的概念，明确提出了环境作用下混凝土结构耐久性设计与施工的基本原则与要求，是结构设计理念上的重大突破，是工程结构科学的重大技术进步，对提高设计质量具有指导意义。

由于混凝土的缺陷（例如裂隙、孔道、气泡、孔穴等），环境中的水及侵蚀性介质就可能渗入混凝土内部，产生碳化、冻融、锈蚀作用而影响结构的受力性能，并且结构在使用年限内还会受到各种机械物理损伤（腐损、撞击等）及冲刷、溶蚀、生物侵蚀的作用。混凝土结构的耐久性问题表现为：混凝土损伤（裂缝、破碎、酥裂、磨损、溶蚀等）；钢筋的锈蚀、脆化、疲劳、应力腐蚀；以及钢筋与混凝土之间粘结锚固作用的削弱三个方面。从短期效果而言，这些问题影响结构的外观和使用功能；从长远看，则会降低结构安全度，成为发生事故的隐患，影响结构的使用寿命。

预应力混凝土的耐久性与一般的混凝土的耐久性不同。预应力混凝土结构通常采用高强预应力筋与高性能混凝土，与普通混凝土结构相比，预应力混凝土结构一般具有出色的抗裂性能，较高的密实度及较厚的混凝土保护层厚度。因而，预应力混凝土结构发生耐久性失效的可能性要比普通混凝土结构小得多。但是，预应力筋长期处于高应力状态下；在环境腐蚀的作用下，极易产生应力腐蚀，应力腐蚀将最终导致预应力筋在远低于极限强度的应力下发生脆断。因而，预应力结构的耐久性失效往往是在没有任何征兆的情况下突然发生的脆性断裂破坏。

7.2 影响耐久性的主要因素

影响预应力混凝土结构耐久性的因素很多，而且各种因素之间相互联系、错综复杂，主要取决于以下 4 个方面：
① 混凝土的自身特性；
② 混凝土结构的设计与施工质量；
③ 混凝土结构所处的环境条件；
④ 混凝土结构的使用条件和防护措施。

归纳起来可分为：内在因素、环境因素和受荷状况三个方面，其中内在因素包括材料、裂缝宽度、保护层厚度、施工和养护质量等；环境因素包括侵蚀条件、相对湿度和温度等；受荷状况包括腐蚀疲劳、摩擦腐蚀等。归根结底就是内因与外因共同作用的过程。

7.2.1 内在因素

混凝土材料的自身特性和结构的设计与施工质量是决定其耐久性的内因。混凝土的材料组成，如水灰比、水泥品种和数量，骨料的种类与级配等都直接影响混凝土结构的耐久性。混凝土的缺陷（例如裂缝、气泡、空穴等）会造成水分和侵蚀性物质渗入混凝土内部，与混凝土发生物理化学作用，影响混凝土结构的耐久性。

1. 混凝土的影响

（1）混凝土的碳化

混凝土中的水泥石含有呈碱性的氢氧化钙 $Ca(OH)_2$。当大气中的酸性介质及水通过各种孔道、裂隙而渗入混凝土，便会中和这种碱性。例如，工业污染造成的酸雨或是大气中的二氧化碳 CO_2 与水形成的碳酸，虽然酸性很弱，但也能中和氢氧化钙而生成无碱性的碳酸钙，这个过程称为"碳化"。在普通大气中，密实混凝土 20 mm 厚的钢筋保护层，完全碳化需要几十年，但对不密实混凝土可能在几年之间完成，当混凝土保护层被碳化至钢筋表面时，将破坏钢筋表面的氧化膜。此外，当混凝土构件的裂缝宽度超过一定限制时，会加速混凝土的碳化。

碳化对结构有两个方面的不利影响：一是由于碳化生成物细度很高，与混凝土相比强度很低，因此碳化的过程就是结构受力截面不断减小的过程；二是混凝土是碱性物质，其 pH 值一般在 13 左右，这种碱性物质在钢筋表面形成一层氧化膜（钝化膜），能有效地保护钢筋以防止锈蚀，碳化使混凝土的碱度降低，钢筋去钝激发锈蚀。

（2）氯离子的侵蚀

氯离子对混凝土的侵蚀是氯离子从外界环境侵入已硬化的混凝土造成的。海水是氯离子的主要来源，北方寒冷地区向道路、桥面洒盐化雪除冰都有可能使氯离子渗入混凝土中。氯离子对混凝土的侵蚀属于化学侵蚀，氯离子是一种极强的去钝化剂，氯离子进入混凝土，到达钢筋表面，并吸附于局部钝化膜处时，可使该处的 pH 值迅速降低，破坏钢筋表面的钝化膜，引起钢筋腐蚀。氯离子侵蚀引起的钢筋腐蚀是威胁混凝土结构耐久性的最主要和最普遍的病害，造成了巨大的损失，应引起设计、施工及养护管理部门的重视。

(3) 碱—骨料反应

当混凝土骨料中夹杂着活性氧化硅时，如果混凝土中所用的水泥又含有较多的碱，就可能发生碱—骨料反应。这是因为碱性氧化物水解后形成的氢氧化钠和氢氧化钾与骨料中的活性氧化硅起化学反应，结果在骨料表面生成了复杂的碱—硅胶凝胶。这样就改变了骨料与水泥浆原来的界面，生成的凝胶是无限膨胀性的（指不断吸水后体积可以不断肿胀），由于凝胶为水泥石所包围，故当凝胶吸水不断膨胀时，会把水泥石胀裂。这种碱性氧化物和活性氧化硅之间的化学作用通常称为碱—骨料反应。碱—骨料反应在国际上被称为混凝土的癌症，是影响混凝土耐久性的主要原因之一，应予以重视，重要工程的混凝土所使用的碎石和卵石应进行碱活性检验。

混凝土发生碱—骨料反应必须同时具备以下 3 个条件：① 混凝土中的各组成材料含碱量高，水泥中的碱含量通常以氧化钠 Na_2O 的等当量质量（$Na_2O+0.658K_2O$）与水泥质量之比的百分数表示水泥碱含量，当水泥中碱含量大于 0.60%；② 砂、石骨料中含有活性二氧化硅等成分，如蛋白石、玉髓、鳞石英等，它们常存在于流纹岩、安山岩、凝灰岩等天然岩石中；③ 有水存在，否则碱—硅酸胶不会产生体积膨胀而引起破坏。以上三个条件只有同时具备，才会发生破坏，缺一不可，因此只要采取措施阻滞其中任何一条，即可防止碱—骨料反应的发生。

碱—骨料反应引起的混凝土结构破坏程度，比其他耐久性破坏发展更快，后果更为严重。碱—骨料反应一旦发生，很难加以控制，一般不到两年就会使结构出现明显开裂，所以有时也称碱—骨料反应是混凝土结构的"癌症"。

对付碱—骨料反应重在预防，因为混凝土结构一旦发生碱—骨料反应破坏，目前还没有更可靠的修补措施。防止混凝土碱—骨料反应的主要措施是：选用含碱量低的水泥；不使用碱活性大的骨料；选用不含碱或含碱低的化学外加剂；通过各种措施，控制混凝土的总含碱量不大于 3 kg/m^3。

(4) 冻融循环破坏

渗入混凝土中的水在低温下结冰膨胀，从内部破坏混凝土的微观结构，经多次冻融循环后，损伤积累将使混凝土剥落酥裂，强度降低。盐溶液与冻融的协同作用比单纯的冻融严酷得多，一般将盐冻破坏看做是冻融破坏的一种特殊形式，即最严酷的冻融破坏。

冻融破坏的特征是混凝土剥落，严重威胁混凝土的耐久性。混凝土冻融破坏发展速度快，一经发现混凝土冻融剥落，必须密切注意剥蚀的发展情况，及时采取修补和补救措施。

提高混凝土抗冻耐久性的主要措施是采用掺入引气剂的混凝土。国内外的大量研究和工程实践表明，掺入引气剂的混凝土抗冻耐久性明显提高，这是因为引气剂形成的互不连通的微细气孔在混凝土受冻初期能使毛细孔中的静水压力减少，在混凝土结构受冻过程中，这些孔隙可以阻止或抑制水泥浆中微小冰体的形成。

(5) 温湿度变化

自然界中大部分物质都有热胀冷缩、浸水膨胀、失水收缩的性质，混凝土也不例外。当混凝土处于此类作用的交替发生且骤然发生的情况时，其表层及内部体积会产生不协调的变化，从而出现裂缝。这种损伤若常年累月地经常发生，最终会使混凝土的强度降低，削弱结

2. 钢筋的影响

钢筋腐蚀是预应力混凝土结构退化和瓦解最常见及最严重的形式。

1) 预应力筋的应力腐蚀

预应力结构的耐久性失效不同于普通混凝土结构的耐久性失效，其突出原因是预应力结构在同一环境侵蚀作用下，预应力筋对应力腐蚀非常敏感，往往在没有任何预兆的情况下发生脆性断裂。预应力筋较普通钢筋应力高而且脆，特别是高强钢丝，断面小，即使腐蚀轻微，断面损失率也较大、并对应力腐蚀和应力疲劳敏感。而且，预应力钢丝发生锈蚀时，并不像非预应力混凝土结构中钢筋锈蚀会在表面产生锈斑，引起混凝土保护层的剥落、层裂等外在现象，而极有可能在无任何预兆的情况下导致结构的突然破坏。

根据金属腐蚀学理论：金属材料在没有腐蚀的情况下，对光滑试件，只有当应力大于金属的抗拉强度时才会断裂；在应力腐蚀条件下，对光滑拉伸试样，当应力还远低于抗拉强度时，就会引起应力腐蚀裂纹的产生和发展。应力腐蚀是指金属和合金在腐蚀介质和拉应力的同时作用下引起的金属破裂。应力腐蚀的特征是形成腐蚀—机械裂缝，这种裂缝不仅可以沿晶界发展，而且也可以穿过晶粒。由于裂缝向金属内部发展，使金属结构的机械强度大大降低，严重时会使金属设备突然损坏。出现应力腐蚀的条件如下。

① 存在一定的拉应力。此拉应力可能是冷加工、焊接或机械束缚引起的残余应力，也可能是在使用条件下外加的，引起应力腐蚀的拉应力值一般低于材料的屈服极限。在大多数产生应力腐蚀的系统中存在一个临界应力值，当所受应力低于此临界应力值时，不产生应力腐蚀。相反，压缩应力可以减缓应力腐蚀。预应力筋张拉后在自身截面上会建立一定拉应力，该拉应力大于其发生应力腐蚀的临界应力。

② 金属本身对应力腐蚀具有敏感性。合金和含有杂质的金属比纯金属容易产生应力腐蚀。预应力钢筋含多种化学成分，因此属于应力腐蚀敏感型金属。

③ 存在能引起该金属发生应力腐蚀的介质。对某种金属或合金，并不是任何介质都能引起应力腐蚀，只有在特定的腐蚀介质中才能发生。预应力高强钢丝、钢绞线属于低碳钢，能引起其产生应力腐蚀的介质主要有：NaOH 溶液、硝酸盐溶液、含 H_2S 和 HCl 溶液、沸腾的浓 $MgCl_2$ 溶液、海水、海洋大气和工业大气等。

结构中的预应力钢筋完全有可能满足上述三个条件。预应力钢筋的应力腐蚀过程一般可以分为三个阶段，第一阶段为孕育期，在这一阶段内，因腐蚀过程的局部化和拉应力作用的结果使裂纹生核；第二阶段为腐蚀裂纹发展时期，当裂纹生核后，在腐蚀介质和预应力筋拉应力的共同作用下裂纹扩展；第三阶段中由于拉应力的局部应力集中，裂纹急剧生长导致预应力钢筋的拉断。预应力筋在拉应力作用下，裂缝一般是在引起局部腐蚀的介质中生核。钢丝、钢绞线所有可能的缺陷及涂层保护膜上的亚微观裂缝均可能是裂纹生核的地方，它们显著地提高预应力筋在应力作用下的腐蚀倾向。裂纹生核后，在裂纹或蚀坑内部出现了闭塞电池腐蚀，并且裂纹内部各处的介质浓度也会有很大差别。腐蚀介质的这种不均匀性，会导致裂纹内部各处有不同的阴极极化曲线，从而使裂纹继续向纵深发展。

2) 预应力筋的电化学腐蚀

在一般环境条件下，预应力筋的腐蚀通常由两种作用引起：一种是碳化作用；另一种是氯离子的侵蚀；

① 当碳化深度到达力筋表面时将破坏力筋的钝化膜，使裂缝处的力筋处于活化状态，且为阳极，裂缝间钝化区则为阴极，在足够的氧气及水分条件下导致力筋近似均匀腐蚀的发生，其主要反应方程式如下：

$$2Fe+O_2+2H_2O \longrightarrow 2Fe(OH)_2$$

$$4Fe(OH)_2+O_2+2H_2O \longrightarrow 4Fe(OH)_3$$

② 当侵入到力筋表面的氯离子浓度达到临界值时，即使混凝土的碱度很高，也能破坏力筋的钝化保护膜，在足够的氧气及水分条件下引起腐蚀的发生，通常氯离子侵蚀作用诱发力筋局部腐蚀，裂缝状态下氯离子侵蚀作用诱发的力筋电化学腐蚀过程反应方程式如下：

$$Fe^{2+}+2Cl^-+4H_2O \longrightarrow FeCl_2 \cdot 4H_2O$$

$$FeCl_2 \cdot 4H_2O \longrightarrow Fe(OH)_2\downarrow+2Cl^-+2H^++2H_2O$$

$$4Fe(OH)_2+O_2+2H_2O \longrightarrow 4Fe(OH)_3$$

$Fe(OH)_3$ 即铁锈，铁锈的生成使其体积膨胀 3 倍，有效钢筋面积急剧减小。

3. 裂缝的影响

预应力可以防止或延缓混凝土开裂，或可以把裂缝宽度限制到无害的程度，从而提高耐久性，其原理是施加预应力后，对结构的混凝土施加了压应力，从而避免了因混凝土上存在拉应力而产生的裂缝。因此，在进行预应力混凝土结构耐久性研究时，应着重探讨裂缝对其耐久性的影响，并合理选用预应力程度，使活荷载可能产生的裂缝在永久荷载的长期作用下重新自行闭合，这样就可以大大提高预应力混凝土结构的耐久性水平。

1) 混凝土裂缝产生的原因

（1）混凝土干燥收缩产生的干缩裂缝

例如：① 混凝土初凝之前如环境温度比较高，空气相对湿度低，再加上有风吹，混凝土表面的水分很容易蒸发，水分蒸发及表面收缩导致裂缝产生，此类裂缝比较细（0.1～0.3 mm），数量较多，无方向性；② 泵送混凝土在泵送前加水使局部水灰比过大，水泥浆含水过多，当水分蒸发后表面收缩也会产生裂缝。

（2）温度裂缝

温度裂缝通常发生在养护期间，水泥胶结材料的水化热使得塑性混凝土膨胀。在混凝土凝结过程中混凝土的外部冷却收缩，而内部仍然处于高温膨胀，易产生表面开裂，特别在昼夜温差大的地区更是如此。

（3）混凝土初凝时受到扰动而出现的裂缝

混凝土在未凝结前受到外力作用，混凝土可以恢复原状，但是初凝后，混凝土逐渐失去流动性，此时受力则可能出现不可恢复的裂缝。混凝土扰动的来源如：泵送管道支撑对模板的冲击和振动；底板模板刚度不足，受力变形而造成混凝土裂缝等。

（4）荷载作用引起的裂缝

荷载作用引起的裂缝产生于混凝土受拉区，垂直于主拉应力的方向，裂口整齐，裂缝宽度与钢筋应力有关（钢筋应力越大，裂缝宽度越宽），对于轴向受拉构件，主裂缝贯穿整个截面。若受力钢筋为变形钢筋还有次生裂缝。

2) 裂缝对预应力筋腐蚀的影响

裂缝及其宽度对力筋腐蚀有影响，且宽度不同其影响程度也不同。首先，裂缝加快了腐蚀的发生，即腐蚀开始的时间提前。而且在早期，裂缝宽度对力筋腐蚀影响较大，因为力筋去钝化的时间取决于裂缝的宽度，然而腐蚀一旦开始，其影响程度大大降低。这时，腐蚀速度取决于未开裂处混凝土保护层的质量和渗透性。混凝土保护层的质量越好，渗透性越小，氧气及水分的供给量也越少，腐蚀速度越慢，并随着碳化进程的深入，毛细孔将逐渐被堵塞，混凝土渗透性逐步降低，腐蚀速度也随之下降。

有关试验表明：对于试件上宽度在 0.3 mm 范围内的横向裂缝，对钢筋锈蚀速率的影响不明显。这是因为有横向裂缝的地方，钢筋有局部锈蚀，但锈蚀面积很小，当初始裂缝很细时，随着时间的推移，尚未水化的水泥可起愈合作用，裂缝的闭合将使锈蚀不再发展；即使对 0.2~0.3 mm 的横向裂缝，钢筋锈蚀深度也只有几分之一毫米以下，且锈蚀随时间减慢。即表明横向裂缝并不控制力筋腐蚀的速度，它的作用仅是启动腐蚀进程并使该处的力筋活化。尽管如此，由于预应力筋应力高、断面细、较脆、其结构破坏无预兆等特点，因此预应力结构的裂缝控制要比普通混凝土更为慎重。

4. 保护层厚度的影响

保护层厚度对钢筋锈蚀速率产生影响，保护层厚度越大，混凝土电阻率越大，钢筋锈蚀速率减小，而且当裂缝处的力筋腐蚀发生时，腐蚀速度取决于阴、阳极间的电阻及阴极处的供氧程度，而氧气的供给是通过未开裂处混凝土保护层渗入的，腐蚀速度取决于力筋保护层的质量和渗透性。

5. 水灰比的影响

除碱—骨料反应外，其他对混凝土的侵蚀大多是通过裂缝进入结构侵蚀，所以要控制混凝土的耐久性，就需要增加混凝土的密实性，提高其抗渗性。水灰比越大，混凝土的孔隙率越大，密实性越差，在相同条件下，钢筋的锈蚀率也越大。

6. 施工与养护质量的影响

施工及养护质量对混凝土的渗透性影响很大，对同一水灰比的混凝土来讲，振捣密实的与振捣差的混凝土相比，其渗透性可以相差 10 倍；而养护好的与养护差的混凝土渗透性相差可达 5 倍。因此，施工及养护质量对预应力筋的腐蚀速度影响很大。

预应力技术在工程中需要经过多道工艺，如波纹管的制作、埋置、管道的灌浆、力筋的锚固及锚固的防腐处理等，任何一个环节的疏忽或质量的缺陷都有可能影响结构的耐久性。

1) 先张法中可能的影响因素

在先张法结构中，预应力钢筋直接被浇注在高强度、高密实度的混凝土中，这对预应力钢筋的防腐蚀很有利。但是也有不足之处，例如在先张法构件中，通常采用的预应力钢绞线，其芯线与边线之间就存在着空隙，在浇注混凝土时，混凝土中的水分就会从空隙流入内部；此外构件端部的预应力钢绞线的切断面一般均处在芯线和边线间的空隙时便有锈蚀产生。为此，在构件中端部预应力钢绞线的切断面上进行充分的防腐蚀处理是十分必要的。

2) 后张法构件中预应力钢筋的防腐蚀

在构造上，后张法预应力钢筋是裸露的，不是浇注在作为最佳防腐材料的混凝土中，而是采用套管和后灌浆的办法进行施工，常因孔道灌浆不密实引起预应力结构耐久性失效。灌浆不密实的一个原因是施工和混合料配制不好。配合比是否合理，直接影响到灰浆强度和灌浆密实度是否达到预定的设计要求。传统的灌浆手段是压力灌浆，压入的浆体中常含有气泡，当混合料硬化后，气泡处会变为孔隙，成为渗透雨水的聚积地，这些水可能含有有害成分，易造成构件腐蚀；在严寒地区，也是冻融循环的原因之一；另外水泥浆容易离析，干硬后收缩，析水会产生孔隙，致使强度不够，粘结不好，给工程留下隐患。采用压力灌浆的英国 Ynsys-Gwaa 大桥就是因为灌浆不密实而引起预应力筋被腐蚀而垮塌的。为此，为完全防止预应力钢筋锈蚀，除使用水密性好的混凝土外，在结构设计上避免使用状态下预应力混凝土构件不发生裂缝或有害裂缝的开展，以及预应力钢筋的保护层应充分确保厚度外，至关重要的是必须注意灌浆充分、锚固部分完全防锈。

7.2.2 环境因素

混凝土结构所处的环境条件和防护措施，是影响混凝土结构耐久性的外因。外界环境因素对混凝土结构的破坏是环境因素是对混凝土结构物理化学作用的结果。

对混凝土结构耐久性研究过程中，较多采用的是将混凝土结构的工作环境分为 6 类：大气环境、土壤环境、海洋环境、受环境水影响的环境、化学物质侵蚀的环境、特殊环境。若按照腐蚀的强弱，可以分为强度腐蚀环境、中度腐蚀环境、弱度腐蚀环境、无腐蚀环境四大类。环境对结构的物理和化学作用，是影响结构耐久性的因素。

1. 侵蚀条件

大气环境（氧气、二氧化碳、盐雾、二氧化硫、汽车尾气等空气污染物）以及水体、土体环境中的氯盐、硫酸盐、碳酸盐等化学物质侵蚀对于结构的耐久性都有影响，其部分侵蚀机理见上述内容。我国预应力结构在海岸、海洋工程中的应用很广，海水对混凝土的侵蚀作用除化学作用外，尚有反复干湿的物理作用；盐分在混凝土内的结晶与聚集、海浪的冲击磨损、海水中的氯离子对混凝土内钢筋的锈蚀作用等。为保持冬季雨雪天气的正常交通，在公路与桥梁上喷洒除冰盐，其中氯盐对于公路、桥梁中的钢筋有锈蚀作用（机理见文章前面部分）。土壤中也含有种类繁多的有机物，如氨基酸、碳水化合物、有机酸、油、羧基、石碳酸氢氧基、酯等其他聚合体，这些物质的存在或是给土中的微生物提供养料，使微生物活动更为频繁，恶化桩基的使用环境，或是直接腐蚀混凝土，进而腐蚀钢筋。

2. 湿度

有关研究指出：在其他条件不变时，当相对湿度 RH=90%～95%时，预应力筋的腐蚀速度最快；若 RH<90%，预应力筋腐蚀速度降低；当 RH<55%时，预应力筋腐蚀速度将非常缓慢；若 RH>95%，因水饱和的混凝土中缺乏氧气，也使预应力筋腐蚀速度降低至非常低的值。

3. 温度

温度对于混凝土养护期间的裂缝有影响，昼夜温差大的地区较易产生温度裂缝；许多试验证明，环境温度升高，腐蚀速度加快；寒冷地区还会因为温度过低而产生冻融循环等破坏。

7.2.3 受荷状态

1. 腐蚀疲劳

如混凝土处在带裂缝工作状态，预应力筋仅能承受有限的动力荷载。在高动力荷载作用（如交通繁忙的桥梁）下，预应力筋所受的应力幅度在裂缝区可能达到 200 N/mm² 以上，而在非裂缝区，预应力筋的应力幅度一般不会高于 100 N/mm²。

当腐蚀性介质通过混凝土裂缝进入受动力荷载效应的预应力筋表面时，预应力筋可能发生腐蚀疲劳断裂。由于腐蚀作用的影响，在水溶液、盐溶液中的预应力钢材表现出比在空气中更为不利的疲劳特性。在交变应力的循环作用下，材料位错往复地穿过晶界运动，形成一些细小的裂缝源，在介质的作用下成为腐蚀源。在应力的循环作用下，沿着裂缝滑移面出现局部高温，结果引起腐蚀加快进行，裂缝源便发展为微裂缝，进一步扩展成宏观腐蚀疲劳裂缝。图 7-5 所示为一冷拉预应力钢丝分别在空气、水及海水中进行的腐蚀疲劳试验。

2. 接触腐蚀和摩擦疲劳

在承受动力荷载的带裂缝工作的预应力构件中，预应力筋在裂缝处会与混凝土或砂浆的裂缝面发生位移错动。在预应力结构的锚固端，锚具与预应力筋之间也会发生类似的位移错动。此外，预应力桥梁的预应力筋连接件与预应力筋之间也会由于交变荷载及太阳辐射等影响发生位移错动。这样的位移错动会使预应力筋的疲劳极限下降 80～150 N/mm²。如位移错动区还存在有腐蚀性介质作用，则预应力筋的疲劳极限会有更大的下降。

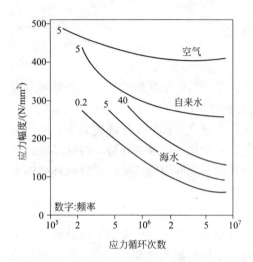

图 7-5 冷拉预应力钢丝（$f_{ptk}=1\,750\ \text{N/mm}^2$）在脉冲拉应力作用下的疲劳性能

7.3 提高混凝土桥梁结构耐久性的技术措施

混凝土桥梁结构的耐久性取决于混凝土材料的自身特性和结构的使用环境，与结构设计、施工及养护管理密切相关。综合国内外研究成果和工程经验，一般是从以下三个方面解决混凝土桥梁结构的耐久性问题：

① 采用高耐久性混凝土，增强混凝土的密实度，提高混凝土自身抗破损能力；
② 加强桥面排水和防水层设计，改善桥梁的环境作用条件；
③ 改进桥梁结构设计，其中包括加大混凝土保护层厚度；加强构造钢筋，防止和控制裂缝发展；采用具有防腐保护的钢筋（例如体外预应力筋、无粘结预应力筋、环氧涂层钢筋等）。

7.3.1 结构混凝土耐久性的基本要求

提高混凝土自身的耐久性是解决混凝土结构耐久性的前提和基础。混凝土的耐久性主要取决于混凝土的材料组成，其中水灰比、水泥用量、强度等级等均对耐久性有较大影响。

新颁布的《桥规 JTC D62》在总则中增加了耐久性设计内容，明确规定了不同使用环境下，结构混凝土的基本要求，对影响混凝土耐久性的最大水灰比、最小水泥用量、最低混凝土强度等级、最大氯离子含量和最大碱含量做出了限制规定。

《桥规 JTG D62》规定，公路桥涵应根据所处环境进行耐久性设计，结构混凝土耐久性的基本要求应符合表 7-1 的规定。

表 7-1 结构混凝土耐久性的基本要求

环境类别	环境条件	最大水灰比	最小水泥用量/(kg/m³)	最低混凝土强度等级	最大氯离子含量/%	最大碱含量/(kg/m³)
Ⅰ	温暖或寒冷地区的大气环境、与无侵蚀性的水或土接触的环境	0.55	275	C25	0.30	3.0
Ⅱ	严寒地区的大气环境、使用除冰盐环境、滨海环境	0.50	300	C30	0.15	3.0
Ⅲ	海水环境	0.45	300	C35	0.10	3.0
Ⅳ	受侵蚀性物质影响的环境	0.40	325	C35	0.10	3.0

注：① 有关规范对海水环境中结构混凝土的最大水灰比和最小水泥用量有更详细规定时，可参照执行；
② 表中氯离子含量系指其与水泥用量的百分率；
③ 当有实际工程经验时，处于Ⅰ类环境中结构混凝土的最低强度等级可比表中降低一个等级；
④ 预应力混凝土构件中的最大氯离子含量为 0.06%，最小水泥用量为 350 kg/m³，最低混凝土强度等级为 C40 或按表中规定Ⅰ类环境提高三个等级，其他环境类别提高两个等级；
⑤ 特大桥和大桥混凝土中的最大碱含量宜降至 1.8 kg/m³，当处于Ⅲ类、Ⅳ类或使用除冰盐和滨海环境时，宜使用非碱活性骨料。

对水位变动区有抗冻要求的混凝土结构，《桥规 JTG D62》规定，其抗冻等级不应低于表 7-2 的规定。

表 7-2 水位变动区混凝土抗冻等级选用标准

桥梁所在地区	海水环境	淡水环境
严重受冻地区（最冷月月平均气温低于 -8 ℃）	F350	F250
受冻地区（最冷月月平均气温在 -4 ℃~-8 ℃之间）	F300	F200
微冻地区（最冷月月平均气温在 0 ℃~4 ℃之间）	F250	F150

注：① 混凝土抗冻性试验方法应符合现行标准《公路工程水泥混凝土试验规程》(JTJ 053) 的规定。
② 墩、台混凝土应选比表列值高一级的抗冻等级。

《耐久性设计与施工指南 CCES 01》按结构设计使用年限级别及环境作用等级，对配筋混凝土的最低强度等级、最大水胶比和单方混凝土胶凝材料的最低用量做出了限值规定（见表 7-3）。

表 7-3 混凝土最低强度等级、最大水胶比和胶凝材料最小用量   kg/m³

环境作用等级	设计使用年限级别 侵蚀程度	一级 100 年	二级 50 年	三级 30 年
A	可忽略	C30, 0.55, 280	C25, 0.60, 260	C25, 0.65, 240
B	轻度	C35, 0.50, 300	C30, 0.55, 280	C30, 0.60, 260
C	中度	C40, 0.45, 320	C35, 0.50, 300	C35, 0.50, 300

续表

环境作用等级	侵蚀程度 设计使用年限级别	一级 100年	二级 50年	三级 30年
D	严重	C40，0.40，340	C40，0.45，320	C40，0.45，320
E	非常严重	C45，0.36，360	C40，0.40，340	C40，0.40，340
F	极端严重	C45，0.32，380	C40，0.36，360	C40，0.36，360

注：① 水胶比：混凝土配制时的用水量与胶凝材料（水泥加矿物掺和料）总量之比。在耐久混凝土的配合比中，常以胶凝材料用量的概念取代传统的水泥用量，并以水胶比取代传统的水灰比作为判断混凝土密实性或耐久性的一个宏观指标。
② 桥梁结构处于露天环境，非寒冷地区环境作用等级一般取 B 级，寒冷及严寒地区一般取 D 级或 C 级，除冰盐、冻融环境一般取 D 级或 E 级，近海或海洋环境一般取 D 级或 F 级。

应该指出，表 7-1 或表 7-3 中给出的影响结构混凝土耐久性的各项限值规定中，控制混凝土的最大水灰比（或水胶比）和最小水泥（或胶凝材料）用量是十分重要的。水灰比（或水胶比）和水泥（或胶凝材料）用量不仅影响混凝土的强度，而且是影响混凝土耐久性的主要因素。为了防止钢筋腐蚀以及提高混凝土的抗冻性，混凝土应尽可能地密实，使其具有良好的抗渗透性能。为此，除了选择级配良好的集料和精心施工，保证混凝土充分捣实和水泥充分水化外，水灰比（或水胶比）是影响混凝土密实性的最重要的条件。为了保证混凝土有足够的耐久性，控制最低水泥（或胶凝材料）用量也很重要，因为单位水泥（或胶凝材料）用量较高的混凝土，混凝土拌和物比较均匀，可减少混凝土捣实中出现的局部缺陷。混凝土抗冻融的能力与其含气量有密切关系，因此，有抗冻要求的结构混凝土应掺入适量的引气剂。

7.3.2 加大钢筋的混凝土保护层厚度

混凝土保护层碳化是钢筋锈蚀的前提。就一般情况而言，只有保护层混凝土碳化，钢筋表层钝化膜破坏，钢筋才有可能锈蚀。因此，加大钢筋的混凝土保护层厚度，是保护钢筋免于锈蚀，提高混凝土结构耐久性的最重要措施之一。《桥规 JTCD 62》作为强制性条文给出的钢筋最小混凝土保护层厚度列于表 7-4 中。

表 7-4 普通钢筋和预应力钢筋最小混凝土保护层厚度　　mm

序号	构件类型	环境条件		
		I	II	III、IV
1	基础、桩基承台 （1）基坑底面有垫层或侧面有模板（受力钢筋） （2）基坑底面无垫层或侧面无模板（受力钢筋）	40 60	50 75	60 85
2	墩台身、挡土结构、涵洞、梁、板、拱圈	30	40	45
3	拱上建筑（受力主筋）人行道构件、栏杆（受力主筋）	20	25	30
4	箍筋	20	25	30
5	路缘石、中央分隔带、护栏等行车道构件	30	40	45
6	收缩、温度、分布、防裂等表层钢筋	15	20	25

注：① 对于环氧树脂涂层钢筋，可按环境类别 I 取用；
② 保护层厚度大于 50 mm 时，应在保护层内设置钢筋网。

《耐久性设计与施工指南 CCES 01》规定，钢筋的混凝土保护层厚度 c 一般不小于表 7-5 给出的最小保护层厚度与保护层厚度施工负允差 Δ 之和，即 $c \geqslant c_{min} + \Delta$，式中施工负允差 Δ，对现浇混凝土构件可取 5~10 mm，对工厂生产的预制构件可取 0~5 mm，视钢筋施工定位工艺和质量保证的可靠程度而定，必要时可取更高的数值。

表 7-5 混凝土保护层最小厚度　　　　　　　　　　　　mm

环境作用等级		A	B	C	D	E	F
板、墙等面形构件	使用年限 30 年	15	15	25	35	45	50
	使用年限 50 年	15	20	30	40	50	55
	使用年限 100 年	20	30	40	45	55	60
梁、柱等条形构件	使用年限 30 年	20	25	30	40	50	55
	使用年限 50 年	25	30	35	45	55	60
	使用年限 100 年	30	35	45	50	60	65

注：① 混凝土保护层的强度等级与水胶比需符合表 7-1 的要求。
② 表中的保护层最小厚度值如小于所保护钢筋的直径，则取 c_{min} 与钢筋直径相同。
③ 表中梁、柱等条形构件的保护层厚度适用于一般矩形截面杆件；对于圆形截面的保护层厚度可减少 5 mm，但不小于 30 mm。
④ 直接接触土体浇注的混凝土保护层厚度应不小于 70 mm。
⑤ 处于流动水中或同时受水中泥沙冲刷侵蚀的构件保护层厚度应适量增加 10~20 mm。

预应力钢筋的混凝土保护层厚度，一般不应小于预应力钢筋保护层最小厚度 c_{min} 与保护层厚度施工负允差 Δ 之和。对于具有防腐连续密封护套（或防腐连续密封孔道管）的预应力钢筋，保护层厚度为护套或孔道管外缘至混凝土表面的距离，保护层最小厚度 c_{min} 可取与普通钢筋的相同（表 7-5），但 c_{min} 不应小于护套或孔道管直径的 1/2。对于没有防腐连续密封护套的预应力钢筋，保护层最小厚度 c_{min} 应比表 7-5 中普通钢筋的保护层厚度大 10 mm。预应力钢筋保护层厚度的施工负允差 Δ，可取与普通钢筋的相同。

7.3.3 加强构造配筋，防止和控制混凝土裂缝

混凝土结构的任何损伤与破坏，一般都是首先在混凝土中出现裂缝，裂缝是反映混凝土结构病害的晴雨表。反过来，裂缝的存在会增加混凝土的渗透性，提供了使侵蚀破坏作用逐步升级、混凝土耐久性不断下降的渠道。当混凝土开裂后，侵蚀速度将大大加快，形成导致混凝土结构耐久性进一步退化的恶性循环。因此，防止和控制混凝土的裂缝，对提高混凝土结构的耐久性是十分重要的。控制混凝土的裂缝，除按规范要求，控制正常使用极限状态的工作裂缝以外，更重要的是要采取构造措施，控制混凝土施工及使用过程中大量出现的非工作裂缝。

《桥规 JTG D62》突出强调了水平防收缩钢筋和箍筋在控制裂缝中的作用，提高了水平防收缩钢筋的配筋率和箍筋间距的限制。

《桥规 JTG D62》规定，T 形、I 形截面梁或箱形截面梁的腹板两侧，应设置直径 6~8 mm 的纵向钢筋（一般称水平防收缩钢筋），每腹板内钢筋截面面积宜为 (0.001~0.002)bh，其中 b 为腹板宽度，h 为梁的高度，其间距在受拉区不应大于腹板宽度，且不应大于 200 mm，在受压区不应大于 300 mm。在支点附近剪力较大区段和预应力混凝土梁锚固区

段，腹板两侧纵向钢筋截面面积应予增加，纵向钢筋间距宜为 100～150 mm。

《桥规 JTG D62》规定，钢筋混凝土梁中应设置直径不小于 8 mm，且不小于 1/4 主箍直径的箍筋。其间距应符合下列规定：箍筋间距不应大于梁高的 1/2，且不大于 400 mm；当所箍钢筋为按受力需要的纵向受压钢筋时，不应大于所箍钢筋直径的 15 倍，且不应大于 400 mm。在钢筋绑扎搭接接头范围内的箍筋间距，当绑扎搭接钢筋受拉时，不应大于主钢筋直径的 5 倍，且不大于 100 mm；当搭接钢筋受压时，不应大于主钢筋直径的 10 倍，且不大于 200 mm。在支座中心向跨径方向长度相当于不小于一倍梁高范围内，箍筋间距不宜大于 100 mm。

《桥规 JTG D62》规定，预应力混凝土 T 形、I 形截面梁和箱形截面梁腹板内应分别设置直径不小于 10 mm 和 12 mm 的箍筋，且应采用带肋钢筋，间距不应大于 250 mm；自支座中心起长度不小于一倍梁高范围内，应采用闭合式箍筋，间距不应大于 100 mm。在 T 形、I 形截面梁下部的马蹄内，应另设直径不小于 8 mm 的闭合式箍筋，间距不应大于 200 mm。

《桥规 JTG D62》规定的上述指标，都比《桥规 JTJ 023》有所提高。腹板内由水平防收缩钢筋和箍筋构成的钢筋网，是防止和控制收缩裂缝的重要构造措施。

7.3.4 提高后张法预应力钢筋管道压浆质量的措施

后张法预应力钢筋管道压浆质量是影响预应力混凝土梁耐久性的关键之一。《桥规 JTG D62》规定，预应力钢筋管道压浆所用水泥浆的抗压强度不应低于 30 MPa，其水灰比宜为 0.4～0.5。为了减少收缩，可通过试验掺入适量膨胀剂。

《耐久性设计与施工指南 CCES 01》认为，预应力筋的锈蚀会导致结构的突然破坏，事先不易发现，在耐久性设计中必须特别重视，并宜采用多重防护手段。对于可能遭受氯盐侵蚀的预应力混凝土结构，预应力筋、锚具、连接器等钢材组件宜采用环氧涂层或涂锌防锈处理；后张预应力体系的管道必须具有密封性能，不宜使用金属的波纹管，应采用有良好密封性能的高密度塑料波纹管。管道灌浆材料和灌浆方法要事先通过试验验证，尽可能降低浆体硬化后形成的气孔，并采用真空灌浆工艺，必要时还可在灌浆材料中掺入适量的阻锈剂。预应力筋的锚头，应采用无收缩高性能混凝土封端，其强度等级应高于构件本体混凝土的强度等级，水胶比不低于本体混凝土，并不大于 0.4，并需对新老混凝土的连接面进行防水处理。

7.3.5 提高预应力钢绞线锚固端的封锚措施

预应力钢绞线的锚固区，必须有严格的密封防护措施，严防水汽进入，锈蚀预应力钢绞线。预应力钢绞线锚固后的外露长度不小于 30 mm，多余部分宜用手提砂轮锯切割。在锚具与锚垫板表面涂以防水涂料。在锚具端头涂防腐润滑油脂后，罩上封端塑料盖帽。对凹入式锚固区，锚具表面经上述处理后，再用微胀混凝土或低收缩防水砂浆密封。对凸出式锚固区，可采用外包钢筋混凝土圈梁封闭。

为了保护锚具免于腐蚀，不宜直接涂抹水泥砂浆或混凝土封锚工艺，应采用防水、防潮、防腐蚀气体和防静电的锚具保护帽封锚工艺。该保护帽应起到防水、防潮、防腐蚀气体和防静电的作用（见图 7-6）。

(a) 尼龙填充塑料锚具保护帽　　　　(b) 保护帽工作示意图

图 7-6　锚具保护帽

孔道压浆完毕后立即将梁端水泥浆冲洗干净，同时清除支撑垫板、锚具及锚穴混凝土的污垢，对锚环、外露钢绞线、锚环与锚垫板之间的交接缝处用聚氨酯防水涂料进行防水处理，并将锚穴混凝土凿毛，以备浇注封端混凝土。封锚混凝土的施工工艺如下：

① 按设计要求绑扎端部钢筋网。为固定钢筋网的位置，可将部分箍筋点焊在支撑垫板上。

② 妥善固定封端模板，以免在灌注混凝土时模板走动而影响梁长。立模后，校核梁体全长，其长度应符合允差标准规定。

③ 拌制封端混凝土时，其配合比及强度要求应与梁体混凝土完全相同，不得降低。

④ 灌注封端混凝土时，要仔细操作并认真振捣，务使锚具周围的混凝土密实。

⑤ 静置 1~2 小时后，带模浇水养护。脱模后仍应继续浇水养护，常温下一般的养护时间为 7 昼夜。冬天气温低于 5 ℃时不得浇水，同时还应采取保温措施，以防冻害。

⑥ 封端混凝土养护结束后，采用聚氨酯防水涂料对封端新老混凝土之间的接缝进行防水处理。

7.3.6　加强桥面排水和桥面铺装层的防水设计

桥面排水和铺装层防水层对桥面的防护有重要作用，必须精心设计与施工。

桥面排水设计应与桥面的纵、横断面设计密切配合，合理的选择和布设泄水管。对于可能遭受氯盐侵蚀的桥面，应加大桥面纵、横向的排水坡度，尽快将水排除，并应考虑结构发生挠曲或施加预应力引起的反拱对桥面排水的影响，防止桥面积水。

应加强泄水管和伸缩缝周边的构造细节处理，防止水分从泄水管和伸缩缝处渗入梁体（或墩台盖梁）。必要时可对泄水管和伸缩缝周边梁体进行防水处理。

桥面铺装层应采用密实性较好的 C30 以上等级的混凝土，混凝土铺装层内应设置钢筋网，防止混凝土开裂。采用复合纤维混凝土或在混凝土中掺入水泥基渗透结晶防水材料（赛柏斯），都能收到较好的防水效果。

桥面铺装层顶面应设置防水层，特别是连续梁（或悬臂梁）的负弯矩段更应十分重视防水层设计。

最后还需指出，解决混凝土结构耐久性问题还涉及施工及养护管理等方面的问题，应参照有关规范执行。

7.4 混凝土结构耐久性设计的内容

钢筋混凝土及预应力混凝土桥梁结构设计，除应按《桥规 JTG D62》的要求，进行结构承载能力极限状态和正常使用极限状态计算，满足结构强度和使用功能要求外，还应进行结构的耐久性设计。桥梁设计文件应增加结构耐久性设计专篇。

7.4.1 结构使用环境类别和设计使用年限的确定

《桥规 JTG D62》根据公路桥梁的使用情况，将桥梁结构使用环境条件划分为四类。

Ⅰ类环境系指温暖或寒冷地区的大气环境，与无侵蚀性的水或土接触的环境。

Ⅱ类环境系指严寒地区的大气环境，使用除冰盐环境，滨海环境。

Ⅲ类环境系指海水环境。

Ⅳ类环境系指受侵蚀性物质影响的环境。

在上述环境分类中，严寒和寒冷地区的划分应符合国家现行标准《民用建筑热工设计规范》(JGJ 24) 的规定。

严寒地区：累年最冷月平均温度低于 $-10\ ℃$ 地区。

寒冷地区：累年最冷月平均温度高于 $-10\ ℃$ ，低于或等于 $0\ ℃$ 的地区。

累年是指近期 30 年，不足 30 年的取实际年数，但不得小于 10 年。

除冰盐环境是指北方城市依靠喷洒盐水除冰化雪的且其主梁受到侵蚀的环境；滨海环境是指海水浪溅区以外且其前无建筑物遮挡的环境；海水环境是指潮汐区、浪溅区及海水中的环境；受侵蚀性物质影响的环境是指某些化学工业和石油化工厂的气态、液态和固态侵蚀物质影响的环境。

《耐久性设计与施工指南 CCES 01》将环境作用按其对配筋混凝土结构的侵蚀程度分为 6 级（见表 7-6）。

表 7-6 环境作用等级

级 别	作用程度	级 别	作用程度
A	可忽略	D	严 重
B	轻 度	E	非常严重
C	中 度	F	极端严重

桥梁结构耐久性设计采用的环境作用等级（又称为耐久性等级）应根据所处现场环境的严酷程度确定。下面给出桥梁结构耐久性分级的建议供参考。

① 桥梁墩台。处于严寒、高度饱水及水位变化区，属"中等"作用程度，耐久性等级为 C 级；若墩台表面有受渗漏除冰盐水侵蚀的可能，则应按 D 级处理。

② 桥梁上部结构。处于严寒、中度饱水、节点局部渗漏（含除冰盐溶液）、局部干湿交替作用，按最不利作用考虑，作用程度为"严重"，耐久性等级为 D 级。

③ 桥面板。处于严寒、高度饱水、除冰盐作用非常严酷的环境，耐久性等级定为 E 级。

④ 桥面辅助构件。易受到除冰盐溅射作用，应按 D 级设计，如路缘石、安全带、灯柱、扶手、栏杆、人行道梁等。

⑤ 桥梁基础。视受冻与否，按耐久性 B 级或 C 级设计和施工。

按《耐久性设计与施工指南 CCES 01》进行混凝土结构耐久性设计涉及结构的设计使用年限的概念。结构的设计使用年限，通常应是使用过程中仅需一般维护，而不需进行大修的年限。处于露天环境下的桥梁结构，在结构的设计使用年限内，通常需要对桥面铺装、支座、伸缩缝等个别构件进行定期大修或更换。

桥梁结构的设计使用年限，可参照下列规定采用：

① 大型公路桥梁、高速公路及一级公路上的桥涵，城市干线上大型桥梁、大型立交桥 100 年；

② 二级及二级以下公路上及一般城市道路上的桥涵 50 年；

③ 可替换的易损混凝土构件 30 年。

当结构的使用年限预期会因服务功能的快速变化（如桥梁的通行能力的快速增长）而较早终结，或当环境特别严酷，采用较长的使用年限受到技术、经济上的制约时，在主管部门和业主的同意下，可按较低的设计使用年限进行设计，但一般不宜低于 30 年。

7.4.2 混凝土结构耐久性设计的内容

① 耐久混凝土材料选择及配合比设计及主要参数的确定

按确定的环境类别（或环境作用等级及设计使用年限），选择混凝土耐久性的基本要求指标，提出混凝土原材料选用（水泥品种与等级）、掺和料种类、骨料品种与质量要求等，根据需要提出混凝土的氯离子扩散系数、抗冻耐久性指数或抗冻等级等具体指标；在设计施工图和相应说明中，必须标明水灰比（或水胶比）等与混凝土耐久性相关的重要参数和要求。

② 与结构耐久性有关的构造与裂缝控制措施。

③ 为结构使用过程中的检测、维修或部件更换，设置必要的通道和空间。

④ 与结构耐久性有关的施工质量要求，特别是混凝土的养护方法（包括温度和湿度控制与养护期限），以及保护层厚度的质量控制与质量保证措施；在设计施工图上应标明钢筋的混凝土保护层厚度的施工负允差及混凝土施工养护要求。

⑤ 结构使用阶段的定期维修与检测要求。

⑥ 当环境作用非常严重或极端严重（E、F 级）时，应考虑是否需要采取防腐蚀附加措施，如局部选用环氧涂层钢筋，直至采用阴极保护等。此外，还可考虑在混凝土浇注成型中采用特殊的织物衬里透水膜板，以有效提高表层混凝土的密实性。采用防腐蚀附加措施，尤其是防腐新材料和新工艺的使用，需通过专门的论证。

⑦ 对于可能遭受氯盐引起的钢筋锈蚀的重要混凝土工程，宜根据具体环境条件和适当的材料劣化模型，进行结构使用年限的验算。

习　题

一、填空题

1. 塑料波纹管及真空辅助压浆工艺是欧洲为解决预应力混凝土构件中的钢绞线可能发生的_____和_____两个技术问题所发明的。
2. 与金属波纹管相比，塑料波纹管具有强度高、_____、_____、可施工性好、_____、孔道摩阻小等优点。
3. _____是指金属中合金在腐蚀介质和拉应力的同时作用下引起的金属破裂。
4. 有关实验表明：对于混凝土试件上宽度在_____范围内的横向裂缝，对钢筋锈蚀速率的影响不明显。
5. 预应力混凝土构件压力灌浆时，施工和混合料配置不好容易导致_____。
6. 在其他条件不变时，当相对湿度_____时，预应力筋的腐蚀速度最快。
7. 钢筋锈蚀的前提是_____。

二、简答题

1. 什么是预应力混凝土构件的耐久性？耐久性对混凝土结构来说为什么非常重要？
2. 预应力混凝土的耐久性失效有何特点？
3. 影响预应力混凝土结构耐久性的因素有哪些？
4. 混凝土结构如何影响其耐久性？
5. 钢筋腐蚀包括哪两种？各自必须具备何种条件？
6. 混凝土裂缝产生的原因及对力筋有何影响？
7. 施工与养护质量对预应力混凝土结构耐久性的影响体现在哪些方面？
8. 外界环境如何影响预应力混凝土结构的耐久性？
9. 如何提高预应力混凝土桥梁结构的耐久性？
10. 简述预应力混凝土结构的封锚施工工艺。
11. 混凝土结构耐久性设计包括哪些内容？

第8章 预应力混凝土超静定结构设计

8.1 概 述

8.1.1 超静定预应力混凝土结构的优缺点

随着对预应力超静定结构性能的试验和理论研究的深入，预应力钢筋的产量和品种的不断增加和性能的完善，预应力锚夹具和张拉设备的逐步配套和完善，以及无粘结预应力新技术的开发和应用，预应力超静定结构在土木工程中得到了越来越广泛的应用。近年来，随着人们对建筑空间和建筑形式越来越高的要求，大跨度预应力混凝土框架结构体系、大空间预应力混凝土井式刚架结构体系、预应力混凝土多跨刚架和连续梁桥都得到了广泛的推广应用。

与预应力静定结构相比，超静定预应力结构有许多优点：

① 超静定结构在给定的跨度和荷载下，其设计弯矩比相应的静定结构要小，构件截面尺寸相应减小，节约材料，结构的自重更轻；

② 超静定结构的跨中和支座处的弯矩分布相对比较均匀；

③ 超静定结构具有内力重分布的特性，因此其承载能力更大；

④ 超静定结构的整体刚度大，荷载作用下构件的变形小，因此可以适当增大结构的跨度或减少截面尺寸；

⑤ 后张预应力钢筋束可以在混凝土连续梁中连续布置，使同一束预应力筋既能抵抗跨中正弯矩又能抵抗支座负弯矩，进一步节约了钢材；

⑥ 相对于简支结构，超静定预应力结构可以节约中间支座处的锚具，可节省张拉工作量，降低工程造价，实现良好的经济效益。

当然预应力混凝土超静定结构也有不足之处，在设计与施工中，应注意以下几点并采取适当的处理措施。

① 在多跨连续结构中，通常预应力筋随弯矩图连续多波布置，对具有多次反向曲线的预应力筋，其摩擦损失值可能较大。通常可采用超张拉、从两端张拉或无粘结预应力技术及控制张拉束的长度和曲率来减少摩擦损失。在允许的情况下，可采用变截面或在梁端加腋，使预应力筋平直，以减少摩擦损失。

② 超静定结构中同一截面可能存在正、负交变弯矩，使预应力筋较难布置。一般可在反向受拉部位增配非预应力普通钢筋进行处理。

③ 最大负弯矩峰值常常控制梁全长所需要的预应力筋数量。设计中，对这些截面除了采用较高的截面或增配预应力筋外，还可按部分预应力的设计原理，增加非预应力普通钢筋来补足强度的不足。后者对提高整个结构的延性很有帮助，地震区的连续结构应按此方法进行结构设计。

④ 超静定结构施加预应力时，梁产生的轴向压缩变形将对与它相连的具有约束作用支撑构件产生较大的附加弯矩。可采用将梁设计成在支撑处能移动或使柱子能自由变形的措施，以减少此弯矩值。

⑤ 预应力超静定结构的设计计算比较复杂，需要考虑由预加力在结构内产生的次弯矩、次剪力和次轴力的影响，次内力一般比较大，设计时不能忽视。有时尚需考虑由混凝土收缩徐变、温度变化及支座下沉等所引起的次内力。但这些次内力常可被利用，为设计带来经济性。

⑥ 超静定结构的施工比较麻烦。张拉顺序对结构内力有很大的影响，所以设计时应考虑工况对结构的影响。

8.1.2 超静定预应力混凝土结构的常用分析方法

目前，超静定结构内力分析方法主要有如下三种。

① 根据弹性理论确定截面内力。也就是说，不论荷载大小，都假定构件不开裂，处于弹性工作状态，用结构力学方法求出相应荷载下的最大内力及其作用的截面，并以此作为正常使用极限状态和承载能力极限状态计算的依据。

② 根据非线性的应力—应变关系和考虑截面开裂状态建立非线性的弯矩—曲率关系；这种弯矩—曲率关系随荷载或其他作用（如温度或不均匀沉降）的变化而变化。然后，用逐次迭代或其他近似方法确定截面内力，并计算其承载能力极限状态和校核其正常使用极限状态。

③ 用塑性理论确定承载力极限状态。静力法将给极限承载力提供一个安全的下限解（一般来说，静力法适用于梁式构件）；机动法和屈服线法将给出一个不够安全的上限解（这种方法一般用于平板结构）。必须注意，应用塑性理论时，要求截面有足够的转动能力。这种方法通常称为塑性极限荷载设计法。

塑性极限荷载设计法用于梁、板结构的设计已较为成熟，但用于其他结构的设计还存在一定的困难。因此，在现阶段，结构的内力大多采用弹性理论进行分析，而截面承载力则按极限状态进行计算。显然，这两者之间存在着一定的矛盾。因为超静定结构的内力是与结构中各构件的线刚度比相关的，而构件的线刚度比又随着荷载的增减而变化。因此，工程中常用弯矩调幅的方法来弥补由弹性分析带来的误差。

8.2 弹性分析

预应力混凝土连续梁的试验已经证明，在使用阶段可以准确地运用弹性理论。因为在使用荷载下，梁内的拉力很小或者没有，截面没有裂缝，因而梁的行为表现和匀质弹性材料一样。如果把收缩和徐变考虑进去，则在实际应用中都可采用弹性理论来计算开裂前挠度、应变及应力。对于预应力效应及恒载和活载效应都是如此。

预应力产生纵向和弯曲变形。在静定支座时，这种变形是自由的，即不受支座的约束，因此，支座反力和内力都不因预加应力而变化。超静定支座则不然，因为预加应力而引起变形的、被假设成无重量的承重结构通常不适合位于原来的支座上。如欲强使其回到它的支座上，则需借助"约束力"的作用。

我们称由预加力偏心所引起的混凝土内力的弯矩为主弯矩 $M_{主}$（primary moment），如图 8-1 所示。主弯矩的计算公式如下：

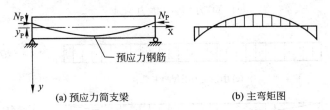

图 8-1 预应力简支梁主弯矩图

$$M_{主} = -N_P(x)y_P(x) \tag{8-1}$$

式中 $N_P(x)$——距锚固端 x 处预应力筋的有效预应力合力值；

$y_P(x)$——距锚固端 x 处预应力合力值至截面重心轴的距离。

预应力超静定结构在施加预加力以后，预加力使构件产生的变形受到多余支撑的约束，支座中产生与构件变形方向相反的附加力，称之为次反力，如图 8-2 所示。

次反力必将引起附加的弯矩和剪力（称之为次弯矩和次剪力），即超静定结构内由于施加预应力将产生次内力，由于预加力引起的支座反力所产生的弯矩称为次弯矩，如图 8-3 所示。由于次弯矩是次反力产生的，因此任意两个相邻支座之间的次弯矩是呈线性变化的，即：

$$M_{次} = Ax + B \tag{8-2}$$

式中 A、B 为常数。

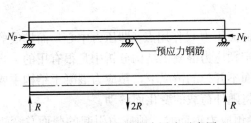

图 8-2 两跨连续梁次反力示意图

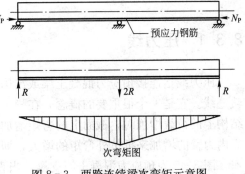

图 8-3 两跨连续梁次弯矩示意图

次弯矩，可用力法或等效荷载法等求解。

预应力超静定结构任意截面上主弯矩和次弯矩的叠加即预加力在结构上引起的综合弯矩,如图8-4所示。综合弯矩的计算公式为:$M_{综}=M_{主}+M_{次}$。

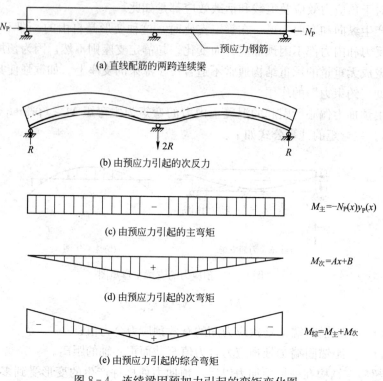

图8-4 连续梁因预加力引起的弯矩变化图

所谓次弯矩并不是因为其在数量上的次要,而是因为它是预加力的次生物。次弯矩在数值上并不一定比主弯矩小,在结构的计算中往往有其很重要的作用。预加力同时产生的次剪力、次轴力等,设计中应予考虑。

8.3 压力线、线性变换与吻合束

8.3.1 压力线

压力线指连接预应力混凝土梁或结构内各个截面压力C作用点(即压力中心)而构成的轨迹线。它是一个很重要的概念,在静定和超静定预应力混凝土结构分析中是很有用的。当结构上的荷载增加时,截面上的弯矩增加,在截面不开裂的情况下,预应力混凝土结构主要靠内力臂的增加来抵抗外弯矩的增大,即压力线将随外荷载的变化而移动。

图8-5为预应力混凝土简支梁,当直线布置预应力钢筋时,预应力引起的截面总弯矩为$N_P e_0$,N_P为预应力束的有效预拉力。混凝土简支梁,在承受外弯矩前,压力中心与各截面上的预应力合力点相重合,也就是说,压力线与预应力筋的轮廓线相重合。随后,在自重

弯矩 M 作用下，压力线将上移 M/N_P。这时，压力线的偏心距是 e_0-M/N_P，其混凝土截面的压力线为二次抛物线，作用在截面上的总弯矩为 N_Pe_0-M。这样，作用在截面上的预应力和自重引起的总弯矩可用预加力 N_P 及相应的压力线偏心距求得。

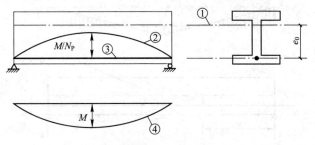

①-重心轴；②-由预应力和自重引起的压力线；③-预应力引起的压力线（与直线索吻合）；
④-自重引起的弯矩图

图 8-5　简支梁的压力线

当在预应力混凝土简支梁中，预应力筋的布置为二次抛物线布置时。施加预应力阶段，C 线与预应力筋束线（即 c.g.s 线）相重合，为二次抛物线，如图 8-6 所示。当在均布荷载作用下，力臂增量和弯矩成正比，因此 C 线如图 8-7 所示。

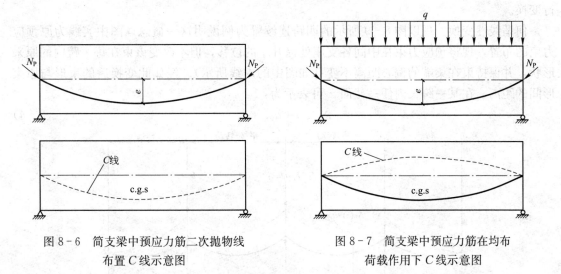

图 8-6　简支梁中预应力筋二次抛物线　　　图 8-7　简支梁中预应力筋在均布
　　　　布置 C 线示意图　　　　　　　　　　　　荷载作用下 C 线示意图

对于预应力超静定结构，即使不加外荷载，由于结构的超静定，使梁内产生次弯矩，为抵抗这些弯矩，C 线不再与预应力筋束线（即 c.g.s 线）重合，C 线偏离 c.g.s 线的距离为：

$$a=\frac{M_{次}}{N_P} \tag{8-3}$$

对于两跨连续梁，支座反力产生的次弯矩在跨内线性变化，因此与次弯矩成正比的偏离距离 a 也必然按线性变化，即 C 线是线性地偏离 c.g.s 线，而且具有同 c.g.s 线同样的本征形状，如图 8-8 所示。

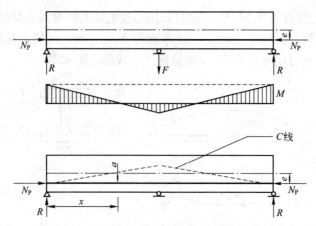

图 8-8 两跨连续梁中预应力筋在均布荷载作用下 C 线示意图

8.3.2 线性变换

超静定预应力混凝土结构的配筋设计，包括预应力筋的线形布置、数量等，是一种试算过程，其任务是求得最佳的预应力筋的线形布置和配筋数量。为此，要对预应力筋的线性进行变换。

何谓线性变换？现以图 8-9 所示的四跨连续梁为例说明这一概念。图中实线为原预应力束的布置，现将预应力束在中间各支座处提升小的位移，但不改变该束在每一跨内的原来形状，并保持束在梁端的偏心距离不变（如图中的虚线所示）。经如此变换后的束形与原束形间的距离，在某一跨长内任一截面 x 可表示为：

$$\Delta e(x) = a_i x + b_i \tag{8-4}$$

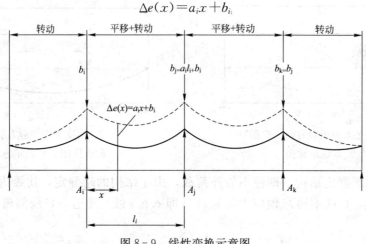

图 8-9 线性变换示意图

这里 $a_i x$ 项反映截面 x 相对于左边支座的转动，b_i 代表平移。上述预应力束的变换称为线性变换，即当预应力连续梁的预应力束在各中间支座处的位置被移动，而不改变该束线在每一跨内的原有形状（曲率或弯折）时，称之为线性变换。

线性变换有一个重要的定理为：在超静定结构中，任何预应力筋束线（即 c.g.s. 线）都可以线性变换到其他位置，但不改变原来压力线（C 线）的位置。即线性变换不影响混凝土截面内由预应力引起的总内力。应当指出,尽管 C 线和综合弯矩均保持不变,但由预加力引起的主弯矩、次反力和次弯矩都是随 c.g.s. 线的线性变换而变化的。

线性变换定理不仅适用于连续梁,而且适用于带刚性节点的框架。若连续梁或框架在一端或两端支座嵌固,线性变换对端支座处预应力筋偏心距改变情况也适用。

为进一步说明线性变换的性质,现以一两跨连续梁为例进行分析。预应力筋在中间支座处的偏心距为 e,抛物线筋的垂直度仍是 $f=1.5e$,端部无偏心(见图 8-10(a)、图 8-11(a))。用弯矩面积法求解,选中间支座的力矩为多余约束。对图 8-10 所示的预应力筋线形,可得:

$$\delta_{11} = \frac{2}{EI} \times \left(\frac{1}{2} \times l \times \frac{2}{3} \right) = \frac{2l}{3EI} \tag{8-5}$$

$$\Delta_{1N} = \frac{2N_P}{EI} \left[-\frac{2}{3} lf \times \frac{1}{2} + \frac{1}{2} le \times \frac{2}{3} \right] = \frac{2N_P l}{3EI}(e-f) \tag{8-6}$$

可得:

$$X_1 = \frac{\Delta_{1N}}{\delta_{11}} = N_P(f-e) = 0.5 N_P e \tag{8-7}$$

$$M_{次} = X_1 \overline{M_1} \tag{8-8}$$

该梁的主弯矩图和综合弯矩图如图 8-10(b)、(c)所示。

现移动预应力筋在中间支座处的位置,使在中间支座处的偏心距为 0(见图 8-11a),仍以中间支座的力矩为多余约束,用弯矩面积法求解:

$$\Delta_{1N} = \frac{2N_P}{EI} \left(-\frac{2}{3} lf \right) = -\frac{4N_P}{3EI} lf \tag{8-9}$$

$$X_1 = N_P f = 1.5 N_P e \tag{8-10}$$

由于中间支座偏心距的变换,使其在中间支座处的次弯矩改变 $N_P e$;而主弯矩也减少了 $N_P e$。主弯矩的改变值与次弯矩的改变值大小相等。

梁的主弯矩图和综合弯矩图如图 8-11(b)、(c)所示。

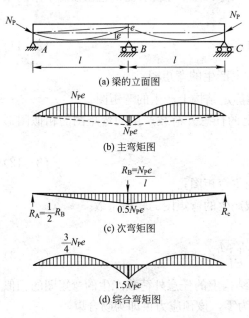

图 8-10 预应力筋引起的弯矩图

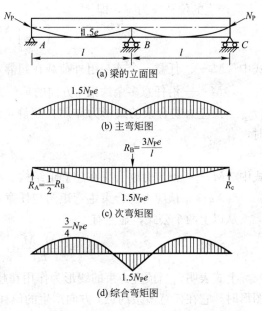

图 8-11 预应力筋引起的弯矩图

由图 8-10（d）和 8-11（d）可见，两个预应力筋束在本征形状相同的情况下，主弯矩是不同的，但其综合弯矩却是相同的。

线性变换的概念对超静定预应力结构设计中预应力筋的布置非常有用，它允许在不改变结构的混凝土压力线位置的条件下，调整预应力筋合力线的位置以适应结构构造上的要求。例如，当预应力筋的保护层不够时，它可以帮助结构工程师在保持结构的 C 线和混凝土应力不改变的条件下重新选定 c.g.s 线。

但由于线性变换，不同预应力筋产生的主弯矩和次弯矩都是不一样的，也即不同预应筋布置情况下超静定结构（构件）的极限承载力是不同的。因此，在实际工程中，我们可利用线性变换来调整预应力筋的布置，使其既保证使用性能，又保证在极限破坏状态下能充分发挥预应力筋的作用。

8.3.3 吻合束

在超静定预应力混凝土结构中，有一种特殊的预应力筋的布置方式被称为吻合束。吻合束的定义是这样的，预应力在结构中产生的压力线（C 线）与预应力筋合力线（c.g.s 线）相重合的预应力筋为吻合束。换言之，即预应力吻合束在超静定结构中产生的次内力为零。

静定结构中的每一根预应力筋都是吻合的。吻合束在超静定结构中不产生次反力，因而在结构中也就没有次弯矩。最明显的吻合索就是处处与混凝土形心轴相重合的预应力筋线形。

就超静定结构来说，也有很多条吻合索。超静定结构的吻合束不是唯一的。事实上，作用在超静定结构上的任意外荷载产生的弯矩图的相似图形均为预应力吻合束的线形。证明如下：

对作用在超静定预应力混凝土结构上的任意一个或一组外荷载来说，它在任意多余约束 i 方向产生的位移应为零，即

$$\Delta_i = \int \frac{M_P \overline{M_i}}{EI} \mathrm{d}x \equiv 0 \tag{8-11}$$

式中　M_P——任意一个或一组外荷载在超静定结构上产生的弯矩图；

$\overline{M_i}$——沿任意多余约束 i 方向的单位力在超静定结构上产生的弯矩图。

当预应力吻合束的线形为作用在超静定结构上的任意外荷载产生的弯矩图的相似图形时，有

$$M_1 = kM_P \tag{8-12}$$

式中　M_1——预应力吻合束在超静定结构上产生的主弯矩图；

k——预应力吻合束主弯矩图与任意外荷载产生的弯矩图的相似系数。

从以上两个公式，显然有

$$\Delta_i = \int \frac{M_1 \overline{M_i}}{EI} \mathrm{d}x = k \int \frac{M_P \overline{M_i}}{EI} \mathrm{d}x = 0 \tag{8-13}$$

上式表明，当预应力束的线形为作用在超静定结构上的任意外荷载产生的弯矩图的相似图形时，它在任意多余约束 i 方向产生的位移均应为零，该预应力束即为吻合束。

采用预应力吻合束除了简化结构分析外，对结构性能没有什么好处，在实际工程中很少

有采用吻合束的必要。合理的预应力筋合力线的选择取决于得到一条理想的压力线,而不是预应力筋的吻合性与非吻合性。在预应力工程设计中,预应力筋合力线的布置原则通常是:在支座截面尽可能放得高点,在跨中截面尽可能放得低点,使得二者都有比较大的预应力偏心矩,以充分发挥预应力筋的最佳效果。而这样布置的预应力筋一般都是非吻合束。

8.4 等效荷载法

在预应力混凝土结构中,若构件不开裂,结构的内力可近似按弹性分析,预应力对混凝土产生的效应(应力、应变、变形)可用一个等效力系来分析。这一等效力系在混凝土结构中产生的效应即是预应力产生的效应,称之为等效荷载(Equivalent loads)。

只要求得不同配筋情况下的等效荷载,就可用力矩分配法或影响线加载法等方法求解超静定结构由预加力产生的内力。应注意的是,用等效荷载法求得梁的内力中已经包括了预加力引起的次内力,因此求得的内力就是总弯矩。

这种等效荷载一般由两部分组成:1)在构件端部锚具处的集中力和弯矩;2)预应力筋曲率引起的垂直于预应力筋中心线的横向分布力,或由预应力筋转折引起的集中力。该横向力可以用来抵抗作用在结构上的外荷载,由此也可以称之为反向荷载。

8.4.1 直线预应力筋的等效荷载

直线预应力筋的等效荷载最为简单,如图 8-12 所示。

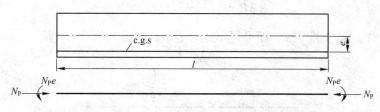

图 8-12 直线预应力筋的等效荷载

8.4.2 折线预应力筋的等效荷载

图 8-13(a)所示为配折线形预应力筋的简支梁,预应力筋的两端通过混凝土截面的形心。因此,其在 C 点产生向上的作用力为 $N_P(\sin\theta_1+\sin\theta_2)$。注意到预应力筋的斜度不大,$\sin\theta_1 \approx \tan\theta_1$,$\sin\theta_2 \approx \tan\theta_2$,所以,折线形预应力筋在 C 点处的等效荷载为

$$N_P(\tan\theta_1+\tan\theta_2)=N_P\left(\frac{1}{a}+\frac{1}{b}\right) \tag{8-14}$$

在两端锚固处对混凝土端部产生向下的竖向分力分别为:

$N_P\sin\theta_1=N_Pe/a$,$N_P\sin\theta_2=N_Pe/b$,以及水平压力,$N_P\cos\theta_1=N_P\cos\theta_2=N_P$ 如图 8-13(b)所示。

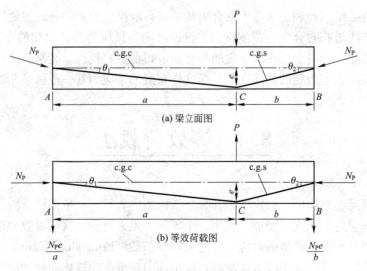

图 8-13 配置折线形预应力筋的简支梁

8.4.3 曲线预应力筋的等效荷载

曲线预应力筋在预应力连续梁中最为常见，且通常都采用二次抛物线形。二次抛物线的特点是其全长的曲率固定不变。图 8-14（a）所示为简支梁配置抛物线筋，跨中的偏心距为 e，梁端的偏心距为零，抛物线方程为 $y = 4e\left[\dfrac{x}{l} - \left(\dfrac{x}{l}\right)^2\right]$。

由预加力 N_P 引起的弯矩图也是抛物线的，如图 8-14（b），则梁左端 x 处的弯矩值为

$$M(x) = \frac{4N_P e}{l^2}(l-x)x \tag{8-15}$$

将 $M(x)$ 对 x 求二次导数，即可得出此弯矩引起的等效荷载 w_P 即

$$w_P = \frac{d^2 M}{dx^2} = -\frac{8N_P e}{l^2} \tag{8-16}$$

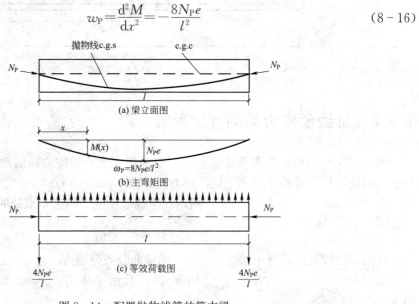

图 8-14 配置抛物线筋的简支梁

式中，负号表示方向向上，故曲线预应力筋的等效荷载为向上的均布荷载，如图 8-14（c）所示。

由于曲线筋的垂度相对于跨度 l 甚小，故曲线筋在端部的斜率亦较小，可近似取 $\tan\theta \approx \sin\theta$，$\cos\theta \approx 1.0$，而 $\tan\theta = \left(\dfrac{\mathrm{d}y}{\mathrm{d}x}\right)_{x=0\text{或}l} = \pm\dfrac{4e}{l}$。由此，曲线预应力筋在构件端部锚固处的作用力近似取为：水平作用力为 $N_P\cos\theta \approx N_P$，竖向作用力为 $N_P\sin\theta \approx 4N_Pe/l$，如图 8-14（c）。水平作用力对梁体混凝土为一轴向压力，使梁全截面产生纵向预压应力；而端部的竖向作用力直接传入支撑结构，可不予考虑。

曲线预应力筋在预应力连续梁中如图 8-15 所示。跨长 2×15.24 m。预应力弯束的偏心矩为，$e_1=61$ mm，$e_2=244$ mm，$e_3=122$ mm，$e_4=274$ mm，相应起弯角 $\theta_1=0.02$ rad，$\theta_2=0.08$ rad，$\theta_3=0.156$ rad，$\theta_4=0.176$ rad，$\theta_5=0.08$ rad。

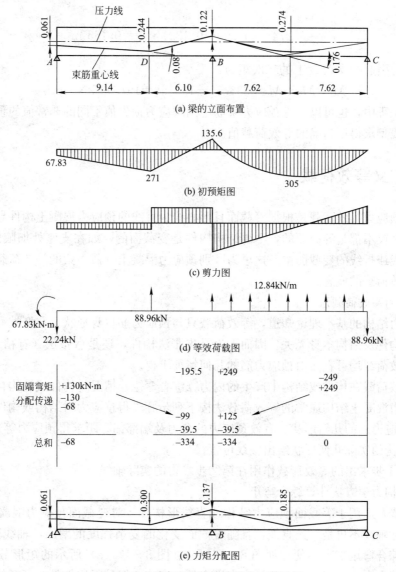

图 8-15 两跨连续梁等效荷载计算示例

梁上各等效荷载（有效预加力 $N_P=1\,112$ kN）为：
$N_P\theta_1=22.24$ kN，$N_P\theta_2=88.96$ kN，
$N_P\theta_3=173.47$ kN，$q=N_P\theta_4/l=195.71/15.24=12.84$ kN/m，
$N_P\theta_5=88.96$ kN，$N_Pe_1=67.83$ kN/m，

图中直接应用力矩分配法，求解连续梁在等效荷载作用下的支点弯矩值。

根据所求得的连续梁的弯矩分布，亦即在预加力作用下梁内的总预弯矩，就可以直接绘出梁内预加力的压力线，它们的偏心距为：

$$e_{1N}=e_1=67.83/1\,112=0.061 \text{ m}$$

$$e_{3N}=333.5/111.2=0.300 \text{ m}$$

$$e_{2N}=0.244-(0.300-0.122)\times\frac{3}{5}=0.137 \text{ m}$$

$$e_{4N}=0.274-(0.300-0.122)\times\frac{1}{2}=0.185 \text{ m}$$

由预加力引起的支点 B 上的二次矩为：
$$M_1=M_N-M_0=333.50-135.58=197.92 \text{ kN·m}$$

在实际工程中，也可以考虑预应力束筋中因预应力损失值不同的非常值的预加力，根据不同的弯束线型求得更精确的等效荷载值。

8.4.4 广义等效荷载

上述的预应力等效荷载是根据等截面且形心线为直线的预应力混凝土构件导出的，但预应力混凝土大梁不都是等截面的，不少结构构件是变截面的，如在支座处加腋的框架大梁，形心线为曲线或折线的变截面梁。这里为区别预应力混凝土等截面梁的等效荷载，我们引入一个广义等效荷载的概念。

1. 通常的等效荷载法

从预应力结构的基本理论知道，等效荷载只与预应力筋自身形状及在杆端截面上的位置有关，而与构件及结构本身无关。因而无论是先张法构件，还是后张法（有粘结或无粘结）构件，其等效荷载均可直接由预应力筋的几何特征求得。

但其等效荷载在构件或结构中产生的内力（综合弯矩）情况与构件或结构自身几何特征有关。预应力混凝土结构通常的等效荷载法按下列步骤求得预应力对结构或构件的效应。

① 按预应力筋的几何形状、有效预应力的合力及端部偏心距求得预应力等效荷载；
② 按结构的实际几何形状绘出轴线位置；
③ 按第①步求出的等效荷载作用在第②步求得的实际轴线上；
④ 按结构力学方法计算综合弯矩。

上述四步，适用于等截面预应力结构或直线形构件。对变截面预应力混凝土结构或构件，因其实际轴线不再是一条直线，且随着截面变化的复杂程度的增加，轴线变得不规则，这就给计算综合弯矩带来不便。如图 8-16（a）、图 8-17（a）所示的矩形截面预应力构件，预应力筋为直线，假定其有效预应力沿全长为定值，但是因构件是变高度的，其轴线分

别为抛物线与折线。若按上述方法，其等效荷载及结构计算简图如图8-16（b）和图8-17（b）所示。若为超静定结构，则必须用有限元方法求得预应力对结构的作用。

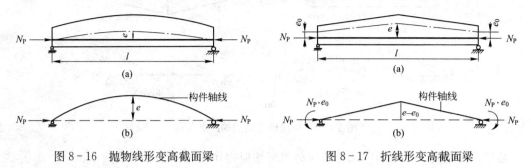

图8-16 抛物线形变高截面梁　　　　图8-17 折线形变高截面梁

2. 广义等效荷载

由于预应力筋和混凝土结构（构件）之间的作用是一种相互的作用，因此其大小和特征应取决于预应力筋的实际形状、混凝土结构和构件的实际几何形状，且主要取决于预应力筋的形心线与混凝土构件的形心线之间的相对位置（静定结构中，预应力的作用对各截面来说只与偏心距e及预应力N_P有关）。因而等效荷载是解决预应力对结构作用的一个手段。下面依据相对性原理，给出广义等效荷载的概念。

如果保持预应力的重心线与混凝土结构（构件）的轴线之间的相对位置不变，将不规则的混凝土结构（构件）的实际轴线简化为直线，则得到一种假想的预应力筋布置形式。按照这种假想形式求得等效荷载，便是轴线为直线情况下的广义等效荷载。由于轴线拉直，无疑使计算简图直观、简化，计算过程也较方便。超静定变截面结构也将可借助于计算手册求解。

例如，对图8-16（a）和图8-17（a）的变截面简支梁，其广义等效荷载法的求解步骤如下。

① 将构件轴线拉直，保持预应力在各截面的偏心距不变。则分别得到一根假想的抛物线预应力筋及一根折线预应力筋，如图8-18（a）和图8-19（a）所示。

② 根据假想的预应力筋求出相应的广义等效荷载，作用在直的轴线上；假想的抛物线筋等效荷载为均布荷载；假想的折线筋等效荷载为集中荷载。其大小分别为：$q=(8N_Pe)/l^2$，$P=[4N_P(e-e_0)]/l$。广义等效荷载及相应的计算简图在图8-18（b）和图8-19（b）中分别示出。

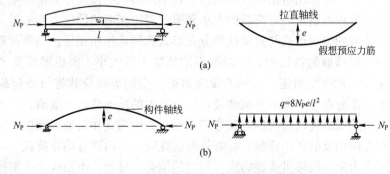

图8-18 抛物线形变高梁的广义荷载

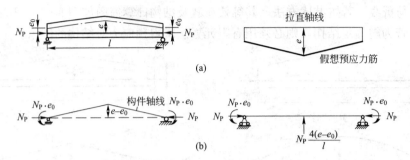

图 8-19 折线形变高梁的广义荷载

必须指出的是，在采用广义等效荷载求解预应力作用时应注意三点：
① 拉直结构构件轴线后，各截面的面积及惯性矩仍与原截面相同；
② 各截面形心上仍作用轴向预应力 N_P；
③ 若预应力筋不通过构件端部截面形心，则有等效偏心弯矩产生。

8.5 荷载平衡法

通过前面的学习我们知道，预应力混凝土结构的一种概念是指通过施加预加力来平衡外部荷载，从而达到控制结构的截面开裂与变形的目的。因此选择并确定合适的预应力筋的数量和位置是进行预应力混凝土结构设计时的关键。因此预应力筋的设计，就是选择合理的预应力筋的曲线布置形状及预应力筋用量，来达到平衡外部荷载、控制结构开裂与变形。

8.5.1 荷载平衡法的基本原理

林同炎教授于 1963 年在美国著文提出预应力设计的荷载平衡法，该法大大简化了超静定预应力结构的分析和设计计算。在进行荷载分析时，等效荷载法由于不需要计算预加力引起的次反力和次弯矩而简化了超静定梁的分析和设计，为预应力连续梁、板、壳体和框架的设计提供一种很有用的分析工具。

前述可知，预应力的作用可用等效荷载代替，不同形状的预应力筋将产生不同的等效荷载。因此，我们可以根据给定的外荷载的大小和形式确定相应的预应力筋的形状和预应力的大小，使得等效荷载的分布形式与外荷载的分布形式相同，作用相反。当外荷载为均布荷载时，预应力束的线形可取抛物线形，所需选用的预加力的大小，则根据所要平衡掉的荷载 q_b 的大小及预应力筋的垂度而定。这样的预应力束产生的等效荷载将与外荷载的作用方向相反，可使梁上一部分以至全部的外荷载被预应力产生的反向荷载所抵消。当外荷载为集中荷载时，预应力束的线形可取折线形，其弯折点设在集中荷载作用处，预应力束的等效荷载为与外荷载作用方向相反的集中荷载。如若外荷载在同一跨内既有均布荷载，又有集中荷载作用，则该跨预应力束的线形可取抛物线与折线的结合。显然，由预应力平衡掉的那部分荷载不再对结构构件产生弯曲变形和弯曲应力。若外荷载全部被预应力筋引起的等效荷载所平衡，则在外荷载和预应力共同作用下，结构所承受的竖向荷载为零，而成为一个轴向受压的结构，只受到轴心压力的作用而没有弯矩，也没有竖向挠度。当然，在设计计算中，没有必要用预应力去平衡全部外荷载，这是很不经济的，因为平衡荷载选取得愈大，耗用的预应力筋也愈多。

如梁承受的荷载超过 q_b，由荷载差额 q_{nb} 引起的弯矩 M_{nb} 可以用通常的弹性分析方法计算。由 M_{nb} 引起的应力可用熟识的公式 $\sigma = My/I$ 求得。这就意味着对预应力梁的分析就变成了对非预应力梁的分析。

为进一步说明现分别以承受均布荷载和集中荷载的简支梁为例。梁 b 受集中荷载 P 作用，预应力筋如图 8-20（a）所示，预应力筋产生的等效荷载为 $2N_P\sin\theta$，当 $P = 2N_P\sin\theta$ 时，梁所承受的竖向荷载为零。梁 a 承受的外部荷载为均布荷载（见图 8-20（b）），大小为 q，预应力筋产生的等效荷载为 q_b，当 $q_b = q$，即等效荷载与外荷载相衡时，此时梁只承受一轴向压力 $\sigma = N_P\cos\theta/A_c$，既无反拱也无挠度，处于平直状态。

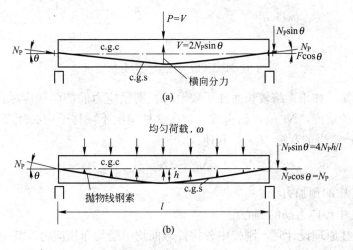

图 8-20 简支梁的等效荷载

特别要注意的是，为保证荷载平衡，简支梁两端的预应力筋的形心线必须过截面的重心，即预应力的偏心距为零，否则偏心距引起的端部弯矩将干扰梁的平衡，使梁处于受弯状态。对于连续结构，预应力筋必须通过边跨外端的截面形心；对于悬臂梁的悬臂端处的 c.g.s 线的切线必须水平。

用荷载平衡法设计分析刚架很容易，因为很快就能定出一种使刚架中全部构件均处于压应力下的情况。对未被平衡掉的荷载，按普通弹性刚架分析即可。我们只需考虑未平衡荷载和轴向压缩的影响而不必考虑弯曲效应，问题便简单多了。

现以一简单单跨刚架为例（见图 8-21），为抵消掉均布荷载 q 而使梁处于完全不受弯的状态，预应力筋采用抛物线形状，预加力为：

$$N_P = \frac{ql^2}{8e}$$

当梁的跨度较小而柱子较细长时，设计时梁的抛物线预应力筋的中心线应通过两端梁和柱截面混凝土中心线（c.g.s 线）的交点而无偏心，这样柱子就不需施加预应力以平衡梁端

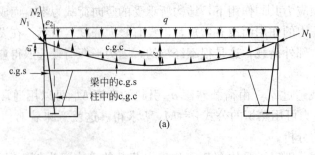

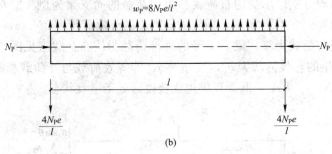

图 8-21 预应力刚架受力分析图示

的预应力偏心弯矩。如果梁跨较长而柱子较短时，则预应力筋的两端应尽量布置得高一些，以加大预应力筋的垂度，N_1 值可相应减少，在这种情况下，柱子中必须布置有偏心的预应力筋，以抵消 N_1 产生的弯矩 N_1e_1，并使

$$N_2e_2=N_1e_1 \tag{8-17}$$

式中，N_2——柱中的预加力；

e_2——柱中预应力筋的偏心距。

当刚架按上述原理设计时，刚架中各构件截面均承受均布压应力，其中梁中的压应力为 N_1/A_1，柱中的压应力为 $(N_2+V_2)/A_2$，此处 V_2 为作用在柱子上的竖向荷载，A_1、A_2 分别为梁和柱的截面面积。由于柱子上无横向荷载，故仅需考虑柱两端的弯矩，此时，柱中的预应力筋可配置成直线形（见图 8-21）。

需要注意的是，外荷载的作用虽然已经由预应力筋的等效荷载所抵消，但是梁在均布压应力状态下将发生弹性压缩及收缩和徐变变形。这些变形都将使柱顶向内移动并在梁和柱中引起弯矩。设计时这些弯曲应力必须予以考虑，应将其组合到尚未平衡掉的荷载所引起的内力中。必要时可改变 c.g.s 线或在梁和柱中另加预应力筋或非预应力筋来抵抗这项弯矩。由梁的收缩和徐变变形而使柱子受弯引起的应力，考虑到柱子的挠曲变形时，可采用折减后的弹性模量进行计算。

8.5.2 荷载平衡法的应用

1. 简支梁的荷载平衡

考虑图 8-22 所示的简支梁，如果预应力是 N_P，我们已经指出，预应力筋对梁产生向上的均布力为 $8N_Pe_0/l^2$，假设梁承受有均布外荷载 q，这一向下的均布荷载 q 可以通过选用

合适的 N_P,使 N_P 引起向上均布力恰好完全平衡 q,那么,N_P 应符合条件 $8N_Pe_0/l^2=q$,于是有 $N_P=ql^2/8e_0$。

当然,若 N_P 一定,也可选择适当的偏心距 e_0 来平衡 q,于是有 $e_0=ql^2/8N_P$。

考虑图 8-23 所示的作用有集中荷载 p 的简支梁,相应的预应力值 N_P 也可求得(e_0 一定)。

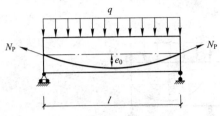
图 8-22 承受均布荷载简支梁的荷载平衡

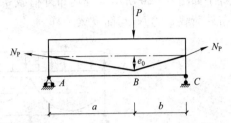
图 8-23 集中荷载下简支梁的荷载平衡

由图 8-23,预应力在 B 点引起向上的集中力为 $N_Pe_0(1/a+1/b)$。若这一集中力等于外荷载 P,

由 $P=\dfrac{N_Pe_0(a+b)}{ab}=\dfrac{N_Pe_0l}{ab}(l=a+b)$,则有 $N_P=\dfrac{Pab}{e_0l}$ (8-18)

这时外荷载 P 正好被预应力所平衡。

2. 悬臂梁的荷载平衡

在实用上较为重要的情况是配有抛物线预应力筋的悬臂梁,该预应力筋在悬臂梁的自由端是没有偏心的,并与水平线相切,而在固定端具有偏心 e_0,设此悬臂梁上作用有均布荷载 q(见图 8-24),问题是寻求合适的预应力筋去平衡它。

悬臂梁中的预应力的荷载平衡轮廓线方程为:$e=-(e_0/l^2)x^2$,x 是从坐标点 (0,0) 量起。

$$\frac{d^2e}{dx^2}=\frac{-2e_0}{l^2} \tag{8-19}$$

所以
$$q=N_P\frac{d^2e}{dx^2}=\frac{-N_P\cdot 2e_0}{l^2} \tag{8-20}$$

若要平衡荷载 q,则要求:
$$N_P=ql^2/2e_0 \tag{8-21}$$

3. 连续梁的荷载平衡

如图 8-25 所示的双跨连续梁,在两跨跨中分别作用着集中外荷载 P,求当跨中偏心距为 e_0 及内支座处的偏心距为 e_B 时,恰好平衡上述两集中外荷载 P 所需的 N_P。

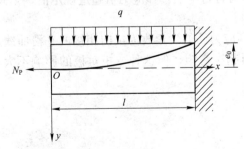
图 8-24 悬臂梁中的预应力的荷载平衡

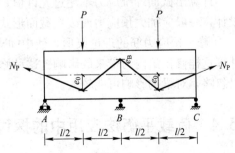
图 8-25 集中荷载作用下连续梁的荷载平衡

当连续梁中布置折线束时，由预加力 N_P 所产生的等效集中荷载为：

$$P = N_P \left[e_0 \Big/ \frac{l}{2} + (e_0 + e_B) \Big/ \frac{l}{2} \right] = \frac{2N_P}{l}(2e_0 + e_B) \tag{8-22}$$

若要平衡外荷载 P，则有：

$$N_P = P \cdot l [2(2e_0 + e_B)] \tag{8-23}$$

对于如图 8-26 所示承受均布外荷载 q 的多跨连续梁，只要中间等效偏心距为 e，则平衡均布外荷载 q 的 N_P 与简支梁一样。

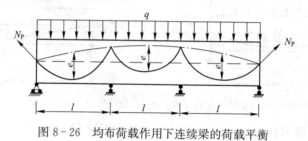

图 8-26 均布荷载作用下连续梁的荷载平衡

8.5.3 荷载平衡法的设计步骤

① 首先根据跨高比确定截面高度，截面高度与宽度之比 h/b 约为 2～3。

② 选定需要被平衡的荷载值 q_b。$q_b = q_G + q_D + kq_L$。其中，kq_L 一般取活荷载的准永久部分，这样可使结构长期处于水平状态而不会发生挠度或反拱。

③ 选定预应力筋束的形状。根据荷载特点选定抛物线、折线等束形，在中间支座处的偏心距和跨中截面的垂度要尽量大，端支座偏心距应为零；如有悬臂边跨，则端部预应力筋 c.g.s 线的斜率应为零。

④ 根据每跨需要被平衡掉的荷载求出各跨要求的张拉预应力，取各跨中求得的最大预应力值 N_P 作为连续梁的预加力。调整各跨的垂度并满足 N_P 与被平衡荷载的关系。其中，初始张拉力 N_{con} 约等于 $(1.2\sim1.3)N_P$。

⑤ 计算未被平衡掉的荷载 q_{nb} 引起的不平衡弯矩 M_{nb}，将梁当作非预应力连续梁按弹性分析方法进行计算。其中，$q_{nb} = q - q_b$。

⑥ 校核控制截面应力，其计算公式如下：

$$\sigma = \frac{N_P}{A} \pm \frac{M_{nb}}{W} \tag{8-24}$$

如计算出截面纤维应力不超过允许值，则设计可进行下去。如应力值超过规定值，则修改设计，一般应加大预应力或改变截面形式及尺寸。

⑦ 修正预应力筋的理论束形，使中间支座处预应力筋的尖角改为反向相接的平滑曲线，并计算这样修正给内力带来的影响。这种修改会引起次弯矩，但这种弯矩对板的影响不大，可以忽略，对梁的影响可能较大。

8.5.4 荷载平衡法应用中的探讨

荷载平衡法是一种近似计算方法，特别适合于估算结构构件中的预应力筋的数量和布置形式。但亦存在不足之处。

① 采用荷载平衡分析时，在连续梁中间支座处，预应力筋束形应按锐角弯折。然而实际情况中，为避免预应力筋的扭结，预应力筋载支座处呈平滑的曲线。工程中实际的预应力曲线不再满足荷载平衡，与理想布置之间的弯矩差值需要进行分析计算。

预应力筋的理想布置的曲线如图 8-27（a）所示，实际布置的曲线如图 8-27（b）所示。跨中为两段抛物线在控制点处相互连接，并且有共同的水平切线。从跨中到中间支座 B 处采用两段曲率相反的抛物线，它们在反弯点相接，并具有共同的斜向切线。

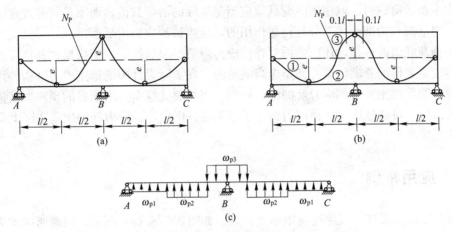

图 8-27　理想曲线与实际曲线引起的弯矩差值

反弯点位于 c.g.s 中间支座的最高点和跨中支座的最低点的连线上。过渡曲线（反弯点至预应力筋最高点）的长度通常在 $(1/2 \sim 1/8)$ 跨长（l）范围内变动，典型位置取为 $0.1l$。

上述三段抛物线均是抛物线的一半，由第一段抛物线引起的反向等效荷载为：

$$w_{p1} = \frac{8N_P e_1}{l_1^2} = \frac{8N_P e}{(2 \times 0.5l)^2} = \frac{8N_P e}{l^2} \tag{8-25}$$

对第二段、第三段预应力筋有：

$$\frac{e_2}{e_3} = \frac{0.4l}{0.1l}, \quad e_2 + e_3 = 2e \tag{8-26}$$

解得：$e_2 = 1.6e$，$e_3 = 0.4e$。

由第二段、第三段抛物线引起的反向等效荷载为：

$$w_{p2} = \frac{8N_P e_2}{l_2^2} = \frac{8N_P \times 1.6e}{(0.8l)^2} = \frac{20N_P e}{l^2} \tag{8-27}$$

$$w_{p3} = \frac{8N_P e_3}{l_3^2} = \frac{8N_P \times 0.4e}{(0.2l)^2} = \frac{80N_P e}{l^2} \tag{8-28}$$

故，可以得到实际布筋时预应力筋对连续梁引起的等效荷载，如图 8-27（c）所示。

按理想布筋得出 B 点的综合弯矩值为 $M_B = 1.5N_P e$，按实际布筋得到 $M_B = 1.388N_P e$，可见实际布筋情况下所产生的 B 点的弯矩值与按简单得多的理想布筋所求得的值相比较只差 7.5%。故进行荷载平衡法计算时，都按理想布筋形式。

对连续板，由于在支座处预应力筋角度的改变较小，过渡段限于支座宽度范围内，故在实用上荷载平衡仍可视为有效。

② 荷载平衡不能直接考虑预应力筋端支座处锚固端偏心引起的弯矩，即在端支座处预应力筋不能有偏心。

③ 荷载平衡法不考虑沿预应力束长方向的预应力损失的影响。这个局限在其他方法中至少在初步设计阶段也是存在的，可通过恰当的假定预应力损失值来估计。

④ 平衡荷载的大小。应用荷载平衡法设计时，一个关键问题是怎样选择平衡荷载，亦即预应力应该平衡掉多大的荷载。目前，平衡荷载是凭设计经验来选取的，一般取全部恒载或恒载加部分活荷载。国内外工程设计经验表明，预应力平衡掉全部恒载是合理的。当考虑用预加力平衡活荷载时，取用的活荷载值应当是实际的活荷载值，而不是规范规定的设计活荷载值。对活荷载的准永久部分是持久作用的，应当被预应力所平衡。

对平衡荷载值的选择，还应考虑对弹性应力限值、裂缝控制、结构反拱和挠度控制，以及极限强度等条件的要求，这些都是应当满足的。在实际设计中变形主要由结构的跨高比控制，裂缝控制等级主要由预应力筋的配筋控制。当按裂缝控制要求配置的预应力筋量不满足承载力要求时，可通过增配非预应力钢筋予以满足。因此，预应力筋的配筋实际上是由裂缝控制要求确定的。

8.5.5 应用举例

按荷载平衡法设计一双跨连续矩形截面梁。如图 8-28（a）所示，两跨跨度均为 20 m，承受均布荷载 12 kN/m（不包括自重），承受均布活荷载为 36 kN/m。

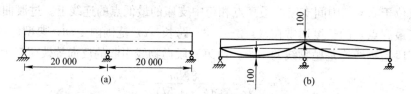

图 8-28 预应力梁的配筋图

解：（1）选择截面尺寸

取梁高 $h = l/15 = 1\,300$ mm，梁宽为 $b = 500$ mm

截面面积为：$A = 1\,300 \times 500 = 450\,000$ mm²

截面惯性矩为：$I = \dfrac{1}{12} \times bh^3 = \dfrac{1}{12} \times 500 \times 1\,300^3 = 9.154 \times 10^{10}$ mm⁴

梁自重为：$q = 0.45 \times 25 = 11.25$ kN/m

（2）计算由恒载和活荷载在跨中和支座处产生的弯矩

由恒载产生的内支座弯矩为：

$$M = \frac{ql^2}{8} = -\frac{(12+11.25)}{8} \times 20^2 = -1\,162.5 \text{ kN} \cdot \text{m} \tag{8-29}$$

由活荷载产生的内支座弯矩为：

$$M = -\frac{ql^2}{8} = -\frac{36}{8} \times 20^2 = -1\,800 \text{ kN} \cdot \text{m} \tag{8-30}$$

由恒载产生的跨内最大弯矩为：

$$M_{\max}=\frac{9}{128}ql^2=\frac{9}{128}\times(12+11.25)\times20^2=654 \text{ kN}\cdot\text{m} \qquad(8-31)$$

由活荷载产生的跨内最大弯矩为：

$$M_{\max}=\frac{9}{128}ql^2=\frac{9}{128}\times36\times20^2=1\,012.5 \text{ kN}\cdot\text{m} \qquad(8-32)$$

由活荷载产生的跨中弯矩为：

$$M=-\frac{36\times20^2}{16}=-900 \text{ kN}\cdot\text{m} \qquad(8-33)$$

(3) 估计预应力的大小

假定采用抛物线形预应力束。跨中预应力束中心距底面为 100 mm，支座处预应力钢筋中心离顶面为 100 mm，如图 8-28 (b) 所示，等效偏心距为：

$$e=550+550/2=825 \text{ mm} \qquad(8-34)$$

设预应力束引起的等效荷载平衡掉全部的恒载和 10% 的活荷载，则要求平衡的均布荷载为：

$$23.25+3.6=26.85 \text{ kN/m} \qquad(8-35)$$

$$N_{\text{Pl}}=\frac{26.85\times20^2}{8\times0.45}=2\,983 \text{ kN} \qquad(8-36)$$

假设预应力的总损失为 $20\%\sigma_{\text{con}}$；
选用 $\phi^s15.24$ 的 1 860 低松弛钢绞线：

$$\sigma_{\text{con}}=0.65f_{\text{ptk}}=0.65\times1\,860=1\,209 \text{ N/mm}^2 \qquad(8-37)$$

则所需预应力筋的面积为：

$$A_{\text{p}}=N_{\text{con}}/\sigma_{\text{con}}=3\,729\times10^3/1\,209=3\,084 \text{ mm}^2 \qquad(8-38)$$

所需钢绞线的根数：

$$n=\frac{A_{\text{p}}}{139}=\frac{3\,084}{139}=22 \qquad(8-39)$$

分为两束布置，每束 11 根。实际预应力筋的面积为：

$$A_{\text{p}}=22\times139=3\,058 \text{ mm}^2 \qquad(8-40)$$

$$N_{\text{P}}=0.8\times\sigma_{\text{con}}\times A_{\text{p}}=0.8\times1\,209\times3\,058=2.96\times10^6 \text{ N} \qquad(8-41)$$

(4) 预应力钢筋的布置

按荷载平衡法设计要求的预应力筋的形状为理想的抛物线，在中间支座处有尖角，这种尖角在实际施工中是难以实现的。施工过程中，支座处的预应力筋采用反向抛物线来过渡。施工中实际布置的预应力筋在跨中由两段抛物线在控制点处相切，并有共同的水平切线。在内支座处，用一反向的抛物线，和跨内抛物线相切于反弯点处。反弯点距支座附近约 $0.1l$ 处，反弯点位于预应力筋的最高和最低点的连线上。现取反弯点距内支座为 $0.1l$，根据比例关系求得两段反向抛物线的垂度。

因此，可以得到由三段半抛物线预应力筋引起的实际等效荷载；

$$q_1 = \frac{8N_P e_1}{l_1^2} = \frac{8 \times 2.96 \times 10^6 \times 0.55}{(2 \times 10)^2} = 32.56 \text{ kN/m} \tag{8-42}$$

对于二、三段预应力筋存在下列关系式：

因此，$e_2 = 1.6e = 880$ mm，$e_3 = 0.4e = 220$ mm

$$q_2 = \frac{8N_P e_2}{l_2^2} = \frac{8 \times 2.96 \times 10^6 \times 0.88}{(2 \times 0.4 \times 20)^2} = 81.4 \text{ kN/m} \tag{8-43}$$

$$q_3 = \frac{8N_P e_3}{l_1^2} = \frac{8 \times 2.96 \times 10^6 \times 0.22}{(2 \times 0.1 \times 20)^2} = 325.6 \text{ kN/m} \tag{8-44}$$

预应力筋的实际布筋及等效荷载值如图 8-29 所示。

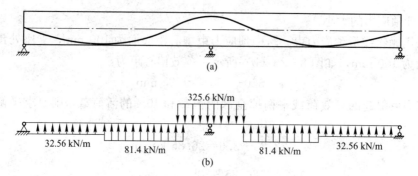

图 8-29 预应力筋的实际布筋及等效荷载值

8.6 约束次内力法

8.6.1 基本原理

众所周知，求解超静定结构内力最简便的方法是位移法。位移法的基本原理是先求出结构各杆单元在荷载作用下的固端弯矩，然后根据刚度方程或弯矩分配法求解结构的内力。由此可知，求解结构在预应力作用下，即主弯矩作用下产生的次弯矩，关键在于求解结构各杆单元在主弯矩作用下杆端产生的固端次弯矩，这里称之为约束次弯矩。

现以一端固定一端铰支的杆单元为例（见图 8-30），用力法求解其约束次弯矩。

预应力沿预应力筋为 $N_P(x)$，预应力筋的偏心距为 $e(x)$，则 $M_主 = N_P(x)e(x)$ 主弯矩图如图 8-30（b）所示。设主弯矩受到超静定约束在 A 端产生的次弯矩为 X，力法方程为：

$$\sigma_{11} X + \Delta_{1P} = 0 \tag{8-45}$$

式中，

$$\sigma_{11} = \frac{1}{EI} \int_0^l \overline{M} \cdot \overline{M} dx = \frac{1}{3EI} \tag{8-46}$$

$$\Delta_{1P} = \frac{1}{EI} \int_0^l M_主 \overline{M} dx = \frac{1}{EIl} \int_0^l M_主 \cdot x dx = \frac{1}{EIl} S_A \tag{8-47}$$

第 8 章 预应力混凝土超静定结构设计

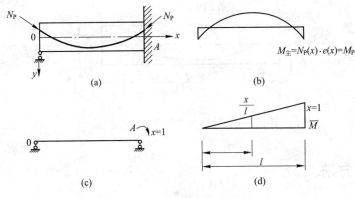

图 8-30 力法求解次弯矩

将上式整理得：

$$X = -\frac{3}{l^2} S_A \tag{8-48}$$

即得杆单元的约束次弯矩计算公式。

同理可对其他两种形式的杆单元进行求解，可很方便地推导出表 8-1 所示三种常见等刚度杆单元由预应力作用而产生的约束次弯矩。

表中：

$$A = \int_0^l N_P(x) y(x) \mathrm{d}x = \int_0^l M_{\pm} \mathrm{d}x \tag{8-49}$$

$$S_A = \int_0^l N_P(x) y_p(x) x \mathrm{d}x = \int_0^l M_{\pm} x \mathrm{d}x \tag{8-50}$$

表 8-1 预应力作用下杆端的约束次弯矩公式

约束形式	支座约束次弯矩 m_{ij}	m_{ji}
![i—j]	0	$-\dfrac{3}{l^2}S_A$
![i=j]	$\dfrac{4}{l}A - \dfrac{6}{l^2}S_A$	$\dfrac{2}{l}A - \dfrac{6}{l^2}S_A$
![i—j]	$\dfrac{A}{l}$	$-\dfrac{A}{l}$

A 即预应力筋的有效预应力 $N_P(x)$ 对杆件单元截面形心轴的偏心产生的弯矩图的面积，简称为主弯矩图面积。当结构在考虑各种预应力损失后的有效预应力 $N_P(x)$ 作用下，各杆端的约束次弯矩计算出后，即可采用结构力学的方法求出结构的次弯矩。坐标系的约定如图 8-31 所示。

当结构在有效预应力作用下，各杆端约束次弯矩求出后，即可采用结构分析程序或弯矩分配法求解在有效预应力作用下超静定预应力混凝土结构的次弯矩。

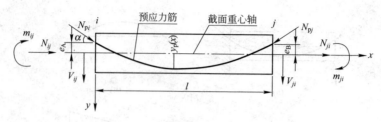

图 8-31 杆单元坐标系（$EI=$常量）

8.6.2 计算方法

如果不计预加力的水平分量与 $N_P(x)$ 之间的差异（误差很小），且不考虑杆单元剪切变形的影响，则图 8-31 所示的平面杆单元由约束次弯矩法，可计算出其约束次剪力：

$$V_{ij}=-V_{ji}=\frac{m_{ij}+m_{ji}}{l} \tag{8-51}$$

杆件的约束次轴力可由下式计算：

$$N_{ij}=-N_{ji}=-\frac{1}{l}\int_0^l N_P(x)\mathrm{d}x \tag{8-52}$$

常见的三种约束情况下的约束次内力公式见表 8-2。

表 8-2 有效预应力作用下的约束次内力公式

杆件单元约束类型	约束次弯矩		约束次轴力		约束次剪力
	m_{ij}	m_{ji}	N_{ij}	N_{ji}	$V_{ij}=-V_{ji}$
i——j (固定-滑动)	$\dfrac{A}{l}$	$-\dfrac{A}{l}$			0
i——j (固定-自由)	$\dfrac{4}{l}A-\dfrac{6}{l^2}S_A$	$\dfrac{2}{l}A-\dfrac{6}{l^2}S_A$	$-\dfrac{1}{l}\int_0^l N_P(x)\mathrm{d}x$	$\dfrac{1}{l}\int_0^l N_P(x)\mathrm{d}x$	$\dfrac{6}{l}A-\dfrac{12}{l^2}S_A$
i——j (简支-固定)	0	$-\dfrac{3}{l^2}S_A$			$-\dfrac{3}{l^2}S_A$

实际工程应用中，为简化次内力的计算，可用杆单元内的有效预加力的平均值来近似计算约束次弯矩。显然当 N_P 为定值时，则：

$$A=N_P\int_0^l e_p(x)\mathrm{d}x \tag{8-53}$$

$$S_A=N_P\int_0^l e_p(x)x\mathrm{d}x \tag{8-54}$$

即主弯矩图面积 A 可由杆单元内有效预加力平均值乘以预应力筋线形与截面形心线围成的面积求得，主弯矩图面积矩 S_A 可由杆单元内有效预加力平均值乘以预应力筋线形与截面形心线围成的面积对 y 轴的面积矩而得到，也就是说，由预应力筋线形就可计算出约束次内力。1990 年 CEB-FIP 模式规范应用指南（混凝土结构）中给出了各种线形布筋的约束次内力公式。

8.6.3 约束次内力法的优点

与其他计算预应力结构内力的方法相比，约束次内力法有许多的优点：

① 直接体现了次弯矩的产生是由于应力对结构的作用引起的结构变形受到超静定约束所致，物理概念明确；

② 不需计算等效荷载和综合弯矩，用于整体结构的分析时，比现有的计算方法更简洁明了；

③ 较容易与现有的平面杆系结构计算程序连接，从而很方便地完成内力计算；

④ 可以克服采用等效荷载法计算平面杆系结构时，忽略次剪力的误差；

⑤ 在利用程序计算约束次内力时，可以较方便地考虑有效预应力沿预应力筋全长变化分布的情况。

8.7 超静定结构的内力重分布

8.7.1 内力重分布

以连续梁为例，随着外荷载的逐步加大，部分截面表现出非线性行为时（如截面的塑性转动），此时结构的弯矩分布将不同于按线弹性结构分析所求的弯矩分布，这时即发生了弯矩重分布。预应力混凝土连续梁在外荷载作用下，预压受拉区混凝土开裂后其受力性能不同于线弹性体系的连续梁，主要表现在弯矩的分布不同于按线弹性结构分析所求的弯矩分布。这是由于在梁体的混凝土开裂后其截面刚度发生了较大的变化所致。一般地，等截面的连续梁在外荷载作用下，在内支座处出现裂缝后，其内力重分布就表现出内支座截面的弯矩增量要比按线弹性结构分析所得的值小，而跨内正弯矩的增量则比按线弹性结构分析所得的值大，如图 8-32 所示。

超静定梁的内力重分布是其截面延性的体现。对于普通钢筋混凝土结构或预应力混凝土结构，只要截面具有一定的延性，就可能发生内力重分布。当截面具有足够的延性，可以产生足够多的塑性铰来提供内力重分布所需要的非弹性转动时，将发生完全的内力重分布。预应力混凝土连续梁内力重分布的影响因素很多，其主要影响因素是配筋率、截面尺寸及混凝土的强度等。对于部分预应力混凝土连续梁，其非预应力筋的含量是主要因素之一，尤其对于无粘结部分预应力混凝土连续梁，其有粘结非预应力钢筋含量的影响更为突出。

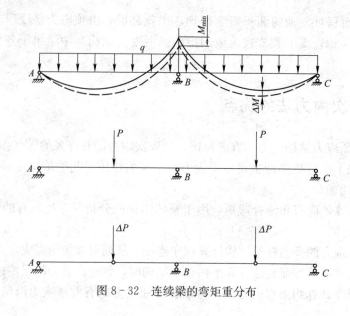

图 8-32 连续梁的弯矩重分布

8.7.2 弯矩调幅

1. 国外规范的规定

在预应力混凝土结构设计中，对于连续梁内力重分布的考虑，各国规范都是通过对支座负弯矩和跨内正弯矩的调幅来实现的。表 8-3 列出了各国规范对内力重分布的内力幅度调整的表达式。

表 8-3 弯 矩 调 幅

规 范	支座弯矩调幅/%	备 注
美国 ACI 318—83 Code	$20\left[1-\dfrac{w_p+\dfrac{d_{ns}}{d_{ps}}(w-w')}{0.36\beta_1}\right]$	$w_p=\dfrac{A_{ps}f_{ps}}{bd_{ps}f'_c}$, $w=\dfrac{A_{ns}f_y}{bd_{ns}f'_c}$, $w'=\dfrac{A_{ns}f'_y}{bd_{ns}f'_c}$ $w_p+\dfrac{d_{ns}}{d_{ps}}(w-w')\leqslant 0.24\beta_1$ w_p, w, w' 分别为预应力筋、拉、压非预应力筋配筋指标；β_1 为等效矩形应力块系数
美国 ACI 318—83	$20\left[1-\dfrac{0.85(a/d_{ps})}{0.36\beta_1}\right]$	$0.85\dfrac{a}{d_{ps}}\leqslant 0.24\beta_1$（$a$ 为受压区混凝土高度）
英国 BS 8110—89	$50-100(x/d)<20$	只对承载力极限状态下，由特定的荷载组合所得弯矩进行重分布，荷载组合： (a) 每隔一跨受最大设计荷载，其他跨受最小荷载 (b) 所有跨受最大设计荷载
欧洲 CEB—FIP	后张法： C12~C35 $0.56-1.25(x/d)<0.25$ C40~C80 $0.44-1.25(x/d)<0.25$ 先张法： C12~C80 $0.25-1.25(x/d)<0.10$	后张梁：C12~C35 $(x/d)<0.45$（x 为受压区混凝土高度） C40~C80 $(x/d)<0.35$ 先张梁：C40~C80 $(x/d)<0.25$
加拿大 Canada A23.3—1984	$30-50(c/d)<20$	$(c/d)<0.5$（c 为受压区混凝土高度） 最大内力重分布幅度为 20%

上表列出了各国规范考虑预应力混凝土超静定结构内力重分布时支座弯矩调幅的不同规定。表中所列各种方法对支座负弯矩的调幅范围一般都在 20% 左右，所考虑的主要影响因素为预应力筋与非预应力筋的配筋率、混凝土强度及截面尺寸等。备注栏则为对构件截面的延性要求。由此可见，超静定结构内力重分布的最必要的条件是构件截面需具有一定的延性。

2.《混凝土结构设计规范》（GB 50010—2002）的规定

对后张法预应力混凝土框架梁及连续梁，在满足纵向受力钢筋最小配筋率的条件下，当截面相对受压区高度 $\xi \leqslant 0.3$ 时，可考虑内力重分布，支座截面弯矩可按 10% 调幅，并应满足正常使用极限状态验算要求；当 $\xi > 0.3$ 时，不应考虑内力重分布。

3. 公路和铁路桥涵设计规范的规定

连续梁中间支座处负弯矩图，理论上呈尖形，但实际上支承处有一定的支承宽度，支承处又设有横隔梁（板），支承反力在梁内有扩散分布，真实弯矩图呈圆滑的曲线形，如图 8 - 33 所示。在《桥规 JTG D62》和《桥规 TB 10002.3》中均假定支承反力按 45°刚性角分布到梁的重心轴，重心轴上分布长度为 a，其单位荷载强度为 q（$=R/a$），由此产生一折减弯矩 $M' = qa^2/8$。将理论弯矩 M 减去 M'，即得折减后弯矩 M_e。考虑到高梁可能折减过多，故规定 M' 不大于 M 的 10%。

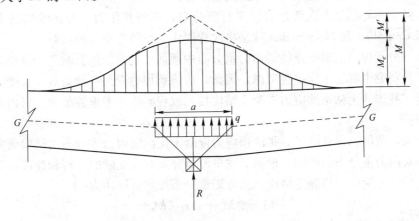

图 8 - 33　连续梁中间支承处折减弯矩计算图

8.7.3　弯矩重分布中次弯矩的影响

预加力在超静定梁中产生的次弯矩与结构刚度及约束条件有关，当预应力混凝土结构开裂后，结构的刚度发生了变化，因此，预加力次力矩也会随之发生变化。次弯矩的存在改变了连续梁弹性阶段的弯矩分布规律，将提早或推迟第一个塑性铰出现时的荷载，甚至还可能改变第一个塑性铰出现的位置。

对于内力重分布如何考虑预加力产生的次弯矩的影响，至今国内外的研究结论还不太一致。因此，预加力次弯矩对塑性极限弯矩是不具影响的。FIP 认为在极限承载力阶段，延性好的超静定结构可能转变为机构，由其约束所产生的次内力将消失。ACI 规范认为即使是延性好的超静定结构，在极限承载力阶段，控制截面塑性铰的转动能力将受到预应力束的限制，因此次弯矩仍然存在于结构中。

连续梁内力重分布的必要条件是形成塑性铰的截面必须要有足够的延性。对于部分预应力混凝土连续梁，由于设置有非预应力钢筋，塑性铰的转动角比全预应力混凝土梁大，但比普通钢筋混凝土梁小，这样部分预应力混凝土梁也很难形成完全的理想铰，尤其在预应力度比较高的情况下。因此，预加力次弯矩不会完全消失，就此观点来看，要使结构设计更合理则应当考虑预加力次力矩对内力重分布的影响。国外考虑预加力次弯矩的不同表达有：

(1) 预加力次弯矩不参与重分布

以美国 ACI 规范为代表，认为预加力次力矩不参与重分布，即

$$M_p = (1-\alpha)(-M_{load}) + M_r \tag{8-55}$$

式中　M_{load}——外荷载产生的弯矩；
　　　M_r——预应力次力矩；
　　　α——重分配系数。

(2) 次弯矩参与重分布

如澳大利亚桥规 NAASRA—1988，将次力矩与外荷载弯矩一起进行重分布：

$$M_p = (1-\alpha)(-M_{load} + M_r) \tag{8-56}$$

调幅系数 α 只与混凝土的相对受压区高度 ξ 有关。

此外，还有不将预加力次弯矩直接进行重分布，而将其作为一种影响参数来考虑的做法，如学者 Campbell 和 Moueessian 就是将次弯矩作为一种弯矩比的参数。

无粘结部分预应力混凝土连续梁内力重分布中预加力次弯矩的影响更为复杂，目前的理论分析与试验研究中都还未能单独考虑，因此，应将预加力视为一种荷载，在受力的全过程中进行分析。我国《无粘结预应力混凝土结构技术规程》中未考虑连续梁、板由塑性承受的弯矩重分布。

近些年来，我国国内开展了后张法预应力混凝土连续梁内力重分布的试验研究，并探讨次弯矩存在对内力重分布的影响。根据上述试验研究及有关文献的分析和建议，对存在次弯矩的后张法预应力混凝土超静定结构，其弯矩重分布规律可描述为：

$$(1-\beta)M_d + \alpha M_2 \leqslant M_u \tag{8-57}$$

式中　α——次弯矩消失系数；
　　　β——直接弯矩的调幅系数，$\beta = 1 - M_a/M_d$。

此处，M_a 为调整后的弯矩值，M_d 为按弹性分析算得的荷载弯矩设计值；它的变化幅度是：$0 \leqslant \beta \leqslant \beta_{max}$。此处，$\beta_{max}$ 为最大调幅系数。次弯矩随结构构件刚度改变和塑性铰转动而逐渐消失，它的变化幅度是：$0 \leqslant \alpha \leqslant 1.0$，且当 $\beta = 0$ 时，取 $\alpha = 1.0$；当 $\beta = \beta_{max}$ 时，可取 α 接近为 0。且 β 可取其正值或负值，当取 β 为正值时，表示支座处的直接弯矩向跨中调幅；当取 β 为负值时，表示跨中的直接弯矩向支座处调幅。在上述试验结果与分析研究的基础上，规定对预应力混凝土框架梁及连续梁在重力荷载作用下，当受压区高度 $x \leqslant 0.30h_0$ 时，可允许有限量的弯矩重分配，其调幅值最大不得超过 10%；同时可考虑次弯矩对截面内力的影响，但总调幅值不宜超过 20%。

预应力筋的有效预应力水平，预应力筋与非预应力筋的匹配关系不同，预应力超静定结构的塑性转角也不同，弯矩调幅也就不同。

《桥规 JTG D62》规定，对预应力混凝土连续梁等超静定结构，在承载能力极限状态计

算时应考虑由预应力引起的次效应。其次弯矩可按等效荷载分析的弹性计算求得。对构件截面承载力不利的次弯矩全部计入,对构件截面承载力有利的次弯矩可计入一半。次剪力宜根据构件各截面次弯矩的分布,按结构力学的方法计算。

《桥规 TB 10002.3》规定,对于预应力混凝土连续梁,预加力产生的弹性变形往往受到多余约束的限制而在结构中产生附加内力,即弹性次内力。因此,按弹性阶段计算梁截面应力时,应考虑预加力产生的次内力,计算次内力时应考虑混凝土徐变的影响。在检算破坏阶段的截面强度时,由于梁截面已开裂进入塑性状态,由弹性变形引起的内部约束已得到释放。因此,可不计预加力产生的次内力的影响。但是对于超配筋梁,破坏时达不到理想的塑性状态,弹性次内力未得到全部释放,设计中应予以考虑。

习 题

一、填空题

1. 预应力混凝土超静定结构内力分析方法主要有_____、_____、_____。
2. 由于次弯矩是由_____产生的,因此任意两个预应力混凝土构件相邻支座之间的次弯矩是呈线性变化的。
3. 压力线是连接预应力混凝土梁或结构内各个截面_____而构成的轨迹线。
4. 超静定预应力混凝土结构的配筋设计包括_____、_____等。
5. 线性变换是指预应力连续梁中的预应力束在各中间支座的位置被移动,而不改变该束线在每一跨内的_____。
6. 吻合束是预应力在结构中产生的_____与_____相重合的预应力筋。
7. 预应力筋合力线的布置原则通常是:在支座截面_____,在跨中截面_____,使得两者都有比较大的预应力偏心距,以充分发挥预应力筋的最佳效果。
8. 预应力混凝土构件的等效荷载一般由两部分组成:1)_____;2)_____。
9. 预应力混凝土构件的等效荷载只与_____与_____有关,而与构件和结构本身无关。
10. 为保证荷载平衡,简支梁两端的预应力筋的形心线必须通过_____,即预应力的偏心距为零。
11. 超静定预应力混凝土构件的内力重分布是其_____的体现。
12. 预应力混凝土连续梁内力重分布的影响因素很多,其主要影响因素是_____、_____及混凝土的强度等。
13. 预应力混凝土连续梁内力重分布的必要条件是_____。
14. 预加力在超静定梁中产生的次弯矩与_____及_____有关。

二、简答题

1. 预应力混凝土超静定结构的优缺点有哪些?
2. 解释预应力主内力、次内力和综合内力的概念。
3. 何谓预应力混凝土构件的压力线?简述线性变换定理。
4. 说明预应力混凝土构件中常用的三种形式预应力筋的等效荷载。
5. 对预应力混凝土构件,其广义等效荷载的求解步骤有哪些?在使用时应注意哪些问题?

6. 预应力混凝土构件荷载平衡法的原理及其局限性有哪些?
7. 按预应力混凝土结构的裂缝控制等级合理选取平衡荷载的基本原则是什么?
8. 预应力混凝土构件荷载平衡法的设计步骤有哪些?
9. 解释预应力混凝土构件单位次弯矩的设计原则。
10. 给出工程设计中简化约束次弯矩的计算公式。
11. 我国规范对预应力混凝土构件弯矩调幅是如何规定的?

三、计算题

1. 如图 8-34 所示,有一有粘结预应力混凝土连续梁,其 c.g.s. 在 A 点有一偏心,在 D 点和 B 点发生转折,而在 BC 跨为一抛物线。试确定单由预应力引起的混凝土压力线 (c.g.c. 线) 的位置。不考虑梁体的自重,假定预应力为 1 112 kN。

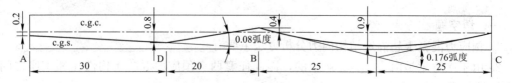

图 8-34 预应力混凝土连续梁立面图(尺寸单位:m)

2. 设计计算题。某五跨有粘结预应力混凝土连续梁,每跨长为 45 m,总长为 $5\times45=225$ m。梁上作用的活荷载为 $5.0\ kN/m^2$,采用有粘结预应力,试设计该五跨有粘结预应力混凝土连续梁结构,给出相关的配筋布置图。材料:(1) 混凝土:混凝土选用 C50 混凝土;(2) 钢筋:有粘结预应力钢束选用低松弛钢绞线,$f_{ptk}=1\ 860\ N/mm^2$,$f_{py}=1\ 320\ N/mm^2$,$E_p=1.95\times10^5\ N/mm^2$;非预应力纵向钢筋采用 HRB335 级钢筋,$f_y=300\ N/mm^2$,$E_s=2.0\times10^5\ N/mm^2$。箍筋及焊接钢筋网片等非预应力钢筋采用 HPB235 级钢筋,$f_y=210\ N/mm^2$。

第 9 章 预应力混凝土连续梁桥

9.1 概 述

预应力混凝土连续梁桥以结构受力性能好、变形小、伸缩缝少、行车平顺舒适、造型简洁美观、养护工程量小、抗震能力强等而成为富有竞争力的主要桥型之一。

预应力混凝土连续梁桥属于超静定结构,因墩台基础不均匀沉降等影响,将在结构内产生附加内力(又称次内力,由于混凝土徐变的塑性性质次内力随时间会逐步减小),故连续梁通常用于桥基较为良好的场合。

尽管连续梁有很多优点,但是刚开始它并不是预应力结构体系中的佼佼者,因为限于当时施工主要采用满堂支架法,采用连续梁费工费时。到后来,由于悬臂施工方法的应用,连续梁在预应力混凝土结构中得到了飞速的发展。20 世纪 60 年代初期在中等跨度预应力混凝土连续梁中,应用了逐跨架设法与顶推法施工;在较大跨度连续梁中,则应用更完善的悬臂施工方法,这就使连续梁方案重新获得了竞争力,并逐步在跨度 40~200 m 范围内的桥梁中占主要地位。无论是城市桥梁、高架道路、山谷高架栈桥,还是跨河大桥,预应力混凝土连续梁都发挥了其优势,成为优选方案。目前,连续梁结构体系已经成为预应力混凝土桥梁的主要桥型之一。

9.1.1 预应力混凝土连续梁桥的一般特点

预应力混凝土可以看做是一种预先储存了压应力的一种新型建筑材料。在钢筋混凝土梁桥的受拉区域虽然布置有受力钢筋,但仍不可避免地将出现一些裂缝,因此采用预加应力来改善结构的使用性能。通过张拉预应力筋,使受拉区预先储备一定数值的压应力,当在外荷载作用时,混凝土可不出现拉应力或不出现超过某个限值的拉应力。对混凝土施加预压力的高强度钢筋(或称力筋),既是加力工具又是抵抗构件内力的受力钢筋。早期,因人们不了解混凝土收缩、徐变所导致较大的预应力损失这一特点时,预应力结构的发展陷入了困境。随着对预应力混凝土设计理论研究的深入,材料强度的不断提高,预应力工艺不断改进,预应力混凝土结构获得了新的发展。尤其在 20 世纪 50 年代后,预应力混凝土桥梁的跨越能力,以每十年百米的速度递增,目前已跻入大跨桥的范围。

预应力混凝土梁桥,除了具有钢筋混凝土梁桥的所有优点外,它的主要特点如下:

① 预应力混凝土结构，由于能够充分利用高强度材料（高强度混凝土、高强度钢筋），所以构件截面小，自重弯矩占总弯矩的比例大大下降，桥梁的跨越能力得到提高。

② 与钢筋混凝土梁桥相比，一般可以节省钢材30%～40%，跨径愈大，节省愈多。

③ 全预应力混凝土梁在使用荷载作用下不出现裂缝，即使部分预应力混凝土梁在常遇荷载作用下也无裂缝，鉴于全截面参加工作，梁的刚度就比通常开裂的钢筋混凝土梁要大。因此，预应力梁可显著减少建筑高度，使大跨径桥梁做得轻柔美观。由于能消除裂缝，这就扩大了对多种桥型的适应性，并更加提高了结构的耐久性。

④ 预应力技术的采用，不但使钢桥已有的施工方法，如：悬臂拼装、纵向拖拉（演化为预应力混凝土梁桥的顶推法）在预应力混凝土梁桥中得到新的发展与应用，而且为现代预制装配式结构提供了非常有效的接合和拼装手段。根据需要可在结构纵、横和竖向任意分段，施加预应力，即可集成理想的整体。此外还发展了逐段或逐孔现浇施工方法。这种分段现浇或分段预制拼装的施工方法，国外统称为节段施工法，用这种施工方法建成的预应力混凝土桥梁统称为预应力混凝土节段式桥梁（P. C. Segmental Bridges）。

显然，要建造好一座预应力混凝土桥梁，首先要有作为预应力筋的优质高强钢材和保证高强度混凝土的施工质量，同时需要有一整套专门的预应力张拉设备和材料素质好、制作精度要求高的锚具，并且要掌握较复杂的施工工艺。预应力混凝土连续梁的施工方法有如下几种：① 满堂支架法；② 逐跨施工（支架现浇、滑移支架拼装）；③ 悬臂挂篮现浇、悬臂预制拼装施工；④ 顶推法（等截面梁）；⑤ 简支变连续等。

9.1.2 预应力混凝土连续梁桥的受力特点

连续梁是一种超静定结构，一般地说，只要设计恰当，都能使内力分布比较合理，使梁式结构的应用范围得以扩大，桥跨和桥墩工程量都可能比简支梁节省。预应力混凝土连续梁便于无支架施工，更是获得广泛采用的重要因素。

和简支梁比较，连续梁中间支点截面有负弯矩，使梁内所受弯矩沿梁长分布比较均匀（见图9-1），有利于充分利用支点附近的梁截面和梁内的预应力钢筋。

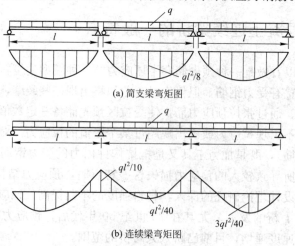

图9-1 简支梁与连续梁的弯矩比较图

在桥墩工程方面，连续梁桥多数桥墩只有一排支座，墩帽尺寸可以较小，对安设活动支座的桥墩，制动力不起控制作用，而在竖向荷载作用下墩身轴心受压，因此桥墩尺寸可以较小。但是安设固定支座的桥墩（常设制动墩），需要承担几跨梁上的制动力，尺寸可能比简支梁桥墩为大。

连续梁由于结构上存在多余的约束，与简支梁相比具有较高的结构刚度。同时，由于桥跨在桥墩上连续，变形曲线匀顺，对高速行车有利。

与预应力混凝土连续 T 形刚构桥相比，连续梁桥的下部结构受力和构造简单，并能节省材料，加之它具有变形和缓、伸缩缝少、刚度大、行车平稳、超载能力大、养护简便等优点，所以在近代桥梁建筑中已得到越来越多的应用。

根据桥位水文、地质情况、通航要求、桥跨外形美观及经济性等方面的考虑，连续梁可以采用等跨布置或不等跨布置。

然而由于预应力筋在结构内能起到调整内力（或应力）的作用，因此预应力混凝土连续梁在孔径布置和截面设计等方面可供选择的范围比钢筋混凝土桥要大得多。除此以外，预应力混凝土连续梁桥的结构型式还与施工工艺有紧密的联系。

对于中等跨度，当采用目前比较盛行的顶推法施工工艺时，往往就设计成等跨等高的连续梁桥（见图 9-2 (a)）。鉴于施工工艺的独特优点，补偿了结构本身作为等跨等高度连续梁所具有的弱点。当桥梁的跨度不太大时，也可采用先预制成简支梁，待其被架设在临时支座上后，再在支点顶部张拉顶应力筋来建立连续性的施工方法。在此情况下，全桥竣工后也成为等跨等高度的连续梁桥。

不等跨不等高的预应力混凝土连续梁桥，是大跨度桥梁结合悬臂法施工最常用的结构型式，如图 9-2 (b) 所示。对于三跨连续梁，边跨与中跨之比通常可在 0.5~0.8 之间选择，这比普通钢筋混凝土连续梁桥的 0.8 左右的范围，显然大得多了。减小这一比值，能够使中跨中间一段梁长上只有正弯矩值，这就使预应力筋可布置成单筋型式，既简化了构造又比较经济。

对于城市桥梁或跨线桥，有时为了增大中跨跨径，还可能设计成边跨与中跨之比小于 0.3 的连续梁桥，如图 9-2 (c) 所示。在此情况下，端支点上将出现较大的负反力，为此就要设计专门的能抵抗拉力的支座，或者在跨端部分设置巨大的平衡重来消除负反力。

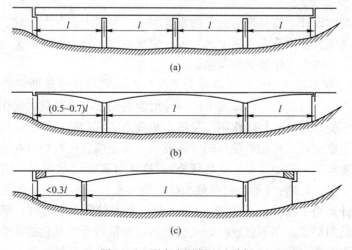

图 9-2 预应力混凝土连续梁

9.1.3 适用范围

当活载与全部荷载的比值较大时，梁的截面和钢筋布置主要取决于活载所引起的内力。由于活载的影响，在较大的区段上梁的弯矩和剪力可能正负交变，使构造趋于复杂化，也降低预应力钢筋配置的效果。所以，小跨度铁路桥梁采用连续梁不一定节省，一般认为当跨度大于 40～50 m 时，采用连续梁比较适合。

此外，墩台的不均匀沉陷将会在连续梁中产生附加弯矩，而且这种不均匀沉陷很难准确地预测，设计中往往只能按最不利的影响予以考虑。这不仅给设计带来了一定麻烦，甚至影响到连续梁的经济性。所以连续梁桥应尽可能建筑在良好的地基条件上。

9.2 连续梁的横截面设计

9.2.1 截面型式

钢筋混凝土与预应力混凝土的梁式桥（包括板桥）具有多种不同的构造类型。对其演变加以分析可以看出，除了从力学上考虑充分发挥材料特性而不断改进桥梁的截面型式外，构件施工的方便性，以及起重安装设备的能力，也是影响构造型式发生变化的重要因素。

一般来说，目前钢筋混凝土与预应力混凝土梁式桥的横截面型式有板式、肋梁式和箱形三大类。从制造工艺来说，主梁横截面又可分整体式（现浇或预制）与组合式（截面各部预制装配，现浇接头或将面板组合而成）两类。

9.2.2 横截面设计原则

梁式桥横截面的设计主要是确定横截面布置型式，包括主梁截面型式、主梁间距、主梁各部分尺寸；它与梁式桥体系在立面上的布置、建筑高度、施工方法、美观要求及经济用料等因素都有关系，原则上应作如下的考虑。

① 梁式桥的主梁是以满足它的抗弯能力来设计的，同时也要保证它的抗剪（或主拉应力）能力及抗扭能力。梁式桥在横截面上的各片梁能共同参与承受荷载的作用，同时各片梁与横向联系（桥面板、横梁）共同作用，又进一步提高了它们的抗弯、抗扭能力。梁式桥不同体系的布置，主梁横截面可能承受单向（正或负）弯矩或双向弯矩（在不同荷载作用位置时，截面可能既要承受正弯矩又要承受负弯矩），这就对截面形状提出不同要求。对钢筋混凝土结构而言，矩形、T 形、I 形、箱形截面抗弯能力相差并不太大，这是因为截面受拉部分开裂后予以不计，当中性轴位于 T 形、I 形、箱形截面的翼板附近时，都可按矩形截面设计配筋。但是当截面型式选用不合理时，又会突然增加恒载而降低它能承受活载的能力。对预应力混凝土结构而言，截面型式不同影响到截面的重心位置和核心距大小。在同样的配筋

条件下，截面的抗弯能力则会有较大的差别。

② 为了达到经济用料的目的，主梁的片数与间距的确定，既要保证各片主梁在横向共同参与工作，又要使材料用量的总和达到最优值。其次，还要受到建筑高度限值的影响。

③ 随着桥梁跨度的增大，恒载内力所占比例愈来愈大；因此在横截面设计中，如何减小截面尺寸，合理布置又会成为主要矛盾。

④ 必须考虑施工的影响。一是横截面型式要有利于选定的施工方法，便于施工；二是要考虑施工费用的影响。

⑤ 桥面的宽度也影响横截面布置型式。

⑥ 在某些特定条件下，如城市桥梁，还要满足美观上的要求。

9.2.3 板式截面

板桥的承重结构就是矩形截面的钢筋混凝土或预应力混凝土板（见图9-3（a）），其主要特点是构造简单，施工方便，而且建筑高度较小。从力学性能上分析，位于受拉区域的混凝土材料不但不能发挥作用，反而增大了结构的自重，当跨度稍大时就显得笨重而不经济。板式截面常见于10 m以下的公路简支板桥。

图9-3（a）表示整体式板桥的截面，这种板在车辆荷载作用下除了沿跨径方向引起弯曲受力外，板在横向也发生挠曲变形，因此它是一块双向受力的弹性薄板。有时为了减轻自重，也可做成留有圆洞的空心板桥或将受拉区稍加挖空的矮肋式板桥（见图9-3（b））。图9-3（c）所示为小跨径（不超过8 m左右）最广泛使用的装配式板桥。它由几块预制的实心板条利用板间企口缝填入混凝土拼连而成。从结构受力分析角度看，在荷载作用下，它不是双向受力的整体宽板，而是一系列单向受力的窄板式的梁，板与板之间借铰缝传递剪力而共同受力。对于每块窄板而言，它主要沿跨径方向承受弯曲与扭转。装配式板桥也可做成横截面被显著挖空的空心板桥（见图9-3（d）），以达到减轻自重和加大适用跨径的目的。图9-3（e）是一种装配一整体组合式板桥，它利用一些小型预制构件安装就位后作为底模，在其上再浇注混凝土结合成整体，在缺乏起重设备的情况下，这种板桥能收到好的效果。

图9-4（a）和9-4（b）是现代化高架路上采用的单波和双波式横截面的板桥，在与柱型桥墩的配合下，桥下净空大，可布置与桥梁同向的线路，造型也美观，但这种

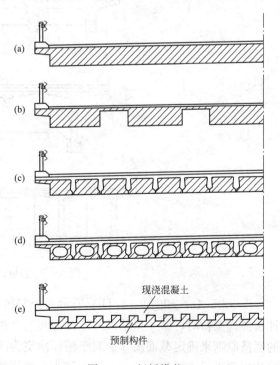

图9-3 板桥横截面

结构的施工较为复杂。

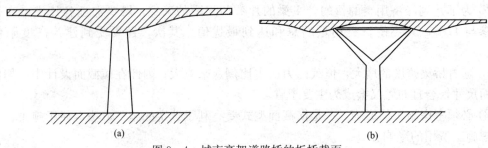

图 9-4 城市高架道路桥的板桥截面

9.2.4 梁肋式截面

在横截面内形成明显肋形结构的梁桥称为肋板式梁桥，或简称肋梁桥。在此种桥上，梁肋（或称腹板）与顶部的钢筋混凝土桥面板结合在一起作为承重结构（见图 9-5）。由于肋与肋之间处于受拉区域的混凝土得到很大程度的挖空，就显著减轻了结构自重。特别对于仅承受正弯矩作用的简支梁来说，既充分利用了扩展的混凝土桥面板的抗压能力，又有效地发挥了集中布置在梁肋下部的受力钢筋的抗拉作用，从而使结构构造与受力性能达到理想的配合。与板桥相比，对于梁肋较高的肋梁桥来说，由于混凝土抗压和钢筋受拉所形成的力偶臂较大，因而肋梁桥也具有更大的抵抗荷载弯矩的能力。梁肋式截面常见于公路和铁路的简支梁桥。

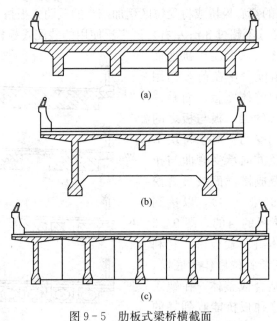

图 9-5 肋板式梁桥横截面

图 9-5 (a) 和图 9-5 (b) 所示为公路桥梁常用的整体式肋梁桥的横截面形状。在设计整体式梁桥时，鉴于梁肋尺寸不受起重安装机具的限制，故可以根据钢筋混凝土体积最小的经济原则来确定截面尺寸。对于桥面净空为净-7 的桥梁，只要建筑高度不受限制，往往以建成双主梁桥最为合理，主梁的间距可按桥梁全宽的 0.55～0.60 布置。有时为了减小桥

面板的跨径，还可在两主梁之间增设内纵梁（图9-5（b））。

装配式肋梁桥，考虑到起重设备的能力，预制和安装的方便，一般采用主梁间距在2.0 m以内的多梁式结构。图9-5（c）是目前我国公路桥最常用的装配式肋梁桥（也称装配式T形梁桥）的横截面。在每一预制T梁上通常设置待安装就位后相互连接用的横隔梁，以保证全桥的整体性。在桥上车辆荷载作用下，通过横隔梁接缝处传递剪力和弯矩而使各T形梁共同受力。

目前，我国用得最多的是装配肋梁式横截面型式，如图9-5（c）所示主梁采用T形截面。T形梁的翼板构成桥梁的行车道，又是主梁的受压翼缘，在预应力混凝土梁中，受拉翼缘部分做成加宽的马蹄形，以满足承受压应力和布置预应力钢筋的需要。它的特点是外形简单，制造方便，横向由横隔梁联结，整体性也较好。不足之处是单片主梁在运输、安装过程中不稳定，需要十分注意。特别是预应力混凝土T形梁，更不能斜置、倒置，或在安装过程中倾斜而导致断裂。

在我国编制的公路桥涵标准图中，无论是钢筋混凝土还是预应力混凝土T梁，主梁间距都采用了1.6 m，主梁片数根据桥面净空和行人道配置不同而分别采用5、6和7片三种。如对于净-7，若安全带只采用2×0.25 m，或者人行道采用2×0.75 m，则5片梁；而对人行道采用2×1.5 m的，则用6片梁，至于净-9，则一律用7片主梁。

我国在进行钢筋混凝土梁的标准设计时，曾对同一净空要求（净-7附2×1.00 m人行道），在主梁高度相同的条件下，对选用4片主梁（翼板宽2.0 m）与5片主梁（翼板宽1.6 m）进行比较设计，其结果表明：两者材料用量相差不大，4片稍优。鉴于主梁式的翼板刚度较大和目前的施工设备条件，并考虑到统一标准设计尺寸模数化的要求，钢筋混凝土装配式T梁间距（即翼缘宽度）统一选用1.6 m。

实际上，对于跨径较大的预应力混凝土简支梁来说，加大翼缘宽度还是有利的。从预应力梁的受力特点可知，为了使截面布置经济合理，节省预应力筋的配筋数量，截面的斜率指标 ρ 应大于 $0.5\left(\rho=\dfrac{k_s+k_x}{h}, h\text{ 为梁高}, k_s \text{ 和 } k_x \text{ 分别为截面的上、下核心距}\right)$，通过加大翼缘宽度便能有效地提高截面的效率指标。国内某些桥的设计已经采用了宽翼缘的布置，例如：对于人行道只有0.75 m宽的净-7的横截面，采用了主梁为4片，梁距为2 m的布置方式。

公路桥主梁细部尺寸如下。

1. 肋厚（腹板厚度）

在满足主拉应力强度和抗剪强度需要的前提下，主梁肋的厚度，翼板都做得较薄，以减轻构件的重量，但还要注意满足梁肋的屈曲稳定性。目前，常用的钢筋混凝土简支梁梁肋厚度为150~180 mm，其上、下限的取法，取决于主钢筋的直径和钢筋骨架的片数。

预应力混凝土，由于预应力和弯曲束筋的作用，肋中的主拉应力较小，肋板厚度一般都由构造决定。原则上应满足束筋保护层的要求，并力求模板简单便于浇注。一般采用0.16 m，标准设计中为140~160 mm。在梁高较大的情况下，过薄的肋板对承受剪力和稳定都是不利的，为此肋厚还不宜小于肋板高度的1/15。在接近梁的两端的区段内，为满足预应力束筋布置锚具的需要，肋厚应逐渐扩展加厚。

装配组合式横截面中的开口槽形构件，采用先张法预应力混凝土结构，肋厚度较薄，一般只有100 mm。

2. 上翼缘厚度

T梁翼板的厚度，在中小跨径的预应力简支梁和钢筋混凝土梁中，主要满足于桥面板承受的车辆局部荷载要求。翼板根部须加高，以抵抗较大的弯矩。根据受力特点，翼缘板一般都做成变厚度的，即端部较薄，至根部（与梁肋衔接处）加厚，并不小于主梁高度的1/12。翼缘板厚度的具体尺寸，有两种处理方法：一种是考虑翼缘板承担全部桥面上的恒载与活载，板的受力钢筋设在翼缘板内，在铺装层内只有局部的加强钢筋网，这时翼缘板做得较厚一些，端部一般取80 mm；另一种是翼缘板只承担桥面铺装层的荷载、施工临时荷载及自重，活载则由翼缘板和布置有受力钢筋的钢筋混凝土铺装层共同承担（例如，在小跨径无中横隔板的桥上），在此情况下，端部厚度采用60 mm就够了。为使翼缘板和梁肋连接平顺，在截面转角处一般均应设置钝角式承托或圆角，以减少局部应力和便于脱模。

3. 下翼缘尺寸

钢筋混凝土简支梁T形截面，一般下翼缘与肋板等宽。在预应力混凝土T梁的下缘，为了满足布置预应力束筋的要求，应扩大做成马蹄形。马蹄的尺寸大小应满足预施应力各个阶段的强度要求。个别桥由于马蹄尺寸过小，往往在施工和使用中形成水平纵向裂缝，特别是在马蹄斜坡部分，因此马蹄面积不宜过小，一般应占截面总面积的10%～20%，具体尺寸建议如下：

① 马蹄总宽度约为肋宽的2～4倍，并注意马蹄部分（特别是斜坡区）管道保护层不宜小于60 mm。

② 下翼缘高度加1/2斜坡区，高度约为梁高的（0.15～0.20）倍，斜坡宜陡于45°。应注意的是：下翼缘也不宜过大、过高，这就要求将预应力束筋尽可能按二层或单层布置，将其余的束筋布置在肋板内，因为下马蹄过大，会降低截面形心，减小预应力筋的偏心距。

在装配组合式横截面中，采用先张法预应力，其混凝土开口槽形构件的底板只布置一排预应力粗筋，板厚一般选用90 mm。

9.2.5 箱形截面

横截面呈一个或几个封闭箱形的梁桥简称为箱形梁桥。这种结构除了梁肋和上部翼缘板外，在底部尚有扩展的底板，因此它提供了能承受正、负弯矩的足够的混凝土受压区。箱形梁桥的另一重要特点，是在一定的截面面积下能获得较大的抗弯惯性矩，而且抗扭刚度也特别大，在偏心的活载作用下各梁肋的受力比较均匀。因此箱形截面能适用于较大跨径的悬臂梁桥和连续梁桥，也可用来修建全截面均参与受力的预应力混凝土简支梁桥。显然，对于普通钢筋混凝土的简支梁桥来说，底板除徒然增加自重外并无其他益处，故不宜采用。

图9-6（a）和图9-6（b）所示为单室和多室的整体式箱形梁桥的横截面。图9-6（c）表示装配式的多室箱形截面，腹板和底板的一部分构成L形和倒T形的预制构件，在底板上留出纵向的现浇接头，顶板采用微弯板型式以节省钢材。如前所述，这类箱形截面主要适用于较大跨径的悬臂或连续结构。

一般地说，整体现浇的梁桥具有整体性好、刚度大、易于做成复杂形状（如曲线桥、斜交桥）等优点，但其施工速度慢，工业化程度较低，又要耗费大量支架模板材料，故目前已较少采用。

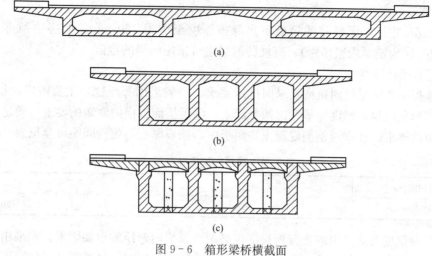

图 9-6 箱形梁桥横截面

箱形梁由顶板、底板、腹板等各部分组成，它的横截面细部尺寸拟定如下。

1. 顶板和底板

箱形截面的顶板和底板是结构承受正负弯矩的主要工作部位。当采用悬臂施工方法时，梁的下缘特别是靠近桥墩的截面将承受很大的压应力。箱形截面的底板主要满足纵向抗压要求，因此必须提供足够大的承压面积，发挥良好的受力作用。在发生变号弯矩的截面中，顶板和底板也都应各自发挥良好的作用。底板除承受自身荷载外，还承受一定的施工荷载。用悬臂施工法施工箱梁时，底板还承受挂篮底模梁后吊点的反力，设计时应考虑该力对底板和腹板的作用。在承受车辆荷载的公路桥梁中顶、底板一般采用变厚度，跨中截面主要受构造要求控制，支点截面主要受纵向压应力控制，支点处截面需加厚。

（1）箱梁根部底板厚度

在 T 形刚构和连续箱梁中，底板厚度随箱梁负弯矩的增大而逐渐加厚直至墩顶，以适应受压要求。底板除须符合运营阶段的受压要求外，在破坏阶段还宜使中性轴保持在底板以内，并有适当的富裕。一般约为墩顶梁高的 $1/10 \sim 1/12$。也可参照国外资料绘成的曲线来核算（图 9-7 中黑点是由国内外设计资料绘成，可见分散性较大）。

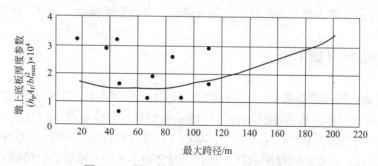

图 9-7 墩上箱形截面底板厚度参数曲线

（2）箱梁跨中底板厚度

预应力混凝土 T 构箱梁悬臂端底板的厚度，一般为 150～180 mm。预应力混凝土连续梁因跨中正负弯矩要求，板内需配制一定数量的预应力束筋与普通钢筋，此时底板厚度一般在 200～250 mm。

Leonhardt 建议，无梗肋的箱梁下翼缘板厚度至少为 120 mm，如能达到 150 mm 或 $l/30$ 则更好（l 为箱梁内壁净距）。有梗肋的梁也可采用同样的数值。

（3）箱梁顶板厚度

箱梁顶板主要满足横向抗弯及纵向抗压要求，一般采用等厚度，主要由横向抗弯控制。因此确定箱形截面顶板厚度一般考虑两个因素：满足桥面板横向弯矩的要求；满足布置纵向预应力钢束的要求。在普通钢筋混凝土桥面板中，顶板厚度与腹板间距可参见表 9-1。

表 9-1 腹板和顶板参考尺寸

腹板间距/m	3.5	5.0	7.0
顶板厚度/mm	180	200	280

箱形截面顶板两侧挑出的悬臂板长度也是调节顶板内弯矩的重要因素。在采用横向预应力束筋时，一般宜尽量外伸。当悬臂板有加劲肋或加有斜撑时，悬臂板还可伸得更长一些。

在确定悬臂板根部的活载弯矩时，当悬臂自由长度增加时，集中活载的荷载纵向分布长度也随着增加，所以对弯矩数值影响不大，这就使选择悬臂长度时具有更大的自由度。但在确定悬臂板长度时，恒载所引起的弯矩是起作用的。在长悬臂状态时，一般均布置横向预应力筋。在布筋时可利用桥面板的横向坡度和板截面的变高度，以发挥预应力筋的偏心效应。

2. 箱梁腹板

腹板主要承担截面的剪应力和主拉应力。在预应力梁中，因为弯束对外剪力的抵消作用，所以剪应力和主拉应力的数值比较小。在变高度梁中，由于截面高度的变化，还可减少主拉应力值。腹板最小厚度还应考虑预应力束筋的布置与混凝土浇注的要求，一般的设计经验为：

① 腹板内无预应力束筋管道布置时可采用 200 mm。

② 腹板内有预应力束筋管道布置时可采用 250～300 mm。

③ 腹板内有预应力束筋锚固头布置时则采用 350 mm。

在大跨径预应力混凝土箱梁中，腹板厚度从跨中逐步向支点加宽，以承受支点处较大的剪力，一般采用 300～600 mm，也有达到 1 m 左右的。墩上腹板厚度参数取值的分散性较大，而跨中腹板厚度参数取值的分散性要小得多。由此可见，在承受车辆荷载的公路桥梁中一般采用变厚度腹板，在靠近跨中处受构造要求控制，靠近支点处受主拉应力控制，均需加厚。

9.2.6 横隔板（梁）

采用 T 形截面的连续梁桥，其横截面的抗扭刚度较小，为增加桥梁的整体性和横向刚度，一般均需设置中横隔板和端横隔板。中横隔板的数目、位置及构造与简支梁相同。

箱形截面的抗弯刚度和抗扭刚度较大，除在支点部位设置横隔板外，中间横隔板的数目较少，即使有横隔板，对横向刚度影响并不显著，而且增加了施工难度，目前的趋势是少设或不设中间横隔板。对于弯、斜梁，设置中横隔板的效果明显，横隔板的厚度可取 15～20 cm。

箱梁支点处端横隔板的尺寸和配筋形式与箱梁的支承方式有关。当支座直接位于主梁腹板之下时，端横隔板的主要作用是增加箱梁横向刚度，限制箱梁的畸变，横隔板厚度为 30～50 cm，横隔板中只需配置一定数量普通钢筋（见图 9-8）。当支座设置在横隔板中部时，横隔板还要承担着传递支反力的作用，是重要的受力结构，如采用普通钢筋混凝土结构，横隔板内的抗剪、抗弯及抗裂钢筋交错密布，导致混凝土浇注困难且不易振捣密实，而如果采用预应力混凝土，横隔板厚度一般小于80 cm，横隔板中设置曲线形的预应力筋，如图9-9所示，则可避免钢筋混凝土横隔板所产生的弊病。为满足施工、维修和通风要求，横隔板上一般设置过人洞。

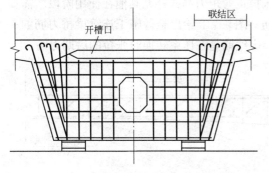

图9-8 箱梁中的横隔梁配筋示意图

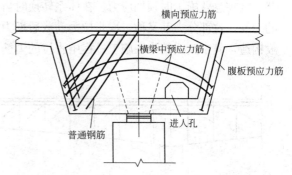

图9-9 箱梁中横隔梁的预应力筋布置示意图

9.3 连续梁的构造特点与配筋原则

9.3.1 构造特点

1. 纵、横截面型式和主要尺寸

预应力混凝土连续梁桥的截面型式和梁底线型等，与普通钢筋混凝土桥也大同小异。除了中等跨度的桥梁仍可采用T形或工字形截面外，对于大跨度连续梁桥和采用顶推法施工的连续梁桥，一般均采用箱形截面，这样既便于顶、底板内布置预应力筋，又适合于悬臂法和顶推法工艺的施工。

公路预应力混凝土等高度连续梁的梁高约取跨径的$1/16 \sim 1/26$（顶推法施工时约为$1/12 \sim 1/16$），支点腹板总厚度与行车道板宽度之比约为$1/16 \sim 1/21$，支点处腹板厚度与梁高之比约为$1/12 \sim 1/16$。变高度连续梁的跨中梁高与跨度之比约为$1/25 \sim 1/35$，其他主要尺寸数据与T形刚构桥相近。

2. 预应力筋的布置

连续梁的预应力筋通常采用三向布筋的方式，即在桥梁的纵向布置、横向和竖向布筋。预应力混凝土连续梁桥中预应力筋的布置方式，与所采用的施工方法及预应力筋的种类等有密切的关系。沿桥梁方向的力筋称为主筋，其数量和布筋位置要根据结构在使用阶段的受力状态确定。横向预应力可加强桥梁的横向联系，增加悬臂板的抗弯能力。竖向预应力筋的主要作用是提高截面的抗剪能力。横向预应力一般施加在横隔梁内或截面的顶板内。竖向预应力布置在截面的腹板内。横向和竖向的预应力筋都比较短，通常可采用高强粗钢筋，在预留孔道内按后张法工艺施工。

预应力连续梁桥纵向主筋常采用钢绞线或钢丝束，布置方式有：分段配筋、连续配筋、逐段接长力筋、体外布筋等几种方式。

分段配筋是悬臂施工和简支－连续施工的连续梁最常用的配筋方式。

悬臂施工的连续梁桥，是从墩顶开始向左右对称悬臂施工，为了能支承梁体自重和施工荷载，需在悬臂施工时预加应力。在体系转换时再张拉正弯矩力筋并补充其他在使用阶段所需要的力筋，这部分力筋又称二次张拉力筋或后期力筋。图9-10给出悬臂施工连续梁桥力筋的一般构造，其中实线筋为在施工过程中张拉的力筋，虚线筋是在体系转换时张拉的后期力筋。

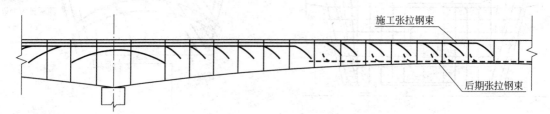

图9-10 悬臂施工连续梁分段配筋示意图

力筋在截面上成对称布置，并尽量安排在腹板附近，力筋数量较多时可分层布置。一般来说，先锚固下层力筋，后锚固上层力筋。力筋分直筋和弯筋，根据结构各部位弯矩和剪力的要求确定数量，其中弯筋均通过腹板下弯锚固。当属非腹板位置的力筋需要进入腹板弯曲时，首先进行平弯至腹板位置，然后在腹板平面内竖弯，力筋的弯起半径和弯起角按规范和有关资料确定。

图9-11（a）表示采用顶推法施工的直线形预应力筋分段布置。顶推施工阶段与使用阶段梁的受力状况差异较大，为照顾两个阶段的受力需要，钢束常分前期张拉力筋和后期张拉力筋，前期张拉力筋沿梁的上、下部通长布置。上、下的通束使截面接近轴心受压，以抵抗顶推过程中各截面承受的正负弯矩。待顶推完成后，再在跨中的底部和支点的顶部增加局部预应力筋，用来满足运营荷载下相应的内力要求。有时按设计还在跨中的顶部和支点附近的底部设置局部的施工临时束，待顶推完成后即予卸除。

图9-11（b）表示出采用先简支后连续施工方法的预应力筋分段布置。预制构件在预制时根据它受力情况及考虑吊装的需要先行配筋张拉，在简支端安装就位后，浇注接缝混凝土，待墩上接缝混凝土达到强度后，在墩顶部位布置二次张拉力筋，再进行二次张拉。用设置在接缝顶部的局部预应力筋来建立结构的连续性。

图9-11（c）和图9-11（d）所示为曲线形的预应力筋布置。梁中除了正弯矩区和负弯矩区各需布置底部和顶部预应力筋外，在有正、负弯矩的区段内，顶、底板中均需设置预应力筋。预应力筋可以根据受力需要在跨径内截断而锚固在梁体高度内（如图9-11（c）所示），也可弯出梁体而锚固在梁顶和梁底（如图9-11（d）所示）。

采用就地浇注施工的连续梁，其纵向力筋可以按照桥梁各部位的受力要求进行连续配束。

图9-11（e）表示整根曲线形通束锚固于梁端的布置方式，在此情况下，由于预应力筋既长且弯曲次数又多，这就显著加大了预应力筋的摩阻损失。预应力筋的布置要考虑到张拉操作的方便。当需要在梁内、梁顶或梁底锚固预应力筋时，应根据预应力筋锚固区的受力特点给予局部加强，以防开裂损坏。

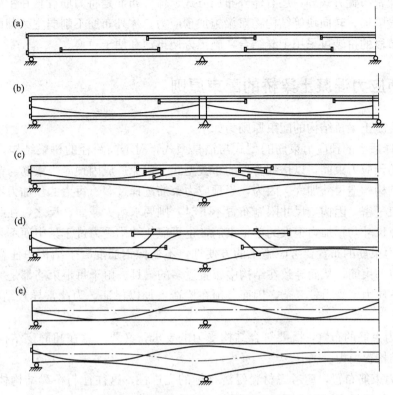

图 9-11　预应力混凝土连续梁配筋方式

由于预应力混凝土连续梁桥中预应力钢绞线布置通常较长。为了减少预应力损失，在预应力钢束设置时通常采用两种方式来达到目的，一种方式是在预应力钢束逐段张拉、锚固、接长、再张拉、锚固、接长，接长方法有直接用连接器接长和逐段锚固、逐段搭接；另一种方式是采用变化的梁高，使整根曲线钢筋曲率减小，如图 9-11（e）所示。

在以上介绍的顶推法施工中，梁截面的上、下缘配置预应力直线筋。预应力直线筋的施工采用力筋接长张拉。这是因为在等截面顶推法施工中，顶推阶段是逐段预制，逐段顶推。力筋分段张拉、锚固、接长，既要满足节段所需力筋数量，又要方便施工。力筋接长使用连接器，力筋的长度选取两个梁段的长度，每个施工面上有半数力筋通过，半数力筋需进行接长，间隔排列连接器（见图 9-12），这样可以减少连接器的数量，改善主梁受力，节省钢材，简化施工。这种方法在逐孔施工的连续配束连续梁桥中也常采用。

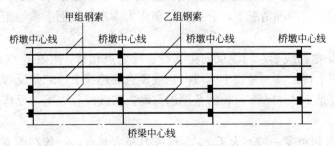

图 9-12　逐段接长力筋的连接器布置

除以上通常布置方式外，还有体外布筋方式。体外布筋是将力筋设置在主梁截面以外的箱内，利用横隔梁、转向块等结构物对梁施加预应力。体外布筋不削弱主梁截面，不需预留孔道，预制节段的拼装可采用干缝结合，施工方便迅速和便于更换。

9.3.2 预应力混凝土梁桥的配束原则

预应力混凝土梁桥结构的配束原则为如下。

① 应选择适当的预应力束筋的型式与锚具型式，对不同跨径的桥梁结构，要选用预加力大小恰当的预应力束筋，以达到合理的布置型式。避免造成因预应力束筋与锚具型式选择不当，而使结构构造尺寸加大。因为，当预应力束筋选择过多，每束的预加力不大，在大跨结构造成布束过密，因构造尺寸限制布置不下时，则要求增大截面。反之，在跨径不大的结构中，如选尺寸与预加力很大的单根束筋，也可能使结构受力过于集中而不利。

② 预应力束筋的布置要考虑施工的方便性，不能像钢筋混凝土结构中任意切断钢筋那样去切断预应力束筋，从而导致在结构中布置过多的锚具。由于每根束筋都是一巨大的集中力，这样锚下应力区受力较复杂，因而必须在构造上加以保证，为此常导致结构构造复杂，使施工不便。

③ 预应力束筋的布置，既要符合结构受力的要求，又要注意在超静定结构体系中避免引起过大的结构次内力。

④ 预应力束筋布置，应考虑材料经济指标的先进性，这往往与桥梁结构体系，构造尺寸、施工方法的选择有密切关系。

⑤ 预应力束筋应避免使用多次反向曲率的连续束，因为这会引起很大的摩阻损失，降低预应力束筋的效益。

⑥ 预应力束筋的布置，不但要考虑结构在使用阶段的弹性受力状态的需要，而且也要考虑到结构在破坏阶段时的需要。

经济合理的钢索布置还应满足以下几个条件。

① 连续梁跨中的钢索偏心距应尽可能的大，这样只需少量的预应力即可抵消荷载的作用，这就要求钢索布置在跨中截面尽可能在最外侧，以获取最大的预应力主弯矩。

② 梁端支座处截面的钢索形心应该和梁的截面形心重合，这样才不会引起梁端弯矩，破坏荷载平衡状态，并且可以提高钢索效率。因在实际桥梁中，连续梁在两端支座处的外部荷载是没有弯矩的，所以等效荷载不能在两端产生弯矩，那样就不符合荷载平衡的原则。

③ 满足以上条件的同时，还必须使钢索在钢索区的范围之内：按照构件在最小荷载下和最不利荷载作用下的两种情况下，分别确定预应力索在各截面上偏心距的极限值，绘出预应力钢索的范围。

④ 预应力索呈抛物线形，两段反向抛物线在反弯点相接，并在这点具有共同的斜向切线。反弯点具有两个特征：一是位于两段抛物线顶点的连线上；二是反弯点位置大致在1/10跨长处，一般可以是1/8～1/12跨长的范围内移动，实践经验表明，反弯点位置的参数这样取值最合理。

⑤ 预应力筋弯起角度一般不大于20°。预应力筋弯起点，一般在距支点 $l/4 \sim l/3$ 之间。预应力筋线形可采用圆弧线、抛物线和悬链线。在矢跨比较小和等截面的情况下，这三种曲

线坐标值相差不大,可任选一种。对于施工来说,选择悬链线比较方便,但是悬链线起弯不急,从满足起弯角度来讲,圆弧线比较好,施工放样也较方便。目前,设计中一般采用圆弧线起弯。

⑥ 为了减小摩擦损失,《桥规 JTG D62》还规定尽量减少预应力钢束整根通长的连续弯曲和加大曲线半径。

除此之外预应力钢索的布置还应符合规范的要求,例如,规范对预应力钢丝直径大于 5 mm 时,后张法预应力混凝土构件的曲线形预应力钢束最小半径为 6 m。在 II 类环境下,预应力钢束保护层厚度应取 4 cm 等。

9.3.3 预应力混凝土梁桥的配筋构造

预应力束筋的布置型式,与梁桥结构体系、受力情况、构造型式、施工方法都有密切关系。

如果其他条件已选择确定,那么,预应力束筋的布置型式应根据结构受力要求确定。在预应力混凝土梁桥的静定结构体系中(如简支梁、悬臂梁),通常以最大设计内力图(弯矩包络图)的全部纵坐标除以一个常数,即可得到沿跨径的预应力束筋的偏心距。这些偏心距的连线即是预应力束筋的重心线,也是预应力束筋的压力线。

而对预应力混凝土梁桥的超静定结构,其纵向力筋可按照桥梁各部位的受力要求进行连续配筋。预应力筋的外形和位置应尽可能与弯矩图一致,合理的预应力筋的布置形状应该是使张拉预应力筋所产生的等效荷载与外部荷载的分布在形式上应基本一致。

在逐跨架设法的连续梁中,常采用以连接器接长的预应力束筋来布置,如图 9-13 所示。对结构是一孔接着一孔架设施工和张拉的,为达到施工方便和结构受力有利(减小结构次内力),一般设计时,把接头选在靠近支点的 $0.2l$ 处(此处接近梁的弯矩零点处,从已建桥梁得知,力筋接头位置设置在 0.2 跨径附近是比较合理的),由于在逐段预应力钢绞线接长配筋的施工工艺中预应力钢束是分段张拉,分段锚固,所以可以避免由于张拉的预应力钢束过长而产生很大的预应力损失,并且便于施工。

图 9-14 所示为采用悬臂施工法的连续布束型式。这是一座三跨连续梁桥,首先从中墩开始平衡悬臂施工,所有布置在梁顶的束筋主要承受结构的重量与施工荷载,连续弯束是连续梁为承受活载而布置的,而在中跨的合拢梁段附近的下缘束和边跨用支架施工端部梁段的下缘束除了承受活载外,常因结构次内力在这些部位产生正弯矩也需要布置。在实际设计中,大跨连续梁布束型式更为复杂,但其主要的布束原则与型式还是类似的。

在不等跨径的连线梁中,我们可以布置不同束数的预应力束筋以获得所需的预加力值,如图 9-15 所示。

应该指出,预应力混凝土梁桥结构体系,在施工阶段所需布置的预应力束筋与结构使用状态下所需的预应力束筋,如在布置型式与受力要求的束数控制方面都不矛盾,而取得了一致,这是最经济的设计。对顶推法施工的连续梁,它因施工阶段受力包络图与连续梁的设计内力包络图很不一致。因而导致在连续梁顶推施工中要布置施工临时束,然后在最后形成连续梁后予以拆除。这将使施工中张拉顺序复杂化,并多用一些预应力束筋,是不经济的。然而从施工的其他方面来看,如机具简单,用固定台座生产预制梁段再逐步顶推等又节省了劳

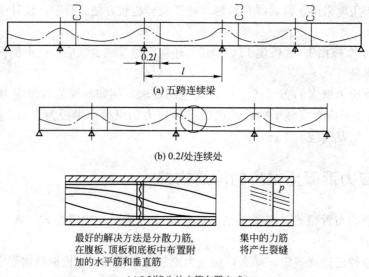

(a) 五跨连续梁

(b) 0.2l 处连续处

(c) 0.2l 接头处力筋布置方式

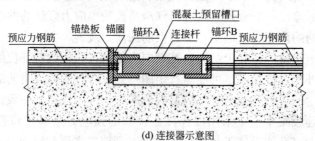

(d) 连接器示意图

图 9-13 逐跨架设法的布束型式及连接器示意图

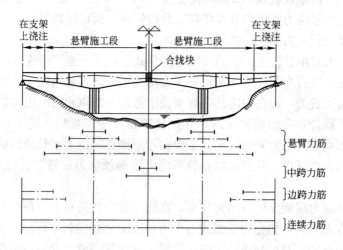

图 9-14 悬臂施工的连续梁布束型式

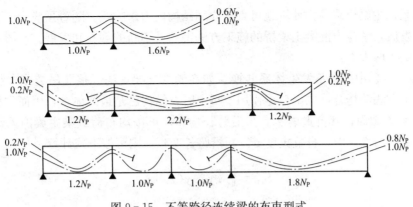

图 9-15 不等跨径连续梁的布束型式

力与费用。综合来看，顶推法施工在布束条件上是不利于节约材料的，只有在某些特定条件下采用才可能达到综合经济效益。

9.4 主梁结构内力计算

主梁的内力计算，可分为设计和施工内力计算两部分。

设计内力是强度验算及配筋设计的依据。

施工内力是指在施工过程中，各施工阶段的临时施工荷载，如施工机具设备（挂篮、张拉设备等）、模板、施工人员等引起的内力，主要供施工阶段验算用。把这部分内力和该阶段的主梁自重内力叠加，检验设计的截面尺寸和配筋是否满足施工时的强度和刚度要求，否则应增配临时束筋或需对截面进行局部临时加固。

下面主要介绍主梁的设计内力计算（以下简称内力计算）。

主梁内力包括恒载内力、活载内力和附加内力（如风荷载引起的内力）。对于超静定梁，还应包括由于预加力、混凝土徐变、收缩和温度变化等引起的结构次内力。将它们按规范的规定进行组合，从中挑选出最大的设计内力值，依次进行配筋设计和应力验算。设计实践表明：在这几部分内力计算中，恒、活载在内力数值上是主要的，一般它们占整个设计最大内力的 80%～90% 以上。下面主要叙述这两部分内力的计算。

9.4.1 恒载内力计算

主梁恒载内力，包括主梁自重（前期恒载）引起的主梁自重内力 S_{g1} 和后期恒载（如桥面铺装、人行道、栏杆、灯柱等）引起的主梁后期恒载内力，以下简称为主梁恒载内力 S_{g2}。

主梁自重是在结构逐步形成的过程中作用于桥上的，因此它的计算与施工方法有密切关系。特别是在大、中跨预应力混凝土超静定梁桥的施工过程中不断有体系转换过程，在计算主梁自重内力时必须分阶段进行，有一定的复杂性。而后期恒载作用于桥上时，主梁结构已形成最终体系,主梁恒载内力计算就可直接应用结构内力影响线。随着预应力工艺、悬臂施工方法等的发展,预应力混凝土梁桥的施工方法得到了不断的创新和发展。主梁自重内力计算方法可归纳为两大类:

① 在施工过程中结构不发生体系转换。如在满堂支架现浇、整孔吊装或在静定结构中采用悬臂施工方法等场合,主梁自重作用于桥上时,结构已是最终体系,因而主梁自重内力 S_{g1},如主梁为等截面,其自重集度 g 为沿跨长均布,可按均布荷载乘主梁内力影响线总面积计算;如主梁为变截面,自重集度 $g(x)$ 沿跨长变化,则可按下式计算:

$$S_{g1} = \int_0^l g(x)y(x)\mathrm{d}x \qquad (9-1)$$

式中 S_{g1}——主梁自重内力(弯矩或剪力);
　　　$g(x)$——主梁自重集度;
　　　$y(x)$——相应的主梁内力影响线坐标。

② 在施工过程中结构有体系转换。则主梁自重内力计算必须根据不同的施工方法、顺序、体系转换的具体情况进行计算。下面列举几种常用的预应力混凝土连续梁的主梁自重内力计算方法。

1. 逐跨架设法

它又分为两种情况,一种是简支梁转换为连续梁,逐跨推进。此时,主梁自重内力即为简支梁的内力 $\left(M_{g1} = \dfrac{1}{8}g_1 l^2\right)$;当全部结构连接成连续梁后,再施工桥面铺装等,则 M_{g2} 按最终的连续梁体系计算;如在逐跨架设的同时,就在已架设好的主梁上进行桥面铺装等施工,那么在计算主梁恒载内力 M_{g2} 时,应按实际施工过程中的结构体系进行分析,见图 9-16。

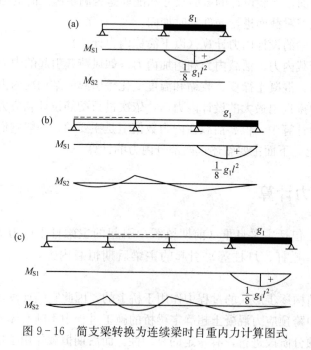

图 9-16 简支梁转换为连续梁时自重内力计算图式

另一种为单悬臂梁转换为连续梁的逐跨架设法，见图 9-17。每架设一孔就形成一带悬臂的连续梁体系。因而对每次架设上去的主梁自重应按照实际的结构体系进行计算。如在第四段梁架设并与前段结构连成一体后，它的自重在各支点上引起的弯矩为：

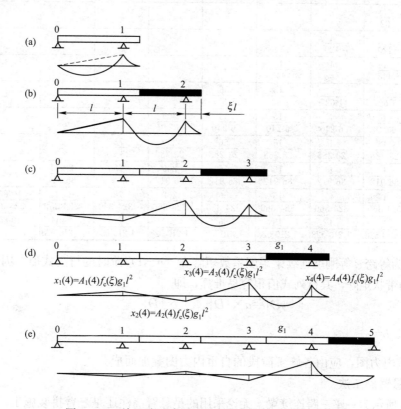

图 9-17 单悬臂逐跨架设连续梁时自重内力计算图式

$$x_4(4) = A_4(4) f_c(\xi) g_1 l^2 \tag{9-2}$$

$$x_3(4) = A_3(4) f_c(\xi) g_1 l^2 \tag{9-3}$$

$$x_2(4) = A_2(4) f_c(\xi) g_1 l^2 \tag{9-4}$$

$$x_1(4) = A_1(4) f_c(\xi) g_1 l^2 \tag{9-5}$$

其一般计算式可表达为：

$$x_i(j) = A_i(j) f_c(\xi) g_1 l^2 \tag{9-6}$$

$$x_i(j) = A_i(j) f_{Nc}(\xi) g_1 l^2 \tag{9-7}$$

式中 i——连续梁支点编号；

j——逐跨架设时的梁段号，也即为连续梁跨径编号；

梁段自带悬臂时用 $f_c(\xi) = (2 - 12\xi^2 + 8\xi^3 - 2\xi^4) \tag{9-8}$

梁段无悬臂时用 $f_{Nc}(\xi) = (2 - 8\xi^2 + 8\xi^3 - 2\xi^4) \tag{9-9}$

$A_i(j)$ 的系数列于表 9-2；表中只列了十跨的系数，如多于十跨，则用 $A_n(n) = \dfrac{1}{48} \dfrac{|D|_{n-2}}{|D|_{n-1}}$ 计算。

表 9-2 $A_i(j)$ 系数表

j	i								
	1	2	3	4	5	6	7	8	9
2（二跨）	$-\dfrac{1}{32}$								
3（三跨）	$+\dfrac{1}{120}$	$-\dfrac{4}{120}$							
4（四跨）	$-\dfrac{1}{448}$	$+\dfrac{4}{448}$	$-\dfrac{15}{448}$						
5（五跨）	$+\dfrac{1}{1\,627}$	$-\dfrac{4}{1\,627}$	$+\dfrac{15}{1\,627}$	$-\dfrac{56}{1\,627}$					
6（六跨）	$-\dfrac{1}{6\,240}$	$+\dfrac{4}{6\,240}$	$-\dfrac{15}{6\,240}$	$+\dfrac{56}{6\,240}$	$-\dfrac{209}{6\,240}$				
7（七跨）	$+\dfrac{1}{23\,288}$	$-\dfrac{4}{23\,288}$	$+\dfrac{15}{23\,288}$	$-\dfrac{56}{23\,288}$	$+\dfrac{209}{23\,288}$	$-\dfrac{780}{23\,288}$			
8（八跨）	$-\dfrac{1}{86\,912}$	$+\dfrac{4}{86\,912}$	$-\dfrac{15}{86\,912}$	$+\dfrac{56}{86\,912}$	$-\dfrac{209}{86\,912}$	$+\dfrac{780}{86\,912}$	$-\dfrac{2\,911}{86\,912}$		
9（九跨）	$+\dfrac{1}{324\,360}$	$-\dfrac{4}{324\,360}$	$+\dfrac{15}{324\,360}$	$-\dfrac{56}{324\,360}$	$+\dfrac{209}{324\,360}$	$-\dfrac{780}{324\,360}$	$+\dfrac{2\,911}{324\,360}$	$-\dfrac{10\,864}{324\,360}$	
10（十跨）	$-\dfrac{1}{1\,210\,528}$	$+\dfrac{4}{1\,210\,528}$	$-\dfrac{15}{1\,210\,528}$	$+\dfrac{56}{1\,210\,528}$	$-\dfrac{209}{1\,210\,528}$	$+\dfrac{780}{1\,210\,528}$	$-\dfrac{2\,911}{1\,210\,528}$	$+\dfrac{10\,864}{1\,210\,528}$	$-\dfrac{40\,545}{1\,210\,528}$

$|D|_{(n-1)}$ 为等跨、等刚度连续梁柔度系数矩阵在 $(n-1)$ 阶时的行列式值。因连续梁的柔度系数矩阵为带状矩阵，其行列式值很容易推算，即

$$|D| = a \times |D|_{n-1} - b^2 |D|_{n-2} \tag{9-10}$$

其中，$a = \dfrac{2}{3}$，$b = \dfrac{1}{6}$。

主梁自重内力图，应由各施工阶段的自重内力图叠加而成。

2. 平衡悬臂施工法

图 9-18 所示为一座三跨连续梁。无论采用的是悬臂浇注还是悬臂拼装施工，都是从 1# 与 2# 墩开始，对称地向两边逐段悬出。此时主梁自重内力为阶段（1）。

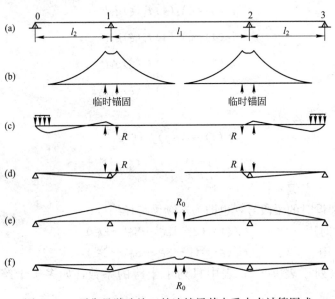

图 9-18 平衡悬臂法施工的连续梁其自重内力计算图式

阶段（2），因连续梁的梁墩为一单支座，为保证悬臂施工中的平衡安全，需在墩上设临时锚固。在边孔合拢段架设时，主梁的自重内力如图 9-18（c）所示。

阶段（3），当双悬臂与边孔合拢段连成整体后，即可拆除临时锚固。因阶段（2）边孔合拢时在临时锚固中的力就被"释放"，相当于对主梁施加了一对方向相反的力 R。此力 R 将在单悬臂结构体系上引起内力（图 9-18（d））。

阶段（4），当中孔梁段合拢时，现浇接合段的自重由吊杆传至单悬臂梁的悬臂端，其内力图如图 9-18（e）所示。

阶段（5），当结合段混凝土凝固并与两边单悬臂梁相连形成连续梁后，吊杆拆除，就相当于对主梁（连续梁）施加了一对方向相反的力 R_0（R_0 包括结合段自重与吊杆模板等重量）。而梁段自重则作用于连续梁上，此时内力图如图 9-18（f）所示。

主梁自重内力图应由这五个阶段的内力图叠加而成。

3. 顶推法

对顶推法施工的连续梁，当全桥结构顶推就位后，安放与调整各支点的支座位置。此时，主梁自重内力计算与主梁恒载内力计算方法是一样的，都是将荷载置于最终的结构体系上求解。但是，顶推法在主梁顶推过程中，梁体内力不断发生改变，梁段各截面在经过支点时要承受负弯矩，在经过跨中区段时产生正弯矩。顶推法在施工过程中不断变化的主梁自重内力比最终结构体系上（亦即结构在使用状况下）的主梁自重内力状态还不利。虽然在施工时，为了改善这种不利的施工内力状态，在主梁前端接上重量较轻的鼻梁，但内力计算值还是较大，并且每个主梁截面都要承受正负弯矩。顶推法施工的优点很多，其主要的缺点（或称为致命的弱点）是施工阶段的内力状态与使用阶段的内力状态不一致，这将不利于节约材料用量。

9.4.2 活载内力计算

活载内力主要由基本可变荷载中的车辆荷载产生。在使用阶段，结构已经成为最终体系，其纵向的力学计算图式是明确的。但如上所述，此时主梁在横向也连成了一个整体，尤其对公路桥梁，桥面很宽。因此呈现出空间结构的受力特性，即荷载在结构的纵向和横向都有传递，对其精确计算是很复杂的。为此公路桥梁实用的空间计算方法，即把荷载在横向对各片主梁的分配用"横向分布系数" m 来考虑，从而把一个空间结构的力学计算问题简化成平面问题。

主梁活载内力计算分为两步：第一步求出某一主梁的最不利荷载横向分布系数 m；第二步应用主梁内力影响线，将荷载乘以横向分布系数后，在纵向按最不利位置的内力影响线加载，求得主梁最大活载内力。对于三角形或抛物线型的内力影响线，可直接使用等代荷载表示，以免除排列荷载的反复试算。一般情况下，将车辆荷载的最大轮重置于影响线的最大坐标上即可求得最大活载内力。根据规范要求，对车辆荷载还必须考虑冲击力的影响，因此主梁活载内力计算公式为：

直接在内力影响线上布置荷载：

$$S_p = (1+\mu)\xi \sum m_i P_i y_i \tag{9-11}$$

应用等代荷载时：

$$S_p = (1+\mu)\xi mk\Omega \qquad (9-12)$$

式中 S_p——主梁最大活载内力（弯矩或剪力）；

$(1+\mu)$——车辆活载的冲击系数，它与跨径（对于简支梁）或影响线荷载长度（对于悬臂梁或连续梁等）l 有关。对验算荷载与人群荷载，则不计冲击影响，如对公路钢筋混凝土桥和预应力混凝土桥，$(1+\mu)=1+0.3\dfrac{45-l}{40}$（9-13），并 $\not> 1.30$；

ξ——车辆荷载的折减系数，规范规定对四车道桥涵按四行车列设计时，汽车荷载可折减 30%（即 $\xi=0.7$），但折减后不得小于用两行列车计算的结果。对于验算荷载和人群荷载均不予折减；

m——荷载横向分布系数，计算主梁弯矩可用跨中荷载横向分布系数 m_c 代替全跨各点上的 m_i。在计算主梁剪力时，应考虑 m_i 在跨内的变化；

p_i——汽车或列车的轮重；

y_i——主梁内力影响线的纵坐标；

k——主梁内力影响线的等代荷载；

Ω——相应的主梁内力影响线的面积。

在大跨预应力混凝土梁桥中，绝大多数主梁沿纵向是采用变截面的。对于变刚度 $[EI(x)]$ 的梁式超静定结构体系，主梁内力影响线可参考结构力学所介绍的方法求得。国内目前省市级设计院、高等院校或科研单位都有专用电算程序可直接求解主梁内力。

在初步设计时，如主梁刚度沿纵向的变化不大（一般在 $EI_{max}/EI_{min} \leqslant 2.5$ 或 $h_{max}/h_{min} \leqslant 1.35$ 时），也可以近似按等刚度结构体系的内力影响线求解主梁内力。

9.4.3 内力组合

以公路桥梁为例，为了按各种极限状态来设计钢筋混凝土梁及预应力混凝土梁，就需要确定主梁沿桥跨方向各个截面的计算内力 S_1，将各类荷载引起的最不利内力乘以相应的荷载分项系数后，按规定的荷载组合得到内力组合值。

对于超静定梁，包括由于预加力、混凝土徐变、收缩和温度变化等引起的结构次内力。将它们按规范的规定进行组合，从中挑选出最大的设计内力值，依次进行配筋设计和应力验算。设计实践表明：在这几部分内力计算中，恒、活载在内力数值上是主要的，一般它们占整个设计最大内力的 80%～90% 以上。

当按承载能力极限状态设计时，荷载组合和荷载分项系数按下列规定采用：

恒载与活载产生同号内力时：

$$1.2S_G + 1.4S'_{Q1} \qquad (a)$$

或

$$1.2S_G + 1.1S''_{Q1} \qquad (b)$$

或

$$1.1S_G + 1.3S'_{Q1} + 1.3S_{Q2} \qquad (c)$$

恒载与活载产生异号内力时：

$$0.9S_G + 1.4S'_{Q1} \qquad (d)$$

或

$$0.9S_G + 1.1S''_{Q1} \qquad (e)$$

或 $$0.8S_G+1.3S'_{Q1}+1.3S_{Q2} \tag{f}$$

式中 S_G——永久荷载中结构自重产生的内力（弯矩或剪力）；

S'_{Q1}——基本可变荷载中汽车（包括冲击力）、人群产生的内力；

S''_{Q1}——基本可变荷载中平板车或履带车产生的内力；

S_{Q2}——其他可变荷载中的温度影响和永久荷载中的混凝土收缩、徐变影响及基础变位影响的一种或几种产生的内力。

对于同号内力的情况，规范中还规定式（a）和（c）的荷载系数按以下情况提高：汽车荷载效应占总荷载效应的5%及以上时，提高5%；占33%及以上时，提高3%；占50%及以上时，不再提高。式（b）的荷载系数按以下情况提高：挂车或履带车荷载效应占总荷载效应90%及以下时，提高3%；占60%及以下时，提高2%；占45%及以下时，不再提高。

至此，已介绍了各类荷载最不利内力的求法及荷载系数的确定方法，接着只需按规范规定进行内力组合就可以得到相应截面的内力值。下面通过一座地震区预应力混凝土连续梁桥荷载组合的例子进行具体的说明。

Ⅰ．汽车＋汽车冲击力＋人群＋结构重量＋预加应力＋混凝土收缩及徐变影响＋基础变位影响；

Ⅱ．第Ⅰ种组合＋温度影响；

Ⅲ．平板挂车或履带车＋结构重量＋预加应力＋混凝土收缩及徐变影响力；

Ⅳ．（计算上部结构一般不需要此种组合）；

Ⅴ．结构重量＋人群＋风力＋施工荷载（验算施工阶段的结构强度安全性）；

Ⅵ．结构重量＋预加应力＋地震力。

因而，在实际计算中，必须对每一项的结构强度验算工作去组合结构各截面内的最大设计内力。

应注意的是，在荷载组合中，必须针对结构所处的实际情况作具体的分析，要对结构受力特性有清晰地了解。例如，对超静定预应力混凝土梁桥，在极限状态设计中，上述荷载组合中可以不考虑预加应力引起的结构次内力，也可不考虑混凝土徐变引起的结构次内力。因为，当结构受力进入塑性阶段，结构在受拉部分已开裂，预应力或其他原因引起的弹性变形所受到的约束作用减弱，由此而产生的结构次内力也就大大减小。又如在何时应考虑离心力，或船只、漂流物的撞击力都应根据结构的实际工作状态作出选择。

其次，当采用极限状态法设计时，不同荷载组合仍取用规范给出的不同荷载分项系数，当采用容许应力法设计时，应取用规范给出的不同的材料容许应力值。

9.4.4 内力包络图

如沿梁轴的各个截面处，将所采用的控制设计内力值按适当的比例尺绘成纵坐标，连接这些坐标点而绘成的曲线称为内力包络图。连续梁的主梁恒、活载内力包络图如图9-19所示。

内力包络图主要为在梁中配置预应力束筋、纵向主筋、斜筋和箍筋提供设计依据，并进行各种验算。

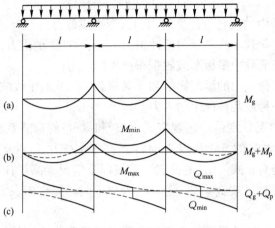

图 9-19 连续梁内力包络图

9.5 配束计算与束界

预应力混凝土梁桥主梁截面，单向受弯的配束计算，在"结构设计原理"教材中已有详细介绍。在此主要讨论主梁截面受双向弯矩（即正、负弯矩）时的束筋计算。

9.5.1 主梁截面双向受弯的配束计算

当主梁截面即要承受 M_{max} 又要承受 M_{min} 时，一般需要在梁上、下部都配置预应力束筋，其数量应根据主梁上、下缘不出现拉应力或不超过容许压应力的控制条件来确定。

当截面承受正弯矩 M_{max} 时：

$$\sigma_{上} = \frac{N_{上}}{A} + \frac{N_{上} e_{上}}{W_{上}} + \frac{N_{下}}{A} - \frac{N_{下} e_{下}}{W_{上}} + \frac{M_{max}}{W_{上}} \leqslant [\sigma_b] \tag{9-13}$$

$$\sigma_{下} = \frac{N_{上}}{A} - \frac{N_{上} e_{上}}{W_{下}} + \frac{N_{下}}{A} + \frac{N_{下} e_{下}}{W_{下}} - \frac{M_{max}}{W_{下}} \geqslant 0 \tag{9-14}$$

当截面承受负弯矩 M_{min} 时：

$$\sigma_{上} = \frac{N_{上}}{A} + \frac{N_{上} e_{上}}{W_{上}} + \frac{N_{下}}{A} - \frac{N_{下} e_{下}}{W_{上}} + \frac{M_{min}}{W_{上}} \geqslant 0 \tag{9-15}$$

$$\sigma_{下} = \frac{N_{上}}{A} - \frac{N_{上} e_{上}}{W_{下}} + \frac{N_{下}}{A} + \frac{N_{下} e_{下}}{W_{下}} - \frac{M_{min}}{W_{下}} \leqslant [\sigma_b] \tag{9-16}$$

在大量的设计工作与计算分析中，主梁就强度而言，在使用阶段主要是进行抗裂性验算，压应力一般不控制，因而根据上式可求出预应力束筋最小根数 $n_{上}$、$n_{下}$：

$$n_{上} \geqslant \frac{-M_{min}(K_{上}+e_{下}) - M_{max}(K_{下}-e_{下})}{(K_{上}+K_{下})(e_{上}+e_{下}) f_{py} A_p} \tag{9-17}$$

$$n_{下} \geqslant \frac{M_{\max}(K_{下}+e_{上})+M_{\min}(K_{上}+e_{上})}{(K_{上}+K_{下})(e_{上}+e_{下})f_{py}A_p} \quad (9-18)$$

事实上，在配置各截面的束筋根数时，受到客观条件影响不可能完全按计算值安排，有时配置较多，但不能超过一定值，由以上可求出容许最大配束数：

$$n_{上} \leqslant \frac{-M_{\max}(K_{上}+e_{下})-M_{\min}(K_{下}-e_{下})+e_{下}(W_{上}+W_{下})[\sigma_b]}{(K_{上}+K_{下})(e_{上}+e_{下})f_{py}A_p} \quad (9-19)$$

$$n_{下} \leqslant \frac{M_{\min}(K_{下}+e_{上})+M_{\max}(K_{上}+e_{下})+e_{上}(W_{上}+W_{下})[\sigma_b]}{(K_{上}+K_{下})(e_{上}+e_{下})f_{py}A_p} \quad (9-20)$$

在某种特定条件下，需要调整束数。当截面承受负弯矩时，如果截面下部多配 $m'_{下}$ 根束，则上部束也要相应地增配 $m'_{上}$ 根，才能满足 $\sigma_{上} \geqslant 0$ 的条件。同理在承受正弯矩时，如果上部束多配 $m'_{上}$ 根，则下部束也应相应增配 $m'_{下}$ 根。其关系如下：

当承受 $M_{\min}$ 时：

$$m'_{上} = \frac{e_{下}-K_{下}}{K_{下}+e_{上}} m'_{下} \quad (9-21)$$

当承受 $M_{\max}$ 时：

$$m'_{下} = \frac{e_{上}-K_{上}}{K_{上}+e_{下}} m'_{上} \quad (9-22)$$

以上计算式中：

A_p——单根预应力束筋面积；

f_{py}——束筋有效预应力；

$[\sigma_b]$——混凝土容许承压应力；

$e_{上}$、$e_{下}$——束筋对截面形心轴的偏心距；

$M_{\max}$、$M_{\min}$——截面承受的正、负弯矩（或最大弯矩与最小弯矩）；

$W_{上}$、$W_{下}$——截面上、下边缘的截面模量；

$K_{上}$、$K_{下}$——截面上、下核心距；

A——主梁混凝土面积。

9.5.2 束界

根据主梁的最大设计内力包络图，可以对各截面进行配束计算。但在实际设计中，往往因构造或施工要求配束常需作些调整，有时为降低结构次内力而对配束作移动。为了减少反复验算的工作量，可以利用束界布束。图 9-20 所示为连续梁的束界，束界是借用了截面核心距的物理概念。当预加力作用在上核心时，截面下缘就不出现拉应力；当作用在下核心时，截面上缘就不

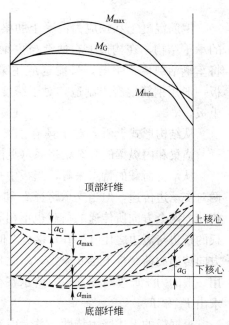

(a) 连续梁的一跨弯矩；(b) 预应力形成的压力线极限范围

图 9-20 连续梁束界图

出现拉应力。因而在支点处因无外载弯矩，束筋布置的界限可在上核心至下核心之间。但在跨中，因主梁可能承受最大弯矩 M_T（恒、活载弯矩）或最小弯矩 M_G（恒载弯矩），则束筋布置的上限是必须保证预加力 N 有足够的偏心距 a_1 来抵消 M_T，下限是必须保证预加力 N 有足够的偏心距 a_2 来抵消 M_G。即：

$$a_1 = \frac{M_T}{N} \quad \text{（与截面上核心间的偏心距）} \tag{9-23}$$

$$a_2 = \frac{M_G}{N} \quad \text{（与截面下核心间的偏心距）} \tag{9-24}$$

上、下限之间阴影部分即是预应力束筋的束界。当预应力束筋布置在这界限之内时，就保证了主梁上、下缘不出现拉应力的控制条件。

图 9-16 为连续梁边孔的束界，在连续梁中布束后，就有预加力的结构次内力存在，束筋重心线在界限内并不等于预加力的压力线在束界内。所以，在预应力混凝土梁或超静定结构体系中，先初步将束筋重心线布置在束界以内，然后再求出预加力引起的结构次内力，求出预应力束筋的压力线位置，检查其是否也在束界内。如没有满足则需要作局部调整，直至使预加力压力线在索界内。对连续束尚可作线性变换，使预应力束筋合理地布置于结构中。

9.6 桥面板计算

9.6.1 桥面板的分类

钢筋混凝土和预应力混凝土肋梁桥的桥面板（也称行车道板），是直接承受车辆轮压的承重结构，在构造上它通常与主梁的梁肋和横隔梁（或横隔板）整体相连，这样既能将车辆活载传给主梁，又能构成主梁截面的组成部分，并保证了主梁的整体作用。桥面板一般用钢筋混凝土制造，对于跨度较大的桥面板也可施加横向预应力，做成预应力混凝土板。

从结构形式上看，对于具有主梁和横隔梁的简单梁格系（见图 9-21（a））及具有主梁、横梁和内纵梁的复杂梁格系（见图 9-21（b）），桥面板实际上都是周边支撑的板。

从承受荷载的特点来看，当板中央作用一竖向荷载 P 时，虽然此荷载会向相互垂直的两对支承边传递，但当支承跨径 l_a 和 l_b 不相同时，由于板沿 l_a 和 l_b 跨径的相对刚度不同，将使向两个方向所传递的荷载也不相等。根据弹性薄板理论的研究，对于四边简支的板，当板的长边与短边之比（l_a/l_b）接近 2 时，荷载值的绝大部分将沿板的短跨方向传递，沿长跨方向传递的荷载将不足 6%。l_a/l_b 之比值愈大，向 l_a 跨度方向传递的荷载就愈少。下面应用一般的力学原理对图 9-22 所示在荷载 P 作用下的十字形梁进行简单的受力分析，即可求出 P_a 和 P_b。

根据板的上述受力特性，并考虑到钢筋混凝土结构计算本身所固有的近似性，通常就把长宽比等于和大于 2 的周边支撑板视做单由短跨承受荷载的单向受力板（即单向板）来设

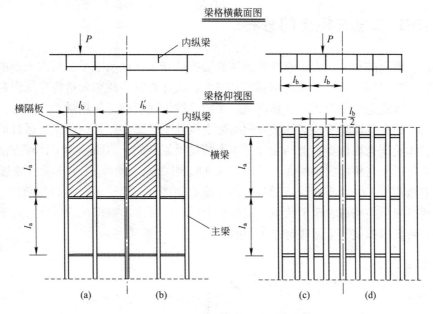

图 9-21 梁格系构造和桥面板的支撑形式

计,而在长跨方向只要适当配置一些分布钢筋即可。仅对长宽比小于 2 的板,才需真正按周边支撑板(或称双向板)来设计,在此情况下需按两个方向的内力分别配置相互垂直的受力钢筋。

目前梁桥设计的趋势是横隔板稀疏布置,因此主梁的间距往往比横隔板的间距要小得多,桥面板属单向板的居多。有时也会遇到桥面板两个支撑跨径之比小于 2 的情况,例如:在空心墩 T 形刚构桥墩顶 0 号块上的桥面板等,就必须按双向板进行设计。一般来说,双向桥面板的用钢量较大,构造也较复杂,宜尽量少用。

对于常见 $l_a/l_b \geqslant 2$ 的 T 形梁桥,也可遇到两种情形。其一是当翼缘板的短边为自由边(见图 9-21 (c))时,基于上面的分析,实际

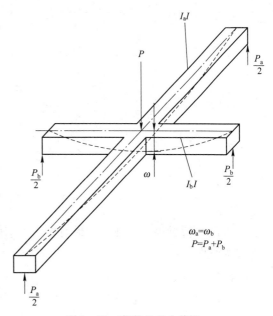

图 9-22 荷载的双向传递

上是三边支撑的板可以作为沿短跨一端嵌固,而另一端按自由端的悬臂板来分析。另一种是相邻翼缘板在端部互相做成铰接接缝的构造(见图 9-21 (d)),在此情况下桥面板应按一端嵌固一端铰接的铰接悬臂板进行计算。

综上所述,在实际中可能遇到的桥面板的受力图式为:梁式单向板、悬臂板、铰接悬臂板和双向板等几种。下面将分别阐明它们的计算方法。

9.6.2 车轮荷载在板上的分布

作用在桥面上的车轮压力，通过桥面铺装层扩散分布在钢筋混凝土板面上。由于板的计算跨径相对于轮压的分布宽度来说相差不是很大，故计算时应较精确地将轮压作为分布荷载来处理，这样做既避免了较大的计算误差，又能节约桥面板的材料用量。

富于弹性的充气车轮与桥面的接触面实际上接近于椭圆，而且荷载又要通过铺装层扩散分布，可见车轮压力在桥面板上的实际分布形状是很复杂的。然而，为了计算方便起见，通常又近似地把车轮与桥面的接触面看是 $a_2 \times b_2$ 的矩形面积，此处 a_2 是车轮（或履带）沿行车方向的着地长度，b_2 为车轮（或履带）的宽度，如图9-23所示。各级荷载的 a_2 和 b_2 值可从公路桥梁规范中查得。至于荷载在铺装层内的扩散程度，根据试验研究，对于混凝土或沥青面层，荷载可以偏安全地假定呈45°角扩散。

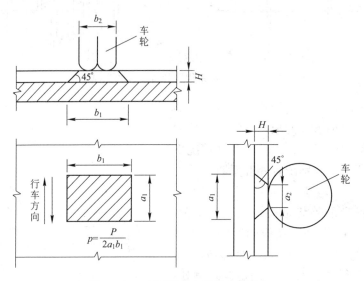

图9-23 车辆荷载在板面上的分布

因此，桥梁规范中规定，最后作用于钢筋混凝土承重板上的矩形压力面的边长为：

沿纵向 $\qquad a_1 = a_2 + 2H \qquad$ (9-25)

沿横向 $\qquad b_1 = b_2 + 2H \qquad$ (9-26)

式中 H——铺装层的厚度。

顺便指出，国外（如联邦德国）对于钢筋混凝土承重板采用较大的压力面边长，即：

$$a_1' = a_2 + 2H + t \qquad (9-27)$$

$$b_1' = b_2 + 2H + t \qquad (9-28)$$

式中 t——钢筋混凝土板的厚度。

据此，当汽车拖车中一个加重车的后轮作用于桥面板上时，其局部分布的荷载强度为：

$$p = \frac{P}{2a_1 b_1} \qquad (9-29)$$

式中 P——加重车后轴的轴重。

9.6.3 桥面板的有效工作宽度

众所周知，板在局部分布荷载 p 的作用下，不仅直接承压部分（如宽度为 a_1）的板带参加工作，与其相邻的部分板带也会分担一部分荷载共同参与工作。因此，在桥面板的计算中就需要确定所谓板的有效工作宽度，或称荷载的有效分布宽度。下面分单向板和悬臂板来阐明板的有效工作宽度的概念和计算方法。

1. 单向板

图 9-24 所示为一块跨径 l、宽度较大的梁式桥面板，板中央作用着局部分布荷载，其分布面积为 $a_1 \times b_1$。显然，从图中可知，板除了沿计算跨径 x 方向产生挠曲变形 ω_x 外，在 y 方向也必然发生挠曲变形 ω_y。这说明在荷载作用下不仅宽度 a_1 的板条受力，其邻近的板条也参与工作，共同承受车轮荷载所产生的弯矩。图 9-24（a）中表示出了沿 y 方向板条所分担弯矩 m_x 的分布图形，在荷载中心处板条负担的弯矩最大，达到 $m_{x,max}$，离荷载愈远的板条所承受的弯矩就愈小。

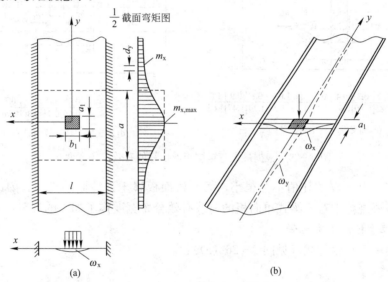

图 9-24 桥面板的受力状态

现设想以 $a \times m_{x,max}$ 的矩形来替代实际的曲线分布图形，亦即

$$a \times m_{x,max} = \int m_x dy = M \tag{9-30}$$

则得弯矩图形的换算宽度为：

$$a = \frac{M}{m_{x,max}} \tag{9-31}$$

式中 M——车轮荷载产生的跨中总弯矩；

$m_{x,max}$——荷载中心处的最大单宽弯矩值，可按弹性薄板的理论求得。

上式的 a 就定义为板的有效工作宽度，以此板宽来承受车轮荷载产生的总弯矩，既满足了弯矩最大值的要求，计算起来又十分方便。

图 9-25 示出跨度为 l 的宽板在不同支承条件、不同荷载性质及不同荷载位置情况下，

随承压面大小变化的有效工作宽度与跨径的比值 a/l（表中数值是按 $a_1=b_1$ 算得的）。从图中可以看出，两边固结板的有效工作宽度要比简支的小 $30\%\sim40\%$ 左右，全跨满布的条形荷载的有效分布宽度也比局部分布荷载的小些。另外，荷载愈靠近支撑边时，其有效工作宽度也愈小。

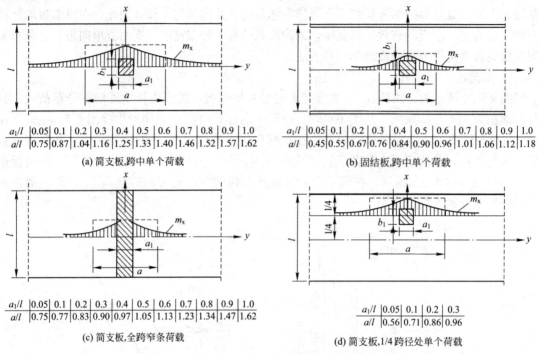

图 9-25　根据最大弯矩按矩形换算的有效工作宽度 a

考虑到实际上 a_1/l 之比值不会很小，而且桥面板属于弹性固结支撑，因此，为了计算方便起见，桥梁规范中对于梁式单向板的荷载有效分布宽度作了如下的规定：

1）荷载位于板的中央地带

对于单独一个车轮荷载（见图 9-26（a））：

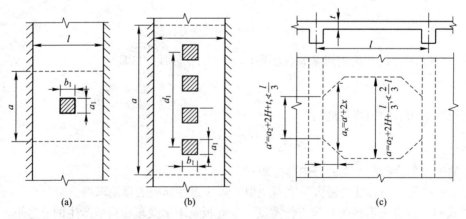

图 9-26　荷载有效分布宽度

第9章 预应力混凝土连续梁桥

$$a = a_1 + \frac{l}{3} = a_2 + 2H + \frac{l}{3} \not< \frac{2}{3}l \tag{9-32}$$

对于几个靠近的相同荷载,如按上式计算所得各相邻荷载的有效分布宽度发生重叠时,应按相邻靠近的几个荷载一起计算其有效分布宽度(图9-26(b)):

$$a = a_1 + d + \frac{l}{3} = a_2 + 2H + d + \frac{l}{3} \not< \frac{2}{3}l + d \tag{9-33}$$

式中 d 为最外两个荷载的中心距离。如果只有相邻两个荷载一起计算时,d 往往就是加重车后轮的轴距。

2) 荷载位于板的支撑处

$$a' = a_2 + 2H + t \not< \frac{l}{3} \tag{9-34}$$

式中 t——板的厚度。

3) 荷载位于靠近板的支撑处

$$a_x = a' + 2x \tag{9-35}$$

式中 x——荷载离支撑边缘的距离。

这就是说,荷载从支点处向跨中移动时,相应的有效分布宽度可近似地按45°线过渡。

根据以上规定,对于任意荷载位置时梁式单向板的有效分布宽度计算图形如图9-26(c)所示。

2. 悬臂板

悬臂板在荷载作用下,除了直接承受荷载的板条(宽度为 a_1)外,相邻板条也发生挠曲变形(见图9-27中的 w_y)而分担部分弯矩。悬臂板根部沿 y 方向各板条的弯矩分布如图9-27(a)中 m_x 所示。根据弹性薄板的理论分析,当板端作用集中力 P 时,在荷载中心处的根部最大负弯矩为 $m_{x,\min} \cong -0.465P$,而此时荷载所引起的总弯矩为 $M_0 = -Pl_0$。因此,按最大负弯矩值换算的有效工作宽度为:

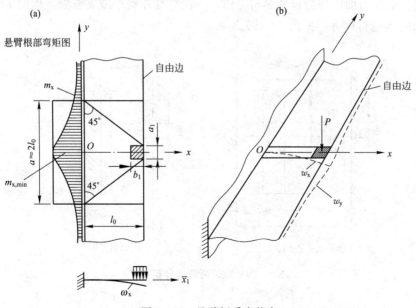

图9-27 悬臂板受力状态

$$a = \frac{M_0}{m_{x,\min}} = \frac{-Pl_0}{-0.465P} = 2.15l_0 \qquad (9-36)$$

由此可见，悬臂板的有效工作宽度接近于二倍悬臂长度。也就是说，荷载可近似地按 45°角向悬臂板支撑处分布（见图 9-27 (a)）。

我国桥梁规范中对悬臂板规定的活载有效分布宽度规定为（见图 9-28）。

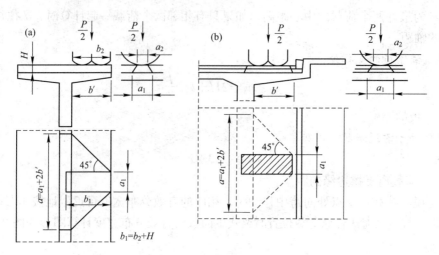

图 9-28　悬臂板的有效工作宽度

式中　b'——承重板上荷载压力面外侧边缘至悬臂板根部的距离。

对于分布荷载位于板边的最不利情况，b' 就等于悬臂板的跨径 l_0，于是有：

$$a = a_1 + 2l_0 \qquad (9-37)$$

对于履带荷载的情形，鉴于履带与桥面接触的长度较大，故不管是单向板还是悬臂板，通常都忽略荷载压力面以外的板条参与工作，不论荷载在跨中或支点处，均取 1 m 宽板条按实际荷载强度 p 进行计算（见图 9-29）。

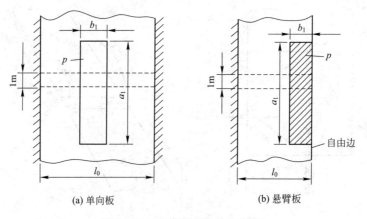

(a) 单向板　　(b) 悬臂板

图 9-29　履带荷载的分布宽度

9.6.4 桥面板内力的计算

对于实际的矩形截面桥面板一般均由弯矩控制设计。设计时,习惯上以每米宽的板条来进行计算。对于梁式单向板或悬臂板,只要借助板的有效工作宽度,就不难得到作用在每米宽板条上的荷载和其引起的弯矩。对于双向板,除可按弹性理论进行分析外,在工程实践中常用简化的计算方法或现成的图表来计算。

1. 多跨连续单向板的内力

常见的桥面板实际上是一个支撑在一系列弹性支承上的多跨连续板。此外,板是与梁肋系整体相连的。由此可见,各根主梁的不均匀弹性下沉和梁肋本身的扭转刚度必然会影响到桥面板的内力,所以桥面板的实际受力情况是相当复杂的。目前,通常采用较简便的近似方法进行计算。对于弯矩,先算出一个跨度相同的简支板在恒载和活载作用下的跨中弯矩 M_0,再乘以一个偏安全的经验系数加以修正,以求得支点处和跨中截面的设计弯矩。弯矩修正系数可视板厚 t 与梁肋高度 h 的比值来选用:

当 $t/h<1/4$ 时(即主梁抗扭能力较大):

跨中弯矩 $\qquad M_c=+0.5M_0 \qquad\qquad (9-38)$

支点弯矩 $\qquad M_s=-0.7M_0 \qquad\qquad (9-39)$

当 $t/h\geqslant 1/4$ 时(即主梁抗扭能力较小):

跨中弯矩 $\qquad M_c=+0.7M_0 \qquad\qquad (9-40)$

支点弯矩 $\qquad M_s=-0.7M_0 \qquad\qquad (9-41)$

式中:$M_0=M_{0p}+M_{0g}$,M_{0p} 为 1 m 宽简支板条的跨中活载弯矩,对于汽车荷载(见图 9-26(a)):

$$M_{0p}=(1+\mu)\frac{P}{2a}\left(l-\frac{b_1}{2}\right) \qquad (9-42)$$

式中 P——加重车后轴的轴重;

a——板的有效工作宽度;

l——板的计算跨径,当梁肋不宽时(如窄肋 T 形梁)就取肋中距;当主梁肋部宽度较大时(如箱形梁肋),可取梁肋间的净距和板厚,即 $l=l_0+t \leqslant l_0+b$,此处 l_0 为板的净跨径,b 为梁肋宽度;

$(1+\mu)$——冲击系数,对于桥面板通常为 1.3。

如遇板的跨径较大,可能还有第二个车轮进入跨径内,对此可按工程力学方法将荷载布置得使跨中弯矩为最大。

每米板宽的跨中恒载弯矩可由下式计算:

$$M_{0g}=\frac{1}{8}gl^2 \qquad (9-43)$$

式中 g——1 m 宽板条每延米的恒载重量。

当需要计算单向板的支点剪力时,可不考虑板和主梁的弹性固结作用,此时荷载必须尽量靠近梁肋边缘布置。考虑了相应的有效工作宽度后,每米板宽承受的分布荷载如图 9-30(b)所示。对于跨径内只有一个车轮荷载的情况,支点剪力 Q_s 的计算公式为:

$$Q_s=\frac{gl_0}{2}+(1+\mu)(A_1y_1+A_2y_2) \qquad (9-44)$$

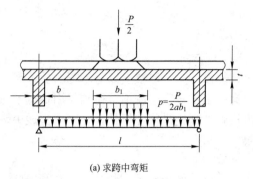

(a) 求跨中弯矩

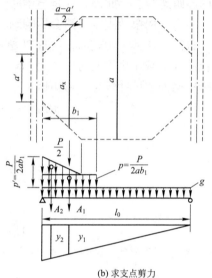

(b) 求支点剪力

图 9-30 单向板内力计算图式

其中：矩形部分荷载的合力为：

$$A_1 = pb_1 = \frac{P}{2ab_1}b_1 = \frac{P}{2a} \quad (9-45)$$

三角形部分荷载的合力为：

$$A_2 = \frac{1}{2}(p'-p)\frac{1}{2}(a-a') = \frac{P}{8aa'b_1}(a-a')^2$$

$$(9-46)$$

式中 p 和 p'——对应于有效工作宽度 a 和 a' 处的荷载强度；

y_1 和 y_2——对应于荷载合力 A_1 和 A_2 的支点剪力影响线竖标值；

l_0——板的净跨径。

如跨径内有不止一个车轮进入时，尚应计及其他车轮的影响。

2. 悬臂板的内力

对于相邻翼缘板沿板边互相做成铰接的桥面板，计算悬臂板根部活载弯矩时，最不利的荷载位置是把车轮荷载对中布置在铰接处。因此，每米宽板条的活载弯矩为（见图 9-31（a））：

$$M_{ap} = -(1+\mu)\frac{P}{4a}\left(l_0-\frac{b_1}{4}\right) \quad (9-47)$$

每米板宽的恒载弯矩：

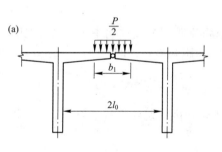
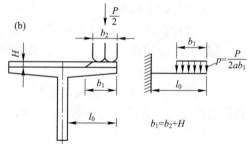

图 9-31 悬臂板计算图式

$$M_{ag} = -\frac{1}{2}gl_0^2 \quad (9-48)$$

式中 l_0——铰接悬臂的净跨径。

最后得每米板宽的支点最大负弯矩为：

$$M_s = M_{sp} + M_{sg} \quad (9-49)$$

悬臂板根部的剪力可以偏安全地按一般悬臂板的图式来计算，这里不再赘述。

对于沿板边纵缝不相联结的自由悬臂板,在计算根部最大弯矩时,应将车轮荷载靠板的边缘布置,此时 $b_1=b_2+H$,如图 9-31 (b) 所示。在此情况下:

活载弯矩:

$$M_{sp}=-(1+\mu)\frac{1}{2}pl_0^2=-(1+\mu)\frac{P}{4ab_1}l_0^2 \quad (b_1\geqslant l_0 \text{ 时})\tag{9-50}$$

或

$$M_{sp}=-(1+\mu)pb\left(l_0-\frac{b_1}{2}\right)=-(1+\mu)\frac{P}{2a}\left(l_0-\frac{b_1}{2}\right) \quad (b_1<l_0 \text{ 时})\tag{9-51}$$

恒载弯矩:

$$M_{sg}=-\frac{1}{2}gl_0^2 \tag{9-52}$$

最后得 1 m 宽板条的最大设计弯矩为:

$$M_s=M_{sp}+M_{sg} \tag{9-53}$$

剪力计算从略。

必须注意,以上所有活载内力的计算公式都是对于轮重为 $P/2$ 的汽车荷载推得的,对于挂车荷载可将轮重换成 $P/4$,对于履带荷载可将 $P/2a$ 置换为每条履带每延米的荷载强度,并均不计冲击影响,这样就可得到相应活载的内力计算公式。

3. 双向板的内力

周边支撑双向板的静力图式比梁式单向板复杂,因而在实际设计时常利用现成的图表来计算内力。一种方法是利用弯矩影响面直接布载来求内力;另一种方法是利用加列尔金的计算表首先求出四边简支双向板的跨中截面内力,再乘以修正系数来考虑支撑边弹性固结的影响。下面介绍利用加列尔金表计算的方法。

当板中央有总荷载为 P、压力面积为 $a_1\times b_1$ 的局部分布荷载作用时(见图 9-32 (a)),周边简支板对于 l_a 和 l_b 两个跨度,在跨中每延米宽截面的弯矩可表示为:

$$M_a=\alpha P \tag{9-54}$$

$$M_b=\beta P \tag{9-55}$$

式中 α 与 β——视 a_1/l_a、b_1/l_a 和 l_a/l_b(l_b 指较长的跨度)而定的计算系数,可由相关表查得;对于中间数值可用内插法求得。

只要取 $a_1=l_a$、$b_1=l_b$ 和 $P=gl_al_b$ 为整个板的恒载,就可求得沿两个跨度方向的跨中恒载弯矩值,此处 g 为板上的恒载强度。

以图 9-32 (a) 的图式为基础,也可推得其他较复杂加载情形下的弯矩值。例如,当板上有两个靠近的轮轴而形成两个压力面作用时(见图 9-32 (b)),其实际弯矩可视做 omnp 和 trsu 两个压力面所产生弯矩之差,其表达式为:

$$M_a=\alpha P\frac{(2a_1+a')}{a_1}-\alpha'P\frac{a'}{a_1} \tag{9-56}$$

$$M_b=\beta P\frac{(2a_1+a')}{a_1}-\beta'P\frac{a'}{a_1} \tag{9-57}$$

式中 P——同前,为一个压力面的总荷载;

α' 和 β'——按压力面 trsu 求得的 α 和 β 值。

如果在板跨内有 3 或 4 个靠近的压力面作用时,则跨中弯矩的最大值接近发生在一个中间压力面处于板中心的情况(见图 9-32 (c) 和图 9-32 (d))。此时跨中弯矩可按以下方

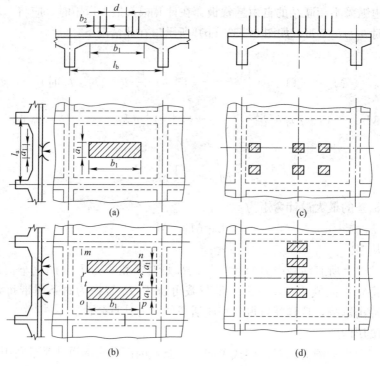

图 9-32 双向板的典型加载情况

法来计算：

① 利用公式 $M_a=\alpha P$、$M_b=\beta P$ 求出板中央的荷载产生的弯矩；

② 对于其他位于对称轴上一侧的每一个荷载，可假想有另一同样的荷载位于另一侧与之对称，并按上面公式算出相应的弯矩，最后再除以 2 得到实际的弯矩；

③ 对于不在对称轴上的任意一个荷载，可假想尚有三个同样的荷载各位于相应的对称位置，按叠加原理算出该四个荷载所产生的弯矩，最后再除以 4 得到实际的弯矩。

对履带车的情形，当履带着地的压力强度为 p 时，只要取 $a_1=l_a$，$b_1=b_2+2H$ 和 $P=pl_ab_1$，同样可查表计算出欲求的弯矩值。

由汽车荷载所引起的弯矩都应计及冲击系数 $(1+\mu)$。

如前所述，按照加列尔金的计算表所得出的跨中弯矩都是针对四边简支情况的。若板的周边系弹性固结，则由以上所得的跨中恒载弯矩 M_{0g} 和活载弯矩 M_{0p}，尚应乘以修正系数：

对于跨中弯矩 $\quad M_c=0.525M_0=0.525(M_{0g}+M_{0p})$ (9-58)

对于支点弯矩 $\quad M_s=-0.75M_0=-0/75(M_{0g}+M_{0p})$ (9-59)

桥梁规范中规定，双向板内主钢筋的分布，可在纵向和横向各划分成三个板带。两个边带的宽度各等于 1/4 跨径，中间带宽度等于 1/2 跨径。在中间带设置按计算所需的钢筋数量，而在边带每单位长度内只配置中间带单位长度所需钢筋的一半，但在每米板宽内不得少于 4 根。

关于周边支撑板中沿 l_a 和 l_b 两个方向的剪力分配问题，通常可近似地应用下述原理来求解：即将板视做一系列正交板带所组成的网格（见图 9-33），在荷载作用下沿 l_a 和 l_b 方向在板带交点处的挠度是相等的。

因此，对于满布均布荷载 g 的双向板，不管是周边简支的或是固结的，按上述原理可得跨中部分荷载沿 l_a 和 l_b 方向的分布为：

$$g_a = g \frac{l_b^4}{l_a^4 + l_b^4} \qquad (9-60)$$

$$g_b = g \frac{l_a^4}{l_a^4 + l_b^4} \qquad (9-61)$$

对于作用于板上任意位置的集中荷载 P，根据沿两个方向板条在荷载处挠度相等的原理，可得沿 l_a 和 l_b 方向的分布为：

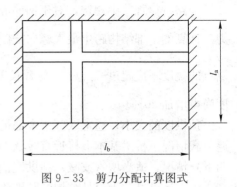

图 9-33 剪力分配计算图式

$$p_a = P \frac{\delta_b}{\delta_a + \delta_b} \qquad (9-62)$$

$$p_b = P \frac{\delta_a}{\delta_a + \delta_b} \qquad (9-63)$$

式中 δ_a 和 δ_b——考虑到板边支撑情况的、沿 l_a 和 l_b 方向由 $P=1$ 所引起的挠度；当 $P=1$ 作用在板中央时，$\delta = l^3/48EI$。在此情况下荷载 p 的分布为：

$$p_a = P \frac{l_b^3}{l_a^3 + l_b^3} \qquad (9-64)$$

$$p_b = P \frac{l_a^3}{l_a^3 + l_b^3} \qquad (9-65)$$

既知沿每个方向所传递的荷载，就可和单向板的计算一样，对两个方向分别求出有关的剪力值，并计及板的有效工作宽度对每米宽板条进行应力核算。

9.7　挠度计算与预拱度设置

设计一座钢筋混凝土或预应力混凝土梁桥，除了要对主梁进行强度计算或应力验算，以确定结构具有足够的强度安全储备外，还要计算梁的变形（通常指竖向挠度），以确保结构具有足够的刚度。因为桥梁如发生过大的变形，不但会导致高速行车困难，加大车辆的冲击作用，引起桥梁的剧烈振动和使行人不适，而且可能使桥面铺装层和结构的辅助设备遭致损坏，严重者甚至危及桥梁的安全。广义的恒载包括结构自重、桥面铺装和附属设备的重量、预应力、混凝土徐变和收缩作用等，他们是长久存在的。恒载和作用力所产生的挠度与持续的时间有关，挠度还可区分为短期挠度和长期挠度。活载挠度则是伴随活载产生的，在最不利的荷载位置下，达到最大值。随着活载的移动，其挠度逐渐减小，一旦活载驶离桥梁，其挠度就告消失。

恒载挠度并不表征结构的刚度特性，它可以通过施工时预设的反向挠度（俗称预拱度），来加以抵消，使竣工后的桥梁达到理想的设计线型。活载挠度使梁引起反复变形，变形的幅度（即挠度）愈大，可能发生的冲击和振动作用也愈强烈，对行车的影响也愈大。因此，在桥梁设计中就需要通过验算活载挠度来体现结构的刚度特性。

公路桥梁规范中规定，对于钢筋混凝土及预应力混凝土梁式桥，以汽车荷载（不计冲击力）计算的上部结构跨中最大竖向挠度，不应超过 $\dfrac{l}{600}$（l 为计算跨径），对于悬臂体系悬臂端点的挠度不应超过 $\dfrac{l'}{300}$（l' 为悬臂长度）。当用平板挂车或履带荷载验算时，允许的竖向挠度尚可增加 20%。

预拱度的大小，通常取等于全部恒载和一半静活载所产生的竖向挠度值，这意味着在常遇荷载情况下桥梁基本上接近直线状态。对于位于竖曲线上的桥梁，应视竖曲线的凸起（或凹下）情况，适当增（或减）预拱度值，使竣工后的线型与竖曲线接近一致。

由上述可见，无论是结构的刚度验算或是预拱度的计算，都要求计算结构的变形。下面对预应力混凝土梁桥，阐明其变形的计算方法。

预应力构件由于应用了高强度材料，一般做得比钢筋混凝土构件更为细巧，可以用于很大的跨度。对此，挠曲变形的问题需要特别注意。

与钢筋混凝土梁的情况相反，对于那些按全预应力而不是按部分预应力设计的构件，恒载（广义的）往往引起向上的挠度，或称上挠度。这种挠度甚至会由于混凝土徐变作用而与时俱增。由此而造成不平顺的道路纵断面，将产生不舒适或者不安全的行车特征。因此，设计者应结合荷载产生的向下挠度和合理控制预加应力来避免产生过大的上拱度。

另外，预应力混凝土构件由于全截面（无裂缝）或接近全截面（裂缝开展受严格控制）地参与工作，其结构刚度往往比钢筋混凝土构件的大得多，一般可不必验算其挠度。然而为了设置预拱度的需要，或者为了掌握梁体在各工作阶段的变形情况，也要计算其各工作阶段的挠度值。

结构自重和其他恒载及活载所产生的挠度，可像对于其他任何受弯构件一样来计算。下面着重阐明预应力所引起挠度的计算原理和实用的近似计算方法。考虑到预应力混凝土构件的受力特性，可以将任意时刻 t 时的挠度表示成为：

$$f_{pt} = -f_{pi} + \Delta f_{1t} - \Delta f_{2t} \tag{9-66}$$

式中　f_{pi}——初始预张拉力的作用引起的短期挠度；

　　　Δf_{1t}——迄至时刻 t 时相应于由松弛、收缩和徐变引起的预应力损失所导致的挠度改变；

　　　Δf_{2t}——在迄至时刻 t 的持续压力作用下由于混凝土徐变产生的挠度改变。

第一项 f_{pi} 不难用共轭梁法、等效荷载法等熟知的计算方法来求得。例如，对于具有抛物线形预应力筋的预应力混凝土简支梁，如图 9-34 所示，在初始张拉力 P_i 作用下的跨中短期挠度为：

$$f_{pi} = -\dfrac{1}{2} \times \dfrac{2}{3} \times \dfrac{P_i e}{EI} \times l \times \left(\dfrac{l}{2} - \dfrac{3}{8} \times \dfrac{l}{2}\right) = -\dfrac{5}{48} \dfrac{P_i e l^2}{EI}$$

$$\tag{9-67}$$

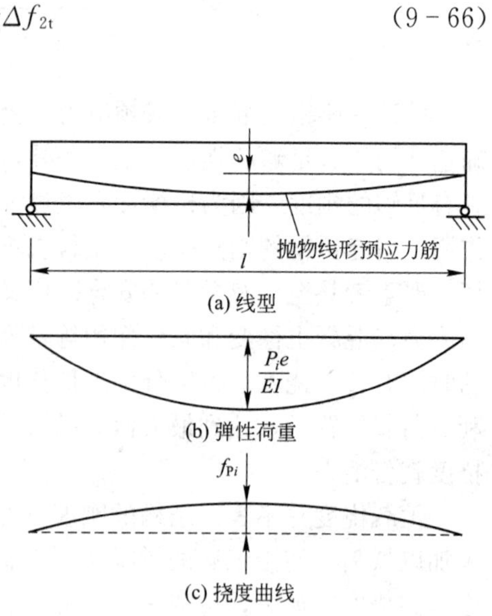

图 9-34　预张拉产生的挠度

图 9-35 中汇总了常用的配筋情况以供参考。对于其他较复杂体系的情况，还可应用等效荷载法查阅有关参考手册来确定预应力挠度。

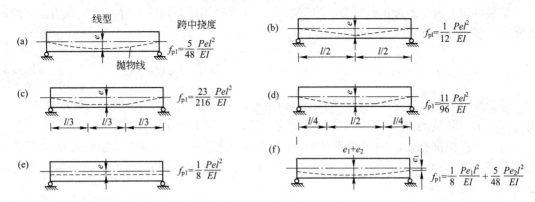

图 9-35 对于各种预应力筋线形的预应力挠度

对于非分段浇注或节段拼装的桥梁，重要的是张拉初始阶段的短期挠度和使用中的一种或几种荷载组合作用下的长期挠度，此时预张拉力因发生损失而减小至 P_e，而且由于持续荷载作用下的混凝土徐变而使挠度发生变化。

考虑到在正常条件下构件的自重直接与初始预张拉相叠合，故构件在预张拉作用下的实际挠度为：

$$f_s = -f_{Pi} + f_{g1} \tag{9-68}$$

式中 f_{g1}——张拉时参与作用的构件自重 g_1 产生的挠度。

对于长期挠度，在大部分情况下可以足够精确地将式 $f_{pt} = -f_{pi} + \Delta f_{1t} - \Delta f_{2t}$ 重新近似表示成：

$$f_{Pl} = -f_{Pi} + (f_{Pi} - f_{Pe}) - \frac{f_{Pi} + f_{Pe}}{2}\varphi(t,\tau) \tag{9-69}$$

式中 f_{Pe}——由于应力损失发生后的预张拉力 P_e 所引起的挠度值；

$\varphi(t,\tau)$——加载龄期等于 τ 至龄期 t 时的徐变系数，其值可按规范或试验曲线确定。

上式中主要的近似处是：徐变是在不变的预张拉力作用下发生的，该力等于初始值与最终值的平均值。

上式还可简化为：

$$f_{Pl} = -f_{Pe} - \frac{f_{Pi} + f_{Pe}}{2}\varphi(t,\tau) \tag{9-70}$$

式中第一项不难按比例求得：

$$f_{Pe} = f_{Pi}\frac{P_e}{P_i} \tag{9-71}$$

由于自重产生的长期挠度，也会因徐变而发生变化，并且可以将瞬时值乘以徐变系数来求得。因此，在应力损失和徐变发生后当有效预张拉力和自重作用时构件的总挠度为：

$$f'_l = -f_{Pe} - \frac{f_{Pi}+f_{Pe}}{2}\varphi(t,\tau) + f_{g1}[1+\varphi(t,\tau)] \tag{9-72}$$

如果再加上由于附加恒载 g_2 产生的挠度 f_{g2}（忽略加载龄期的差异）及活载引起的瞬时挠度 f_p，则得全部使用荷载下的总挠度为：

$$f_l = -f_{Pe} - \frac{f_{Pi}+f_{Pe}}{2}\varphi(t,\tau) + (f_{g1}+f_{g2})[1+\varphi(t,\tau)] + f_p \tag{9-73}$$

对于预应力混凝土受弯构件，当计算弹性挠度时，截面刚度采用 E_cI_c（不开裂的情况）或 $0.85E_cI_c$（开裂的情况），视具体情况而定，E_c、I_c 和 I_0 的含义同前。

以上是仅根据初始阶段的预张拉力 P_i 和全部与时间相关的损失发生后最终阶段的预张拉力 P_e 来计算预应力挠度的近似方法，其中以很近似的方式处理了与时间相关的挠度变化。

如果要得到更高的精度，就需要考虑到徐变是在由于收缩、松弛和徐变本身的组合作用而逐渐减小的预张拉力作用下发生的。这就可以采用所谓时段递增法来进行计算。将历经的时间划分成一系列时段 Δt，实际计算各时段内发生的递增变化值，并用总和法来求得任意历经时间 t 时的预应力挠度。这种逐步逼近的方法虽然仍是近似的，但它能够通过减小所考虑时段的步长，从而增加时段的数量，来提高精度至任意所希望的程度。在此情况下，式 $f_{g1} = -f_{Pi} + (f_{Pi}-f_{Pe}) - \frac{f_{Pi}+f_{Pe}}{2}\varphi(t,\tau)$ 可重新表示成：

$$f_{P_t} = -f_{P_i} + \sum_0^t (f_{P_{n-1}} - f_{P_n}) - \sum_0^t [\varphi(t_n,\tau) - \varphi(t_{n-1},\tau)] f_{P_{n-1}} \tag{9-74}$$

式中　　$f_{P_{n-1}}$ 和 f_{P_n}——表示某一时段起始时的预张拉力 P_{n-1} 和终止时的预张拉力 P_n 所引起的挠度；

$\varphi(t_{n-1},\tau)$ 和 $\varphi(t_n,\tau)$——表示某一时段起始时和终止时的徐变系数。

任一时段终止时的预张拉力 P_n 等于该时段起始时的预张拉力 P_{n-1} 减去收缩、徐变和松弛产生的损失。前一时段终止时的预张拉力，就作为后一时段预张拉力的起始值。与前面式（9-74）相类似，求得预应力挠度后，就可叠加上恒载和活载的长期挠度和瞬时挠度，以获得所研究荷载阶段的总挠度。

尚须指出，利用式（9-74）计算时，必要的话还可以计及混凝土弹性模量 E_h 随时间的变化。

9.8　预应力混凝土连续梁桥的工程实例

位于湖南省1831线上的湖南益阳市白沙大桥建成于2002年，主桥为四跨一联的预应力混凝土连续梁桥（50 m+90 m+150 m+90 m），桥梁全长1 584.0 m，如图9-36所示。大桥桥面宽度为13 m（包括2×0.5 m防撞栏杆），按汽—20、挂—100、人群荷载3.5 kN/m² 进行设计，通航等级为Ⅲ—（3）级。

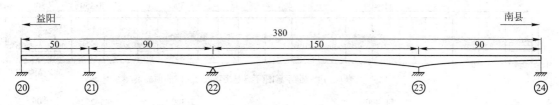

图 9-36 白沙大桥立面布置图（尺寸单位：m）

9.8.1 上部结构

横截面布置采用 C50 双悬臂矩形单箱单室的变高度箱形截面，箱梁宽 13.0 m，底宽 7.0 m，支点处梁高 8.5 m，跨中梁高 3.5 m，梁底立面及箱梁底板厚度均按二次抛物线变化。箱梁底板厚度采用 28 cm，腹板厚度则采用 70 cm、55 cm、40 cm 三种，如图 9-37 所示。中跨箱梁在支点 $l/4$、跨中处各设一道横隔板以抗畸变变形。

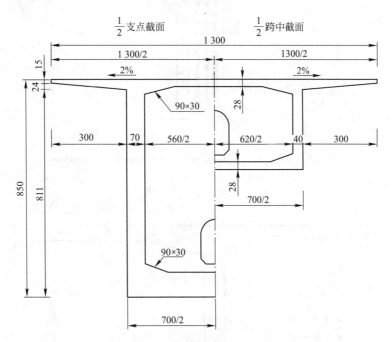

图 9-37 白沙大桥横截面布置图（尺寸单位：cm）

9.8.2 预应力体系

悬浇箱梁采用三向预应力。
① 纵向预应力筋采用 9ϕ15.24 和 7ϕ15.24 钢绞线，如图 9-38 所示。

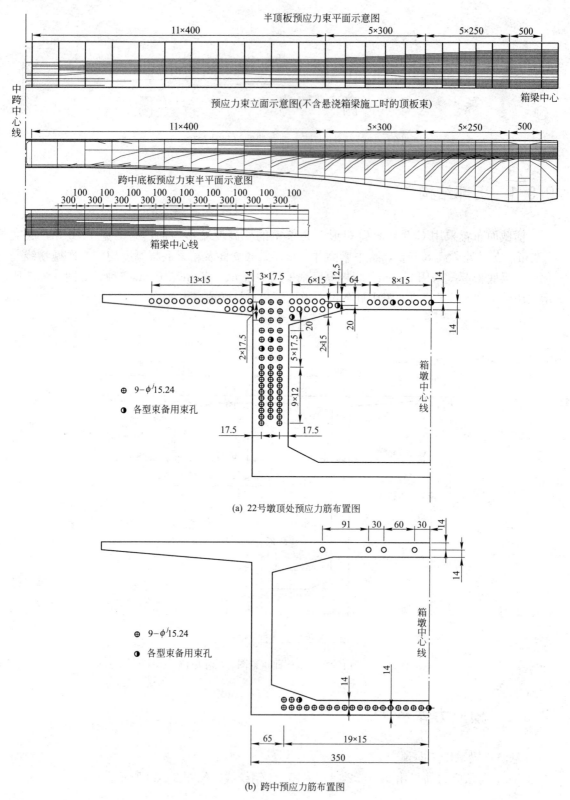

图 9-38 1/2 主跨（150 m）纵向预应力筋布置图（尺寸单位：cm）

② 横向预应力束（见图9-39）均采用 $2\phi15.24$ 钢绞线，一端张拉。沿纵向 A 类束和 B 类束按照…→A→A→B→A→A→B→…的顺序布置，间距为 35 cm。

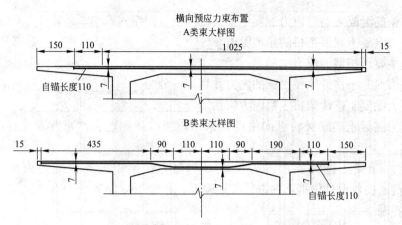

图 9-39　1/2 主跨横向预应力筋布置图（尺寸单位：cm）

③ 竖向预应力采用 $\Phi32$ mm 精轧螺纹钢筋，纵向间距从墩顶附近的 35 cm 扩大至 70 cm。其横断面布置如图 9-40 所示。

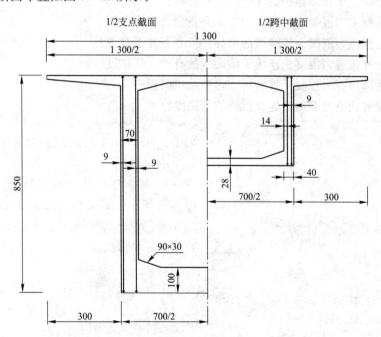

图 9-40　1/2 主跨竖向预应力筋布置图（尺寸单位：cm）

习　　题

一、填空题

1. 预应力混凝土连续梁的施工方法有_____；_____；悬臂挂篮现浇、悬臂预制拼装施工；_____；简支变连续等。

2. 不等跨不等高的预应力混凝土连续梁桥，是大跨度桥梁结合_____施工最常用的结构型式。

3. 目前钢筋混凝土与预应力混凝土梁式桥的横截面型式有_____、_____、_____。

4. 预应力混凝土联系梁桥的箱型梁由_____、_____、_____等部分组成。

5. 腹板主要承担截面应力中的_____、_____。

6. 预应力混凝土连续梁桥主梁的内力计算，可分为_____、_____两部分。

7. 预应力混凝土连续梁桥主梁内力包括_____、_____、_____。

8. 预应力混凝土连续梁桥纵向主筋常采用钢绞线或钢丝束，布置方式有：_____、_____、_____、_____等几种方式。

9. 预应力混凝土连续梁桥内力包络图主要为在梁中配置预应力束筋、_____、_____和箍筋提供设计依据，并进行各种验算。

二、简答题

1. 预应力混凝土连续梁的横截面设计应满足哪些原则？
2. 说明预应力连续梁公路桥主梁中梁肋、上翼缘、下翼缘的细部尺寸取值原则。
3. 预应力混凝土连续梁的箱梁腹板最小厚度的设计取值经验有哪些？
4. 预应力混凝土连续梁桥的配束原则有哪些？
5. 常用的预应力混凝土连续梁的主梁自重内力计算方法有哪些？
6. 什么是预应力混凝土连续梁的束界？束界有什么意义？
7. 怎样计算预应力混凝土连续梁桥面板的有效工作宽度？
8. 怎样计算预应力混凝土连续梁多跨连续单向板的内力？
9. 怎样设置预应力混凝土连续梁桥的预拱度？

第10章 预应力混凝土刚构桥

10.1 概 述

桥跨结构（主梁）和墩台（支柱）整体相连的桥梁叫作刚构桥。由于两者之间是刚性连接，在竖向荷载作用下，将在主梁端部产生负弯矩，因而减少了跨中的正弯矩，跨中截面尺寸也相应减小。刚构桥的主梁高度一般可以较梁桥小。因此，刚构桥通常适用于需要较大的桥下净空和建筑高度受到限制的情况，如立交桥、高架桥等。

刚构桥在竖向荷载作用下，桥墩除承受压力外，还承受弯矩。桥墩一般也用混凝土构件做成。刚构桥在竖向荷载作用下，一般都产生水平推力。为此，必须要有良好的地基条件，或用较深的基础和用特殊的构造措施来抵抗推力的作用。

刚构桥大多做成超静定的结构型式，故在混凝土收缩、温度变化、墩台不均匀沉陷和预施应力等因素的影响和作用下，会产生附加内力（次内力）。在施工过程中，当结构体系发生转换时，徐变也会引起附加内力。有时，这些附加内力可占全部内力相当大的比例。

刚构桥外形美观，结构尺寸小，桥下净空大，桥下视野开阔。但墩梁连接构造复杂，柱脚有水平推力。钢筋混凝土刚构桥混凝土用量少，而钢筋的用量较大，且梁柱刚接处易开裂。刚构桥基础工程造价也较高，施工比较困难，所以钢筋混凝土刚构桥常用于中小跨度桥梁，而预应力混凝土刚构桥则常用于大跨度桥梁。中小跨径一般做成门式刚架或斜腿刚架形式，大跨度刚架结构却做成 T 形刚构和连续刚构形式。

10.2 刚构桥的主要类型及构造特点

10.2.1 结构类型

预应力混凝土 T 形刚构桥，分为跨中带剪力铰的和跨内设挂梁两种基本类型。

带铰的 T 形刚构桥（见图 10-1（a）～（d））是一种超静定结构。两个大悬臂在端部借所谓"剪力铰"相连接，它是一种只能传递竖向剪力而不传递纵向水平力和弯矩的连接构造。当在一个T形结构单元上作用有竖向荷载时，相邻的T形结构单元通过剪力铰而共同参与受力。因而，从结构受力和约束悬臂端变形来看，剪力铰起到有利的作用。另外，带铰的T形刚构桥，由于不设挂梁，就不需要专门为预制和安装挂梁的大型设备。这是国外在20世纪五六十年代广泛修建带铰T形刚构桥的重要原因。然而，几十年来的实践表明，鉴于超静定结构的特性，由于温度影响、混凝土收缩徐变作用、钢筋松弛和基础不均匀沉陷等会使结构内产生很难准确的计算附加应力，悬臂端因塑性变形的不断下垂不易调整以致造成行车不平顺，以及施工中有时还要强迫合拢等缺点，这就限制了带铰T形刚构桥的广泛采用。

图10-1(a)所示为预应力混凝土T形刚构桥常用的多跨布置图式，当靠岸跨搭设支架容易时，往往将岸边T构的一侧悬臂先在支架上现浇，然后向河中采用悬臂法施工。在此情况下靠岸的悬臂端用活动支座支撑在墩台上，以减少活载挠度，但这样当活载通过时支座将产生拍击作用，设计时应予注意。图10-1(b)表示全桥由对称T构组成，为了改善悬臂端与路堤的衔接，并采用轻型搭板使荷载逐渐过渡。图10-1(c)所示是为了增大中跨跨度而在边跨端部设置专门平衡重的构造形式。目前世界上已建成的这种桥型，中跨达240.8 m，边跨与中跨之比约为0.22。如果要使桥下各孔跨径相等，也可以从桥台上伸出固端梁来连接(见图10-1(d))，但这样使桥台受力不利。

带挂孔的预应力混凝土T形刚构桥属静定结构(见图10-1(e)和图10-1(g))，其受力特点虽然与钢筋混凝土的一样，然而由于采用预加应力技术的悬臂法施工，使它完全消除

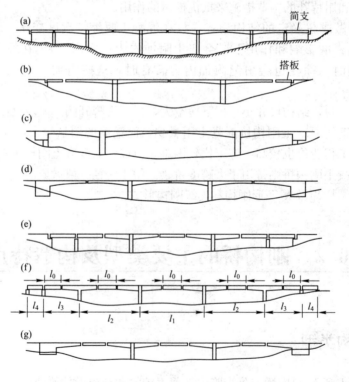

图10-1 预应力混凝土T形刚构桥

了钢筋混凝土结构的短处，从而能充分发挥 T 形悬臂在运营中和施工中受力一致的独特优点。与带铰的 T 形刚构桥相比，虽由于 T 构各单元单独作用而在受力和变形方面略差一些，但它受力明确、构造简单，特别是当挂梁与多孔引桥的简支跨尺寸和构造相同时，更能加快全桥施工进度获得经济效益，因此近些年来国内外已修建了较多的这类桥梁。带挂梁 T 形刚构桥，除了要有悬臂法施工用的机具设备外，还需要有预制和安装挂梁的设备。

对于带挂梁的 T 形刚构桥，以偶数的 T 构单元与奇数的挂梁配合布置最为简单合理，如图 10-1（e）和图 10-1（f）所示。在此情况下刚架两侧恒载是对称的，墩柱中无不平衡的恒载弯矩。一般的多跨桥梁均采用尺寸划一的 T 构和挂梁，以简化设计和施工。但也可以采用不同的 T 构悬臂长度和相同的挂梁相配合，以构成中孔跨径最大并向两侧逐孔减小的桥型布置（见图 10-1（f））。在此情况下，每一 T 构两侧的恒载仍是对称的，墩柱中也无不平衡的恒载弯矩。

图 10-1（g）示出桥台上伸出固端悬臂梁的等跨桥型，此时单悬臂梁在恒载和活载作用下全靠桥台的重力锚固来保持稳定，这就使桥台的体积增大，构造也复杂。预应力混凝土 T 型刚构桥内挂梁的经济长度，一般在跨径的 0.22～0.50 范围内。主孔跨径大时，取较小比值，并应使挂梁跨径不致超过 35～40 m，以利安装。

10.2.2 构造特点

1. 主梁构造

刚构桥主梁截面形状与梁式桥相同，可以做成如图 10-2 所示的各种形式。图 10-2（a）为板式截面，图 10-2（b）为城市高架道路桥的板式截面，图 10-2（c）为肋板式截面，而图 10-2（d）则为箱形截面。

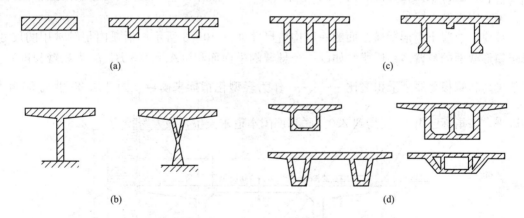

图 10-2 刚构桥主梁截面形式

主梁截面在纵桥向可做成等截面、等高变截面、变高度截面三种形式。有时根据实际需要将主梁做成几种不同的截面形式，以适应主梁内力的变化和方便施工。

变高度主梁底部的线形可以是曲线形、折线形、曲线加直线形等，具体应根据主梁内力的分布情况，按等强度原则选定。

根据统计，国外对于公路和城市的预应力混凝土 T 形刚构桥，其支点处梁高与跨径之比、支点处腹板总厚度与行车道板宽度之比，以及支点处腹板厚度与截面高度之比约如表 10-1 所示。

表 10-1 腹板厚度与截面高度之比

类　别	支点梁高与跨度之比 H/l	支点腹板总厚度与行车道板厚度之比 $\sum\delta/B$	支点处腹板厚度与梁高之比 δ/H
跨径在 100 m 内	$\frac{1}{14}\sim\frac{1}{22}$	$\frac{1}{13}\sim\frac{1}{19}$	$\frac{1}{15}\sim\frac{1}{20}$
跨径超过 100 m	$\frac{1}{17}\sim\frac{1}{21}$	$\frac{1}{14}\sim\frac{1}{17}$	$\frac{1}{16}\sim\frac{1}{21}$
同上，且双向顶加应力		$\frac{1}{20}\sim\frac{1}{21}$	$\frac{1}{19}\sim\frac{1}{28}$

我国从已建成的十余座公路桥梁来分析，H/l 约为 1/16～1/18，$\sum\delta/B$ 约为 1/10～1/14，δ/H 与表内之值比较接近。

跨中梁高视挂梁跨径或设铰的需要而定，一般为支点梁高的 1/5～1/2，当挂梁跨径在 30 m 以下时梁高通常取在 2 m 以下。

预应力混凝土箱梁往往借助横向预应力钢筋使上翼缘板向两侧悬伸较大的长度，以缩窄箱梁底板尺寸，从而也使下部结构的尺寸得以减小。悬伸长度国外已有超过 5 m 的，一般为 2～4 m。我国已建的悬臂体系梁桥，为了与 T 型挂梁的翼缘尺寸相配合，箱梁翼缘的悬伸长度往往取在 2 m 以下。

采用横向预应力钢筋的箱梁也可显著增大腹板的间距，以减少腹板的数量。目前对于一般双车道桥梁愈来愈趋向于采用只有两片腹板的单箱单室截面；这样既可减轻自重，又能方便施工。一般说来比较经济的腹板间距为 2.5～4 m，然而 6 m 或更大的腹板间距在大跨径悬臂结构中也并不罕见。

预应力混凝土箱形梁横截面的一般构造尺寸如图 10-3 所示，括弧内是较常用的尺寸。对于箱形截面的悬臂体系桥梁，如以一个悬臂的平面面积（$A_x = l_x \cdot B$，l_x 为悬臂长度）与根部梁高和腹板总厚度乘积之比 $\dfrac{A_x}{H \cdot \sum\delta}$ 作为轻型化指标来衡量，国外从 20 世纪 50 年代初以来，该指标已由 84 提高到 230（联邦德国本道尔夫桥，最大跨径为 $l = 208$ m）。

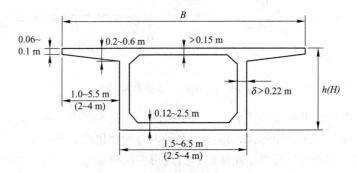

图 10-3 箱形梁横截面尺寸

预应力混凝土悬臂体系梁桥横截面的另一个特点，就是当桥面较宽时为了便于悬臂施工往往采用分离的多箱截面，如图10-4所示。在施工时两组箱梁间留出约30 cm宽的空缝，待两组箱梁的悬臂施工设备前移后，再补浇此空缝的混凝土。在此情况下，有两种处理方式，一种是使两组箱梁完全独立受力，中设分车带盖缝，另一种是使两组箱梁借桥面板集整成整体受力。前者活载对每个箱的偏心较小，施工也容易控制，后者活载偏心较大，施工要求（控制两组箱梁的标高）较高，但可充分利用桥面的有效宽度。

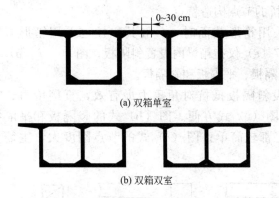

图10-4 分离式箱形截面

设计经验指出，跨径达150～200 m的T形刚构桥，恒载弯矩约占设计总弯矩的85%～90%，甚至更大。因此，为了减轻结构自重，目前已有向桁架式结构发展的趋势。

2. 节点构造

刚构桥的节点是指主梁和立柱的连接处，也称为隅节点。该节点的刚度要求很高，以保证主梁和立柱的刚性连接。隅节点处梁的截面和立柱的截面承受很大的负弯矩，所以节点内缘混凝土承受很高的压应力，而外缘的拉应力则由钢筋承担。压应力和拉应力产生一对强大的斜截面应力，对隅节点产生劈裂作用，如图10-5所示。

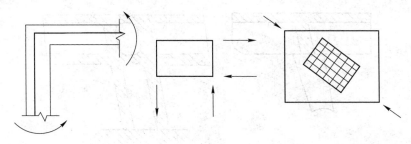

图10-5 隅节点受力示意图

（1）板式截面刚构桥节点构造特点

对板式截面的刚构桥，其节点处应在内侧加梗腋，以改善内缘的受力，且可减少配筋，还可方便施工。节点外缘钢筋必须绕过隅角之后方可锚固。

（2）肋式截面刚构桥节点构造特点

对于肋式截面刚构桥，其隅节点可以按图10-6方法加设梗腋构造。图10-6(a)仅在桥面板加设梗腋构造，图10-6(b)只在梁肋加设梗腋构造，图10-6(c)则在桥面板和梁肋都设梗腋构造。

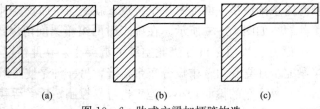

图 10-6　肋式主梁加梗腋构造

(3) 箱形截面刚构桥的节点构造特点

当刚构桥的主梁采用箱形截面时,一般其立柱也采用箱形截面,隅节点的构造如图10-7所示。图10-7 (a) 仅在箱梁内设置斜隔板,图10-7 (b) 设有竖隔板和平隔板,图10-7 (c) 则设有竖隔板、平隔板和斜隔板。

图10-7 (a) 中设斜隔板抵抗对角压力最有效,直接传力、方便施工,但其钢筋布置不如图 (b) 式和图 (c) 式方便。图 (b) 式的竖隔板和平隔板传力间接,受力情况较差,但构造和施工都较简单;图 (c) 式的节点刚度大,主筋布置也较方便,但施工比较麻烦。

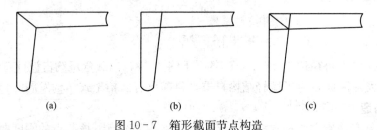

图 10-7　箱形截面节点构造

(4) 斜腿刚构桥的节点构造

斜腿刚构桥中的斜支腿与主梁相交的节点,根据主梁截面形式的不同,其构造形式有两种,如图 10-8 所示。

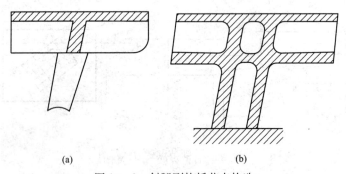

图 10-8　斜腿刚构桥节点构造

(5) 节点钢筋构造

当采用普通钢筋混凝土刚构桥时,要求必须有足够的连续钢筋绕过隅角点外缘,如图10-9所示,以防止外缘混凝土受拉产生裂缝。对于受力较大的节点,在主压应力方向要求设置受压钢筋,且在主拉应力方向要求设置防劈钢筋。如果是预应力混凝土刚构桥,则隅节点处的预应力筋应贯穿隅节点,并在隅角内交叉后锚固在梁和立柱端,且在预应力筋锚头下面的局部应设置箍筋或钢筋网,以承受局部拉应力,如图 10-10 所示。

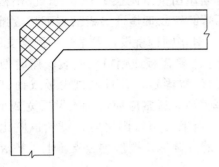
图10-9 节点普通钢筋构造

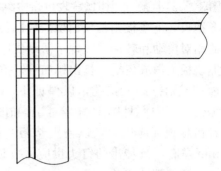
图10-10 节点预应力筋构造

3. 铰的构造

刚构桥特别是斜腿刚构桥，其支腿与基础连接处通常做成铰支座，按所用的材料一般分为：铅板铰、钢铰和混凝土铰。

(1) 铅板铰构造

铅板铰就是在刚构桥支腿底面和基础顶面之间垫一块铅板，铅板中间设有销钉，销钉的上半截伸入支腿内，下半截插入基础内，如图10-11所示，充分利用铅材容易变形的特点来形成铰的转动作用。铅板的承压强度较低，一般仅容许承受100~150 MPa的压应力，其造价高于混凝土铰，桥梁运营养护也比较麻烦。

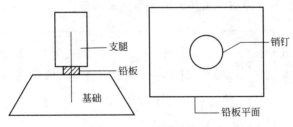

图10-11 铅板铰构造

(2) 钢铰构造

刚构桥的钢支座一般由铸钢制成，其构造可采用梁式桥的弧形钢板固定支座，如图10-12 (a) 和图10-12 (b) 所示，也可采用拱式桥的弧形铰支座如图10-12 (c) 所示。

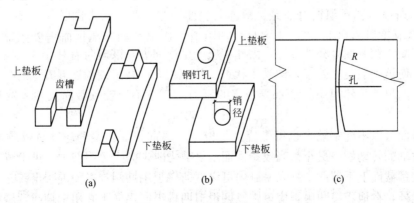

图10-12 钢质弧形铰支座

图 10-12（a）和图 10-12（b）中弧形钢板支座由上下两块垫板组成，上垫板是平的矩形钢板，下垫板则是顶面切削成圆柱面的弧形钢板，于是上垫板沿着下垫板弧形接触面的相对滑动和转动就实现了活动支座的功能。对于刚构桥设计要求采用固定支座时，需在上垫板上做成齿槽或打出销钉孔，在下垫板上焊接齿板或销钉，安装支座时使齿板嵌入齿槽或销钉插入销孔，以保证下、上垫板的位置固定，并且通过齿板或销钉的抗剪来承受水平力，见图 10-12（b）和图 10-12（c）。通常应使齿槽比齿板宽 2 mm 左右，且齿板顶部应削斜，以便上垫板自由转动；当采用销钉固定时，钉径也应比销孔少 2 mm 左右，且伸出的钉头也应做成顶部缩小的圆锥形。弧形钢板支座上下垫板之间的摩擦系数一般为 0.2。

如图 10-12（c）所示弧形铰，是由两个不同半径圆弧表面合成，一个为凹面，半径为 $R_{凹}$，另一个为凸面，半径为 $R_{凸}$，$R_{凹}$ 和 $R_{凸}$ 的比值通常在 1.2～1.5 范围之间。铰的宽度应等于构件的全宽，沿刚构桥支腿方向的长度，一般取厚度的 1.15～1.20 倍。铰的接触面应精确加工，以保证支腿与基础结合紧密。

(3) 混凝土铰

混凝土铰就是在刚构桥需要设铰的位置将混凝土截面骤然减小，也称为颈缩，使截面的刚度大大降低。因为颈缩处的抗弯刚度很小，可产生结构所需的转动，从而形成了铰的作用，如图 10-13（a）所示。混凝土铰可做成线形铰，如图 10-13（b），其颈缩处截面为矩形，仅绕着其长度方向转动；混凝土铰也可做成圆形铰，如图 10-13（c），其颈缩截面为圆形，可在任意方向上实现转动，尤其适用于斜交刚构桥。

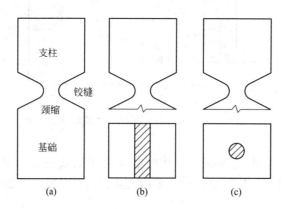

图 10-13 混凝土铰的构造

由于混凝土铰截面处骤然颈缩，因此相应产生横向力，该横向力对混凝土铰颈起一定的套箍作用，使该处混凝土处于多向受压状态，从而大大提高了铰颈处混凝土的抗压强度，故此铰颈截面的尺寸虽然很小却能承受很高的压力。并且小的铰颈截面尺寸显然有利于铰的转动。

铰颈截面可以不配钢筋，也可配置直径较细的纵向钢筋。钢筋应穿过铰颈截面的转动轴，这样对轴的转动妨碍最小。当铰颈截面承受剪力时，为了分担剪力，可设置斜放的纵向钢筋。在铰颈截面上下端的支柱和基础内可设置防劈裂钢筋网，以使混凝土铰充分发挥其抗压性能。此外，在地震设防区，应该在铰区设置两排纵向钢筋，并用钢箍或螺旋筋包住，以便抵抗地震力和过大的转动。

混凝土铰是一种构造简单、价格便宜、节省金属材料的结构形式，它不怕锈蚀，长期不需要养护。但其转动性能多少受到一定的约束，尽管铰颈处设有一定的纵向抗裂钢筋而转角较大时还会在铰颈截面产生裂缝。

4. 墩柱构造

刚构桥的墩柱有薄壁式和立柱式，如图 10-14 所示。

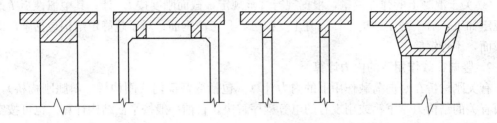

图 10-14 墩柱构造形式

多柱式的柱顶通常采用横梁连接，形成横向框架，以承受侧向作用力。当墩柱较高时宜在柱的中部设横撑并将各柱连起来；当桥墩很高时为了增大其横向刚度，还可做成斜向立柱。支柱的截面一般为空心或实心的矩形、工字形和箱形等。对于单柱的截面应考虑与主梁截面相配合，墩柱腹板尽可能与主梁腹板布置一致，以利于上下部结构的传力。

高墩大跨度刚构桥的桥墩外形通常采用竖直单薄壁墩或者竖直双薄壁墩，而高度较低的中小跨度刚构桥，特别是城市立交桥和风景区的公路刚构桥则经常采用 V 形、X 形及 Y 形桥墩。

10.3 刚构桥的内力计算

10.3.1 刚构桥设计

1. 内力计算原则及假定

目前，超静定体系桥梁的内力，仍按在运营荷载作用下，结构处于弹性工作阶段的假定进行计算。计算刚构桥内力时，可遵循以下原则和假定。

① 取支柱厚度的中分线和平分主梁跨中截面高度的水平线作为计算各式的理论轴线；

② 厚度变化较大的刚构桥则以各截面高度中分点的连线作为计算各式的理论轴线；

③ 计算截面包括全部混凝土截面（包括全拉区），不考虑钢筋；对于 T 形和箱形截面，不论其顶板和底板多厚，均应全部记入计算截面；

④ 计算变位时，一般可略去轴向力和剪力，仅考虑弯矩的影响；但在计算张拉力作用所产生的次内力时，必须计入轴向力对位移的影响；

⑤ 当采用变截面的主梁和支柱时，如果在同一构件中最大截面惯性矩超过最小截面惯性矩的 2 倍时，则应考虑此项变化的影响；

⑥ 在主梁与支柱相连接的区域，其截面惯性矩与其他地方相比要大得多，有时可看做趋于无穷大，此区域的变形实际上非常小。因此，在计算内力时可不考虑此区域变形的影响；

⑦ 当刚构桥基础位于压缩变形很小的土壤中时，支座底端可认为是固定的；若刚架基础位于中等坚实的土壤时，则仅在下列情况下可认为是固定的：由于基础有足够大的尺寸，致使基础底面一边的土压应力与另一边之比不大于 3 时；

⑧ 关于混凝土的弹性模量，根据现行规范规定，截面刚度按 EI 计。其中惯性矩 I 的计算规定如下：对于静定结构不计混凝土受拉区，只考虑钢筋；对于超静定结构包括全部混凝土截面，不计钢筋。

2. 竖向荷载作用下的内力计算

有关刚构桥在竖向荷载作用下的内力计算（包括变截面门式刚构桥、斜腿刚构桥），可参阅有关的结构力学书籍或用现有的电算程序解决，目前一般按平面结构计算，也可按空间结构进行分析，在此不再赘述。

10.3.2 刚构桥附加内力计算

1. 混凝土收缩附加内力计算

现行"铁路规范"规定：对于钢筋混凝土桥，按温度降低 15 ℃～20 ℃来计算收缩变形所产生的次内力，计算收缩率的终极值为：

$$\varepsilon_{sk} = 15 \times 10^{-5} \sim 20 \times 10^{-5}$$

混凝土收缩相对变形的变化规律为：

$$\varepsilon_{st} = \varepsilon_{sk}(1 - e^{-\mu})$$

式中　ε_{sk}——混凝土收缩变形的终极值；

　　　p——收缩时间增长速度的系数；

　　　t——混凝土硬化时到计算收缩变形时的时间。

混凝土收缩引起的水平方向附加内力为：

$$R = -\Delta_{RS}/\delta_{ss}$$

式中　Δ_{RS}——混凝土收缩在基本体系活动支撑端水平 R 方向所产生的位移，对门式刚架主梁 $\Delta_{RS} = \int_0^l \varepsilon_s^b ds$；对斜腿刚架，除主梁外还应考虑斜支柱水平位移为 $\Delta_{RS}^c = \int_0^s \varepsilon_s^c \cos\theta ds$，总位移为：$\Delta_{RS} = \Delta_{RS}^b + 2\Delta_{RS}^c = \int_0^l \varepsilon_s^b ds + 2\int_0^s \varepsilon_s^c \cos\theta ds$，其中 l 为主梁跨度，s 为斜柱长度，b、c 分别表示主梁和支柱，θ 为斜支柱的倾角；

　　　δ_{ss}——混凝土收缩在基本体系上产生的位移。

2. 混凝土徐变所产生的次内力计算

当体系发生转换时，混凝土徐变才引起内力的变化并由徐变产生次内力。若主梁为整体预制，架设到支柱上，然后再把梁柱接头整体化，体系因而发生了转换，由于自重应力所产生的徐变将引起刚架内力重新分布，其徐变次内力计算式如下：

$$M_A = -\frac{\theta_{ab}^0}{\theta_0^0 + \theta_{ac}^0}[1 - e^{-(\varphi_t - \varphi_\tau)}]$$

式中 $\overline{\theta_0^\theta}$——刚架主梁安装就位后的梁端弹性转角;

$\overline{\theta_{ac}^\theta}$——主梁两端作用单位力矩时所产生的梁端转角;

θ_{ab}^θ——柱顶作用单位力矩所产生的柱顶端转角;

φ_t——混凝土的龄期为 t 时的徐变系数;

φ_τ——将简支梁两端固结时,混凝土的龄期为 τ 时的徐变系数。

若主梁和支柱为预应力混凝土构件,在梁柱整体化之前,已经张拉一部分钢筋,预应力产生的梁端和柱顶端弹性转角为 θ_{yab}^θ 和 θ_{yac}^θ,则对应于徐变所产生的主梁梁端弯矩为:

$$M_a = (M^0 + HR^0)[1 - e^{-(\varphi_t - \varphi_\tau)}]$$

式中 $R^0 = -\dfrac{\Delta_0^\theta}{\delta_{ab}^\theta + \delta_{RR}^\theta}$,$M^0 = -\dfrac{\theta_0^e}{\theta_{ab}^e + \theta_{al}^e}$,$H$ 为支柱的高度。

3. 温度变化所产生的附加压力计算

温度变化对结构的影响是复杂的,因为:① 温度变化本身是某种周期性的变化;② 不同材料、不同尺寸、不同部位的构件对温度变化的反应不同;③ 温度变化影响往往伴随着混凝土的收缩和徐变,两者相互联系。在设计超静定结构的混凝土桥时,一般采用近似简化的计算方法考虑温度变化产生的附加内力的影响。

对钢筋混凝土构件,外界气温一般取一月份的平均温度作为最低气温,取七月份的平均气温作为最高气温。

温度变化的变形计算公式为:

$$\Delta_{RT} = (t - t_0)\alpha \int \overline{N} dt = (t - t_0)\alpha l$$

式中 α——混凝土和钢筋混凝土的线膨胀系数,可取 $\alpha = 1 \times 10^{-5}$;

l——主梁的长度。

4. 预应力作用所产生附加内力计算

对于超静定的刚构桥,预应力的作用将引起次反力,产生次内力。例如铰支门形刚构桥,其预应力的合力线如图 10-15(b)虚线所示,图 10-15(a)示预应力的偏心弯矩。图 10-15(c)为刚构桥在外荷载作用下的弯矩图。当主梁承受轴心预应力时,其变形如图 10-16(a);主梁承受预应力偏心弯矩时,变形如图 10-16(b)。可见,它们均引起向外的水平次反力,起着抵消预应力的作用。图 10-16(c)表示当支柱承受预应力偏心弯矩作用时的变形情况,此时在支座处引起向内的水平反力。一般来说,主梁所受预拉力越大,构件越长,因此产生的次内力也越大,而支柱预应力的影响较小。因此此项次内力主要受主梁预应力的影响。

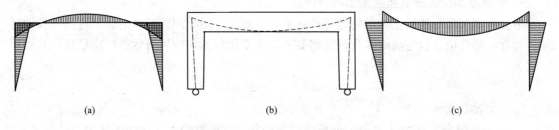

图 10-15 刚架承受预应力作用

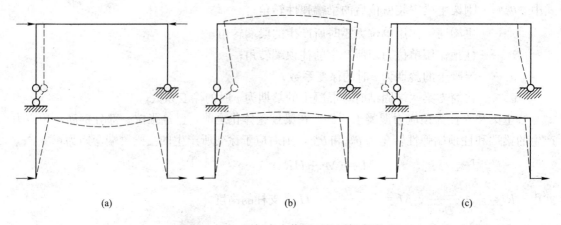

图 10-16 预加应力作用下的刚架变形

此时，由于预应力作用所引起的次反力为：

$$R = -\Delta_{Ry}/\delta_{RR}$$

式中 Δ_{Ry} 是预应力作用时，刚架基本体系沿水平反力 R 方向的变位，计算公式为：

$$\Delta_{Ry} = \int \frac{\overline{M}M_y}{EI}ds + \int \frac{\overline{N}N_y}{EA}ds$$

沿刚架全长分段求和为：

$$\Delta_{Ry} = -\sum_{i=1}^{n}\frac{N_{byi}}{EA_{bi}}\Delta x + \sum_{i=1}^{n}\frac{y_{bi}M_{byi}}{EI_{bi}}\Delta x + 2\sum_{i=1}^{n}\frac{y_{ci}M_{byi}}{EI_{ci}}\Delta y$$

式中 N_{byi}——主梁 i 截面所受预应力的轴向分力；
M_{byi}——主梁 i 截面所受预应力的偏心弯矩；
M_{cyi}——支柱 i 截面所受预应力的偏心弯矩。

$$N_{yi} = A_{yi}\sigma_{yi}\cos\alpha_i$$
$$M_{yi} = e_iA_{yi}\sigma_{yi}\cos\alpha_i$$

式中 A_{yi}——截面 i 的预应力钢筋的面积；
σ_{yi}——预应力钢筋的预应力大小；
e_i——预应力钢筋的偏心距；
α_i——预应力钢筋与截面 i 相交点切线的倾角。

预应力作用所产生的次内力，可以通过调整预应力钢筋的位置，或者通过调整支点反力来消减。

5. 墩台不均匀沉降引起的附加内力计算

墩台基础沉降与地基土壤的物理特性有关，一般也是随时间而递增的，经过相当长的时间，接近沉降终值。假定沉降变化规律相似于徐变变化规律，应用有效弹性模量法，其力法方程为：

$$\delta_{11}(x_{1t}+x_{1d}+\Delta)=0$$
$$R = -\Delta_{RY}/\delta_{RR}$$

式中 x_{1d}——墩台沉降在 T 时刻的变形值引起的基本结构赘余力方向的弹性内力；
Δ——墩台沉降在 T 时刻变形值导致基本结构赘余力方向上的变位。

10.4 预应力钢筋布置

预应力混凝土刚构桥的预应力布置通常也采用三向预应力体系布置，即在腹板、顶底板中布置顺桥向的纵向预应力筋，为了桥面横向的抗弯在顶板中布置横向预应力筋，为了抗剪应力在腹板中布置竖向预应力筋。

图 10-17 为国内外刚构桥常用的预应力筋布置方案：

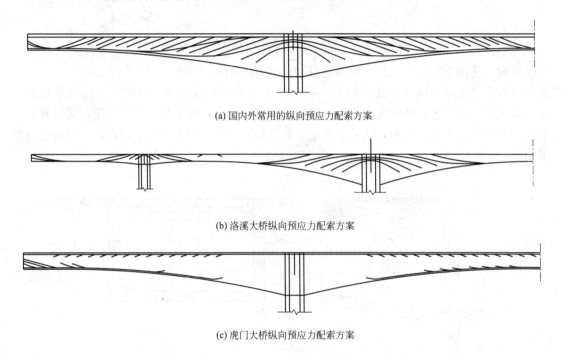

(a) 国内外常用的纵向预应力配索方案

(b) 洛溪大桥纵向预应力配索方案

(c) 虎门大桥纵向预应力配索方案

图 10-17　刚构桥常用的预应力筋布置方案

带挂梁的 T 型刚构桥的悬臂部分只承受负弯矩，因此将预应力筋布置在梁肋顶部和桥面板内，以获得最大的作用力臂，如图 10-18 所示。预应力筋分直筋和弯筋两类，直筋的一部分在接缝处端面上锚住，另一部分直通至悬臂端部锚固在牛腿端面上。梁肋内的弯筋则随着施工的推进逐渐下弯而倾斜锚固在各安装块件（或现浇段）上。为了使位于梁肋外承托内的力筋也能下弯锚固，通常还要使它们在平面内也作适当弯曲，如图 10-18 的平面图所示。下弯的力筋能增加梁体的抗剪能力。在大跨径桥梁中还可在梁肋内设置专门的竖向预应力镫筋来增强梁肋的抗剪作用。

对于带铰 T 形刚构，悬臂部分也可能出现正负异号的弯矩，在此种情况下梁的底部也应布置适当的纵向预应力筋，下面介绍纵向预应力筋布置的明槽法和暗管法。

1. 明槽法

在桥面板顶面预先留出凹槽，将预应力筋放在槽内，待力筋全部张拉锚固后，再浇注明槽混凝土，如图 10-19（b）所示。为了分批张拉并锚固力筋，需要将桥面板向下加厚做成

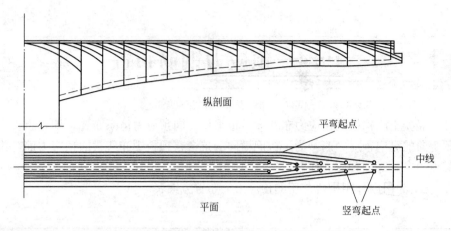

图 10-18 T 型刚构悬臂预应力筋布置示意图

锚固齿板（见图 10-19（a）），力筋就穿过齿板锚固在其端面上。明槽内力筋可分几层布置，随着力筋被逐步锚固而使层数减少，明槽深度也可相应减小。明槽法的优点是穿束方便，又无须压浆工艺。缺点主要是明槽混凝土未受预应力，既增加了梁体自重，又易开裂而不能有效地保护力筋。这种方法对悬拼施工显得特别方便，但鉴于以上缺点，近年来已较少采用。

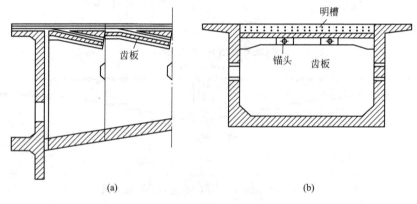

图 10-19 明槽法预应力筋布置

2. 暗管法

所谓暗管，就是在浇注梁体混凝土时在桥面板和腹板内用铁皮套管或橡胶拔管等预留的孔道，如图 10-20（a）所示。采用悬拼施工时，一定需要穿束，当用悬浇施工时，也可预先将力筋置于铁皮套管内。然后进行张拉、锚固和压浆。暗管法适用于将较多力筋分批下弯锚于接缝处腹板上的场合，这对抗剪有利。此法的主要优点是力筋都处在受预应力的混凝土内，因此能获得良好保护。与明槽法相比，由于无附加混凝土，就减轻了自重。其缺点是：梁段制作时工艺要求严，特别是对悬拼施工要保证多段块件预留孔道的准确顺直，不然会造成穿束困难。此外，间距不大的密集孔道，在施工中容易串孔漏浆、造成孔道堵塞。通常为了补救因施工失误可能造成孔道报废的事故，在设计时还要预设几个备用管道（见图 10-20（b））。

箱梁截面中的非预应力钢筋，大多属于构造钢筋，通常预制成钢筋网来安装，并注意在截面变化处（如承托处等）和削弱处（如检查孔处等）要局部加强。

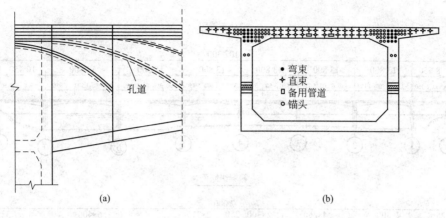

图 10-20 暗管法预应力筋布置

T型刚构的墩柱属压弯构件，而且墩柱两侧均可能受拉，因此必须在两侧柱壁内布置足够的受力钢筋或预应力筋。

10.5 预应力混凝土刚构桥的工程实例

近些年来，我国已修建了多座悬臂体系的预应力混凝土桥。其中尤以带挂梁的T型刚构桥为多。目前已建成的重庆长江公路大桥，跨径达到174 m，是国内同类桥型的最大跨径。

图 10-21 (a) 示出重庆长江大桥的总体布置图。此桥跨径为 86.5＋4×138.0＋156.0＋174.0＋104.5 (m)。上部结构全长为 1 073 m。利用两种不同长度的对称T构与跨径一律为 35 m 的吊梁组合成不同的桥跨。桥宽为 21 m：车行道 15 m，两侧人行道各 3 m。

大桥按汽车-20级设计，挂车-100验算，并以 150 t 平板车校核。人群荷载为 3.5 kPa。T构的墩柱高约 48～62 m，采用两端呈尖棱形的空箱结构（见图 10-21 (c)），桥墩竖壁与T构箱梁腹板相对应。

上部结构的T构对称地采用挂篮分段悬臂浇注，等宽的墩柱采用滑模施工。T构悬臂梁采用底宽各为 5.48 m 的分离式双箱结构（见图 10-21 (d)），箱梁顶宽为 19 m。T构悬臂梁梁底为三次曲线，根部梁高对于 138 米跨为 8 m，174 m 跨为 10 m，约为跨径的 $\frac{1}{16}$～$\frac{1}{17}$，在不受桥下净空限制的条件下，根部采用较大的梁高是比较经济的。悬臂梁端部处梁高均为 3.2 m。分离施工的两个箱梁中间用 50 cm 宽的后浇带联结，并施加横向预应力。

箱梁混凝土强度等级为 C40，要求浇注后 3 天强度达到 C30，以加快施工进度。

箱梁为三向预应力结构。纵、横向预应力筋采用 24ϕ5 高强钢丝束，钢制 F 式锚头。钢束用量主要受弹性阶段控制，以 174 m 跨的单箱为例，根部截面最多为 320 束，端部截面最少为 28 束。竖向预应力筋为 ϕ28 (25MnSi) 钢筋。张拉端用螺旋杆螺母锚固。预应力管道均采用铁皮套管。

预制吊梁因受架设重量（120 t）限制，跨度定为 35 m。跨中高 3 m，两端与悬臂梁配

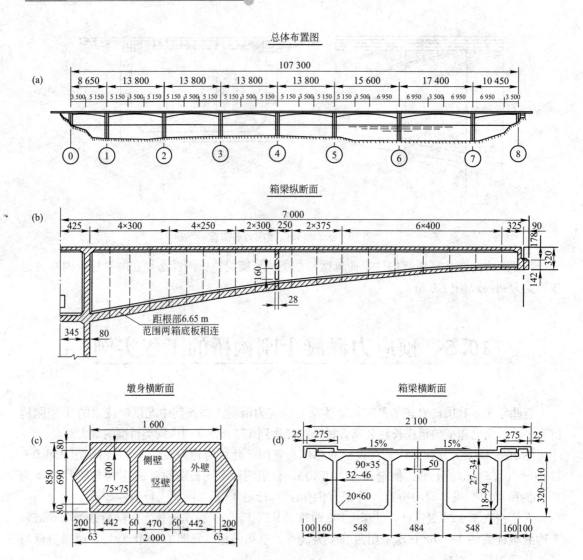

图 10-21 重庆长江大桥总体布置图（单位：mm）

合，高为 3.2 m。全桥宽共布置 4 根挂梁，分别支撑在箱梁腹板处的牛腿上，梁间借现浇桥面板和横隔板的接缝联成整体。

主跨 174 m 的 T 构每侧悬臂净长 65.75 m，分为 20 个节段施工，每段长度为 2.5～4.0 m 不等（见图 10-21（b）），重量一般不超过 100 t，近根部几段重量稍大，使用托架浇注。138 m 跨的 T 构每侧净长 48.7 m，分 14 个节段施工，每段长度 3.10～3.85 m 不等，重量亦不超过 100 t。

大桥在设计中对箱梁通过有限元法空间计算与一般平截面假定的计算作了比较，结果表明，两种计算的结果甚为接近。

箱梁在悬浇施工中，对于梁高较大的节段创造了内模滑升工艺，即随着腹板的浇注，逐步提升高度不大的悬挂内模，最后在该内模上浇注顶板混凝土。这种新工艺，不但解决了梁高与浇注质量的矛盾，而且为 T 构向更大跨径发展创造了条件。

习 题

一、填空题

1. 刚构桥通常适用于_____和_____的情况。
2. 刚构桥大多数做成超静定的结构型式，故在混凝土收缩、_____、_____、和预施应力等因素的影响下会产生次内力。
3. 预应力混凝土T形刚构桥，分为_____和_____两种基本类型。
4. 预应力混凝土刚构桥主梁截面在纵桥向可做成_____、_____、_____三种形式。
5. 预应力混凝土刚构桥的节点是指_____。
6. 预应力混凝土刚构桥的支腿与基础连接处通常做成铰支座，按所用材料一般分为：_____、_____、_____。
7. 预应力混凝土刚构桥的墩柱有_____、_____两种形式。
8. 温度变化对预应力混凝土刚构结构的影响是复杂的，因为：_____、_____。
9. 预应力混凝土刚构桥中的预应力筋布置通常采用三向预应力体系布置，即在_____、_____、_____中布置预应力筋。
10. 带挂梁的T型预应力混凝土刚构桥的悬臂部分只承受负弯矩，因此将预应力筋布置在_____、_____，以获得最大的作用力臂。

二、简答题

1. 概述预应力混凝土刚构桥有哪些优缺点？
2. 与普通钢筋混凝土刚构桥相比，预应力混凝土刚构桥有哪些优点？
3. 带铰的T形预应力混凝土刚构桥和带挂梁的预应力混凝土T形刚构桥各有哪些特点？
4. 简要说明在预应力混凝土刚构桥的不同截面布置节点的构造特点。
5. 简要说明预应力混凝土刚构桥中不同类型铰的构造特点？
6. 预应力混凝土刚构桥的内力计算原则及假定有哪些？
7. 简述预应力混凝土刚构桥的墩柱形式及各自的适用范围？
8. 说明预应力混凝土刚构桥附加内力的计算步骤。
9. 简要说明预应力混凝土刚构桥中明槽法和暗管法中预应力筋的布置型式。

第 11 章 大跨径刚构—连续组合梁桥

11.1 概　述

刚构—连续组合梁桥是连续梁桥与连续刚构桥的结合，通常是在一联连续梁的中部数孔采用墩梁固结的刚构，边部数孔为设置支座的连续结构。它从结构上又可分为在主跨跨中设铰、其余各跨梁连续和全联梁不设铰的组合梁桥两种形式，后者通常称为刚构—连续组合梁桥，如图 11-1 所示。

刚构—连续组合梁桥的主要优点是在大跨连续结构中，减少了大型桥梁支座和养护上的麻烦，减少了桥墩及基础工程的材料用量，适用于有较高桥墩的连续结构中。其主要特点有以下几点。

① 在受力方面，上部结构仍为连续梁的特点，但必须计入由于桥墩受力及混凝土收缩、徐变、温度变化引起的弹性变形对上部结构内力的影响。桥墩因需有一定柔度，所受弯矩有所减小，而在墩梁结合处仍有刚构受力特点。

② 墩梁固结有利于悬臂施工，同时也避免了更换支座，在结构上常选用变截面主梁。

③ 伸缩缝设置在连续结构的两端，要求两端的位移量不应相差太大。

④ 为保证结构的水平稳定性，桥台处通常需设置控制水平位移的挡块。

刚构—连续组合梁桥的典型实例有日本浦户桥（主孔跨径 230 m）和浜名桥（主孔跨径 240 m），其结构型式为七孔一联，主孔的两个墩为墩梁固结，跨中设铰，其余各墩顶设置支座。山东东明黄河公路大桥是我国首次建造的预应力混凝土刚构—连续组合梁桥，主桥为九跨一联，中部四个墩采用墩梁固结，两侧其余各墩在墩顶设置双排支座，开创了刚构—连续组合梁桥结构体系在我国桥梁建设当中应用的先例。带铰的刚构—连续组合梁桥有著名的德国本道夫（Bendorf）桥，该桥也为七孔一联，主孔跨径 208 m，主孔的两个墩为墩梁固结，跨中设铰，其余各墩顶设置支座。瑞士的比艾施纳（Biaschina）桥，该桥为六跨一联变截面刚构—连续组合梁桥，跨径为 58 m+85 m+140 m+160 m+140 m+62 m，桥建于深河谷，桥墩高差甚大，中间两个高墩（约 100 m）采用墩梁固结，其余各墩较低，相对主墩刚度要大，则在墩顶设置滑动支座。

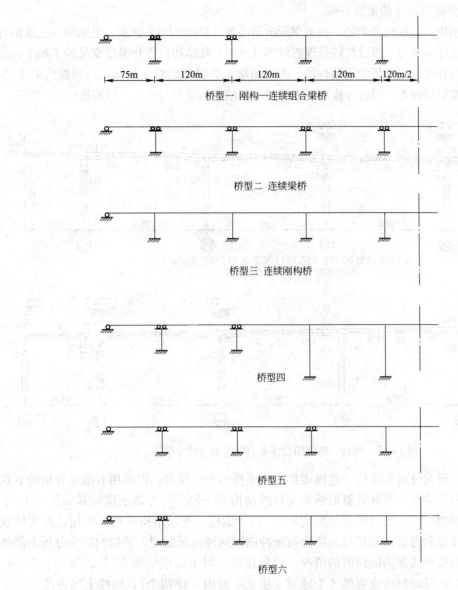

图 11-1 进行结构体系分析的各种计算图式

11.2 大跨径刚构—连续组合梁桥的受力性能

连续刚构为墩梁固结，对温度变化、混凝土收缩徐变、汽车制动力等因素产生的次内力相当敏感。如果墩的相对刚度大，则以上因素引起的次内力相当大，同时使基础墩身纵向两侧受力极不平衡。由此可见，墩身刚度是控制刚构—连续组合体系桥型布设及结构设计的关键因素，对于建筑高度有限、墩身高度低矮的组合体系而言，桥跨结构采用合适的方法计算墩身刚度，是分析与设计的重要内容。

下面介绍刚构—连续组合梁的一种有限元分析方法。如图 11-2 所示。将刚构—连续组合体系简化为平面杆系结构，假设材料是理想线弹性材料，在结构自重和温度变化的工况下，应用桩—土—结构相互作用分析的子结构法，考虑桥墩下群桩基础对上部结构的弹性约束作用，以求解体系的变形与内力；同时计算墩底固结时上部结构的变形与内力，以资比较。

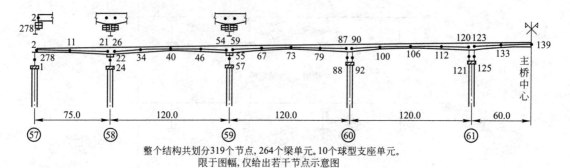

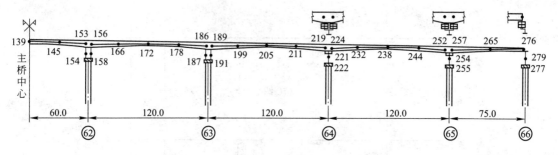

图 11-2　刚构—连续组合体系力学模型（尺寸单位：m）

图 11-2 是研究分析的刚构—连续梁组合体系桥的力学模型，以及用有限元分析的节点编号与单元划分示意图。实际计算时将典型桥跨结构 57 号至 66 号墩下群桩基础作为 10 个子结构，分别求出它们的出口刚度矩阵 $[K]_b^i$，以考虑桩—土—结构的相互作用；并按桩顶处于原河床线位置和考虑冲刷后桩顶高出河床冲刷线两种情况处理，最后归结为分析上部结构。其中还考虑桥墩底部为固结时的情况，以资比较。对于典型结构 57 号、58 号、59 号、64 号、65 号和 66 号墩顶所设置的 4 个球型支座（平面内一排两个），则按上述方法进行了处理。同时为了对比分析，还考虑了用刚节点代替内墩的球型支座，即全桥为 T 型刚构的情况。荷载工况按（整个上部结构均匀升温 20 ℃＋结构自重）和（整个上部结构均匀降温 25 ℃＋结构自重）两种情况考虑。

分析中，利用结构矩阵分析的逆步变换原理和交通部部颁标准《公路桥涵地基与基础设计规范》（JTG D63—2007）中的 m 法，推导出了群桩基础（子结构）的出口刚度矩阵，编制了相应的计算机程序。利用编制的程序可容易地计算出任意形式的群桩基础的出口刚度矩阵，而且可以考虑承台的尺寸效应。

为了探讨该体系中的连续梁下球型支座可能发生滑移所造成的影响，分析中还提出了一种球型支座的计算模型，并将其应用于整个体系的分析计算中，作了几种情况的分析对比。对于作为平面杆系结构的整个结构体系的分析，则是应用相关程序进行的。程序可以方便的处理主、从节点的位移从属关系，处理橡胶支座和球型支座发生滑移等情况，并具有读入刚度单元的功能，以考虑群桩基础的弹性约束作用。

11.3 大跨径刚构—连续组合梁桥箱梁剪力滞效应分析

11.3.1 剪力滞概念

宽翼缘箱形截面梁受对称垂直力作用时，其上、下翼缘的正应力沿宽度方向分布是不均匀的，这种现象称为剪力滞或剪力滞效应，如图 11-3 所示。位于腹板处的正应力最大，位于腹板两侧的正应力逐渐减小，这是与初等梁理论值的最根本差别。后者总是假定上、下翼缘的正应力是均匀分布的，如图 11-3 中的虚线所示。

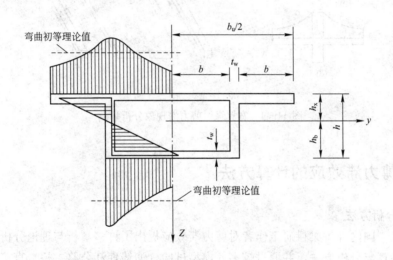

图 11-3 对称带悬臂板的单箱单室箱形截面的
弯曲应力分布（考虑剪力滞效应）

为了说明这种不均匀分布的原理，下面举一个宽翼缘 T 形梁的简单例子进行剖析。图 11-4 是一根承受集中荷载 P 的矩形截面简支梁，如果加载之前在它的顶部两侧各扩宽一个矩形条带 1 号，构成了 T 形截面（图 11-4）。显然，两侧条带 1 号与腹板（原矩形梁）之间的接触面上将各产生一组大小相等方向相反的剪切力，这些剪切力对腹板而言，起到阻止上缘被压缩，从而减小了梁的跨中挠度；但对 1 号条带而言，便相当于受到一个偏心压力，其内侧的压应力大于其外侧的压应力。同理，在图 11-4 的两侧再扩大条带 2 号，又由于同样的剪力传递原因，使 2 号条带内侧的压应力比其外侧的大（图 11-4）。依此类推，即构成了图 11-4 所示的应力沿翼缘宽度方向不均匀分布的图形。根据这个道理，就可以理解图 11-3 中箱形截面梁应力分布的现象。

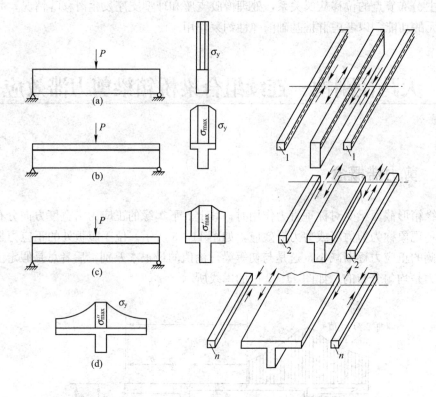

图 11-4 宽翼缘梁剪力滞现象分析举例

11.3.2 剪力滞效应的计算方法

1. 理论分析方法

数十年来，国内外桥梁科研工作者对剪力滞效应提出了许多解析与理论分析方法，推出了许多新的计算与分析方法，并通过较多的模型试验（如钱塘江公路二桥）直接用于解决工程实际问题。综合起来有以下几种方法：

① 卡尔曼（Von Karman）理论；
② 弹性理论解；
③ 比拟杆法；
④ 数值分析法；
⑤ 变分法。

2. 实用计算方法

在工程设计中，如果按照精确的剪力滞计算公式或空间有限元来分析结构的截面应力是十分不方便的。由此，工程上往往采用偏安全的实用计算方法——翼缘有效宽度法，其基本步骤是：① 先按平面杆系结构理论计算箱梁各截面的内力（弯矩）；② 对不同位置的箱形截面，用不同的有效宽度折减系数将其翼缘宽度进行折减；③ 按照折减后的截面尺寸进行配筋设计和应力计算。

有效分布宽度的简单定义是：按初等梁理论公式算得的应力（图 11-5b）与其实际应力峰值（图 11-5a）接近相等的那个翼缘折算宽度，称作有效宽度。例如，对于图 11-5 中的有效宽度 b_{e1}，按下式换算求得：

$$b_{e1} = \frac{t\int_0^c \sigma(x,y)\,dy}{t\sigma_{max}}$$

式中　c——腹板至截面中线的净宽；
　　　t——上翼缘厚度；
　　　x——沿跨长方向的坐标；
　　　y——沿横截面宽度方向的坐标；
　　$\sigma(x,y)$——翼板的正应力分布函数。

3. 规范规定的方法

根据上述原理，我国现行的公路桥规，对于箱形截面梁在腹板两侧上、下翼缘的有效宽度 b_{mi}（见图 11-6）的计算方法作了下列的规定：

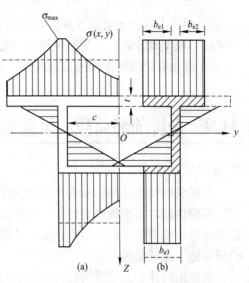

图 11-5　翼板有效宽度及正应力

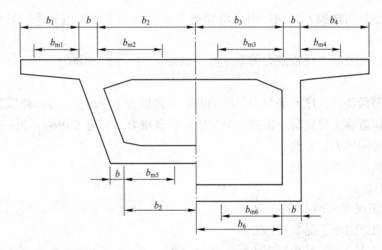

图 11-6　箱形截面梁翼缘有效宽度

① 简支梁和连续梁各跨中部梁段，悬臂梁中间跨的中部梁段

$$b_{mi} = \rho_f b_i$$

② 简支梁支点，连续梁边支点及中间支点，悬臂梁悬臂段

$$b_{mi} = \rho_s b_i$$

上述式中　b_{mi}——为腹板上、下各翼缘的有效宽度（$i=1, 2, 3, \cdots$）；
　　　　　b_i——为腹板上、下各翼缘的实际宽度（$i=1, 2, 3, \cdots$）；
　　　　　ρ_f——有关简支梁、连续梁各跨中部梁段和悬臂梁中间跨的中部梁段翼缘有效宽度的计算系数，具体数值可参考规范的有关图表；
　　　　　ρ_s——有关简支梁支点、连续梁边支点和中间支点、悬臂梁悬臂段翼缘有效宽度的计算系数，具体数值可参考规范的有关图表。

③ 当梁高 $h \geqslant \dfrac{b_i}{3}$ 时，翼缘有效宽度采用翼缘实际宽度。

④ 预应力混凝土梁在计算预加力引起的混凝土应力时，由预加力作为轴向力产生的应力可按翼缘全宽计算；由预加力偏心引起的弯矩产生的应力可按翼缘有效宽度计算。

⑤ 对超静定结构进行内力分析时，箱形截面梁的翼缘宽度可取全宽。

11.4　合拢前静荷载、风荷载及施工荷载作用下的结构安全度分析

长联大跨径连续刚构桥跨结构的刚构主墩为了克服温度变形，多采用双墙薄壁墩的形式，其刚度较之支座墩要小得多。在合拢前的最大悬臂状态时，由于风荷载及不对称施工荷载和挂篮偏移等多方面的因素，刚构主墩墩身及单个 T 形刚构大悬臂结构的安全度及允许的最大施工荷载偏差须进行分析验算。

根据国内外有关建桥资料，通常采用下述六种工况及四种荷载组合作为验算的依据。

六种工况：

（工况1）结构自重偏差影响，对已浇箱梁自重一侧为 1.025 倍自重，另一侧为 0.975 倍自重；

（工况2）挂篮及施工设备重力偏差系数一侧取 1.04，另一侧取 0.96，并计入动力系数 1.1 和 0.9；

（工况3）节段浇注次序不平衡引起的偏差，一侧取为 $1.0w_{末块}$，另一侧取为 $0.5w_{末块}$；

（工况4）挂篮移位位置偏差相差一个节段，挂篮重力一侧为 $1.0w_{挂}$，另一侧为 $0.5w_{挂}$；

（工况5）竖向风力的影响；

（工况6）横向风力的影响。

四种荷载组合：

（组合一）工况1＋工况2＋工况3

（组合二）工况1＋工况2＋工况4

（组合三）工况1＋工况2＋工况5

（组合四）工况1＋工况2＋工况6

已有文献所述的计算结果表明：

① 风载对于桥跨结构本身所起的作用比较小，可以忽略不计；

② 施工中要求对称悬浇。虽从计算数值上看，可以允许不对称悬浇半个节段，但从施工安全角度来说应力求做到对称施工。

11.5　大跨径刚构—连续组合梁桥工程实例

东明黄河大桥位于山东省东明县和河南省濮阳市之间的黄河上，主孔系一座预应力混凝

土连续—刚构公路桥。全长 4 142.14 m。主桥为 9 孔一联，分跨为 75＋7×120＋75 (m)，主桥桥孔布置如图 11-7 所示。

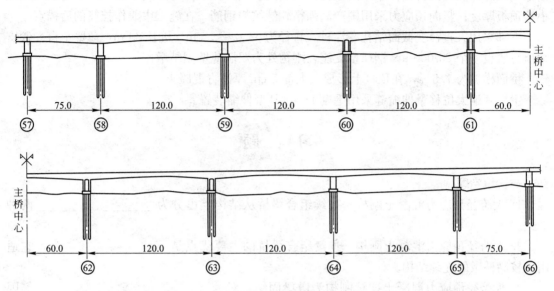

图 11-7　主桥桥孔布置图（尺寸单位：m）

中间四个墩为双墙薄壁墩身，墩顶设大吨位钢球型支座；墩基均为高桩承台、钻孔灌注桩基础（见图 11-8）。

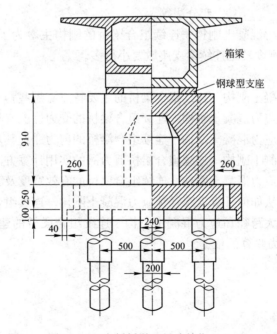

图 11-8　主桥桥墩（尺寸单位：cm）

上部结构为单箱单室三向预应力箱梁。箱梁顶板宽 18.34 m，箱梁底宽 9.0 m，顶板设 1.5% 横坡。箱梁高度跨中由初步设计的 3.0 m 减为 2.6 m，支点仍用 6.5 m，梁底线型按二次抛物线设置。

箱梁采用强度等级为 C50 的混凝土，钢绞线采用国产 $\phi_j 15.24$ 强度为 1 860 MPa 高强低松弛钢绞线，大吨位群锚体系纵向预应力。横向预应力体系为 BM 扁平锚和扁平管道，以减小箱顶板厚度；竖向预应力采用国产高强精轧螺纹粗钢筋，在施工中兼作挂篮的后锚点。

下部采用大直径变截面钻孔灌注桩，直径为 $\phi 2.0 \sim 2.4$ m，桩长 83 m，薄壁承台。铰支墩顶每墩设 4 个 25 000 kN 钢球型支座，刚构处为双墙薄壁固结墩。

桥面横坡为 1.5%，在顶板上形成，上铺 5 cm 厚沥青混凝土。

主桥两端大位移量伸缩缝采用毛勒 D3400B 型伸缩装置。

习　题

一、填空题

1. 大跨径预应力混凝土刚构—连续组合梁桥从结构上可分为_____、_____两种形式。
2. 大跨径预应力混凝土刚构—连续组合梁桥的主要优点是_____、_____，它适用于较高桥墩的连续结构。
3. 大跨径预应力混凝土连续刚构为墩梁固结，对_____、_____、_____等因素产生的次内力相当敏感。
4. _____是控制刚构—连续组合体系桥型布设及结构设计的关键因素。
5. 大跨径预应力混凝土刚构—连续组合梁桥剪力滞的理论分析方法有卡尔曼理论、_____、_____、_____、变分法等。
6. 长联大跨径预应力混凝土刚构—连续组合梁桥的刚构主墩为了克服温度变形，多采用_____的形式，其刚度较之连续梁支座墩要小得多。

二、简答题

1. 大跨径预应力混凝土刚构—连续组合梁桥的主要特点有哪些？
2. 墩身对大跨径预应力混凝土刚构—连续组合梁桥的受力性能有哪些影响？
3. 什么是大跨径预应力混凝土刚构—连续组合梁桥的剪力滞？其基本原理是什么？
4. 大跨径预应力混凝土刚构—连续组合梁桥剪力滞的实用计算方法的基本步骤有哪些？
5. 什么是大跨径预应力混凝土刚构—连续组合梁桥的有效宽度及其的计算方法？
6. 按规范规定的方法如何计算大跨径预应力混凝土刚构—连续组合梁桥的剪力滞？
7. 根据国内外有关大跨径预应力混凝土刚构—连续组合梁桥的建桥资料，通常采用哪几种工况及荷载组合作为验算的依据？

第 12 章 预应力混凝土拱桥

预应力混凝土拱桥主要有预应力混凝土系杆拱桥和预应力混凝土桁式组合拱桥二类。如图 12-1 和图 12-2 所示。

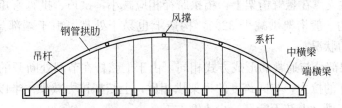

图 12-1 预应力混凝土系杆拱桥示意图

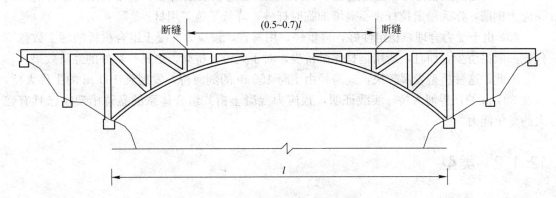

图 12-2 预应力混凝土桁式组合拱桥

系杆拱桥为外部静定内部超静定结构，其支座布置形式与一般简支梁桥相似。系杆拱桥将主要承受压力和主要承受弯矩的行车道梁组合起来共同承受荷载，充分发挥被组合简单体系的特点及组合作用，且造价经济、造型美观。

预应力混凝土桁式组合拱桥是近年来出现的一种新桥型，它由悬臂桁梁和中段桁架组成。这种拱桥上弦在墩（台）顶与拱顶之间的适当位置断开，形成一个断缝，下弦仍保持连续，这样，断点至墩（台）顶可视为悬臂桁架墩，支撑着中部的桁架拱，形成拱、梁组合体系。

预应力混凝土桁式组合拱桥对于大跨径桥梁，具有较强的竞争力，本章主要介绍此类拱桥的设计。

12.1 预应力拱桥的特点、类型和组成

12.1.1 特点

以贵州剑河桥为典型例子介绍桁式组合拱桥，具有以下特点。

(1) 保留了桁架体系的优点、拱上建筑与主拱圈联合受力，整体性好，纵、横向刚度大，施工阶段和运营阶段稳定性好。

(2) 中跨桁拱支撑在悬臂桁架上，桁拱跨径相应减小，拱顶、拱脚弯矩有所减少。拱顶正弯矩比同跨径的一般桁架拱减少32%，构造上也易于处理。由于端部悬臂桁架的存在，改善了墩台的受力状况。

(3) 悬臂桁架部分与通常的形成方式相同，由于上弦杆在节间处断开的处理方法，从而可大大减少上弦杆的拉力，与同跨度的桁架拱相比，上弦杆拉力减少一半以上，其预应力钢筋用量比同跨拱桁梁（上弦不断开）少1/2左右。

(4) 悬臂桁架在施工和运营过程中受力一致。在悬拼安装阶段，直接利用上弦杆的结构预应力钢筋，作为稳定拉杆，不需增加临时杆件，降低了施工用材。

(5) 由于受力合理，稳定性好，自重轻，用材省，预应力混凝土组合拱桥的圬工数量不仅比一般拱桥少，而且，所用钢材比梁桥少，对于大跨径桥梁，更具有良好的经济效果。

因此，这种桥型发展较快，其跨径由主跨150 m的剑河桥，发展到160 m的牛佛大桥，以及324 m的江界河大桥。实践证明，预应力混凝土桁式组合体系的悬臂桁架拱已具有强大的竞争能力。

12.1.2 类型

预应力混凝土桁式组合拱桥的类型，按腹杆布置形式可分为三角式、斜压杆式和斜拉杆式。腹杆布置形式关系到杆件受力和桥型的美观，如图12-3所示。

1. 三角形式

三角式的腹杆根数少，且均为斜腹杆，腹杆总长度为最小，用料省。但是，当跨径较大时，三角形腹杆体系的节间过大，为了承受桥面局部荷载，就要增加钢筋用量。若为竖杆的三角形式腹杆如图12-3 (a) 所示，可减小节间长度，但因有四根杆件交汇的节点，节点构造复杂，所以较少采用。

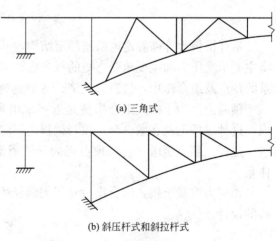

图12-3 桁式组合拱桥腹杆形式

纯三角形式腹杆呈双向倾斜，单根拼装较困难，一般100 m以内的小跨径桁式组合拱桥可采用，对于大跨径不宜采用。

2. 斜压杆式

此种形式斜腹杆受压，竖杆受拉，如图12-3（b）所示，预应力钢筋布置在竖杆上，结构简单，便于设置锚头，分块容易。但用竖杆作为稳定结构的构件，在单根拼装的施工中极为不便。加之斜压杆式的斜腹杆长度较长，细长的斜腹杆长期处于受压状态，对稳定不利，拱脚处的斜压杆又影响河流过水，100 m以上大跨径桁式组合拱桥不宜采用。

3. 斜拉杆式

如图12-3（b）所示，斜腹杆受拉，竖杆受压。斜腹杆长度较短，拱脚处过水情况比斜压杆式好，预应力钢筋布置在斜腹杆上，不像布置在竖杆上方便；整片或多节间预制时分块困难；但采用单杆件拼装，斜拉杆作为稳定结构是很方便的，故这种腹杆布置形式适用于大跨径桁式组合拱桥，是预应力混凝土桁式组合拱桥常用的型式。

12.1.3 组成

预应力混凝土桁式组合拱桥，是由悬臂桁架梁和中部的桁架拱形成纵向拱梁组合体系，如图12-4所示。横向一般仅设两片桁架，在桁架上弦的第二或第三节间处断开，使两端各自成为一段固结于桥墩上的悬臂桁架，支撑着中部的桁架拱，中部桁架拱的拱脚前移至断缝相应位置，使拱的跨径减小。悬臂桁架和桁架拱均由上、下弦杆和腹杆组成。为保证桁架片间的整体性，在上、下弦杆间应设横隔板。为减轻横隔板自重，国内几座桥上均采用桁构式的，这对于抵抗扭矩是有利的，在竖杆位置设剪刀撑，在斜腹杆位置一律设置横系梁。

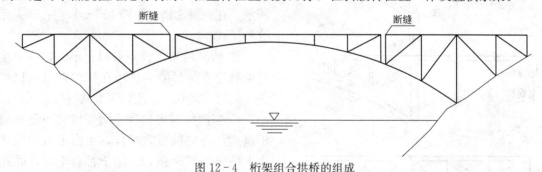

图12-4 桁架组合拱桥的组成

12.2 预应力混凝土拱桥的构造

12.2.1 总体布置

1. 主孔悬臂长度的确定

在预应力混凝土桁式组合拱桥中，两悬臂端（两断点）中间的桁架拱是拱式受力体系，上弦杆、下弦杆及实腹段均受压,悬臂端(断点)至桥墩是悬臂桁架受力,上弦杆受拉,下弦杆受压。由此,断点的选择直接影响到各杆件的内力。

从悬臂桁架看,当悬臂加长时(断点向拱顶移动),墩上杆件内力必然增大,中孔的中部桁架拱的跨径减小,但拱的矢高相应变小,拱顶弯矩反而有增大趋势,若断点移向拱脚,减小悬臂长度,拱的作用必然增大,拱顶轴力和拱脚弯矩就越大。以上表明断点的位置有一个合理位置,使结构受力较均匀。另外从弦杆受力上看,接近墩顶区段受拉,靠近拱顶的区段受压,其间有一个由拉变压的区段,轴力接近为零,类似于梁的反弯点。若把断点选至这个轴力为零的点,对整个结构受力,特别是对降低温度内力,显然是有益的。

2. 边跨布置

桁式组合拱桥的特点之一是采用悬臂拼装。主孔的悬臂重量通过上弦拉力传给边跨,再通过边孔(锚固孔)传给地基,或利用边孔自重与主孔悬臂平衡。因此,边孔可根据地形、地质条件,合理选择桥型和边孔长度,这也是桁式组合拱桥设计的重要内容之一。

现将边孔锚固和不锚固的形式列出。

① 对岩性整体性和稳定性较好的地基,上弦拉力可通过桥台底部的锚固设施传给地基,即利用大地来平衡主孔的悬挂重量。这时,边孔可采用两种形式。

a. 如果主孔跨径很大,由上弦传来的拉力很大,宜采用多点锚固,将上弦拉力经桥台和斜腹杆分散传给地基。这种情况边孔可采用桁式刚构,如图12-5(a)所示。江界河大桥(主跨330 m)边孔即采用这种型式。

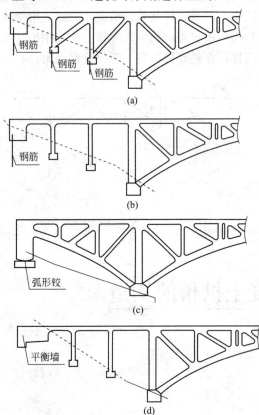

b. 主孔跨径不很大,拉力也不是很大,且单点锚固满足要求的情况下,可采用连续刚构,只在桥台底部设锚固,如图12-5(b)所示。花鱼洞大桥(主跨150 m)边孔即采用这种型式。

② 两岸地质条件不好时,不宜锚固,主孔的悬挂重量只能通过边孔构件自重加以平衡。此时,边孔可采用以下型式。

a. 当两岸地形比较平缓,可将边孔作成桁拱式,与主拱型式一样,相当于由桥墩向岸上挑出半跨桁拱,固结于桥台上部,并在桥台底部设简易钢筋混凝土弧形铰,使桥台基础仅承受均匀轴向压力。边孔和桥台自重应能满足平衡主孔悬挂重量的要求。边孔跨径越接近主孔的悬挂长度,桥台所受上拔力就越小,当两个跨径相等时,桥台工程数量可以减到很小,如图12-5(c)所示,剑河大桥(主跨150 m)边孔属于这种型式。

b. 当两岸地形较陡,不宜设拱,则可采用连续刚构,将桥台伸入地基,加大桥台圬工体积做成平衡墙。这样,利用桥台自身刚

图12-5 边孔桥型方案

度克服上弦拉力所产生的弯矩，利用桥台底部与地基摩阻力克服剪力，以满足抗倾覆稳定和抗滑动稳定的要求，如图 12-5 (d)，即为百米大桥（主跨 100 m）边孔采用的型式。

3. 下弦曲线与矢高

桁式组合式拱，下弦杆在合拢后是主要承重的构件（主拱圈），所以下弦曲线型式应按受力情况来采用。从桁式组合式拱的自重分布来看，自重沿跨分布较均匀，所以，桁式组合式拱的下弦曲线宜采用二次抛物线型式。目前所建的桁式组合式拱均采用二次抛物线。

边跨不是桁拱式的桁式组合式拱，对于矢高的确定，与拱桥的矢高确定原则相同。矢跨比控制在 1/8 以上，例如江界河大桥矢跨比为 1/6。

边跨设有桁拱式的桁式组合式拱，如图 12-5 (c)，边跨和主跨矢高应根据中跨与边跨水平推力相等或接近来确定。当中跨为边跨跨长的 2 倍时，可采用相等矢高，当边跨少于中跨的二分之一跨长时，边跨采用大于中跨的矢跨比。例如，剑河大桥中跨为 150 m，边跨为 39 m。中跨的矢跨比取为 1/8，边跨的矢跨比取为 1/5。

4. 桁片和节间划分

桁式组合拱的拱片数的确定，与用材料经济性、施工简易性、桥型美观、横向联结系及桥面布置有关。总的来讲，拱片数少，主桁用料省，施工简单，外形美观；但桥面和横向联结系用料多。一般应作经济比较，并要与吊装能力一起考虑。但是，考虑到桁式组合式拱由上、下弦组成桁式拱片，因上、下弦杆一般采用闭合的箱型截面（较为刚劲的），所以一般桁式拱片横向间距不宜过小。对于双车道的桥，一般采用两片桁式拱片。例如，剑河大桥车道宽为净－7，两片桁拱片间距为 6 m，江界河大桥车道宽为净－9，两片桁拱片间距为 7.8 m。当桥较宽时，应当进行技术经济比较以确定桁片数目。

桁式组合拱的节间划分，也就是节间长度的确定，主要考虑受力合理、外形协调，以及施工吊装重量等因素，也要结合上弦断点位置综合考虑。对于受力的合理性，如上弦杆是连续受弯构件，支点处必然出现负弯矩，跨中出现正弯矩。由此，在划分节间长度时，应使正负弯矩大致协调为宜。与此同时，也应考虑施工受力时与营运阶段受力时配束的合理性。例如，当节间过小时，在营运阶段所需永久预应力钢筋不多，而在施工阶段为了悬臂拼装需要配备较多的预应力钢筋，这样就必然要配置较多的临时预应力钢筋。又如，当节间过大时，营运阶段为克服弯矩产生的拉应力，就必须配置较多的永久预应力钢筋，而在悬臂拼装阶段所配预应力钢筋就显得不够，这样就造成较多的后加预应力钢筋。无论是临时预应力筋较多，或后加预应力筋较多，在材料的充分利用上都是欠合理的。节间长度的选定应照顾到悬拼施工阶段和营运阶段预应力筋的配置相接近为好。节间长度直接影响斜腹杆夹角。综合以上因素，再考虑吊装重量，应尽量使斜腹杆与竖杆夹角在 60° 左右为宜。

12.2.2 杆件的截面

为了减轻自重，保证截面的强度和整体刚度，桁式组合拱桥的上下弦杆、腹杆和实腹段的截面，一般都采用闭合箱型截面，并按照吊装顺序，分次拼装组合而成。为了增强构件的整体性，在所有箱型杆件内均设有隔板加强，间距为 4～5 m。

1. 上弦杆

① 当跨径不大时，上弦杆可一次浇注成小闭合箱型截面。图12-6是剑河大桥上弦杆截面。

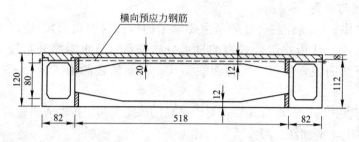

图12-6 剑河大桥上弦杆截面

② 当跨径较大时，一个节间中的一个边箱重量就大大超过了吊机的起重能力，可将边箱腹板预制吊装就位后，再现浇边箱顶底板和腹板的上下翼缘。图12-7为江界河大桥上弦杆构造图。

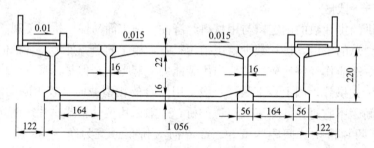

图12-7 江界河大桥上弦杆及桥面系

2. 下弦杆

① 当跨径不大时，下弦杆同上弦杆（见图12-6）在预制时，一次浇注成闭合边箱，悬臂就位后再加盖板、底板，组成三室闭合的箱型截面。下弦顶底板也是单向加腋板，加腋坡度可与上弦一样，以增加截面的整体性，使之成为共同受力截面，如图12-8所示。

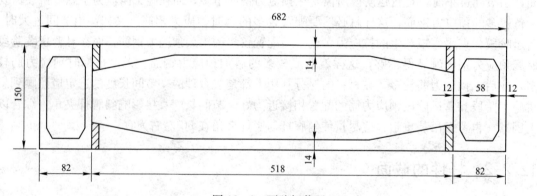

图12-8 下弦杆截面

② 跨径较大时，下弦节间吊装重量过大，可与（见图12-7）上弦构造一样，边箱采用部分预制，部分现浇，形成组合边箱。边箱腹板预制成矩形截面，吊装就位后，现浇边箱顶

底板和腹板的上下翼缘组成闭合边箱，然后浇注两边箱间的加腋顶板、底板，形成三室一箱的下弦截面。为满足大跨径桁式组合拱的强度和稳定要求，可把下弦边箱顶底板采用变宽处理，图 12-9 是江界河大桥的下弦沿跨变化宽度图。

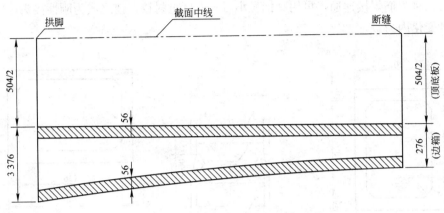

图 12-9　江界河大桥的下弦杆加宽示意图

3. 腹杆

腹杆由竖杆和斜腹杆组成。竖杆和斜腹杆的构造根据受力特点来处理。目前采用较多的是斜拉杆式的桁式组合拱。斜腹杆是拉杆，必须设置预应力钢筋，竖杆为压杆，可不设置预应力钢筋。现将斜拉杆式的桁式组合拱桥的斜腹杆和竖杆分别介绍：

斜腹杆常考虑自身的稳定性和施工中的刚度，以及与上下弦杆相配，往往做成箱型截面，图 12-10（a）为剑河大桥斜腹杆，截面为 70 cm×90 cm 的箱型截面，箱壁厚为 14 cm，满足预应力钢筋布置所需要的厚度。两片桁式组合拱的斜腹杆间用横系梁联结。图 12-10（b）为江界河大桥斜腹杆截面，由于也是拉杆，设为 140 cm×160 cm 的箱型截面，设预应力钢筋处的壁厚为 16 cm，不设预应力钢筋处的壁厚为 14 cm。两腹杆间设横系梁加以联结。

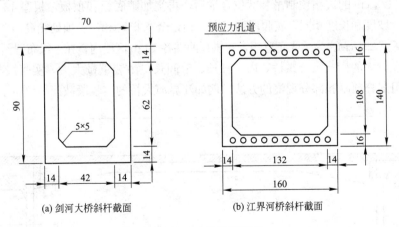

图 12-10　斜腹杆截面

竖杆同样考虑自身稳定和施工中的刚度，一般采用箱型截面。图 12-11 为剑河大桥的竖杆截面，箱截面尺寸为 90 cm×70 cm，两片桁架的竖杆间用剪刀撑联结，以增强横向刚度。由于竖杆均为压杆，不需设置预应力钢筋。箱壁按强度和杆件局部稳定控制，其尺寸比斜腹杆小，所以，设计壁厚仅为 10 cm。对于较短的竖杆，相对刚度大。所分配的节点弯矩次应力也很大。为了减少节点恒载弯距，施工过程中将竖杆两端靠近节点处之截面做成临时铰。图 12-12（a）是剑河大桥短竖杆端的构造。先切断主筋，增设 x 钢筋，悬拼合拢，加载完成后，将主筋焊接连通，再用高标号小石子混凝土封铰，使之成为刚性接头，以承受活载和温度变化内力。

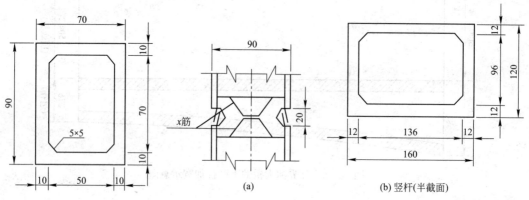

图 12-11　剑河大桥竖杆截面　　　　图 12-12　竖杆截面构造

图 12-12（b）是江界河大桥竖杆截面，截面设计为高 120 cm、宽 160 cm 的箱型截面，壁厚为 12 cm。两片桁架间的竖杆用剪刀撑加以联结，以增加其横向刚度。该桥的短竖杆采用预应力钢筋加强。

4. 实腹段

为了全跨横向尺寸一致，桁式组合拱的实腹段截面一般与上弦一致，同样是由两个边箱和边箱间的顶板和底板组成三室一箱的闭合箱。不同的是边箱可一次浇注，吊装就位后，再现浇两边箱间的加腋顶板和底板，形成整体截面，共同受力。图 12-13 是剑河大桥的实腹段，由两个 82 cm×172 cm 的边箱预制吊装就位合拢后，再浇加腋底板和顶板，板厚 12 cm，与上弦的厚度、加腋坡度和长度相同。实腹段为三室一箱，全宽 682 cm，拱顶处箱高 180 cm，随下弦曲线逐渐增高至 294 cm。为承受正弯矩，在拱顶两端各 10 m 区段内，在下缘布置预应力钢筋。

对于跨径较大的桁式组合拱桥，由于杆长、节间长，吊装重量太大，实腹段与上弦一样，两个边箱采用部分预制和部分现浇的方法。例如江界河大桥的实腹段截面与该桥上弦截面完全

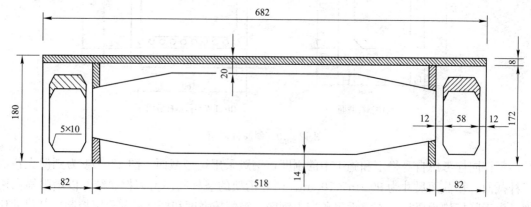

图 12-13　拱顶截面

相同，两个边箱中仅腹板采用预制，然后现浇边箱的顶、底板和腹板的上、下翼缘，形成闭合边箱，最后现浇边箱间的顶板和底板，形成三室一箱的闭合截面，其宽度为 10.56 m，箱高由拱顶 2.9 m，随下弦曲线逐渐增高至空、实腹界处 5.55 m。

5．墩上立柱

墩上立柱无论是施工或营运阶段都以承受轴向压力为主。但墩上立柱高度很大，例如，剑河大桥立柱高度近 20 m，江界河大桥立柱有 50 m 以上，为保证必要的刚度常设计成与腹杆相类似的箱型截面。例如江界河大桥（见图 12-14）采用箱高 4 m，箱宽 2.9 m，箱壁厚 30 cm 的二室一箱截面，两立柱间设多道横系梁联结，增加横向刚度。

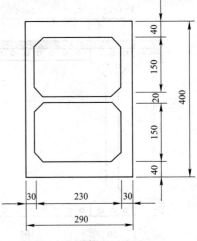

图 12-14　墩上立柱（半截面）

6．预应力钢筋的设置

根据桁式组合拱桥受力的特点，在施工与营运时受拉部分应设预应力钢筋，一般布置在上弦（悬臂受力）、腹斜腹杆（受拉杆件）及实腹段下缘。对于边孔上弦与桥台相交处，以及主孔局部区段斜腹杆下节点有局部弯矩的拉应力区，也应局部布置短预应力钢筋，如剑河大桥的预应力钢筋布置（见图 12-15（a））。预应力钢筋根数根据受力需要而定，分为临时筋和永久筋，承受悬臂拼装（临时筋）及运营阶段（永久筋）所产生的轴向拉力及弯矩。图 12-15b 为江界河大桥上弦杆预应力布筋图。

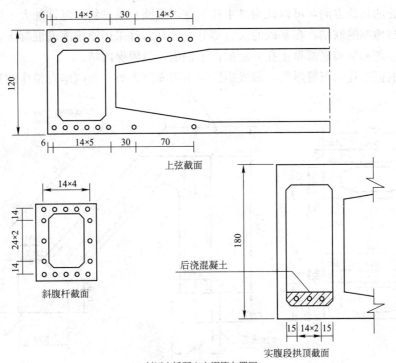

(a) 剑河大桥预应力钢筋布置图

图 12-15　上弦预应力钢筋布置图

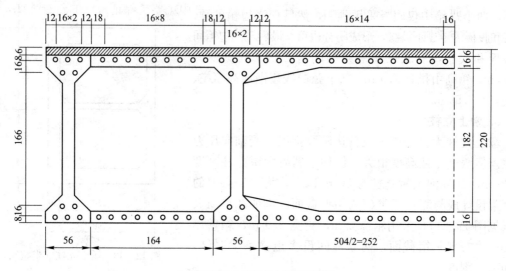

(b) 江界河桥上弦预应力钢筋布置图

图 12-15　上弦预应力钢筋布置图（续）

12.2.3　下部结构

桁式组合拱桥，一般主孔和边孔拱脚推力不平衡，为使主孔大部分推力由桥墩传给地基，桥墩构造可采用不对称形式。图 12-16 为剑河大桥的南岸 A 形墩，后撑的轴线接近主孔下弦拱脚处的切线方向，可以认为是主孔下弦（拱圈）通过斜撑延伸加大了跨径。为了加强桥墩基础与地基的联结，在基础的嵌岩部分，挖基后都采用原槽灌满混凝土，并在斜撑底部靠近边孔一侧和前墙底部靠主孔一侧加设了钢筋，以确保固结。

桥台应根据边孔的布置形式，做成锚固或不锚固两大类。当两岸有整体性和稳定性较好

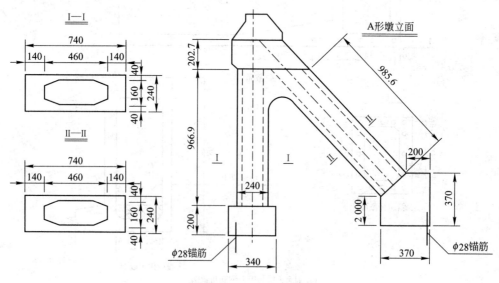

图 12-16　A 形墩及基础构造图

的岩石地基时,一般采用锚固桥台(见图 12-17)。设计中主要是保证桥台的自身强度,其次是确保桥台基础与地基牢固连接。

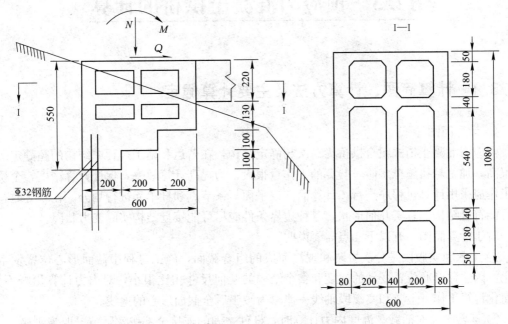

图 12-17 锚固桥台设计图

当两岸地质情况不好,就无法采用锚固桥台,应采用圬工砌体的平衡墙,或在桥台下设铰,使桥台承受的弯矩经铰传给地基。例如,剑河大桥两桥台均处于亚黏土夹卵石地基上,该桥将桥台底部设计成钢筋混凝土弧形铰,如图 12-18 所示。

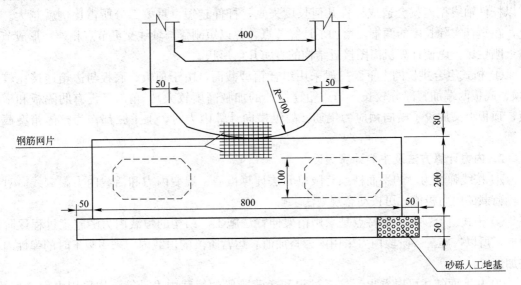

图 12-18 钢筋混凝土圆弧铰

12.3 预应力混凝土拱桥的计算

12.3.1 计算简图、计算方法及主要计算假定

1. 计算简图

预应力混凝土桁式组合拱桥为高次超静定结构，在营运和施工过程中结构的超静定次数均很高，加之悬拼施工多阶段验算的工作量很大，为提高计算效率，保证计算精度，全桥计算工作应采用计算机程序进行。计算简图按平面杆系节点和杆单元进行划分。在划分时，应尽可能符合结构的真实几何形状，各种边界条件应尽可能接近结构实际受力状况。

对于计算简图，有以下几点需要说明。

① 上弦和实腹段是分次拼装和现浇而成的组合截面，施工过程中截面形心位置发生了变化。因这种形心位置变动的幅度和整个结构的几何尺寸相比很小，对内力计算影响不大，为简化计算工作，上弦和实腹段轴线一律取为竣工后全截面形心的连线。

② 运营阶段对活载、温度内力计算时，杆件之间的连接全部按实际情况取为刚接。

为了减小节点弯矩次应力，在施工过程中将竖杆（均为压杆）两端与上下弦的连接弱化，即设计成简易铰，待全桥建成即恒载内力形成后再处理成刚性接头。因此，施工分阶段计算时，竖杆两端均取为铰接。

③ 计算简图一般是以杆件轴线相连，但在桁架节点部分，各杆件的横向尺寸互相重叠，如以杆件轴线相连就会造成杆件几何长度失真，杆件越短，重叠部分所占比例就越大。因此，在短杆实际长度的两端，增加了计算节点，并以短刚臂与轴线交汇节点相连，形成节点附近刚性域，以使计算机简图接近结构的真实几何形状。

④ 桁式组合拱桥的上下弦一般采用组合箱型截面，由于顶板、底板与边箱连接比较强（顶、底板两端加腋部分较长，与边箱连接处的加腋高度较大），箱内又设有肋隔板和横隔板，顶板上又加设了横向预应力钢筋，故纵横向计算内力时，上下弦都作为整体箱型截面计算。

2. 内力计算方法及主要计算假设

① 按线弹性力学的平面杆系有限单元法计算恒载、温变内力和活载内力影响线。对于车辆荷载的内力极值，可按动态规划法求解。

② 桁式组合拱桥主要特点是采用桁架伸臂法施工，结构的恒载内力随施工过程逐阶段形成，所以，施工各阶段内力采用内力叠加值。运营阶段的恒载内力采用竣工时的弹性内力叠加值。

③ 从上面叙述可以看出，施工过程和运营阶段的恒载内力计算，均采用内力叠加法。但在桁式组合拱桥内力计算时，应考虑到混凝土徐变效应的长期作用，将会使结构内力发生重分布，使分阶段计算形成的叠加内力向结构最后体系的内力方向转化，即向"一次总算"的内力方向转化，因此，又作了按桥梁建成后的计算图式承受全部恒载和预应力的"一次总

算"作为控制设计之一。

12.3.2 营运阶段受力计算

为了掌握桁式组合拱桥的结构受力情况,应对以下情况进行计算。
① 运营阶段恒载内力计算(不计预应力,不考虑恒载内力叠加,一次总算)。
② 运营阶段实际受力计算(计入预应力、恒载和预应力,采用内力叠加)。

为了对桁式组合体系在营运阶段的实际受力状态进行计算,国内几座桥均采用将竣工时的施工各阶段和施加预应力时各阶段形成的弹性内力叠加值作为恒载内力输入,再与温度、活载内力进行组合,找到在各种最不利荷载组合下各截面的内力和应力极值,作为基本设计的依据。

③ 运营阶段计入预应力,不考虑内力叠加。

按照混凝土徐变理论,由于结构体系在施工过程中不断地变化,以及各构件混凝土龄期的差异,将导致结构内力的重分布,使一些原来负担较大的构件减载,又使一些原来负担较小的杆件内力增加,并逐步向结构最后体系的内力方向转化。由此,在这一阶段不考虑恒载内力叠加,永久预应力作为外力一次输入,以此作为控制设计的依据之一。

12.3.3 施工过程受力计算

1. 最大悬挂阶段计算(不计预应力,不考虑内力叠加)

对桁式组合拱桥,其施工主要特点是主孔结构体系是支撑于边孔和桥墩上的悬臂桁架,施工中最不利阶段为悬挂最后一段并抬吊实腹段时。

在最大悬挂阶段,由于施工必然造成有几处应力特别大,需引起特别的重视。例如,在最大悬挂时端部节间的上、下弦杆,由于在未加上顶底板时,其截面是由两边箱和横向联系组成的框架,承载能力较低。往往在该处上、下弦力均较大。为改善该段框架的受力状态,剑河大桥就在该节间增加用角钢连接而成的临时竖杆,同时在上、下弦均设加强钢筋,以确保抬吊实腹段和放张成拱的安全。

另外,在最大悬挂阶段,边孔上、下弦与桥台相交的截面应力也很大。造成上、下弦与桥台相交截面应力大的原因:一是桥台下不设铰时,上弦与桥台连接受到前倾的拉力,上弦与桥台相交截面应力必然很大;二是桥台下设弧形铰,桥台前倾,台顶水平变位达最大值,使边孔上、下弦与桥台连接处的内直角有较大变形的趋势,所以该处截面下缘产生很大拉应力。由此,该处上弦截面和下弦截面应加强。

2. 施工分阶段的计算(计入预应力,考虑内力叠加)

根据悬拼施工工序和预应力钢筋张拉程序,将整个施工过程分为若干计算阶段,根据各阶段结构受力情况,拟定边界条件、荷载条件和受力截面,计算本阶段荷载引起的内力。同一截面上的内力值,随计算阶段的增加不断往前叠加。

在计算过程中,应考虑各阶段的临时荷载(如临时存放的预制构件,扒杆脚反力,临时预应力筋的预应力等),当这一阶段撤除时,用一个作用点和原荷载相同,大小和原荷载相等而方向相反的反向荷载作用在结构上,用以消除前阶段已形成的内力。因此,最后一个计算阶段的内力,即为营运阶段初期的恒载内力叠加值。

3. 施工过程墩台受力计算

1) 桥墩

在施工最大悬挂阶段时,桥墩受到向河心方向的拉力。在营运阶段桥墩受到向岸边方向的推力。由此,桥墩在施工时靠向边孔方受拉,在营运阶段靠主孔一侧出现拉力。为平衡较大推力常把桥墩设计成有后撑的A形墩或不对称的重力式墩(靠边孔一侧设计较大坡度)。

2) 桥台

对桁式组合拱桥,在主孔悬拼到一定长度时,往往主孔悬挂重量产生的力矩将大于边孔重量产生的平衡力矩,桥台将受到上拔力。所以,桥台在悬拼施工过程中需满足平衡配重的要求。

12.3.4　预应力混凝土构件应力和强度计算

桁式组合拱桥常采用斜拉式桁架,由此,其上弦杆、斜腹杆和实腹段(拱顶区段)宜为预应力混凝土构件。预应力钢筋的应力和强度应按《桥规 JTG D62》进行计算。

具体步骤,可根据施工过程分阶段计算所求得的恒载内力,初步估算各区段在施工各阶段所需要的预应力钢筋数量。然后按照杆件预应力进行施工阶段的应力计算以及营运阶段的应力强度计算(承载能力极限状态)。最后将扣除预应力损失后的有效预应力(预压轴力和预力矩)作为外力加在整个结构上,算出预应力引起的内力(结构预应力),然后与恒载内力进行叠加。根据叠加结果,再次对预应力钢筋的数量和张拉阶段进行必要的调整(反复调整),直至达到比较满意的结果为止。

1. 张拉控制应力

对于较小跨径桁式组合拱桥,一般采用冷拉粗钢筋,上弦施工过程中张拉控制应力为 $(0.8\sim0.86)f_{pk}$,营运阶段张拉控制应力为 $(0.75\sim0.8)f_{pk}$,斜腹杆施工和营运阶段的张拉控制应力为 $(0.7\sim0.8)f_{pk}$。

对于大跨径桁式组合拱桥,一般上弦杆采用冷拉粗钢筋。斜腹杆由于截面小,可采用高强钢丝,在施工和营运阶段锚下应力可为 $0.7f_{pk}$。

2. 预应力损失计算

桁式组合拱桥,由于只在局部杆件内施加预应力,由此,预应力损失一律按杆件预应力计算。在杆件内布置的预应力筋均为直线,在实际应用中通常应计算下列损失:

锚具变形和接缝压缩损失;

预应力钢筋应力松弛损失;

混凝土收缩和徐变引起的预应力损失。

3. 结构预应力的计算

将扣除预应力损失后的有效预应力(包括预压轴力和预力矩)作为外力,按照施工过程实际张拉顺序,逐阶段施加于结构上,就可算出预应力构件实际获得的结构预应力,以及由于施加预应力在整个结构上形成的二次内力。

在结构预应力和计算荷载共同作用下,按材料力学公式算得截面的应力值,小于《桥规 JTG D62》所规定的受拉区不配受力的非预应力钢筋的容许应力时,则认为已满足《桥规

《JTG D62》要求。若构件应力超过《桥规 JTG D62》应加配普通受力钢筋以承受受拉区混凝土出现的总拉力，此时，还需按混凝土构件的计算方法，验算钢筋的拉应力和混凝土压应力。

12.3.5 钢筋混凝土构件计算

桁式组合拱桥的下弦和竖杆及下部构造一般为混凝土构件，根据《桥规 JTG D62》规定，按施工阶段以容许应力法进行复核。在承载能力极限状态和正常使用极限状态下采用"半概率极限状态设计法"进行验算。

12.3.6 稳定分析

对于大跨径和特大跨径的桁式组合拱桥应进行整体稳定和局部稳定的计算。

① 整体稳定：桁式组合拱桥的杆件以承受轴力为主，可按第一类稳定问题分析，按线弹性结构计算。但要考虑梁—柱作用，引入计及初始轴力影响的几何刚度矩阵。同时，还应考虑结构的几何非线性和材料非线性影响。考虑结构变形影响的几何非线性问题，可用增量法求解结构的非线性内力、位移和相应的稳定安全系数。材料非线性主要考虑混凝土材料的塑性影响，可先按弹性计算结构的临界荷载和各杆件的临界应力，然后判断结构中哪些杆件的应力已超出弹性极限，用切线模量修正该杆件的弹模，重新计算临界荷载和应力。即在判断出哪些杆件处于塑性状态后，修正其弹模，反复计算，直至达到计算要求的精度为止。根据最后的临界荷载计算值，求出结构的稳定安全系数。

② 局部稳定：最大压应力一般出现在拱脚截面下缘，可选取该区段长 10 m 的底板进行局部稳定计算。将该板视为承受均布压力，横桥向固结、顺桥向铰结的矩形板，用经典公式就可以计算。

12.4 预应力混凝土拱桥的工程实例

现将 1990 年建成的牛佛大桥的一些构造作重点介绍，如图 12-19 所示。

12.4.1 概况

该桥采用 44 m+160 m+44 m 的预应力混凝土桁式组合拱桥，引桥为 10 孔 20 m 的钢筋混凝土简支 T 形梁桥。主桥的主孔计算跨径为 160 m，计算矢高 $f=20.3$ m，净跨径 $l_0=156.66$ m，净矢高 $f_0=19.701$ m，净矢跨比 $f_0/l_0=\dfrac{1}{8}$。设计荷载为：汽-20 级，挂-100，桥面车道宽 7 m，两边各设 2 m 人行道，桥的总宽 11 m，全桥长 463.34 m。

主桥两桥墩采用重力式墩，两墩均嵌入基岩层内。主桥自贡岸桥台和 3 号桥墩采用两室箱型截面。为适应拱桁变形，将桥台及 3 号墩底部设计为钢筋混凝土弧形铰。

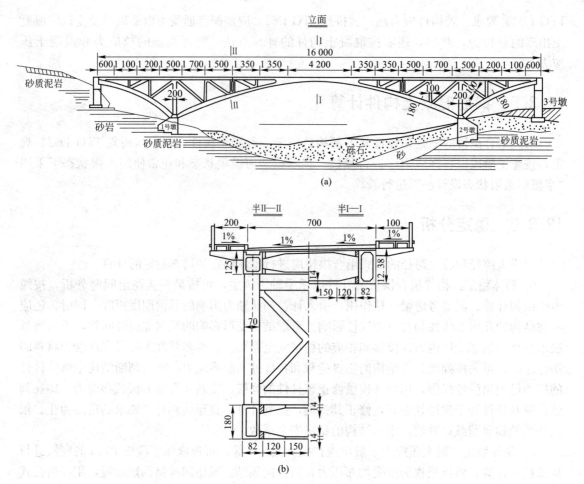

图 12-19 牛佛大桥总体布置图（尺寸单位：cm）

12.4.2 设计

1. 主桥结构形式

1）桁片形式及节间划分

主孔及边孔采用两片中距为 6.22 m 的斜拉杆式桁架，主孔分为 9 个节间，各段节间长度根据外形协调及施工拼装要求，自拱脚起长度分别为 17 m、15 m、13.5 m、13.5 m 及跨中实腹段 42 m。边孔节间为 15 m、12 m、11 m 及实腹段 6 m。

2）杆件截面形式（见图 12-20）

主孔为预制拼装，两片桁架上弦杆在预制时为 82 cm×118 cm 箱型截面，上缘留明槽，便于布置预应力钢筋，内侧预埋钢筋或钢板，以便与中箱加腋顶、底板连接。外侧预埋钢板，用以连接人行道挑梁。两桁架上弦悬拼就位后，其间加盖中箱的加腋顶、底板，最后在顶板上铺钢筋网，现浇 7 cm 厚混凝土桥面，组成一个 15 cm×704 cm 的三室闭合箱，作为上弦整体受力构件，详见图 12-19 横断面图。为了加强上弦杆的整体性，除中箱顶、底板连接处设加腋段外，顶板设置Φ32 横向预应力筋，沿桥 170~200 cm 间距布置。

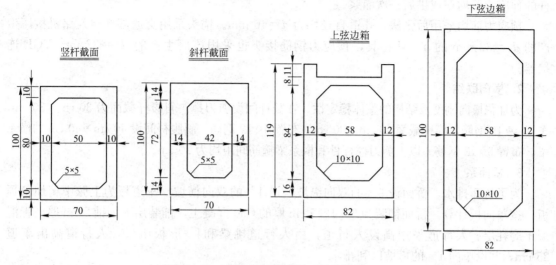

图 12-20　杆件截面形式图（尺寸单位：cm）

下弦杆截面预制两边箱 82 cm×180 cm 箱型截面，拼装就位后加中箱加腋顶、底板，组成 180 cm×704 cm 三室闭合箱作为下弦整体受力截面，详见图 12-19 横断面图。斜腹杆为 70 cm×100 cm 箱型截面，斜拉杆由于布置预应力筋的需要，箱壁厚设计为 14 cm。两桁架的斜腹杆间用横系梁联结，横系梁截面为 40 cm×40 cm。

竖杆截面型式与斜腹杆相同，由于竖杆为压杆，不设预应力筋，箱壁厚度设计为 10 cm。为减少节点弯矩，施工过程中将竖杆两端的截面弱化，做临时铰接处理，待悬臂拼装合拢加完第二期恒载后，再恢复固结状态。主孔上弦断开处设置双竖杆，竖杆截面不变，两竖杆间距为 150 cm。此两竖杆处的临时铰待通车前封铰。

实腹段桁片预制成 82 cm×173 cm（拱顶处）的开口箱，待吊装合拢后浇注顶板，并加盖中箱的加腋顶、底板，然后浇 7 cm 厚混凝土桥面。实腹段截面高度随下弦曲线逐渐由 173 cm×704 cm，增高为 275.6 cm×704 cm 的三室闭合箱。为了承受正弯矩，拱顶两端各 13 m 范围内下缘布置 4 根 Φ32 预应力钢筋。

边孔的上下弦杆、斜腹杆和竖杆截面与主孔相同，但各杆件均为现浇。

3) 接头形式

桁架片各段连接采用搭接，非预应力杆件接头处的受力钢筋采用电焊连通。纵向接头一般采用干接头，产生的缝隙用钢板填塞后灌环氧树脂砂浆。

拱顶合拢段两端均采用湿接头，以便调整施工误差，就位后用螺旋千斤顶顶紧。每片预加力为 800 kN，接缝用特制型钢抵紧，然后浇灌早期混凝土。

上下弦杆的顶底板纵横向接缝均采用湿接头，接头宽度为 16 cm～20 cm。

4) 钢筋布置和预应力钢筋的设置及锚固

预应力钢筋设置于上弦杆、斜腹杆和实腹段拱顶两侧各 13 m 处的下缘，均以 Φ32 精轧螺纹钢筋为预应力筋。除此之外，为承受局部弯矩产生的拉应力，在第二段斜腹杆下节点布置短预应力筋。预应力筋分临时筋和永久筋两种，以适应悬臂施工及营运阶段的受力要求。所有预应力钢筋的张拉锚下控制应力为 $0.85 f_{pk} = 637.5$ MPa，拉力为 513 kN。所有上弦预应力钢筋均在桥台（墩）后面张拉、锚固，以便松索成拱。斜腹杆自端部张拉，上弦及斜腹杆的预应力筋均在成拱后一次灌浆。

预应力筋均采用后张法，孔道直径均为 $d=46$ mm。锚头采用交通部新津筑路机械厂生产的 $d_0=32$ mm 的 YGM 锚具，预应力钢筋接头也采用该厂生产的 $d_0=32$ mm YGL 连接器。

2. 横向联结

为加强横向刚度及结构的整体稳定性，在竖杆间设剪刀撑。斜腹杆截面为 30 cm×30 cm，布置 4Φ12 钢筋，横杆截面 40 cm×30 cm，布置 6Φ12 钢筋。斜腹杆间设 40 cm×40 cm 的横系梁，布置 6Φ12 钢筋。以上剪刀撑杆件和横系梁箍筋间距均为 20 cm。

3. 桥面系

为了桥面排水，桥面设 3% 的双向纵坡，设 1% 的双向横坡。车道板为上弦中箱加腋顶板，按单向板计算。桥面铺装为 9～12.5 cm 厚的 C50 混凝土，铺装层上加铺 2 cm 厚沥青混凝土磨耗层。人行道采用高设人行道，由人行道挑梁和 ⌐形板组成，人行道高出车道 25 cm，并设单向 1% 的横坡以利排水。

习　题

一、填空题

1. 预应力混凝土拱桥主要有_____和_____两类。
2. 预应力混凝土系杆拱桥将_____和_____的行车道梁组合起来共同承受荷载，充分发挥了组合体系的特点及组合作用。
3. 预应力混凝土桁式组合拱桥按腹杆布置形式可分为_____、_____和_____。
4. 预应力混凝土桁式组合拱桥，是由_____和中部的_____形成纵向拱梁组合体系。
5. 预应力混凝土桁式组合式拱桥在合拢之后_____是主要的承重构件。
6. 预应力混凝土拱桥的腹杆由_____和_____组成。
7. 根据预应力混凝土桁式组合拱桥的受力特点，施工与营运时在受拉部分应设预应力钢筋，一般布置在_____、_____及实腹段下缘。
8. 在预应力混凝土拱桥中采用锚固式桥台，主要是保证_____和_____。
9. 在预应力混凝土拱桥中，当两岸地质情况不好时，就无法采用锚固式桥台，应采用_____。
10. 为了掌握预应力混凝土桁式组合拱桥的结构受力情况，营运阶段应对_____、_____、_____进行计算。
11. 预应力混凝土桁式组合拱桥中预应力损失应包括_____、_____、_____。
12. 预应力混凝土桁式组合拱桥的下弦和竖杆以及下部构造一般为混凝土构件，按施工阶段以_____进行复核。在承载能力极限状态和正常使用极限状态下采用_____进行验算。

二、简答题

1. 预应力混凝土桁式拱桥的特点有哪些？

2. 断点的移动对预应力混凝土桁架组合拱桥有何影响？
3. 预应力混凝土拱桥的边跨如何布置？
4. 预应力混凝土拱桥的桁片和节间如何划分？
5. 对预应力混凝土桁式组合拱桥的计算简图的选取应注意哪些问题？
6. 预应力混凝土桁式拱桥内力计算的方法和主要计算假设有哪些？
7. 预应力混凝土桁式拱桥在施工过程中应做哪些受力计算？
8. 预应力混凝土桁式组合拱桥中预应力筋的应力和强度计算的具体步骤有哪些？
9. 如何对大跨径和特大跨径的桁式组合拱桥进行整体稳定和局部稳定的验算？

第13章 预应力混凝土斜拉桥

13.1 概　述

斜拉桥的上部结构由梁、索、塔三类构件组成，它是一种桥面体系以加劲梁受压（密索）或受弯（稀索）为主、支撑体系以斜索受拉及桥塔受压为主的桥梁。

主梁一般采用混凝土结构、钢-混凝土组合结构或钢结构，索塔大都采用混凝土结构，而斜拉索则采用高强材料（高强钢丝或钢绞线）制成。斜拉桥中荷载传递路径是：斜拉索的两端分别锚固在主梁和索塔上，将主梁的恒载和车辆荷载传递至索塔，再通过索塔传至地基。因而主梁在斜拉索的各点支撑作用下，像多跨弹性支撑的连续梁一样，使弯矩值得以大大地降低，这不但可以使主梁尺寸大大地减小（梁高一般为跨度的 1/50～1/200，甚至更小），而且由于结构自重显著减轻，既节省了结构材料，又能大幅度地增大桥梁的跨越能力。需要指出的是：斜拉索对主梁的多点弹性支撑作用，只有在拉索始终处于拉紧状态时才能得到充分发挥。因此在主梁承受荷载之前对斜拉索要进行预张拉。预张拉力的结果可以给主梁一个初始支撑力，以调整主梁初始内力，使主梁受力状况更趋均匀合理，并提高斜拉索的刚度。图 13-1（a）表示三跨连续梁及其典型的恒载弯矩图，而图 13-1（b）为三跨斜拉桥及其恒载内力图。从图中可以看出，由于斜拉索的支撑作用，使主梁恒载弯矩显著地减小。此外，斜拉索轴力产生的水平分力对主梁施加了预压力，从而可以增强主梁的抗裂性能，节约主梁中预应力钢材的用量。

斜拉桥属高次超静定结构，与其他体系桥梁相比，包含着更多的设计变量，全桥总的技术经济合理性不易简单地由结构体积小、重量轻或者满应力等概念准确地表示出来，这就使选定桥型方案和寻求合理设计带来一定困难。

现代斜拉桥的发展大致经历了以下三个阶段。

第一阶段：稀索布置，主梁较高，主梁以受弯为主，拉索更换不方便。

第二阶段：中密索布置，主梁较矮，主梁承受较大轴力和弯矩。

第三阶段：密索布置，主梁更矮，并广泛采用梁板式开口断面。

20 世纪 60 年代只出现了少数的几座 PC 斜拉桥，即 1962 年委内瑞拉的马拉开波（Maracaibo）桥与法国的东兹尔（Donzere）桥，1963 年前苏联基辅的第聂伯尔（Dniper）桥，以及 1967 年意大利罗马的马格里那（Magliana）桥。其中的马拉开波桥与马格里那桥为非正统的斜拉桥，东兹尔桥的跨度仅 81 m，第聂伯尔桥主跨达 144 m。

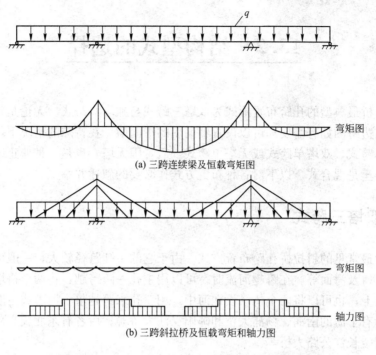

(a) 三跨连续梁及恒载弯矩图

(b) 三跨斜拉桥及恒载弯矩和轴力图

图 13-1 三跨连续梁和三跨斜拉桥恒载内力对比

进入 20 世纪 70 年代以后，PC 斜拉桥大量兴起，其中在历史上创跨度纪录的有 1977 年的法国勃鲁东（Brotonne）桥，主跨达 320 m；1983 年的西班牙卢纳（Barriors de Luna）桥，主跨达 440 m，超过当时的钢斜拉桥最大跨度 404 m（法国的圣·纳泽尔桥）；1991 年的挪威斯卡恩圣特（Skarnsundet）桥，主跨达 530 m，为当时世界各类斜拉桥的跨度之冠。

除此之外，在 PC 斜拉桥中还出现了许多具有一定特色的世界名桥，如美国的日照高架（Sunshine Skyway）桥，P-K 桥，东亨丁顿（East Huntington）桥，达姆岬（Dames Point）桥，加拿大的 ALRT 桥，阿根廷的 P-E 桥，墨西哥的柯察科尔考斯（Coatzacoalcos）桥，马来西亚的槟榔屿桥，日本的青森桥及挪威的赫尔格兰特（Helgeland）桥等。

中国在已建的斜拉桥中，除了少数钢斜拉桥与结合梁斜拉桥之外，基本上全是 PC 斜拉桥。2008 年 5 月，中国建成主跨 1 088 m 的苏通公路大桥，是当今世界上跨度最大的斜拉桥。同时，全长 36 km 的杭州湾跨海大桥全线通车，它是目前世界上已建或在建的最长的跨海大桥。

关于 PC 斜拉桥的经济比较，根据著名桥梁专家、美籍华人林同炎（T. Y. Lin）教授与日本方面研究分别得出的结论是：跨度分别大于 152 m 与 135 m 时 PC 斜拉桥比 PC 梁式桥经济。另外，德国斯多加特大学 W. Zeliner 教授的研究认为：在一定的条件之下，当主跨小于 550 m 时 PC 斜拉桥比钢斜拉桥经济。以上的比较资料虽有一定的参考价值，但各国国情不同，以及技术在不断进步与变化，需要根据实情来加以修正。

13.2 结构型式的选择

现代斜拉桥最典型的孔跨布置形式为双塔三跨式与独塔双跨式。无论是双塔三跨式或独塔双跨式,在边跨内如有需要都可以设置辅助用的中间墩。在特殊的情况下,斜拉桥也可以布置成独塔单跨式、双塔单跨式或无塔单跨式(后者因无塔,也是一种非正统斜拉桥)及多塔多跨式,甚至是混合式。以下对各种布置方式作必要的叙述并举例。

13.2.1 双塔三跨式

这是一种最常见的斜拉桥孔跨布置方式。由于它的主孔跨径较大,一般可适用于跨越较大的河流、河口及海面等。在跨越河流时,可以用主孔一跨跨越,将两个桥塔设在岸边,两个边跨设在岸上;也可以将两个桥塔设在河中,用三孔来跨越整个河道或主航道。以我国桥例来说,前者有上海的南浦、杨浦大桥和郧阳汉江大桥等;后者有东北长兴岛桥、武汉长江公路大桥及铜陵长江公路大桥等。

双塔三跨式斜拉桥可以布置成两个边跨跨径相等的对称形式,也可以布置成两个边跨跨径不等的非对称形式。如上所述,双塔三跨式斜拉桥的两个边跨可以根据地形、地质、水文等条件与结构受力的需要,布置或多或少的中间辅助墩。图13-2为边跨内靠近边墩处布置少量(一端一个,另一端两个)中间辅助墩的日本多多罗大桥。

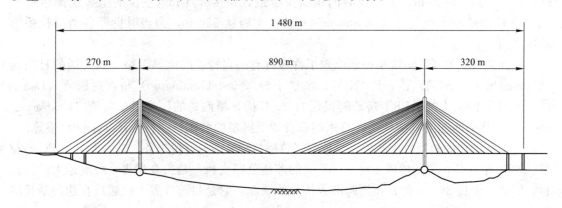

图13-2 多多罗大桥边跨的中间辅助墩

在这类桥式中,边跨与主跨的比例非常重要,为了在视觉上清楚地表现主跨,边主跨之比应小于0.5。从受力上看,边主跨之比与斜拉桥的整体刚度、端锚索的应力变幅有着很大的关系。当主跨有活载时边跨梁端点的端锚索产生正轴力(拉力),而当边跨有活载时端锚索又产生负轴力(拉力松减),由此引起较大应力幅而产生疲劳问题。边跨较小时,边跨主梁的刚度较大,边跨拉索较短,刚度也就相对较大,因而此时边跨对索塔的锚固作用就大,主跨的刚度也就相应增大。对于活载比重较小的公路和城市桥梁,合理的边主跨之比为0.40~0.45,而对于活载比重大的铁路桥梁,边主跨之比宜为0.20~0.25。同样道理,钢斜拉桥的边跨应比相同跨径混凝土斜拉桥的跨径小。

13.2.2 独塔双跨式

这也是一种常见的斜拉桥孔跨布置方式（见图13-3）。由于它的主孔跨径一般比双塔三跨的主孔跨径小，故特别适用于跨越中小河流、谷地及交通道路；当然也可用于跨越较大河流的主行道部分。采用独塔双跨式时，可以用两跨跨越河流，将桥塔设在河道中；也可以用主跨跨越河流，将桥塔及边跨设在河流的一岸。以我国桥例来说，前者有重庆市嘉陵江上的石门桥，后者有广东南海的西樵大桥。

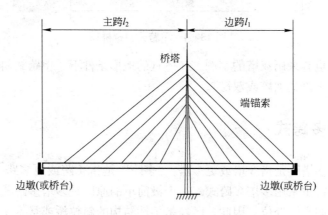

图13-3 独塔双跨式

独塔双跨式斜拉桥可以布置成两跨不对称的形式，即分为主跨与边跨；也可以布置成两跨对称，即等跨形式。其中以两跨不对称的形式较多，也较合理。两等跨形式由于一般没有端锚索来有效地约束塔顶位移，故在受力与变形方面不能充分发挥斜拉桥的优势。

在独塔双跨式斜拉桥的边跨内同样也可根据地形、地址等条件及结构受力需要，布置或多或少的中间辅助墩。德国杜赛尔道夫市莱茵河上桥梁群中的克尼（Knie）桥就是在岸上边跨内布置有较多中间辅助墩的一个实例。

独塔双跨式斜拉桥的主跨跨径 l_2 与边跨跨径 l_1 的比值根据国外斜拉桥的统计资料为：

$(l_2/l_1)=1.2\sim2.0$ 但多数接近1.5。根据对国内部分独塔双跨式斜拉桥的统计资料，(l_2/l_1) 值大致为1.04～1.82，与国外相比略偏小，也就是国内独塔单跨式斜拉桥的主跨跨径相对于它的边跨跨径来说一般均偏小。反过来也可以说边跨跨径相当于它的主跨跨径来说一般偏大。边跨偏大时，宜在边跨内增设中间辅助墩或增大桥塔的刚度。边跨偏小时应将塔后斜拉索比较集中地锚固在梁端附近。

13.2.3 单跨式

单跨式斜拉桥一般只有一个桥塔（见图13-4）。由于不存在边跨的关系，塔后斜索只能采用地锚形式，同时，梁体内的水平轴力（由斜索水平合力引起的力）必须由相应的下部结构来承受。

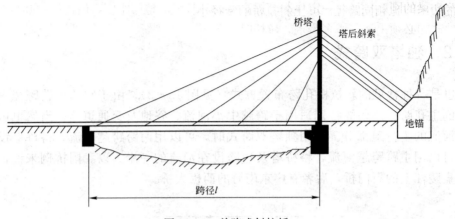

图 13-4　单跨式斜拉桥

单跨式斜拉桥也有采用双塔的实例。在适宜的地形条件下，单跨式斜拉桥可以利用山体岩锚来代替桥塔（无论是独塔或双塔）。

13.2.4　多塔多跨式

这里的所谓"多塔"是指 3 塔或更多塔，"多跨"是指 4 跨或更多跨（见图 13-5）。斜拉桥与悬索桥一样很少采用多塔多跨式。一个极简单的原因是多塔多跨式中的中间塔顶没有端锚索来有效地限制它的变位。因此，已经是柔性结构的斜拉桥或悬索桥采用多塔多跨式将使结构柔性更增大，随之而来的是变形过大（见图 13-6）。

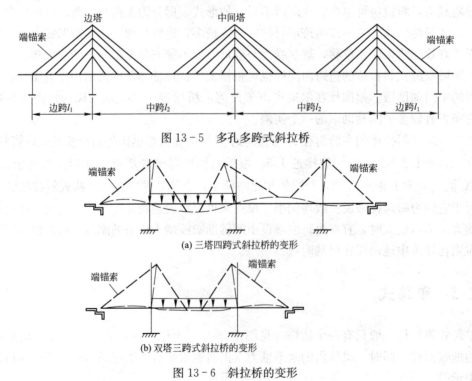

图 13-5　多孔多跨式斜拉桥

(a) 三塔四跨式斜拉桥的变形

(b) 双塔三跨式斜拉桥的变形

图 13-6　斜拉桥的变形

增加主梁的刚度可以在一定程度上提高多塔斜拉桥的整体刚度，但这样做必然会增加桥梁的自重。如必须采用多塔多跨式斜拉桥时，则可将中间塔做成刚性索塔（如马拉开波桥），但此时索塔和基础的工程量会增加很多，或用长拉索将中间塔顶分别锚固在两边塔的塔顶或塔底加劲（如香港汀九桥），这种方式的缺点是长索下垂量很大，索的刚度较小，大风有可能将其破坏，还有一种方法是加粗尾索并在锚固尾索的梁段上压重，以增加索的刚度（如洞庭湖大桥）。

13.2.5 辅助墩和边引跨

活载往往在边跨梁端附近区域产生很大的正弯矩，并导致梁体转动，伸缩缝易受损，在此情况下，可以通过加长边跨梁以形成引跨或设置辅助墩的方法予以解决，如图13-7所示。同时设置辅助墩可以减小拉索应力变幅，提高主跨刚度，又能缓和端支点负反力，是大跨度斜拉桥中常用的方法。

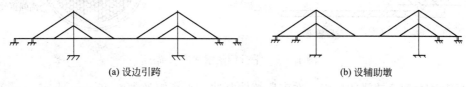

(a) 设边引跨　　　　　　　　　　　(b) 设辅助墩

图 13-7　边引跨和辅助墩

13.3　斜缆索的构造、锚固和防护

无论在结构上或美学上，斜索在斜拉桥中都起到重要的作用。斜索在用材、型式、防腐、锚固、架设和张拉等施工工艺方面的进步对斜拉桥的发展作出重要贡献。

早期在钢斜拉桥上所用的斜索，各国都有各自的特色。德国为封闭式旋扭钢缆（Locked Coil Rope），英国为螺旋形钢缆（Spiral Rope），日本为平行钢丝股索（Parallel Wire Strand）。随着斜拉桥跨度的不断增大，斜索数量及每索所含的钢缆股数必然也要增多。同时，索力、锚固细节的复杂程度，以及斜索的架设难度等都会加大。密索斜拉桥的出现有助于解决上述的一些问题，同时也改善了美学景观及缓和了维修（换索）的难度。与此同时，开发了几种适用于密索体系的斜索型式。这些斜索都具有高疲劳强度的锚头，并可避免或减少工地的防腐工作。

预应力混凝土斜拉桥所用的斜索，出于预应力混凝土技术的背景，大都采用钢绞线、钢丝索或预应力钢筋。然而，有些预应力混凝土斜拉桥与钢斜拉桥一样，也采用封闭式旋扭钢缆或平行钢丝股索。许多预应力混凝土斜拉桥改进了张拉方法及斜索所需的性能，例如，疲劳强度和防腐能力。

我国斜拉桥所用的斜索构造，除个别桥的斜索（如四川阿坝藏族自治州的金川曾达桥）采用由钢筋组成之外，一般均采用 $\phi 5$ mm 预应力高强钢丝组成平行钢丝索。近年来由于跨度增大的需要，φ7 mm 高强钢丝与 7 丝钢绞线也日益增多地被用于斜索中。

13.3.1 拉索的构造

在近代大跨度斜拉桥中，拉索的构造基本上分为整体安装的拉索和分散安装的拉索两大类。前者的代表为平行钢丝索配冷铸锚，后者的代表为平行钢绞线索配夹片锚。

1) 平行钢丝索配冷铸锚

平行钢丝索的截面组成和冷铸锚如图 13-8 所示。

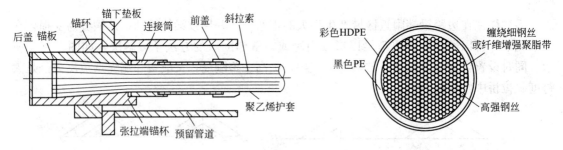

图 13-8 平行钢丝索和冷铸锚

平行钢丝索配冷铸锚的拉索，在工厂整体制造。平行钢丝索由 φ5 mm 或 φ7 mm 高强度镀锌钢丝（抗拉强度 $R_y^b = 1\,600$ MPa 左右）组成，一般排列成六角形，表层由玻璃丝布包扎定型后用热挤高密 PE（HDPE）塑料成圆形截面。这种斜索具有厚镀锌层（锌层 300 g/m）和厚 PE 层（厚度 6 mm）的双重防腐保护。

将钢丝束穿入冷铸锚中，钢丝端部镦头后锚定在冷铸锚的后锚板上，再在锚体内分段常温浇灌环氧树脂加铁丸和环氧树脂加岩粉（辉绿岩）等混合填料，使锚体与钢丝束之间的刚度匀顺变化，避免在索和锚的交界处刚度突变。最后，将冷铸锚头放入加热炉中加热养生，加热温度约 150 ℃。由于是在常温下浇铸填料，不同于传统的锌基合金填料的浇铸温度，故相对而言称为"冷铸锚"。冷铸锚的锚固力，由锚筒的圆锥体内腔和筒内填料的横向挤压力承受，在正常情况下镦头不受力，只是作为安全储备。

平行钢丝索配冷铸锚，以其性能可靠（承载能力、疲劳强度和防腐措施）从 20 世纪 70 年代在欧洲和日本始用起至今已被广泛使用。但由于其要求整体制造、整体运输和整体安装，在某些特定环境下受到限制。

由于运输的需要，拉索必须盘绕在圆筒上，为避免索的钢丝产生过高的弯曲应力和外包 PE 套被撕裂，一般规定圆筒直径不小于索径的 20～25 倍。因此，在跨度大、拉索长的斜拉桥中，粗而长的斜索其索径可达 200 mm 以上，索长 200 m 以上。如以索径 200 mm 计，则圆筒直径超过 4 m，绕索后的圆筒将更粗，这将给陆路运输（火车或汽车）造成很大的困难，而在桥位处无水运条件（如山区或内陆水库）时则更难解决。因此，在现代大跨度斜拉桥中提出拉索分散制作、现场安装成索的要求。这就是平行钢绞线索配夹片锚的拉索体系。

为方便平行钢丝索在圆筒上的盘绕，在工厂制造中常将索扭转一个 2°～4°的小角（增加柔性），此小扭角不影响索的特性（弹性模量和疲劳性能）。

2) 平行钢绞线索配夹片锚

平行钢绞线索的截面组成和夹片锚如图 13-9 所示。

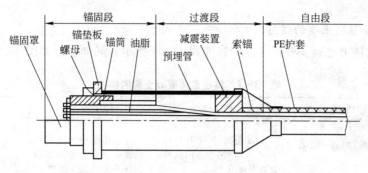

图 13-9 平行钢绞线索

将平行钢丝索中的钢丝换成等截面的钢绞线即成为平行钢绞线索。

钢索线在索中是平行排列的,有别于早期曾出现过的将多根钢绞线扭绞而成的螺旋形钢绞线索,故称为平行钢绞线索。

此种 $\phi 15$ mm 钢绞线为后张法体内预应力无粘结钢绞线(抗拉强度 $f_{pk}=1\,860$ MPa),系将镀锌钢绞线表面涂油(或蜡)后外套两层 PE 管而成。钢绞线成盘运至现场,在现场截取需要长度后除去两端部分长度的套管,逐根安装、张拉,两端裸线由夹片锚固定。

采用夹片锚的原因,是在现场施工中难以将 $\phi 15$ mm 的钢绞线镦头(镦头机体积太大)和保证其质量。在钢绞线的逐根张拉中,须使最终斜索中的各根钢绞线拉力相等。此施拉工艺称为"等值张拉法"(iso-tension),最先由法国弗列西奈公司提出。此法系在一群钢绞线中选定一"参照线",对该"参照线"拉力在张拉过程中进行同步精密标定,每张拉一根钢绞线,即按照此"参照线"的标定值确定该线的张拉值。待全部钢绞线张拉完毕后,各根钢绞线的拉力与"参照线"的相同,然后再用大能量小行程的张拉千斤顶将整索钢绞线同步张拉至预定索力。

对于平行钢绞线索配夹片锚的体系,需要注意的问题是:

① 夹片锚的疲劳强度;

② 夹片和锚孔之间的圆锥度配合要精确,否则咬合力将集中在夹片小端形成"切口效应",成为疲劳破坏之源;

③ 对夹片应设置防松脱装置,否则在较小索力(小于 $0.25 f_{pk}$)下受振动荷载时,夹片可因咬合力不足而松脱导致事故;

④ 钢绞线进入锚管内有两处转折,一在钢绞线散开的约束圈处;二在钢绞线进入锚孔处。在第二个转折处,亦为拉索的锚固点,存在着固端弯矩。由于轴向索应力和挠曲应力的叠加,该处产生最大的应力幅。为分散应力幅,需在锚管内加设一"支撑圈",根据试验结果,该"支承圈"可分散 80% 以上的应力幅。

当前,在斜拉索中使用的平行钢绞线索配夹片锚共有 4 种体系,即弗列西奈体系(法国),迪维达克体系(德国),VSL 体系(瑞士)和强力(Strong hold)体系(英国)。

13.3.2 拉索的锚固

1) 斜拉索与混凝土梁的锚固

常见形式大体上也有 5 种，具体内容如表 13-1 所示，局部构造如图 13-10 所示。

表 13-1　斜拉索与混凝土梁的锚固

No	锚固形式	构造要点	力的传递	适用范围
1	顶板锚固块（图 13-10 (a)）	以箱梁顶板为基础，向上、下两个方向延伸，加厚而成	拉索水平分力传至梁截面，垂直分力由加劲斜杆平衡	箱内具有加劲斜杆的单索面斜拉桥
2	箱内锚固块（图 13-10 (b)）	锚固块位于顶板之下和两个腹板之间，并与它们固结在一起	垂直分力通过锚固块左右的腹板传递	两个分离式单箱的双索面斜拉桥和带有中间箱室的单索面斜拉桥
3	斜隔板锚固块（图 13-10 (c)）	锚头设在梁底外面，也可埋入斜隔板预留的凹槽内	垂直分力由斜隔板两侧的腹板以剪力形式传递	同 No.2
4	梁底两侧设锚固块（图 13-10 (d)）	设在风嘴实体之下或边腹板之下		双索面斜拉桥
5	梁两侧设锚固块（图 13-10 (e)）	锚块设在梁底		双主梁或板式截面斜拉桥

2) 拉索在索塔上的锚固

① 在实体塔上交错锚固 [见图 13-11 (a)]。其具体构造是在塔柱中埋设钢管，再将斜拉索穿入和用锚头锚固在钢管上端的锚垫板上。

② 在空心塔上作非交错锚固 [见图 13-11 (b)]。其构造与上述的相同，但需在箱形桥塔的壁板内配置环向预应力钢筋，以抵抗拉索在箱壁内产生的拉力。

③ 采用钢锚固梁来锚固 [见图 13-11 (c)]。这是将钢锚固梁搁置在混凝土塔柱内侧的牛腿上，斜索通过埋设在塔壁中的钢管锚固在钢锚固梁两端的锚块上。

当塔柱两侧的索力及斜索倾角相等时，水平分力由钢梁的轴向受拉及两端的偏心弯矩来平衡，与塔柱无关。垂直分力则由钢锚固梁通过牛腿凸块传给塔柱。当塔柱两侧的索力或斜索倾角不等时，如图 13-12 所示，水平分力的不平衡值 $\Delta H = H_1 - H_2$ 由挡块传给柱壁；垂直反力 R_1 及 R_2 通过牛腿凸块传给塔柱。

④ 利用钢锚箱锚固（见图 13-12），整个钢锚箱是由各层的钢锚箱进行上下焊接而成，然后将锚箱用焊钉使之与混凝土塔身连接，另外还要用环形预应力筋将锚箱夹在混凝土的塔柱内，以增加对拉索水平荷载的抵抗力。

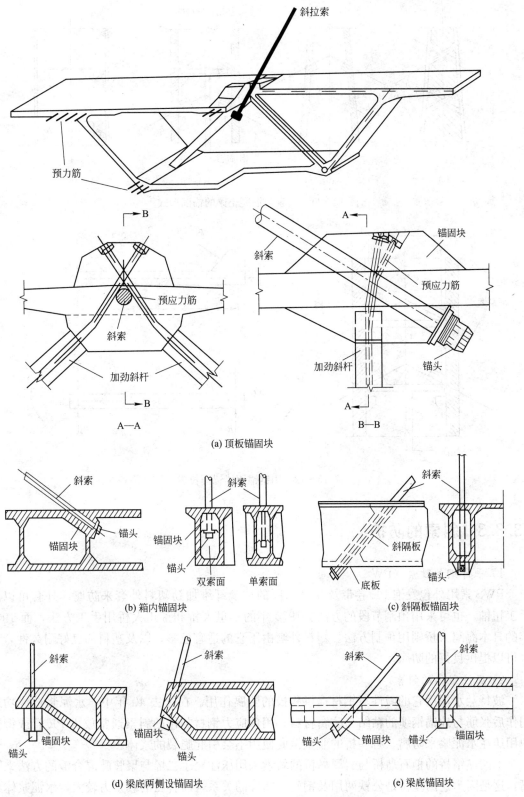

图 13-10 拉索与混凝土梁的锚固型式

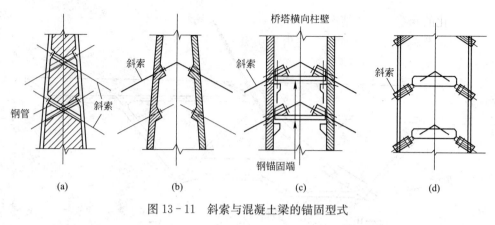

图 13-11 斜索与混凝土梁的锚固型式

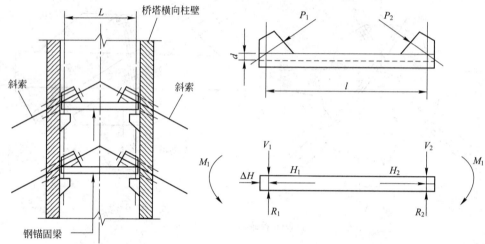

图 13-12 用钢锚固梁锚固拉索

13.3.3 斜索的防护

1) 平行钢丝股索（PWS）

PWS索用外包发泡PE卷带及几毫米厚的玻璃纤维加劲塑料外套来防腐。外套可以用手工扭铺，也可采用预制节段的方法。1970年的丰里大桥和荒川大桥用手工方法，而1975年的日本海鸥大桥则用预制方法。塑料外套由于它的适宜色彩，以及塑料的良好耐久性，看来可以提供良好的防腐。

2) 压注浆体的斜索

波特兰水泥用它的碱性对钢材提供积极的防腐作用。在过去40年中，水泥浆被成功地用作后张筋与地锚钢缆的粘结与防腐材料。用预应力钢材制作的斜索通常放入PE管或钢管中用压注水泥浆来防腐。有些桥的业主偏向使用不会引起脆裂的浆体。

本四连络桥的柜石岛桥与岩黑岛桥的斜索采用压注聚丁二烯与聚胺酯混合液的方法来防腐，这是因为这两座桥是公铁两用及钢丝是镀锌的关系（前者因活载索力较大，水泥浆体易拉裂，后者锌与水泥易产生氢脆作用）。其他一些桥梁的斜索有压注蜡质材料、树脂材料或经聚胺酯塑化的水泥浆体的情况。

在美国，对斜索压浆有时规定要求采用有环氧树脂涂层的钢绞线。昆西（Quincy）桥的斜索就是采用上述规定，后来的勃林敦（Burlington）桥也一样。最近，美国 T. Y. Lin 公司的杨裕球（Y. Q. Yang）工程师开发了对套管中所压注的浆体施加预应力来防裂的方法，并已申请到专利。

3) 非压浆斜索

长扭角节距索、新型 PWS 索及螺旋形 PWC（SPWC）索等的防腐体系在工厂内制造时就已完成，因此在工地安装后就不需要另外的防腐工作。这些钢索的防腐是先将钢丝镀锌，然后在钢丝间的空隙中填充防锈化合物或将整捆的索用防腐卷带缠包，最后再在外面挤压一个 PE 外套。在欧洲不用挤压成形的 PE 外套，而是在工厂内将整索钢丝放在一个紧贴的 PE 管中拉通，然后再压注沥青系的密封材料（英国）或树脂系的化合物（德国和瑞士）。

4) 斜索的色彩

作为斜索外套管用的 PE 管呈现黑色，这是为了耐候而混有 2%～2.5% 的炭黑所引起的。但是，为了协调桥梁与周围环境的景色，斜索有时需要具有轻淡的浅色。浅色还有助于斜索的温度控制，因为黑色容易吸收热量。

PE（聚乙烯）是一种非极性材料，不能涂油漆。过去曾试作过几种着色的方法，如 ① 在黑色 PE 管面上挤压一层彩色的尼龙层，② 在黑色的 PE 管上包缠 PVF（Tedlar）卷带，③ 在 PE 层上外加铝套。但最近在日本已开发一种更佳与更耐久的方法，这就是双层法与涂层法。

新的双层法是在黑色的 PE 管上挤压一个薄层的聚四氟乙烯（Teflon），这样黑色的斜索就变成乳白色或灰色等浅淡色彩，并且非常耐候。

新开发的涂层包括底涂与面涂两层。底涂层是烯烃混合物，用它可作为 PE 料与面层涂料之间的粘结剂。面层涂料用远红外线烘干，它选用荧光烯烃漆（fluoro-olefin paint），或丙烯酸硅酮漆（acrylic-silicon paint），或丙烯酸尿烷（acrylic-urethane）漆，或有相同效果的其他类似漆料。

5) 早期防腐方法的小结

以上所述的斜索防腐方法可以大体归纳为 4 类。即：① 涂料保护；② 套管保护（见图 13-13）；③ 卷带保护（见图 13-14）；④ 施加塑料保护层（见图 13-15）。

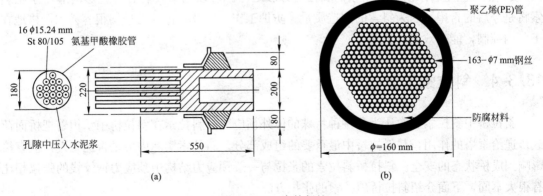

图 13-13 套管保护

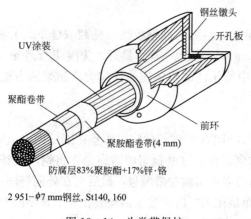

图 13-14 为卷带保护

对封闭式旋扭钢缆来说，由于截面组成紧密，封闭性较好，空隙率最小，可以只对各组成钢丝镀锌（镀锌量也较小些，约 135～150 g/m²）。并对钢缆表面施加涂料。对平行及半平行钢丝索（包括 PWS，PWC，New PWS，SPWC）由于封闭性较差，空隙率较大，除了每根钢丝镀锌（镀锌量也较大，约 280～300 g/m²）之外，在钢索外部还要用耐候性材料包封。当每道斜索使用单股钢索时可采用卷带或套管保护，如果使用多股钢索时则采用塑料保护层。

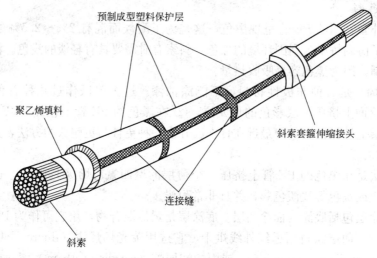

图 13-15 预制塑料保护节段

6) 斜索防护的今后趋势

斜索是斜拉桥的重要构件，因此希望它能和整个结构其他部分的作用寿命同样地耐久并将养护工作量减至最小。为了达到这个目的，必须有 2 道或 3 道的防护关卡。采用双层的 PE 或其他一些塑料来防护对斜索的腐蚀是方法之一。可以相信具有各种色彩的非压浆型斜索将是今后的希望，因为斜索的制造质量、防护工作，以及着色的处理均很容易和严格地在工厂内控制，能有效缩减工期。

13.3.4 斜拉索的张拉

斜拉桥中斜拉索通常认为是一种特殊的体外预应力。斜拉索在斜拉桥中承担着把桥面荷载传递给索塔的作用，是斜拉桥中最重要的组成部分。斜拉索实际内力是否达到设计值直接影响到成桥状态的安全。斜拉桥斜拉索的张拉与一般预应力结构中预应力钢绞线的张拉相比有很大不同，下面介绍斜拉桥斜拉索的张拉方法。

张拉设备：斜拉索通常采取主塔一端张拉，另外，为进行索力转换，在挂篮前端还需要配两台千斤顶进行索力转换。

张拉平台：为便于斜拉索张拉，在主塔内设有操作平台，操作平台搭设在塔内爬梯平台上。

张拉杆的选择：主塔两侧同号斜拉索张拉应同步进行，而塔内空间有限，为了防止张拉时两根张拉杆相碰，根据索长及张拉牵引要求，经过计算配备合适长度的张拉杆及接长杆。

斜拉索张拉：斜拉索张拉在主塔内进行，张拉时保证两对拉索同步对称张拉，不均衡拉力应控制在设计规定范围内。拉索张拉应按监控要求分三次完成：① 悬浇挂篮就位后，进行第一次张拉。保证浇注混凝土时索力及挂篮标高在设计及监控允许范围内。② 悬浇节段混凝土的浇注过程中，索力及主梁线型将发生变化，依据现场监测数据，混凝土浇注至一半时，对两对拉索同时进行第二次张拉。③ 混凝土达到80%强度，主梁预应力张拉结束后，进行索力转换，使索力传递到主梁。索力转换的具体过程如下：先张拉挂篮千斤顶，使锚头丝牙拉出垫板到设计要求的长度，锁定螺母，拆除拉索与挂篮间连接，完成索力转换，然后在塔内同时张拉两对拉索至控制吨位，从而完成张拉全过程。

13.4 缆索受力分析

斜拉桥不仅具有优美的外形，而且具有良好的力学性能，其主要优点在于，恒载作用下的斜支撑，使主梁相当于弹性支撑的连续梁。由此可见，对于斜拉桥而言，斜拉索的初张力分析是非常重要的。

张拉斜拉索时，实际上已经将该斜拉索脱离出来单独工作，因为斜拉索的张力和结构的其他部分无关，而只与千斤顶有关，因此在张拉斜拉索时，其初张力效应必须采用隔离体分析。如图13-16所示，设在某个阶段张拉第5和6号索时，其初张力分别为P_5和P_6。首先将斜拉索从结构中隔离出来，其内力为初张力P_5和P_6，而斜拉索对结构的影响可以采用一对反向的集中力作用在桥塔和主梁上，如图13-17所示。将主梁和桥塔上的集中力等效为节点反荷载，叠加进入右端的荷载向量中，求解结构平衡方程得到结构的位移。

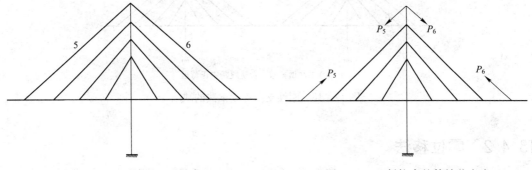

图13-16 张拉5、6号索　　　　图13-17 斜拉索的等效节点力

斜拉桥是高次柔性超静定结构，"牵一索而动全桥"，而且在施工过程中结构体系不断转换，如何确定在施工中斜拉索的初张力和体系完成以后的二次张拉索力，以达到设计的理想

状态绝非易事。

斜拉桥的调索方法比较多,目前比较流行的主要有刚性支撑连续梁法、零位移法、倒拆和正装法、无应力状态控制法、内力平衡法和影响矩阵法等。下面分别介绍以上六种常用的调索方法。

13.4.1 刚性支撑连续梁法

刚性支撑连续梁法是指在成桥状态下,斜拉桥主梁的弯曲内力和刚性支撑连续梁的内力状态一致。因此,可以非常容易地根据连续梁的支撑反力确定斜拉索的初张力。

按照刚性支撑连续梁法确定的主梁弯矩对整个斜拉桥来说是微不足道的,然而在具体的施工过程中如何才能达到这样理想的斜拉索索力分布?显然,如果悬拼过程中一次张拉,则不可能达到刚性支撑连续梁的弯矩分布,因为跨中合拢段的弯矩将与一次张拉索力无关,如图 13-18 所示。跨中合拢段在自重和二期恒载作用下必然产生比较大的正弯矩,要消除这一正弯矩就需要进行二次调索。

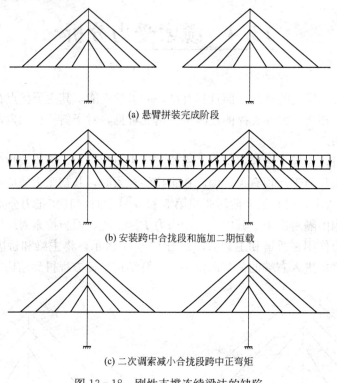

(a) 悬臂拼装完成阶段

(b) 安装跨中合拢段和施加二期恒载

(c) 二次调索减小合拢段跨中正弯矩

图 13-18 刚性支撑连续梁法的缺陷

13.4.2 零位移法

零位移法的出发点是通过索力调整,使成桥状态下主梁和斜拉索交点的位移为零。对于采用满堂支架一次落架的斜拉桥体系,其结果与刚性支撑连续梁法的结果基本一致。

应当指出的是,以上这两种方法用于确定主跨和边跨对称的单塔斜拉桥的索力是最为有效的，对于主跨和边跨几乎对称的三跨斜拉桥次之，对于主跨和边跨不对称性较大的斜拉桥，几乎失去了作用。因为这两种方法必然导致比较大的塔根弯矩，失去了索力优化的意义。

13.4.3 倒拆和正装法

倒拆法是斜拉桥安装计算广泛采用的一种方法，通过倒拆、正装交替计算，确定各施工阶段的安装参数，使结构逐步达到预定的线形和内力状态。

由于斜拉索的非线性和混凝土收缩徐变的影响，倒拆和正装计算中，两者不闭合，即按照倒拆的数据正装，结构偏离预定成桥状态的线形和内力状态。

倒拆法与正装法闭合的关键是对混凝土收缩和徐变的处理。混凝土的徐变与结构的形成过程有密切的关系，原则上倒拆法无法进行徐变计算。为了解决倒拆和正装计算中的徐变迭代问题，对第一轮倒拆计算，不计混凝土的收缩和徐变，然后用上次倒拆的结果进行正装计算，逐阶段考虑混凝土收缩和徐变的影响，并将各施工阶段的收缩和徐变值存盘，再次进行倒拆计算时，采用上一轮正装计算阶段的混凝土收缩和徐变值，如此反复，直到正装和倒拆的计算结果收敛到容许的精度为止。

以全飘浮体系的斜拉桥为例，拆除过程一般由下列步骤组成。
① 移去二期恒载。
② 拆除中间合拢段。
③ 在桥塔和主梁交接处增加临时固结约束。
④ 拆除斜拉索、主梁单元。
⑤ 增加支架现浇梁段的临时支撑。
⑥ 拆除斜拉索、梁单元到桥塔为止。

13.4.4 无应力状态控制法

无应力状态法分析的基本思路是：不计斜拉索的非线性和混凝土收缩徐变的影响，采用完全线性理论对斜拉桥解体，只要保证单元长度和曲率不变，则无论按照何种程序恢复还原后的结构内力和线形将与原结构一致。应用这一原理，建立斜拉桥施工阶段和成桥状态的联系。

实际结构是非线性的，实施起来需要作迭代，可按照以下步骤进行。
① 计算成桥状态各斜拉索无应力状态的长度 s_0 和主梁无应力状态下的预拱度 y_0。用成桥状态的桥面线形 y 扣除自重、斜拉索初张力、预应力索效应和混凝土的收缩徐变等产生的变位，即可求得 y_0，第一轮计算暂不包括混凝土收缩徐变的影响。
② 以 s_0 作为安装过程控制量进行正装计算。根据结构受力的需要，斜拉索可以进行一次或多次张拉，在最后一次张拉时，将索由当前的长度，通过张拉调整到预定的无应力长度 s_0，主梁各节点的初始标高按预拱度 y_0 设置。
③ 为了保证合拢时桥面弹性曲线连续，需要调索。
④ 由于施工阶段混凝土的收缩徐变和结构非线性行为的影响，由上述安装计算得到的成桥状态和预定的成桥状态之间有差异。主要是梁的线形发生了变化，根据成桥状态的索力

和线形，重新调整主梁的预拱度和无应力索长，投入下一轮迭代。

铁道部大桥局勘测设计院曾成功应用无应力状态控制法，进行了武汉长江二桥的施工监控。

13.4.5 内力平衡法

内力平衡法的基本原理是设计适当或合理的斜拉索初张力，以使结构各控制截面在恒载和活载共同作用下，上翼缘的最大应力和材料容许应力之比等于下翼缘的最大应力和材料容许应力之比。

内力平衡法假设斜拉索的初张力为未知数，各截面特性及初张力以外的恒载内力和活载内力为已知数。

设结构某控制截面上缘的抗弯截面模量为 W_t，下翼缘抗弯截面模量为 W_b，M_a 和 M_b 分别为最大和最小活载弯矩，R_t 为上缘材料的容许应力，R_b 为下缘材料的容许应力，内力平衡时要达到的恒载弯矩为 M_e，则这时上缘应力 S_t 和下缘应力 S_b 为：

$$S_t = (M_a + M_e)/W_t \tag{13-1}$$

$$S_b = (M_b + M_e)/W_b \tag{13-2}$$

根据平衡原理：

$$S_t/R_t = -S_b/R_b \tag{13-3}$$

将式（13-1）和式（13-2）代入式（13-3）可知，

$$\frac{(M_a + M_e)}{W_t R_t} = -\frac{(M_b + M_e)}{W_b R_b} \tag{13-4}$$

从式（13-4）中得到恒载弯矩 M_e 为：

$$M_e = -\frac{(K \times M_b + M_a)}{(1+K)} \tag{13-5}$$

$$K = \frac{W_t \times R_t}{W_b \times R_b} = \frac{Y_b}{Y_t} \times \frac{R_t}{R_b} \tag{13-6}$$

式中，Y_b 为截面中性轴到上翼缘的距离；Y_t 为截面中性轴到下翼缘的距离。

以恒载弯矩 $\{M_e\}$ 为目标向量，它由两部分组成，一部分由斜拉索张力以外的恒载产生的向量 $\{M_g\}$ 组成，另一部分仅由斜拉索初张力引起的弯矩向量 $\{M_c\}$ 组成。

总恒载弯矩可以表示如下：

$$\{M_e\} = [A]\{T\} + \{M_g\} \tag{13-7}$$

式中，$\{T\}$ 为斜拉索的初始张力向量；$[A]$ 为影响矩阵。

由式（13-7）可知：

$$\{T\} = [A]^{-1}(\{M_e\} - \{M_g\}) \tag{13-8}$$

式中，斜拉索初张力向量 $\{T\}$ 即为由内力平衡法推导出的最佳或最合理的斜拉索初张力。由以上推导可以看出，内力平衡法确定斜拉索初张力的步骤为：

① 根据式（13-5）计算预期的总恒载弯矩 $\{M_e\}$。

② 根据式（13-8）计算斜拉索的初张力向量 $\{T\}$。

假如截面为同一类型的材料且上下对称时，则有：

$$Y_t = Y_b \quad R_t = R_b \tag{13-9}$$

$$K=1 \quad M_e = -(M_a + M_b)/2 \tag{13-10}$$

式（13-10）表明，当截面为同一种材料且上下对称时，预期的目标弯矩等于活载弯矩最大值和最小值代数和的一半，即将活载弯矩包络图中上下两条包络线的中心线反号作为预期的恒载弯矩（目标弯矩），这样恒载包络图和活载弯矩包络图之和，即为组合弯矩包络图，其中心线基本为零。

如果只考虑斜拉索弹性模量的修正，弯矩包络图的带宽（正、负弯矩包络图的差）和斜拉索的初张力无关，仅与结构布局和活载形式、大小有关。

因此，可以看出斜拉桥"调索"的本质是通过外加荷载改变内力包络图包络带中心线的位置，同时考虑恒载和活载的影响，将包络带中心线调整到接近于零的位置，从而得到一个非常平坦的内力包络图，使结构处于良好的受力状态。

13.4.6 影响矩阵法

1. 基本概念

首先定义几个名词。

调值向量：结构中计算截面的 n 个指定调整值的独立元素所组成的列向量，记为：

$$\{D\} = \{d_1 d_2 \cdots d_i \cdots d_n\}^T \tag{13-11}$$

式中，d_i（$i=1, 2, \cdots, n$）可以是计算截面的内力值或位移值。

被调向量：结构中指定可以用来调整计算截面内力、位移的 n 个独立向量所组成的列向量，记为：

$$\{x\} = \{x_1 x_2 \cdots x_i \cdots x_n\}^T \tag{13-12}$$

式中，x_i（$i=1, 2, \cdots, n$）可以是计算截面的内力值或位移值。

因此，现在需要采用已知的调值向量来求未知的被调向量。

影响向量：被调向量中第 i 个元素发生单位变化，引起调值向量 $\{D\}$ 的变化向量，记为：

$$\{A\}_i = \{a_{1i} a_{2i} \cdots a_{ii} \cdots a_{ni}\}^T \tag{13-13}$$

影响矩阵：n 个被调向量分别发生单位变化时，引起的 n 个影响向量依次排列所形成的矩阵，记为：

$$[A] = [\{A\}_1 \{A\}_2 \cdots \{A\}_i \cdots \{A\}_n] = \begin{bmatrix} a_{11} & a_{12} & \cdots & a_{1n} \\ a_{21} & a_{22} & \cdots & a_{2n} \\ \vdots & \vdots & & \vdots \\ a_{n1} & a_{n2} & \cdots & a_{nn} \end{bmatrix} \tag{13-14}$$

如果认为在调整阶段结构满足线性叠加原理，根据影响矩阵的定义可知：

$$[A]\{X\} = \{D\} \tag{13-15}$$

式中，$[A]$ 为影响矩阵，$\{X\}$ 为被调向量，$\{D\}$ 为调值向量。

2. 成桥状态的索力优化

这里我们要讲的是多种目标函数对成桥状态索力优化的统一形式，但为了方便仍以弯曲能量最小为目标函数进行推导。

结构的弯曲应变能可写成：

$$U = \int_s \frac{M^2(s)}{2EI} \mathrm{d}s \tag{13-16}$$

对于离散的杆系结构可写成：

$$U = \sum_{i=1}^{m} \frac{L_i}{4E_i I_i}(ML_i^2 + MR_i^2) \tag{13-17}$$

式中，m 是结构单元总数；L_i、E_i 和 I_i 分别表示 I 号单元的杆件长度，材料弹性模量和截面惯矩；ML_i 和 MR_i 分别表示单元左、右端弯矩。

将式（13-12）改写成：

$$U = \{ML\}^\mathrm{T}[B]\{ML\} + \{MR\}^\mathrm{T}[B]\{MR\} \tag{13-18}$$

式中，$\{ML\}$ 和 $\{MR\}$ 分别是左、右端弯矩向量，$[B]$ 为系数矩阵：

$$[B] = \begin{bmatrix} b_{11} & 0 & \cdots & 0 \\ 0 & b_{22} & \cdots & 0 \\ \vdots & \vdots & & \vdots \\ 0 & 0 & \cdots & b_{mm} \end{bmatrix} \tag{13-19}$$

式中，

$$b_{ii} = \frac{L_i}{4E_i I_i} \quad (i = 1, 2, \cdots, m)$$

令调索前左、右端弯矩向量分别为 $\{ML_0\}$ 和 $\{MR_0\}$，施调索力向量为 $\{T\}$，则调索后弯矩向量为：

$$\left. \begin{array}{l} \{ML\} = \{ML_0\} + [C_\mathrm{L}]\{T\} \\ \{MR\} = \{MR_0\} + [C_\mathrm{R}]\{T\} \end{array} \right\} \tag{13-20}$$

式中，$[C_\mathrm{L}]$ 和 $[C_\mathrm{R}]$ 分别为索力对左、右端弯矩的影响矩阵。

将式（13-20）代入式（13-18）得：

$$\begin{aligned} U = & C_0 + \{ML_0\}^\mathrm{T}[B][C_\mathrm{L}]\{T\} + \{T\}^\mathrm{T}[C_\mathrm{L}]^\mathrm{T}[B]\{ML_0\} + \\ & \{T\}^\mathrm{T}[C_\mathrm{L}]^\mathrm{T}[B][C_\mathrm{L}]\{T\} + \{MR_0\}^\mathrm{T}[B][C_\mathrm{R}]\{T\} + \\ & \{T\}^\mathrm{T}[C_\mathrm{R}][B]\{MR_0\} + \{T\}^\mathrm{T}[C_\mathrm{R}]^\mathrm{T}[B][C_\mathrm{R}]\{T\} \end{aligned} \tag{13-21}$$

式中，C_0 是一与 $\{T\}$ 无关的常数。

要使索力调整后结构应变能最小，令：

$$\frac{\partial U}{\partial T_i} = 0 \quad (i = 1, 2, 3, 4, \cdots) \tag{13-22}$$

式（13-22）代入式（13-21）并写成矩形式：

$$([C_\mathrm{L}]^\mathrm{T}[B][C_\mathrm{L}] + [C_\mathrm{R}]^\mathrm{T}[B][C_\mathrm{R}])\{T\} = -[C_\mathrm{R}]^\mathrm{T}[B]\{MR_0\} - [C_\mathrm{L}]^\mathrm{T}[B][ML_0]) \tag{13-23}$$

至此索力优化问题就转化为式（13-23）的 L 阶线性代数方程求解问题。

式（13-23）给出了使整个结构弯曲能量最小时最优索力与弯矩影响矩阵的关系。用同样的方法可得到以下结论：

① 如果取弯曲应变能与拉压应变能之和为目标函数，则只要在式（13-18）左、右端增加构件轴力与索力影响矩阵的关系项，就可方便地得出相应的最优索力方程。

② 如果索力优化时只将结构中一部分计算截面上的内力应变能作为目标函数，则式（13-23）左、右端的影响矩阵用索力相应于这些关系截面内力的影响矩阵取代就可得出相

应的最优索力方程。用相似的方法还可以定义许多有实际工程意义的目标函数,并通过变换得到与式(13-18)相似的索力优化方程。

③ 式(13-23)中的 $[B]$ 矩阵可以看做为单元的柔度矩阵对单元弯矩的加权矩阵。对变截面的斜拉桥,优化结果意味着内力将按截面的刚度分配,如果 $[B]$ 矩阵可以由用户随意调整,则可根据构件的重要性和特点,人为地给出各构件在优化时的加权量。当 $[B]$ 矩阵为单位矩阵时,优化目标函数就变成了弯矩平方和。显然,以弯矩平方和作为目标函数,没有考虑构件的柔度对弯曲能量的衰减,通常其优化结果不如用弯曲能量为目标函数的结果合理。

④ 用恒载和活载共同作用下的弯曲能量作为目标函数进行索力优化,只需将内力组合后的结果代替式(13-23)中的 $\{ML_0\}$ 和 $\{MR_0\}$ 即可。

3. 施工阶段的索力优化

实际施工时,由于构件重量、刚度、施工精度、索力误差和温度变化等方面的原因,可能使施工阶段的结构实际状态偏离理想状态,对索力的优化是施工阶段纠正偏差的重要原因。

设计算截面上 n 个控制变量的误差向量为 $\{x_0\}$,通过 l 根索的索力施调向量 $\{T\}$ 的作用,使误差向量变为 $\{x\}$,则:

$$\{x\} = \{x_0\} + [C][T] \tag{13-24}$$

式中,$[C]$ 为索力对控制变量 $\{x\}$ 的影响矩阵。

控制变量可能是计算截面的内力、位移、支反力等混合控制变量组成的向量,这些变量的量纲各异,如果直接选用误差向量模的平方作为目标函数,可能导致优化失败,为此,可以引入相应的权矩阵来体现各控制变量的量纲和其自身的重要性。设权矩阵为 $[B] = \mathrm{Diag}(b_{11}, b_{22}, \cdots, b_{m})$,取目标函数为:

$$U = \{x\}^\mathrm{T}[B]\{x\} \tag{13-25}$$

则问题变为式(13-23)的一个特例,索力优化方程为:

$$([C]^\mathrm{T}[B][C])\{T\} = -[C]^\mathrm{T}[B]\{x_0\} \tag{13-26}$$

以上简单介绍了斜拉桥索力调整的几种方法,实际施工中的索力调整是比较复杂的,而且实践性很强。结构分析工程师的经验也非常重要,只有多次反复试算才可以得到比较满意的索力。例如,对于锚固在支座上方或附近部位的斜拉索,应该取桥塔上的位移或弯矩作为控制值,而不应取主梁上的位移或弯矩作为控制值,因为此处斜拉索的索力对主梁的弯矩和位移的影响非常小,如果取主梁上的位移或弯矩作为控制值,会导致病态方程。对于辅助墩附近的斜拉索建议人为假定索力进行试算,以得到理想的结构内力和线形。

13.5 斜拉桥的分析方法

13.5.1 概述

斜拉桥的结构分析理论比较复杂,其结构分析的内容大致包括静力分析、稳定分析和动力分析三大类，即：

$$\text{斜拉桥的分析} \begin{cases} \text{静力分析} & \text{（包括：整体分析，局部分析）} \\ \text{稳定分析} \\ \text{动力分析} & \text{（包括：抗风分析，抗震分析）} \end{cases}$$

斜拉桥是一种高次超静定结构，其静力和动力结构行为和一般桥梁有所不同，主要表现在以下两个方面。

1. 静力方面

斜拉桥的设计和其他梁式桥有所不同。对于梁式桥梁结构，如果结构尺寸、材料、二期恒载都确定以后，结构的恒载内力随之基本确定，无法进行较大的调整；而对于斜拉桥，首先是确定其合理的成桥状态，即合理的线型和内力状态，其中最主要的是斜拉索的初张力。理论和实践表明大跨度斜拉桥斜拉索的初张力占整个索力的 80% 以上。

斜拉桥静力分析的基本过程大致可以分为以下三步：

① 确定成桥的理想状态，即确定成桥阶段的索力、主梁的内力、位移和桥塔的内力。
② 按照施工过程、方法和计算的需要划分施工阶段。
③ 计算确定施工阶段的理想状态，经过多次反复才可以达到成桥阶段的理想状态。

2. 动力方面

斜拉桥由于其高次超静定，其结构行为表现出较强的耦合性，尤其是扭转和横向弯曲振型经常强烈耦合在一起，因此，在动力分析时最好采用空间模型。一般的梁桥、拱桥和刚构桥设计时，首先是考虑对桥梁的恒载和使用荷载进行计算，其次是对桥梁的地震荷载和风荷载进行验算。但对于跨度较大的斜拉桥，环境荷载和使用荷载同样重要。在一些地震较频繁的国家或地区通常是在初步设计阶段就考虑地震荷载，尤其是纵向采用飘浮体系的斜拉桥，其塔底的纵向弯矩有时会控制设计。

斜拉桥在设计方面的自由度很大，其荷载主要是依靠主梁、桥塔和斜拉索分担，合理地确定各构件分担的比例是十分重要的，直接关系到斜拉桥的经济性。

13.5.2 斜拉桥的平面分析

虽然说斜拉桥的结构行为呈现出明显的空间特征，但在初步设计阶段一般都采用平面分析完成斜拉桥的索力调整和活载内力分析。

首先根据施工方案划分结构的施工阶段，确定各施工阶段的单元总数目和施工荷载。因为在"结构力学"中已经详细讲述了平面杆系程序的设计和使用，此处不再赘述。

斜拉桥都是分阶段施工的，斜拉索也是分批张拉的。大跨度斜拉桥有许多施工阶段，而且每个施工阶段的单元数目不同，结构体系在不断地转化。下面简单说明一下其中几个需要注意的问题。

1. 斜拉索的模拟

对于斜拉索只需将单元的抗弯惯性矩取得特别小，程序中设置自动判断斜拉索单元的功能。如果需要考虑由于缆索单元自重垂度引起的非线性，则在计算中采用 Ernst 公式计入缆索垂度的非线性影响。

2. 截面的处理和应力计算

平面杆系程序一般都是将各种不同的构件截面等效为工字形截面，有的程序允许分多次形成截面，计算内力时采用全截面计算，但是对斜拉桥的主梁来说，其剪力滞后效应比较明显，计算应力时应该考虑截面面积和惯性矩的折减，可以参照国外的规范，如英国 BS5400 等。否则，采用全截面计算应力是偏于不安全的，甚至非常危险。

如图 13-19 所示的钢箱梁在计算应力时要采用有效截面特性计算（考虑各腹板附近的顶板和底板的有效宽度），具体可以将该箱梁等效为几个并列的工字梁计算应力。

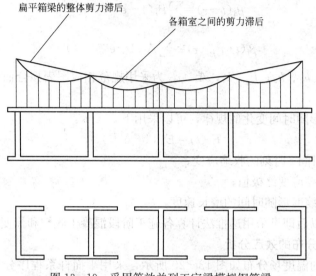

图 13-19　采用等效并列工字梁模拟钢箱梁

3. 预应力钢束的处理

大跨度预应力混凝土斜拉桥分析时，最复杂的是对预应力钢束的处理。预应力钢束的几何信息描述数据量大而且容易出错，通常首先根据施工方法确定预应力的沿程损失，然后将预应力转化为等效荷载来计算。

在求得预应力的等效荷载后，就可以用和计算其他荷载相同的方法来计算预应力引起的内力和位移，这样求得的内力为最终的综合内力，包括静定内力和二次内力。

4. 混凝土的收缩和徐变

混凝土的收缩和徐变变形对混凝土结构的工作有很大的影响，一方面由于混凝土的收缩和徐变使结构的变形增大，徐变变形的积累总和一般是同样应力作用下弹性变形的 1.5 到 3 倍；另一方面，由于混凝土的收缩和徐变随时间增加，对于超静定结构，其内力状态也要发生变化，即发生所谓的应力重分布。

我国《桥规 JTG D62》采用了比较完善的徐变理论，考虑了瞬时徐变、滞后弹性徐变和塑性徐变三部分徐变特性，其徐变系数的表达式为：

$$\phi(t,\tau)=\beta_a(\tau)+0.4\beta_d(t-\tau)+\varphi_f[\beta_f(t)-\beta_f(\tau)] \tag{13-27}$$

式中　　t——计算龄期；

τ——加载龄期；

$\beta_a(\tau)$——反应瞬时徐变规律的函数；

$\beta_d(t-\tau)$——反应徐变弹性规律的函数；

$\beta_f(t)-\beta_f(\tau)$——徐变塑性系数随时间变化的规律。

由于规范中给出的徐变系数都是以图形和表格的形式给出，不便于电算，我国目前的多数平面杆系分析程序都是采用指数曲线拟合徐变系数。

其中：

$$\beta_a(\tau)=1-\frac{1}{h_0}\left(\frac{\tau}{h_1+h_2\tau}\right)^{h_3} \tag{13-28}$$

$$\beta_d(t-\tau)=\sum_{i=1}^{3}B_i(1-e^{-k_i(t-\tau)}) \tag{13-29}$$

$$\beta_f(t)-\beta_f(\tau)=\sum_{i=1}^{3}A_i(1-e^{-d_i(t-\tau)}) \tag{13-30}$$

式中，h_0、h_1、h_2、h_3；B_i、k_i；A_i、d_i 为采用规范相应图表拟合而成的系数，详见相关的规范。

混凝土收缩变形随时间变化的规律，可以采用下式表示：

$$E_s(t)=E_{sk}(1-e^{-Pt}) \tag{13-31}$$

式中 $E_s(t)$ ——时间 t 时刻的收缩应变；

E_{sk}——收缩应变终极值；

P——收缩变形随时间的增长速度。

确定徐变系数以后即可采用递推法计算各施工阶段混凝土收缩和徐变的影响。

5. 非线性温度分布的效应分析

设某单元截面的温度场分布如图 13-20 所示，采用平面杆系程序分析非线性温度效应时，首先假定外界温度变化 $\Delta T=1$ ℃时截面高度方向的温度值，或称为温度梯度，也就是确定图 13-20 所示的温度曲线（实际程序中要求输入截面各中心线处的温度）。根据温度梯度并按照矩阵位移法计算由温度产生的单元等效节点荷载向量 $\{F\}^e$，单元等效节点荷载向量 $\{F\}^e$ 变换为结构坐标系下的荷载向量 $\{F\}^e$，所有单元在结构坐标系下的等效节点荷载叠加进入节点外荷载 $\{F\}$。

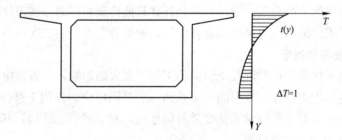

图 13-20 截面温度场分布图

矩阵位移方程为：

$$[K]\{\Delta\}=\{F\} \tag{13-32}$$

式中 $[K]$——结构刚度矩阵；

$\{\Delta\}$——温度变化引起的节点位移向量。

求得温度引起的节点位移向量后，即可求得由于温度变化引起的单元内力。

6. 支撑单元 (点单元)

由于桥梁结构在施工过程中的体系是不断变化的，例如拖架的拆除，连续梁的顶推过程等，为了处理边界条件（包括弹性支撑的边界）、拆除单元对结构受力的影响和支反力的计算等，一些程序中引入了支撑单元。支撑单元实际上是一个点单元，类似于 SAP5 中的读入单元，支撑单元如图 13-21 所示。对于平面分析程序中的支撑单元相当于两个拉（压）弹簧和一个受扭的弹簧。

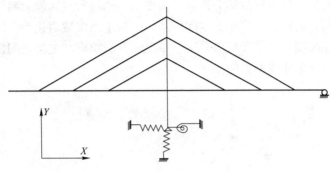

图 13-21 支撑单元计算模型

支撑单元的刚度方程为:

$$[F]^e = \begin{bmatrix} K_x & 0 & 0 \\ 0 & K_y & 0 \\ 0 & 0 & K_\theta \end{bmatrix} \begin{Bmatrix} u \\ v \\ \theta \end{Bmatrix} \quad (13-33)$$

式中，K_x、K_y 和 K_θ 分别为总体坐标系下支撑的纵向、轴向和扭转刚度。

实际编写程序时，支撑单元的处理比较简单，但是在桥梁结构分析中，支撑单元的作用却很大，主要体现在以下几个方面：

① 采用支撑单元既可以模拟刚性支撑的边界，也可以模拟弹性支撑的边界，例如，可以将桥梁基础作为子结构计算其刚度，然后再用支撑单元模拟基础；

② 在体系转换时，有时需要拆除支撑单元，此时需要将支撑单元的刚度全部赋 0，而且需要将支撑单元的支反力作为等效节点力叠加进入结构的荷载向量；

③ 支撑单元还可以处理单向受力的情况，例如在满堂支架拱桥的施工中，浇注拱顶时，拱脚会向上变形，此时使用只承受压力的支撑单元比较理想；

④ 处理有摩擦的滑动支座；

⑤ 处理单元之间的半刚性连接等。

目前桥梁结构平面杆系分析程序的功能比较强，可以完成绝大多数的平面分析工作，但是由于系统比较庞大，有时难免有些疏漏，加之使用人员的疏忽，容易出现错误，所以计算得到的结果应该仔细检查，确保正确。这就要求使用人员具有较强的结构分析能力和比较丰富的工程实践经验。也就是说计算机程序造就不出优秀的结构工程师，而优秀的结构工程师才能使用好计算机程序。因此，应该对一些比较简单的桥梁结构或大型桥梁的一小部分进行一些手工计算，以便加深对力学概念和设计规范的理解。

13.5.3 斜拉桥的空间分析

1. 斜拉桥的空间静力分析

大跨度斜拉桥一般设计为斜索面,而且斜拉索在主梁上的锚固点一般也不会通过主梁的扭转形心,当考虑斜拉桥同时受到多个方向的荷载时,采用平面分析显然是不够的,需要对斜拉桥进行空间结构分析。

使用有限元法对斜拉桥进行空间分析时,需要对结构进行空间静力离散。主梁通常被简化为"鱼刺梁"模型,斜拉索被简化为空间杆单元,桥塔通常被简化为空间梁单元。每根斜拉索采用一个杆单元模拟,主梁和桥塔采用梁单元,在斜拉索和主梁之间使用主从节点,斜拉桥空间离散的杆、梁单元模型如图 13-22 所示。

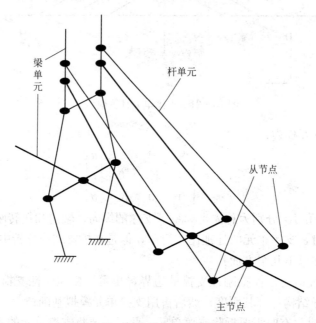

图 13-22 斜拉桥空间离散计算模型

在采用空间梁单元分析斜拉桥时,除了平面杆系程序分析中应该注意的几个问题外,还要注意以下几个问题。

① 梁单元主惯性轴空间方位的确定。梁单元主惯性轴的空间方位如果不对,将会导致失之毫厘,差之千里的结果。

② 主从节点的概念比较抽象,应该仔细体会,具体可参考有关文献。利用主从节点,可以方便地实现梁单元之间的半铰接、全铰接和局部间断(如模拟纵向飘浮体系的斜拉桥)等情况,另外对于一些刚臂的处理也可以使用主从节点,只要灵活应用主从节点可以完成诸多特殊结构的分析,切记主从节点之间的约束是相对于结构坐标的。

③ 模拟单元之间非完全刚性约束的另一种方法就是采用释放自由度法,具体的理论可以参考有关文献,此处不再赘述。在释放自由度之前必须注意的是确认释放的自由度是单元的哪个节点的什么方向的自由度,释放的自由度是相对于单元坐标系的,因此必须明确单元

的方位，才能做到有的放矢。

2. 斜拉桥的空间稳定分析

大跨度斜拉桥的主梁和桥塔都是压弯构件，尤其是桥塔附近的主梁轴力很大，因此，斜拉桥在施工和成桥阶段的稳定性分析显得特别重要。

求解结构弹性稳定性问题的任务是求结构在给定荷载作用下的一种临界状态，确定临界荷载和相应的屈曲形态。对于较简单的结构可以用结构力学或弹性力学的方法求解；对于复杂结构（形状不规则，边界条件复杂，荷载作用多样化等），用解析方法很难得出其临界荷载，这时用有限元法往往可以得到较好的结果。

传统的线性分析方法是把结构的强度问题和稳定问题分开，认为稳定是位移问题，而强度是应力问题。从非线性分析的角度来看，结构的稳定性和强度问题始终是联系在一起的。

非线性稳定理论一直是近代力学的基本研究方向之一，随着计算机和实验技术的发展，非线性稳定理论和非线性稳定分析的数值方法都得到了很大的发展。大跨度斜拉桥的失稳一般是极值失稳问题，通常解决极值失稳问题采用两种方法，即按照荷载增量法计算结构的稳定性和按照位移增量法计算结构的稳定性，这两种方法的具体理论可参考相关文献，不再赘述。

13.5.4 斜拉桥的非线性分析理论

1. 斜拉桥几何非线性分析概述

斜拉桥是柔性高次超静定结构，具有强烈的几何非线性行为。主要表现在：
① 斜拉索在自重作用下垂度引起的几何非线性效应；
② 桥塔和主梁的轴向力与弯矩相互影响效应（常称为梁柱效应或 $p\text{-}\delta$ 效应）；
③ 结构大位移效应；

自从 20 世纪 60 年代以来，各国学者就开始研究斜拉桥静力非几何线性行为。对于斜拉索几何非线性的处理方法已经进行了全面的研究，已有的方法已能基本满足斜拉桥设计和计算分析的工程需要，这些方法中以 Ernst 的等效弹性模量法最简便，因而被普遍采用。

斜拉桥早期计算中参考位移不甚明确，增量求解方程的建立不很清楚，梁柱效应按稳定函数考虑，大位移影响由不断修正坐标来考虑。近年来斜拉桥非线性计算发展为采用基于非线性连续介质力学理论的 T.L. 列式法和 U.L. 列式法来分析，现在已经证明稳定函数中的修正系数展开后实质就是结构的几何刚度矩阵。

可以从结构平衡方程中采用的刚度矩阵的修正内容来表示各种计算理论的实质。

线弹性理论 $\quad [K]=[K_e]$

线性二阶理论 $\quad [K]=[K_e]+[K_g\{N_g\}]\quad$ 或者 $\quad [K]=[K_{es}]$

有限位移理论 $\quad [K]=[K_e]+[K_g\{N_g\}]+[K_L\{\delta\}]$

其中 $[K_e]$、$[K_{es}]$、$[K_g]$ 和 $[K_L]$ 分别为结构的弹性刚度矩阵、稳定函数修正的弹性刚度矩阵、几何刚度矩阵和大位移刚度矩阵。

2. 斜拉桥几何非线性分析

1) 单元初应力引起的非线性的影响

单元的切线刚度矩阵都是以无应力状态的长度 l_0 为基准的，而在计算时的设计长度实际上包含了初应力的影响，因此，首先需要由构件的内力求出无应力长度。如果构件在温度

为 t_2 时的轴力为 P_0，构件的当前长度为 l，材料的线膨胀系数为 α，则构件在温度为 t_1 时的无应力长度可由下式确定：

$$l_0 = \frac{l}{1 + \dfrac{P_0}{EA} + \alpha(t_2 - t_1)} \tag{13-34}$$

在建立最终的平衡方程之前，应将初始状态的内力、荷载等一起考虑进去，计算结构在新的位置下的平衡状态，才能得到结构的真正变形和内力。

例如，对于有 k 根杆件交会的铰接点，在初始状态达到平衡有：

$$\left. \begin{aligned} \sum_{i=1}^{k}(T_{0i}\cos\alpha_{0i} + P_{0X}) &= 0 \\ \sum_{i=1}^{k}(T_{0i}\sin\alpha_{0i} + P_{0Y}) &= 0 \end{aligned} \right\} \tag{13-35}$$

式中 T_{0i}——相交于该节点的第 i 根杆件在初始状态时对节点的作用力；

α_{0i}——第 i 根杆件在初始状态时与整体坐标轴 X 的夹角；

P_{0X}、P_{0Y}——作用于节点的初始荷载 P_0 在整体坐标轴 X 和 Y 方向的分量。

在外荷载 P 作用后，结构发生了变形，节点的平衡应该满足变形后新的平衡方程：

$$\left. \begin{aligned} \sum_{i=1}^{k}(T_i\cos\alpha_i + P_X) &= 0 \\ \sum_{i=1}^{k}(T_i\sin\alpha_i + P_Y) &= 0 \end{aligned} \right\} \tag{13-36}$$

式中 T_i——结构变形后第 i 根杆件的轴力；

α_i——结构变形后第 i 根杆件与整体坐标轴 X 的夹角；

P_X、P_Y——作用于节点的荷载 P 在整体坐标轴 X 和 Y 方向的分量。

2）斜拉桥几何非线性分析的程序实现

考虑几何非线性的斜拉桥空间结构分析的步骤和按照荷载增量法加载的稳定性分析类似，首先根据有限元列式建立增量平衡方程，其中梁单元和杆单元的弹性、几何刚度矩阵前面已经列出，对非线性方程组的解法和收敛准则的选取此处不再赘述。

3. 汽车活载作用下斜拉桥的静力几何非线性分析

在汽车活载作用下，当单位荷载沿桥的纵向移动时，总会对设计者关心的截面内力或位移产生或正或负的影响。单位荷载在结构特定初始状态下移动时保持该参数确定符号的分段连续区域，就是该参数的活载影响区。影响区边界曲线的坐标代表单位力对关心截面计算参数的影响程度，图 13-23 是某五跨斜拉桥主跨跨中截面的竖向位移影响区示意图，其中位移纵坐标大于零的区域为荷载对跨中截面位移的正影响区域，位移纵坐标小于零的区域为荷载对跨中截面位移的负影响区域，可见活载影响区的概念是活载影响线概念的延伸。

大跨度斜拉桥由于几何非线性的影响，不能直接使用叠加原理。但在活载作用下，采用活载影响区的概念仍然能够得到截面内力的最大值和最小值，其步骤如下：

① 采用线性理论计算结构的影响线。

② 确定产生最大（小）内力的荷载影响区域。

③ 在产生最大（小）内力的荷载影响区域内布载，考虑几何非线性的结构分析，得到

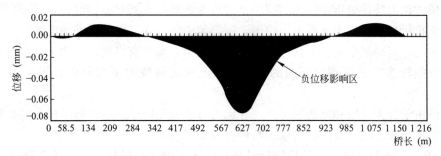

图 13-23 影响区示意图

某截面内力的最大（小）值。

④ 采用得到的结构内力修正结构的刚度矩阵、用得到的结构位移修正结构的位形，重新采用线性理论计算结构的影响线和影响区，因为这种影响区是在工况 3 的荷载下形成的，也仅对工况 3 有效，故称之为条件影响区。

⑤ 重复②～④的步骤直到计算得到的内力精度达到要求。

目前，我国还没有统一的大跨度斜拉桥和悬索桥的车辆荷载标准，我国交通部《公路桥涵设计通用规范》（JTG D60—2004）中的汽车活载都是采用单车的形式给出，很难采用以上的活载影响区理论加载，一般是把《公路桥涵设计通用规范》（JTG D60—2004）中的集中荷载等效为均布荷载，再进行影响区加载，计算结构的内力和位移包络图。

为了使本文的加载程序能适用于各种不同的车辆荷载标准，一般都是采用以下两种方法进行等效：

① 我国交通部《公路桥涵设计通用规范》（JTG D60—2004）中规定的车辆荷载，采用两个均布荷载 q_1 和 q_2 的组合，如图 13-24 所示；

② 城市桥梁设计规范中的荷载采用一个集中荷载 P 和均布荷载 q_3 的组合，如图 13-25 所示。

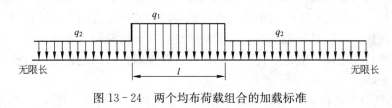

图 13-24 两个均布荷载组合的加载标准

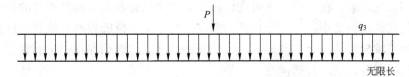

图 13-25 一个均布荷载和一个集中荷载组合的加载标准

13.5.5 斜拉桥的动力分析特征

斜拉桥动力分析主要包括抗震和抗风两方面。本节主要介绍斜拉桥的动力分析特性。

斜拉桥的动力特性分析是研究斜拉桥动力行为的基础,其自振特性决定其动力反应的特性,分析斜拉桥自振特性意义重大。由于空间斜拉索的存在,斜拉桥的侧向弯曲和扭转强烈地耦合在一起,其结果是几乎不存在单纯的扭转振型,而只有以侧向弯曲为主兼有扭转的振型,或者以扭转为主兼有侧向弯曲的振型,因此对斜拉桥的动力分析必须采用三维空间模型。

斜拉桥由于其大跨度和结构的柔性,在动力方面有不同于一般工程结构的特殊性,长期的研究和工程实践总结出斜拉桥的动力特性有以下特点:

① 飘浮体系的斜拉桥是一种长周期结构,大于一般结构的周期。土木工程结构的周期大多在 2 s 以内,高耸结构的周期也大多在 5 s 以内,而大跨度斜拉桥的基本周期远远超过 5 s,南浦大桥的纵向基本周期为 9.24 s,杨浦大桥的纵向基本周期为 13.6 s,侧向基本周期为 5.11 s,南京长江二桥的纵向基本周期为 13.4 s,侧向基本周期为 3.9 s。日本多多罗大桥的基本纵向周期为 7.216 s,侧向基本周期为 12.764 s。对于跨度超过 1 000 m 的超大跨度的斜拉桥,其纵向和侧向的基本周期将更长。

② 斜拉桥具有密布的频谱。斜拉索具有膜的性质,大跨度斜拉桥的模态远较一般的结构密集,在一个较宽的频率范围内,许多振型都可能是被动荷载激起的振动,一般的结构在采用振型叠加法时只需要取前几阶振型即可得到比较满意的精度,但对大跨度的斜拉桥而言,在 10 阶或 20 阶甚至更高阶的振型情况下,模态频率仍然处于地震激励有意义的频率范围之内,在采用反应谱分析其地震反应时应该取更多的振型参与计算。另外,采用反应谱法分析地震响应时,因为模态密集,振型响应的交叉项的影响不能被忽略,振型之间的组合应该采用完全二次组合(CQC 组合),而不是平方和开方的组合(SRSS 组合)。在时域内采用直接积分法计算其动力响应时,应该考虑采用不引起振幅率减小的 Newmark-β 法,以保证高阶模态响应的贡献仍保留在响应中。

③ 斜拉桥的大尺度导致其地震响应不同于一般结构。一般的工程结构其尺寸不大,地震响应分析通常不考虑地震荷载的空间变化,即认为其受到的地震激励是一致激励。然而对大跨度的斜拉桥,其各支点之间的距离通常与地震波的波长具有同样的数量级,甚至超过地震波的波长,这使大跨度斜拉桥的各支点激励因地震荷载的空间变化而不同,而这种非一致的激励对斜拉桥这类结构可能是有害的。因而在大跨度斜拉桥的地震响应分析时,应该考虑非一致激励的影响。

④ 斜拉桥的自振特性表现出明显的三维性和相互耦合的特点。主梁、桥塔、斜拉索和下部基础之间相互影响,在地震发生时全桥振动体系中结合各部分构件本身的振动,无论在低次振型还是在高次振型中,各部分构件的振动都会影响全桥的振动,使其三维特性的振动不能采用任何二维分析的组合。而悬索桥主梁和桥塔之间的振动存在一定的独立性,其振动可以分为单纯的扭转、竖向和横向的弯曲振型。

⑤ 斜拉桥的基础一般比较软弱,斜拉桥大多数都是自锚式结构,它不像悬索桥有很大的水平力传递到基础上,所以斜拉桥适合在较软的基础上修建,而事实上多数斜拉桥的地基相对来说比较软弱,地表层的基本周期大约为 1~2 s,与上下部结构自身的固有周期比较接近,因此,各部分的耦合振动是非常明显的。

13.6 预应力在斜拉桥中的运用总结

通过上面的分析,我们知道斜拉桥的上部结构由梁、索、塔三类构件组成,预应力在这三类构件中都有运用,我们可以总结为以下几种情况。

13.6.1 预应力在斜拉桥的主梁中的运用

主梁一般采用混凝土结构、钢—混凝土组合结构或钢结构。主梁在斜拉索的各点支撑作用下,其受力特点与多跨弹性支撑的连续梁相同。

斜拉桥的主梁如果采用混凝土梁,相对普通多跨弹性支撑的连续梁,由于斜拉索轴力产生的水平分力相当于对主梁施加了预压力,从而增强主梁的抗裂性能,节约主梁中预应力钢材的用量。

斜拉桥的主梁如果采用混凝土梁,根据结构不同阶段及不同部位通常设三向预应力筋,具体有:① 纵向预应力钢筋;② 纵向施工临时预应力钢筋;③ 梁横向预应力钢筋;④ 竖向预应力钢筋。

纵向预应力分钢绞线束及钢丝束两类,其中钢绞线束一般采用 YM 自锚式夹片锚及连接器,钢丝束采用 DM 镦头锚及连接器。纵向预应力束主要以在箱梁逐块段交错张拉锚固后再用连接器进行接长的方式进行布置,只有部分预应力束在施工分块段端部或齿板上直接锚固。纵向预应力布置在顶、底板中,并设施工临时束。纵向施工临时束是为了满足施工过程中主梁应力控制的需要。纵向预应力是为满足主梁在运营状况下应力的需要而设(见图13-26)。

横向一般也采用预应力钢绞线,扁锚布置在箱梁顶板和横梁中。配置横向预应力钢绞线,主要用以抵抗横向正弯矩(见图13-27)。为了布置斜拉索锚固装置的需要,横向预应力钢束可适当采用了平弯布置方法,即横梁预应力束向前进方向平弯。

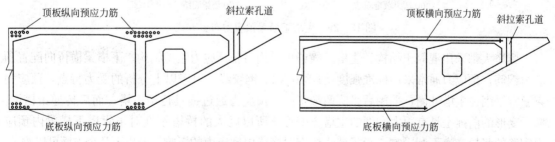

图 13-26 1/2 主梁纵向预应力筋布置图　　图 13-27 1/2 主梁横向预应力筋布置图

竖向采用冷拉三级钢筋轧丝锚或精轧螺纹钢筋,设在两个直腹板中,用以抵抗斜拉索的垂直分力影响。线型也一般采用直线线型(见图13-28)。通过在主梁边箱外侧翼板内增设纵向预应力束,可以有效地减小边箱内顺桥向的高拉应力,避免沿横隔板位置的混凝土出现

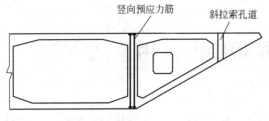

图 13-28 1/2 主梁竖向预应力筋布置图

开裂。

从上面的分析可知,预应力在斜拉桥主梁的配置方式和预应力梁桥中梁的配置方式基本上是一致的。

斜拉桥主梁的预应力张拉顺序一般为:先纵向,再横向,最后竖向。其中纵向钢束张拉先后顺序为:顶板—竖腹板—底板—斜腹板,同时对称于梁中线向两侧方向每两束同步张拉,张拉一律采用双控法,两端同时张拉;横向束张拉顺序则对称于墩中心向两端方向逐束进行,采用双控法两端同时张拉;竖向预应力筋横桥向对称于桥中线,在梁顶单端张拉,伸长值与张拉吨位双控。

13.6.2 预应力在斜拉桥塔中的运用

1. 斜拉桥塔下横梁预应力钢筋布置

斜拉桥按结构体系可分为全固结、塔墩固结及塔梁固结三种形式。当塔梁固结设计时(见图 13-29),塔梁结合部:① 承受主梁传递的梁自重与活荷载作用,主要是弯矩、轴力、剪力以及扭矩;② 承受主塔传递的内力,主要是弯矩;③ 横梁本身的自重、温度变化、混凝土收缩徐变及预应力作用的影响,使之受力复杂,隐患众多。因此为了提高体系受力性能,必须施加预应力,其中包括横梁横桥向的预应力。

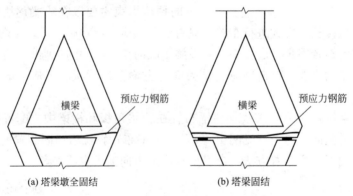

(a) 塔梁墩全固结 　　　　　(b) 塔梁固结

图 13-29 主塔下横梁预应力布置方式

索塔大都采用混凝土结构。主塔下横梁可采用后张预应力箱型结构。下横梁横桥向配置预应力钢筋,预应力通常采用标准强度=1 860 MPa 钢绞线。由于以上分析的受力特点,预应力束通常锚固在主塔外侧,采用后张法两端张拉。预应力通过锚具传给主塔,而后传递给横梁。横梁变形的前提是具有很大刚度的主塔先变形。所以巨大的桥塔刚度对于索塔下横梁内预应力钢筋的张拉产生不利影响。为了减小桥塔对横梁内预应力的影响,有以下几个方面可以改进。

① 使塔墩(横梁下部桥塔)尽可能做成薄壁柔性结构。这需要从设计之初考虑,进行分析计算,保证结构整体刚度与稳定性的前提下提高横向变形能力,确保预应力荷载高效施加。

② 在施工过程中,加配预应力钢束,在塔梁结合部等处加配防裂钢筋,防止预应力储

备不足导致混凝土开裂。但预应力过大会在塔柱上产生过大的剪应力,并加大塔柱外表面拉应力,需要引起注意。

③ 改变施工顺序。原来施工顺序为:先浇注塔墩成型,使塔墩刚度形成后再浇注横梁,待二者全部成型后张拉横梁预应力钢束。可考虑改变施工顺序为:下横梁预应力钢束张拉前,塔墩只形成钢筋骨架。此时钢筋骨架刚度远比成型的混凝土桥塔小,变形性能优于混凝土塔墩,张拉横梁预应力钢束会有更好的效果。预应力施加后再浇注塔墩混凝土,使之刚度形成。这种方法一方面有效张拉了预应力,另一方面使塔墩免受过大剪力影响,但施工上有一定难度。

2. 斜拉桥塔身拉索锚固区预应力钢筋布置

在大跨度斜拉桥中,索塔锚索区塔柱大多采用箱形截面的断面形式。由于桥塔不仅承受很大的轴向力,而且在斜拉索的锚固区还要承受拉索产生的水平分力。所以强大的索力施加到塔柱上的水平分力光靠塔柱的普通钢筋是难以抵抗的。这就需要在塔柱的拉索锚固区布置预应力束以抵抗拉索产生的拉应力。索塔的拉索锚固部位,是一个将拉索的局部集中力安全、均匀地传送到塔柱的重要受力构造,其受力状况是设计和施工中的重要问题。

为平衡拉索在索塔上塔柱的拉索锚固区段产生的拉应力,通常在塔柱内加配预应力钢束,以保证该区段有足够的抗裂性和极限承载力。

在箱形截面索塔的斜拉桥中,塔上锚固区经常布置各种方式的预应力束来平衡斜拉索的水平分力作用。

目前塔柱多采用大吨位、小半径的 U 形(环形)预应力束布置,环形预应力筋由两束首尾交错的 U 形预应力筋构成,有顺桥向布设(开口于顺桥向)和横桥向布设(开口于横桥向)两种,如图 13-30 所示。

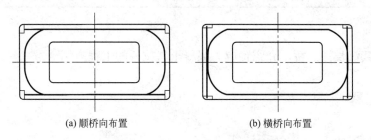

(a) 顺桥向布置　　　(b) 横桥向布置

图 13-30　环形预应力束布置示意图

索塔锚固区 U 形预应力束施工是高空作业,由于该区段受到斜拉索强大的集中作用,结构受力复杂。预应力筋束定位是否准确,张拉是否到位,直接影响塔柱内力,加之该区段钢筋较多,又有劲性骨架,锚下局部加强钢筋等干扰,所以留下的操作空间很小。而弯束预应力筋因为弯曲和施工时要避免与箱壁内别的钢筋和构件发生冲突,就会给施工提出很高的要求。布设预应力筋束时不容易定位,施工难度较高。而且环形束的长度较长,弯折角几乎接近 90°,必然预压力损失就高。

除此之外还可以采用精轧螺纹钢筋直束加强塔柱拉索锚固区的技术。把直束加强预应力钢筋布置成"♯"字形,如图 13-31 所示。

水平束是井字形直线束时,但因塔柱尺寸较小,使得束长较短,由于钢束回缩和锚具变形引起的预应力损失较大(据计算最大预应力损失近 40%),因而预应力筋用量较多,特别

图 13-31 "♯"字形直束加强预应力钢筋布置图

是该区域索导管布置较密（一般最小间距 1.5 m 左右），构造钢筋较多，预应力束和锚头的用量增多会使得塔柱构造更加复杂，施工难度也会增大。同时锚头不具有环形加强而产生的环箍效应。

也可以把这两种方式结合起来组成混合布束方式如武汉军山大桥为长边开口 U 形束和长边直索方式。

塔柱的拉索锚固区布置预应力束的张拉平台可采用在塔柱四周搭设钢管脚手架平台，设计此平台考虑到可兼作斜拉索安装时的操作平台。预应力的张拉采用两端同时进行张拉，孔道压浆采用真空压浆工艺。在孔道灌浆后，用砂轮锯或其他机械方法切去超长部分的预应力钢束后进行封锚。

13.7 预应力混凝土斜拉桥的工程实例

下面结合武汉长江二桥，介绍预应力混凝土斜拉桥的工程应用。

13.7.1 工程概况

本工程的概况如表 13-2 所示。

表 13-2 武汉长江二桥工程概况

设计单位：铁道部大桥工程局勘测设计院	桥梁所在地：湖北武汉市
施工单位：铁道部大桥工程局第一桥梁工程处	施工时间：1994—1995 年（主梁）
预应力施工单位：同上	桥梁用途：公路桥
结构类型：预应力混凝土斜拉桥	主跨组成：180+400+180 m
设计荷载：汽超-20，挂-120	混凝土强度等级：C55
预应力部位：主梁	配筋方式：有粘、无粘
预应力筋：7ϕ5 mm 钢绞线、ϕ5 mm 高强钢丝、冷拉Ⅳ级直径 32 mm 粗钢筋	锚具种类：QM 锚、弗氏锚、螺纹锚
预应力张拉设备：YC-120 型张拉千斤顶（钢绞线） YZ-85 型张拉千斤顶（高强钢丝） YC-60 型张拉千斤顶（粗钢筋）	张拉方式：两端、一端

续表

张拉控制应力：$0.75R_y^b$（钢绞线、高强钢丝）、$0.9R_y^b$（粗钢筋）

单位面积材料用量：预应力筋 40.3 kg/m²，非预应力筋 111.0 kg/m²，混凝土 0.85 m³/m²

单位面积预应力工程费：650 元/m²

桥梁特点：斜拉桥主梁为双分离边箱顶应力混凝土结构。两箱之间用T形横隔梁连接。主梁施工，采用双向悬臂现场浇注工艺。混凝土浇注的移动模板支架，采用了本桥专门研制的"短平台复合型牵索挂篮"。主梁悬浇节段长 8 m，宽 29.4 m，重 500 t。梁体除布置普通钢筋外，还布置三向预应力：纵向为粗钢筋和钢绞线；横向为钢绞线；斜腹板为无粘结预应力粗钢筋。

13.7.2 结构设计

本桥为双塔双索面预应力混凝土箱梁斜拉桥，跨度为 180＋400＋180 m，两端各悬臂 5 m，承托毗邻单腿刚构 125 m 边跨（见图 13-32 和图 13-33）。缆索采用扇形布置，索面中心距 27.8 m，梁上索距一般为 8 m。主梁采用双分离边箱断面，顶板厚 24 cm，底板厚分为 35 cm、45 cm 两种，竖腹板厚 26 cm，斜腹板厚 22 cm。纵向每 4 m 设一道横梁，处于缆索吊点处横梁称为主横梁，处于缆索吊点间的横梁称为副横梁，两种横梁厚度均为 32 cm。梁全宽 29.4 m，其中 6 线汽车道宽 23.0 m，两侧人行道宽各 1.5 m，最外侧为缆索锚固区。主梁中心高 3 m，对称设双向 1.5% 横坡。主梁除在两边墩（10 号、13 号墩）处设有可纵向活动的盆式橡胶支座外，均由缆索悬挂于塔上，呈悬浮状态。塔、梁结构分离，但在 11 号塔墩处塔梁间设有纵向约束支座，以将梁上制动力和地震力传于塔墩。主梁在各墩上均设有横向支座或挡块，以传递梁上横向水平风力及地震力至塔墩，主梁与边跨刚构衔接处设有大位移伸缩装置。

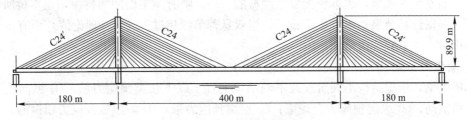

图 13-32 斜拉桥总布置

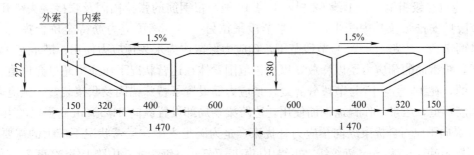

图 13-33 预应力混凝土主梁

梁体除 0 号节段及边墩处局部梁段采用托架现浇外，其余均采用牵索挂篮 8 m 一个节段悬浇法施工。

梁体按部分预应力 A 类结构设计。

13.7.3 结构计算

1. 纵向计算

按从主塔施工、主梁 0 号节段施工，逐节段悬浇施工至边跨合拢、中跨合拢、二期恒载施工等结构体系形成过程，到成桥运营，进行计算。其中包括：预应力的加载及卸载，混凝土不同龄期的收缩和徐变，以及施工荷载影响等。在成桥运营阶段，考虑了汽车荷载、特载、挂车、支点沉降、制动力、静风力、温度力等作用与影响。其中温度计算，考虑了体系升降温，塔左右侧温差、梁上下缘温差，索、梁温差等。计算时，对于缆索的几何非线性影响，通过修正缆索弹性模量的方法予以考虑。对于结构在活载作用下的非线性影响，则通过专题研究分析后，统一采用活载增加系数的办法予以考虑。

2. 主梁的横向受力

按安装及运营两个阶段分别进行了计算。计算采用空间杆系计算模型，用 SAP5 进行分析。纵向，以两分离边箱的扭心作为中心，形成两道具有抗弯、抗扭特性的杆件；横向，每 4 m 一道横梁作为一根杆件，以缆索吊点为支撑点，纵向取 2～3 个索距（16～24 m）的作用长度。按该模型计算的结果，与取单根横梁按简支梁进行计算的结果比较，横梁弯矩要小 50%～75%。这一结论，已被模型试验所验证。

3. 其他计算

本桥还对结构在安装及运营状况下梁、塔的稳定，地震、风振等进行了计算分析。计算结果表明，地震、稳定等工况不控制本桥设计。在风振分析中，颤振发生的临界风速远大于桥址处可能发生的风速，故本桥无发生颤振的可能。唯有施工期间的抖振，是本桥所要关注的问题。根据计算结果，本桥主梁施工，当双悬臂单侧超过 163 m（理论值）而有 7 级以上大风作用时，应采取抗风措施。

4. 预应力布置

本桥主梁，根据结构不同阶段及不同部位配置了以下几类预应力筋：① 纵向施工临时预应力粗钢筋；② 纵向预应力合拢束；③ 横梁预应力束；④ 斜腹板预应力粗钢筋。

① 纵向预应力粗钢筋为满足施工过程中主梁应力控制的需要，梁体内配置了 78 根 32 mm 冷拉Ⅳ级粗钢筋。上缘 62 根，下缘 16 根。粗钢筋的张拉锚固及联接接头错开布置。每一节段只安排张拉其中一半，下一半节段张拉另一半。该预应力筋待全桥合拢后，中跨 15～24 号节段，边跨 15～20 号节段范围，预应力保留作为永久预应力使用；塔下至 14 号节段范围，粗钢筋的预应力予以释放，以免该范围梁体在运营状况下压应力超过允许值。为达上述目的，在 14 号与 15 号节段分界处，预应力筋设置了特殊锚固及联接装置。预应力释放的粗钢筋管道，压浆后作普通钢筋使用，边跨梁端局部设置纵向 24ϕ5 mm 高强钢丝束。

② 纵向预应力合拢束纵向预应力合拢束，是为满足主梁在运营状况下应力的需要而设。边跨上缘 60 束 7-7ϕ5 mm 钢绞线，下缘 10 束 7-7ϕ5 mm 钢绞线；中跨上缘 32 束 7-7ϕ5 mm 钢绞线，下缘 58 束 12-7ϕ5 mm 钢绞线。最大钢束长近 150 m。为减小穿束困难，在合拢块浇注前，部分长束提前穿束到位。

③ 横梁预应力束 主梁横向宽 29.4 m，配置横向预应力束，主要用以抵抗横向正弯矩。根据受力分析，主横梁和副横梁的内力相差不大。故两种横梁采用相同的配束。横梁设计的控制荷载，为挂篮悬浇时的各种施工荷载。每道横梁配置了 4 束 12-7φ5 mm 钢绞线。

④ 斜腹板预应力粗钢筋 主梁斜腹板预应力筋，采用 32 mm 冷拉Ⅳ级粗钢筋，无粘结预应力体系。布置在缆索锚块附近斜腹板内，用以抵抗斜拉索的垂直分力影响。

习　题

一、填空题

1. 预应力混凝土斜拉桥的上部结构由＿＿＿＿、＿＿＿＿、＿＿＿＿三类构件组成。它是一种桥面系以加劲梁＿＿＿＿或＿＿＿＿为主，支撑体系以斜拉索受拉及桥塔受压为主的桥梁体系。
2. 预应力混凝土斜拉桥一直很少采用多塔多跨式的原因是＿＿＿＿。
3. 活载往往引起预应力混凝土斜拉桥边跨梁端附近区域产生很大的弯矩，可以通过＿＿＿＿或＿＿＿＿的方法解决。
4. 在近代大跨度预应力混凝土斜拉桥中，拉索的构造基本上分为＿＿＿＿和＿＿＿＿两大类。
5. 预应力混凝土斜拉桥冷铸锚的锚固力由＿＿＿＿和＿＿＿＿承受。
6. 预应力混凝土斜拉桥平行钢绞线索采用夹片锚的原因是＿＿＿＿。
7. 预应力混凝土斜拉桥中的斜拉索与混凝土梁的锚固形式有顶板锚固块、＿＿＿＿、＿＿＿＿梁底两侧设锚固块、＿＿＿＿。
8. 预应力混凝土斜拉桥中的斜拉索的防腐方法大体可归纳为四类，有涂料保护、＿＿＿＿、＿＿＿＿、＿＿＿＿。
9. 预应力混凝土斜拉桥中的斜拉索的调索方法有＿＿＿＿、零位移法、＿＿＿＿、内力平衡法和＿＿＿＿等。
10. 预应力混凝土斜拉桥中的零位移法的出发点是＿＿＿＿。
11. 预应力混凝土斜拉桥中的倒拆法与正装法闭合的关键是＿＿＿＿。
12. 预应力混凝土斜拉桥结构分析的内容大致包括＿＿＿＿、＿＿＿＿、＿＿＿＿三大类。
13. 预应力混凝土斜拉桥传统的线形分析方法是把结构的＿＿＿＿和＿＿＿＿分开。
14. 在预应力混凝土斜拉桥中，解决极值失稳问题通常采用两种方法，即＿＿＿＿、＿＿＿＿。
15. 预应力混凝土斜拉桥的动力分析主要包括＿＿＿＿、＿＿＿＿两个方面。
16. 预应力混凝土斜拉桥的自振特性决定了其＿＿＿＿的特性，故分析其自振特性的意义重大。
17. 预应力混凝土斜拉桥的主梁如果采用混凝土梁，根据不同阶段及不同部位通常设三向预应力筋，具体有：＿＿＿＿、纵向施工临时预应力筋、＿＿＿＿、＿＿＿＿。
18. 在预应力混凝土斜拉桥中，为了布置斜拉索锚固装置的需要，横向预应力钢束可适当采用＿＿＿＿，即横梁预应力束向前进方向平弯布置。

19. 在预应力混凝土斜拉桥主梁中，预应力筋的张拉顺序一般为：先纵向，_____，_____。

20. 在预应力混凝土斜拉桥中，按结构体系可分为_____、_____及_____。

二、简答题

1. 在预应力混凝土斜拉桥中，为何双塔三跨式斜拉桥的边主跨之比应小于0.5？
2. 在预应力混凝土斜拉桥中，为何独塔双跨式斜拉桥最好布置成两跨不对称的？应怎样布置？
3. 在预应力混凝土斜拉桥中，平行钢绞线索配夹片锚的体系应注意哪些问题？
4. 在预应力混凝土斜拉桥中，拉索在索塔上的锚固有哪几种形式？简述其具体构造。
5. 预应力混凝土斜拉桥中的拉索有哪几种形式？
6. 对预应力混凝土斜拉桥中的斜拉索的张拉应该注意哪些问题？
7. 在预应力混凝土斜拉桥中，怎样解决倒拆和正装计算中的徐变迭代问题？以全漂浮体系的斜拉桥为例，简述拆除的过程。
8. 在预应力混凝土斜拉桥中，无应力状态法的基本思路是什么？计算的步骤有哪些？
9. 在预应力混凝土斜拉桥中，其静力和动力结构行为和一般桥梁有何不同？
10. 预应力混凝土斜拉桥的平面分析应该注意哪些问题？
11. 为什么说在预应力混凝土斜拉桥结构分析中，支撑单元的作用很大？
12. 预应力混凝土斜拉桥的空间分析应注意哪些问题？
13. 预应力混凝土斜拉桥具有强烈的几何非线性行为，主要表现在哪些方面？
14. 大跨度预应力混凝土斜拉桥在活载作用下，采用活载影响区的概念能够得到截面内力的最大和最小值，其计算步骤有哪些？
15. 预应力混凝土斜拉桥的动力特性有哪些特点？
16. 在预应力混凝土斜拉桥中，当塔梁固结时，塔梁结合部主要承受哪些力？
17. 在预应力混凝土斜拉桥中，如何减小桥塔对横梁内预应力的影响？

第 14 章
预应力混凝土悬索桥

14.1 概 述

14.1.1 悬索桥的发展概况

悬索桥（或称吊桥 Suspension Bridge）通常由上部结构（包括钢缆、塔、加劲梁及吊杆）和下部结构（包括支承塔的桥墩、锚固钢缆的锚碇、锚台）组成。加劲梁（包括行车和行人的桥面系）悬吊在钢缆（也称大缆或主索）上，钢缆两端用锚碇固定。锚碇用大体积混凝土做成，或置于地面，或深埋于地下，或固结于沉井基础之内，或利用桥头地形锚固于山崖岩层之中，统称为地锚；还有将钢缆锚固于加劲桥面系的，常称为自锚。通常还建造两个高塔为钢缆提供中间支承，塔、墩多为固结，甚至融为一体。悬索桥的承重主要通过钢缆及其支承锚固系统传递给大地，因此，悬索桥的跨越能力是所有桥型中最大的，目前跨径超1 000 m 的桥型多采用悬索桥，跨径在 600 m 上下时也颇具竞争力。

悬索桥的发展可追溯到远古时代。根据史书记载，古代悬索桥起源于我国西部山区深壑的溜索，利用自然高差溜索过人。虽是单索，却属以索承载的桥。以后发展为多索，侧索攀扶，在平行索面上铺板形成悬链线形的桥面，供人畜通过。藤、竹索是初期造悬索桥的好材料，但不耐久，随着铁器时代的到来才逐渐被铁链索所取代。悬链线形桥面不便于行车，于是多索系统被古人分成两组，分置两侧再垂挂若干吊索，悬吊起一个较为水平的桥面系（包括边梁和桥面板），发展为古代的悬索桥。有文献记载，早在公元前 50 年（汉宣帝甘露四年），我国四川就出现了跨长百米的铁索桥。此时中国的悬索桥走在世界前面。

进入 19 世纪后，经历文艺复兴和资产阶级革命的欧洲，特别是英国，修建了不少跨度稍大于中国古桥的悬索桥。独立后的美国也紧随其后修建了一批铁索桥，并出现了铜丝、铁丝缆索桥。随着大城市的兴起，美国人在纽约市东河上花了 40 年时间完成了几座跨度在450～490 m 的钢缆悬索桥，出现了具有现代意义的悬索桥。20 世纪 30 年代又相继建成跨度超千米的华盛顿桥（主跨 1 067 m）和金门桥（主跨 1 280 m，保持跨度纪录 27 年）。但 Tacoma 桥的风毁，使悬索桥的发展暂时搁浅。半个世纪后，美国从毁桥阴影中走出来，再一次刷新世界跨度纪录，并形成了以钢桁架加劲大跨悬索桥的美国风格。

英国在 20 世纪 60 年代以后引进美国技术，于 1964 年建成跨径 1 006 m 的福斯公路悬索桥，并做出两点改进：钢主塔采用具有加劲肋条的大型钢板焊接而成，以减少用钢量；桥面板采用钢正交异性板（而不是钢筋混凝土板）以减轻恒载。1966年建成的塞文桥结合抗风研究成果，推出流线型扁平全焊接连续钢箱梁代替美国式悬索桥中的高大钢桁架加劲梁，既减少了用钢量又获取了良好的抗风性能；另外还采用斜吊索，以提高全桥刚度和结构阻尼。但这给吊索、钢箱梁带来的疲劳损坏却是始料不及的。尽管如此，塞文桥首创了英国式悬索桥的先例。1981年英国建成当时世界上第一大跨度（主跨1 410 m）的恒比尔悬索桥，把英国式悬索桥的发展推向颠峰。

堪称现代悬索桥之乡的日本，对美英风格兼收并蓄，以美式为主。它起步虽晚，但发展却很快。日本悬索桥的发展主要是从本州四国联络桥的修建开始的。本四联络线中有22座大桥，其中11座是悬索桥。在积累了丰富的建桥经验后，日本于1998年建成了令世人瞩目的明石海峡大桥（主跨达1 990 m），创下了20世纪悬索桥跨度的世界纪录。

在20世纪70年代，丹麦也充分吸收美国式和英国式悬索桥的优点，形成了独特的丹麦悬索桥风格，其主要特点是：采用竖直吊杆、流线型扁平钢箱梁加劲，既保存了钢箱梁的抗风优点，又避免使用有争议的斜吊杆。由于结构合理，用钢量省，造价低，丹麦式悬索桥显示了强劲的发展势头，接连建造了几座主跨上千米的超级桥，1997年大贝尔特桥以主跨1 624 m打破了恒比尔桥保持了16年的跨度世界纪录，独领风骚一年之久。

中国现代悬索桥建设犹如异军突起。五年之内，相继建成西陵、虎门、宜昌、江阴、青马等11座大跨度悬索桥。2005年建成的润扬长江大桥（主跨1 490 m）是当今国内最大跨度悬索桥，正在建设的青岛海湾大桥（主跨1 652 m）预计2010年通车。丹麦式悬索桥对奋起直追的中国现代悬索桥的影响不可低估。我国的虎门大桥（主跨888 m）、江阴长江公路桥（主跨1 385 m）和香港青马大桥（主跨1 377 m）均借鉴了丹麦风格。

各国悬索桥发展道路尽管各不相同，但有一点却是共同的，那就是立足于本国经济实力和工程技术的基础。今天，日本的明石海峡大桥以接近2 000 m的跨度独占鳌头，但跨度达3 300 m的意大利墨西拿海峡桥正呼之欲出，主跨5 000 m的直布罗陀海峡悬索桥方案也有人问津。大跨度悬索桥尽管耗资惊人，但毕竟是国家综合实力和科技水平的重要标志。

14.1.2 混凝土悬索桥的构造

悬索桥上部结构的主要构件为桥塔、主缆和加劲梁，其次还有吊索、鞍座、索夹等。主缆梁段的锚固体，虽常被视为下部结构，但它是地锚式悬索桥的重要组成部分。

桥塔也称主塔，它是支承主缆的重要构件。悬索桥的活载和恒载（包括桥面、加劲梁、吊索、主缆及附属构件如塔顶鞍座和索夹等重量）通过主塔传递到下部的塔墩和基础上。在两跨或多跨悬索桥中，有时因地形等原因，悬索桥的主缆在边跨端部不能设置锚固体，则常设置副塔，使主缆先通过副塔顶部，然后延伸一定长度后进入锚固体。副塔顶部设有能使主缆转角的鞍座，它实际上是一个支承主缆的塔墩，故为下部结构。

主缆是通过塔顶鞍座悬挂在主塔上并锚固于两端锚固体中的柔性承重构件，主缆本身又通过索夹和吊索承受活载和加劲梁（包括桥面）的恒载，除此之外，它还分担一部分横向风荷载并将它直接传递到塔顶。

索夹位于每根吊索和主缆的连接节点上，实际它是主缆和吊索的连接件。索夹以套箍的形式紧固在主缆上，它在主缆上加紧后产生一定的摩阻力来抵抗滑移，从而固定了吊索与主缆的节点位置。同时，也是固定主缆外形的主要措施。

吊索是将活载和加劲梁（包括桥面）的恒载通过索夹传递到主缆的构件。它的上端与索夹相连，下端与加劲梁相连。

加劲梁的主要功能是提供桥面和防止桥面发生过大的挠屈变形和扭曲变形。桥面上的活载及加劲梁的恒载通过吊索和索夹传至主缆。加劲梁是悬索桥承受风荷载和其他横向水平力的主要构件。

鞍座是塔顶上承受主缆的重要构件，通过它可使主缆中的拉力以垂直力和不平衡水平力的方式均匀地传给塔顶。除了主塔与副塔的鞍座之外，主缆在进入锚固体之前还必须通过散索鞍座将主缆分散后以索股作单位分散锚固。

主缆的锚固体是将主缆中的拉力传递给地基中的构件，通常有重力式锚固体和岩洞式锚固体。重力式依靠锚固体的巨大自重来抵抗主缆的垂直分力，水平分力则由锚固体与地基之间的摩阻力（包括侧壁的）或嵌固阻力来抵抗。岩洞式则由锚固体将主缆中的拉力直接传递给岩洞周壁。

14.2 悬索桥设计和分析理论

14.2.1 悬索桥在竖向荷载作用下的分析理论

悬索桥结构在竖向荷载作用下的计算，是悬索桥设计计算中最为重要的内容，也是主要构件设计的最主要依据。计算理论大致经过了从弹性理论、挠度理论到有限位移理论的发展过程。

1. 弹性理论

弹性理论是悬索桥最早的设计理论。它使用超静定结构的设计方法，将悬索桥看做主缆与加劲梁的结合体。弹性理论在计算中只考虑由荷载（如活载）产生的新的构件内力之间的平衡，其特点是恒载与活载的内力计算方法没有差别，也就是在计算活载内力时没有计入恒载产生的初始内力已经对悬索桥的整体刚度作出的贡献。这种理论是建立在不考虑（忽略）荷载产生的变形会影响内力的大小与方向的基础之上的。因此，弹性理论是基于变形微小而可以忽略的计算假设，它只能满足早期跨度较小且加劲梁刚度相对较大的悬索桥的设计使用。故弹性理论内力计算结果偏大。这种误差将随着悬索桥跨度的增加、加劲梁的柔细以及恒载活载比值的加大而明显的增大。虽然这种误差偏于安全方面，但由于后来出现了更完善的计算理论来替代它，在现在的悬索桥设计中已基本不再使用了。

2. 挠度理论

随着跨度的增加，梁的抗弯刚度相对变小，活载产生的结构变形对结构平衡变得不可忽略。1888年梅兰（Melan）提出了悬索桥分析的挠度理论，并经1908年在纽约的曼哈顿

(Manhattan)大桥设计中采用后，挠度理论的优越性立即显示出来，于是在以后的许多悬索桥设计中都采用了该理论。

采用挠度理论来计算悬索桥时，考虑原有荷载（如恒载）已产生的主缆轴力对新的荷载（如活载）产生的竖向变形（挠度）将产生一种新的抗力。这就是说，这种计算理论是在变形之后再来考虑内力的平衡。用挠度理论来计算活载内力时，已经计入了恒载内力对悬索桥的刚度起到的提高作用。在挠度理论中的计算假定为：

① 恒载沿桥梁的纵向是均匀分布的。
② 在恒载作用下，加劲梁处于无应力状态（吊索之间的局部挠曲应力除外）。
③ 吊索是竖向的，并且是密布的。
④ 在活载作用下，只考虑吊索有拉力，不考虑吊索的拉伸和倾斜。
⑤ 加劲梁为直线形，并且是等截面的。

只计主缆及加劲梁的竖向变形（挠度），不考虑它们的纵向变形。

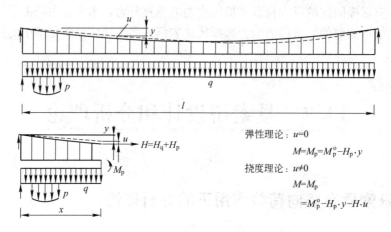

图 14-1 弹性理论与挠度理论的比较

用挠度理论计算所得的内力比用弹性理论要小得多，根据悬索桥的跨度大小，加劲梁的刚度大小以及活载影响与恒载影响的比例，一般挠度理论的内力计算结果比弹性理论减小 $1/2 \sim 1/10$。

表 14-1 为斯坦因曼（Steinman）对三座悬索桥用弹性理论与挠度理论的内力 M 的计算结果比值。

表 14-1 弹性理论与挠度理论的内力计算结果比值实例

桥 名	主孔跨度 l	弹性理论与挠度理论的比值	
		$l/4$ 点 M 值	$l/2$ 点 M 值
Florianopolis	339 m	1.25	1.50
Benjamin-Franklin	533 m	1.52	1.61
Mount Hope	366 m	2.00	1.54

表 14-1 中所列的三座悬索桥的主孔跨度尚不算很大，并且它们的加劲梁都是因采用桁梁的型式而有较大的刚度。如果对跨径较大（如 1 000 m 或以上），并且采用刚度较小的箱

型加劲梁时，弹性理论与挠度理论的内力计算结果比值应该比表中所列的还要增大。因此，采用挠度理论来设计大跨度悬索桥可以比弹性理论大大节约材料。这也正是在相当长的一段时期内挠度理论在大跨度悬索桥设计计算中一直起主导作用的原因。

挠度理论对悬索桥的结构体系仍看做为承受轴向拉力的主缆与承受竖向弯矩的加劲梁的结合体，并且作用于两者的内力在顺桥方向（纵向）是连续分布的。但挠度理论是非线性的，因此在计算时必须先假设未知的主缆水平分力 HO，将它代入微分方程求出挠度 v，然后再由挠度 v 反求出主缆水平分力 HV，必须使 $HV=HO$。为达到 $HV=HO$，必须经过多次反复计算，使计算结果逐步收敛来取得近似解。因此，挠度理论不适于使用计算机来求解。

3. 有限位移理论

Brotton 于 1966 年首次发表了利用平面结构分析中的刚度矩阵并引进修正刚度矩阵，对悬索桥按平面构架进行分析。与此同时，Poskitt、Tezcan、Saafan 也相继发表了他们的研究成果，从此悬索桥的分析便步入了有限位移理论的时代。所谓有限位移理论是相对于微小位移理论而言的，在微小位移理论中，认为外力产生的变形不影响力的平衡；而在有限位移理论中，荷载的平衡状态是以变形后的结构状态为基础的。现代有限位移理论往往是通过有限单元法来实现的，故它可以处理任意形式的初始条件和边界问题，而不再需要挠度理论中的那些假设。因此，采用有限位移理论进行分析时，对所分析的对象可以采用更符合实际的计算模型，其结果当然也就更加精确。Poskitt 法是专门用于悬索桥计算的理论，它只考虑竖直吊索的变形，而没有考虑主缆的水平位移及倾斜吊索的情况，其实质也就是基于挠度理论，把模型结构离散化，利用矩阵的方式以便于计算机求解。Tezcan 法与 Brotton 理论基本一致，Saafan 法则是一种较为完善和有影响力的构架有限位移理论，它将历来有争议的所有二次影响项也包括进去，对结构初始内力状态、吊索倾斜、伸长及塔的弯曲、伸缩等都加以考虑。

4. 各种理论的比较与应用

表 14-2 为上述各种计算理论的概略比较。微小变形理论是指包括轴力在内的构件内力按方向不变的假设来进行计算，线性的有限变形理论是指按方向有变化而轴力大小不变的假设来进行计算，轴力大小与方向均假设有变化时称为非线性有限变形理论，将截面内力作用于变形后的方向则被称为高度非线性的大变形理论。

表 14-2 悬索桥计算理论的概要比较

比较项目 理论名称	适用的悬索桥种类	变形大小	主缆轴力的考虑
弹性理论	加劲梁刚度较大的小跨度桥	微小变形	不考虑主缆的初期轴力
挠度理论	吊索竖直布置的大跨度桥	有限变形	主缆的水平分力为定值
有限位移理论	任意形状的大跨度桥	有限变形	主缆的水平分力也有变化

在一般情况下，采用线性关系的有限变形理论来进行计算已有足够的精度。例如在考虑加劲梁的弯矩时，采用线性关系的有限变形理论用影响线来求得的计算值，与在同一位置加载的大变形理论所得结果相比的误差在百分之几以内，并且该误差是偏于安全的。线性理论也考虑剪切变形，不足之处是误差比非线性理论的要大。

当活载产生的主缆轴力较大时（如主孔满跨布置活载时），对计算主缆拉力宜采用非线性有限变形理论，除此之外一般均为 2 次量值，基本上可以不考虑非线性关系。

当承受轴力的构件在与轴力成正交的方向发生有较大的变形时，一般宜采用大变形理论来进行计算，具体来说如：

① 架设过程中的悬索桥。

② 竖吊悬索桥（跨中及端部无短斜索时）在纵向作用荷载时。

③ 主缆体系作用有横向水平荷载时。

对各种悬索桥的计算理论，因人而异还可以有各种不同的子假设与计算技巧。我国青年学者陈仁福博士在他的《大跨悬索桥理论》专著中，对悬索桥的计算理论有比较丰富的论述与独到之处。

作为参考，表 14-3 为日本南北备赞大桥所用的悬索桥各种的分析图式。

表 14-3　南北备赞大桥所用的分析图式

图式名称	分析图式概要	说　明
平面桁架图式		加劲梁为桁架构件 • 正确评价上下弦的加载 • 剪切变形的评价 • 纵向的精密分析
立体桁架图式		与实桥一致的立体图式，但将主横桁架（横向连结系）用剪切刚度等价的桁架来代替 • 精密分析扭曲的影响 • 正确评价横向荷载 • 掌握加劲桁架梁的立体受力行为
平面杆图式		将加劲桁梁用刚度等价的杆构件来代替 • 将塔作为弹性支承体 • 决定面外荷载的加载图式
立体杆图式		将加劲桁架梁用刚度等价的杆构件来代替。将塔作为弹性支承体 • 扭曲荷载的加载 • 面外荷载的加载

14.2.2 悬索桥在横向荷载作用下的分析理论

1. 膜理论及其系列解法

横向膜理论将吊索比作连续膜，按连续体进行悬索桥的横向受力分析。横向膜理论最初是由莫伊赛夫（Moisseiff）和Lienhard提出的。这个理论认为加劲梁具有水平横向弯曲刚度，主缆也由于其内的初始拉力而能抵抗横向受力，分别推导关于主缆和加劲梁的水平挠曲基础微分方程，并针对由于加劲梁与主缆的横向水平位移的差异所产生的倾斜吊索拉力的水平分力，进一步导出该水平分力与悬索结构的恒载之间的平衡条件式，这三式即构成了膜理论的三个基础微分方程。

悬索桥在横向静风荷载作用下的受力计算有几种实用的计算方法，其中最早提出的是莫伊赛夫（Moisseiff）的均等分配法。该法假定从加劲梁传至主缆的荷载在全跨范围内一致，根据平衡方程及相容方程求解，它只适用于对跨度中点左右对称且均布满载的情况。在莫伊赛夫（Moisseiff）的弹性分配法中，通过假定一分配荷载进行试算来求满足主缆及加劲梁水平挠度的弹性方程以及两挠度之间相容方程的解。这种方法的计算结果是否收敛，以及精度如何，主要依赖于开始假定的横向荷载分布图式，而这在计算之前是未知的，所以这种方法并不实用。小松西村理论在考虑了横联剪切刚度，加劲梁除了发生水平弯曲还发生扭转及剪切的情况下，推导出结构的基础微分方程。在解方程时，假设未知数用三角级数展开，用平衡方程及相容方程来求三角级数的系数，计算的精度可由三角级数项数的增多来加以改善，是一种比较完善的实用计算理论。

2. 作为杆系结构的离散分析理论

后藤茂夫采用了古典力学的位移法来分析悬索桥的横向受力，用矩阵方程表示主缆节点处的平衡及加劲梁的三弯矩方程，所考虑的未知量只是主缆及加劲梁节点横向挠度，这个方法实际上也可看做是膜理论基础微分方程的差分离散。吉冢纯治采用矩阵位移法，以全部节点位移为未知量，把悬索桥当做有初始几何刚度的框架结构来求解，因而不受横向膜理论前提假定的局限，可适应悬索桥在结构细节及风载方面的任意变化。

14.3 悬索桥施工至成桥状态的分析

悬索桥的施工通常包括索塔、锚碇施工、猫道架设、索鞍安装、主缆架设及整形索夹及吊索安装、加劲梁吊装、桥面系及防护施工等。悬索桥不但要经过一个相当复杂的施工过程才能形成，而且其工序间顺序性很强，并互相关联，如何对表征结构状态的各工序下的控制参数进行跟踪监测、调整、控制，确保施工过程安全和成桥后的结构实际状态尽可能符合设计理想状态这一施工控制问题是人们颇为关注的问题，它是悬索桥成功建设的关键技术之一。

与其他桥梁相比，悬索桥在施工过程中的结构几何形状较难控制和管理，容易产生各种施工误差。另外，由于悬索桥施工方法和过程的特殊性，在施工阶段，悬索桥结构容易出现结构的不稳定和结构构件应力的超限。

14.3.1 施工控制原则

为使悬索桥建成后其加劲梁和主缆都能达到设计线形,就需要在整个施工中进行严格控制。其控制原则,主要有以下几个方面。

1. 对主缆的施工控制

主缆施工中应作如下控制。

① 让主缆内各钢丝均匀受力的控制。不论主缆是采用空中架设线法架设,还是采用预制绳股法架设,主缆内各钢丝受力都要均匀,这是施工控制工作的一个原则要求。而对于预制绳股法更需要注意:同一绳股进入鞍座槽路前,应将锚头稍微顶高,使主缆处于自由悬挂状态,量测其中点的矢高,进行调股,这样若各股矢高调得相等,各股长度就会相等,各丝才能均匀受力。

② 调股的控制。这点在主缆的架设中已介绍过。只有将股缆主跨和边跨的矢高调到要求,并使股缆两端位置固定,才能将其落入主鞍座。只有进行严格控制,才能使悬索桥进入恒载状态,主鞍座的位置才会完全与设计位置相等。

③ 架设中长度的控制。因为股缆一旦架落在主鞍座后,其支承点的相对位置就不容许变动,所以主缆架设中应对其从锚到主鞍顶、从此一岸主鞍顶到另一岸主鞍顶、再从主鞍顶到锚的三段主缆长度不仅要精确定位,而且要严格控制。

④ 其他控制量测。架设股缆施工中和调股中,均应在夜间温度均匀时进行,量测股缆矢高和两塔顶主鞍位置,并应以主鞍位置值校正矢高实测值。

2. 对塔上主鞍座位置的控制

塔上主鞍座位置的控制在主缆架设中已介绍过。但这里还要强调一下,在悬索桥施工架设中,塔上主鞍座的控制是相当重要的。因为要使成桥的主鞍座位于其设计位置,在主缆架设时,就应该让主鞍座的空间位置(此时塔顶主鞍座相对于主跨主缆中点的水平距离)具有一个靠岸的偏移量。只有这样,在架梁过程中,随着梁段增加,主缆拉力增大,主缆长度增加,主鞍座才会进入设计位置,成桥的恒载状态才会符合设计要求。

3. 对梁段架设中的施工控制

如上所述,加劲梁梁段的架设是悬索桥施工的关键环节。所以,在悬索桥施工中应对梁段架设的方法和步骤作细致的计算和分析,并根据此架设计算作施工量测和控制。首先,架设计算的任务就是对加劲梁架设阶段的悬索桥进行结构分析,通过对不同架设方案的比较决定最合理的架设方案,以防止结构出现超限应力,同时给出结构的位移,为架设提供依据。当然,在梁段悬挂在主缆上后,对主缆线形的计算只是一个静力平衡问题。因为缆的长度为已知,各梁段的重量和吊点位置为已知,主缆的跨度可以实测,则主缆的几何线形完全可以计算出来。施工中,可以用这些实测值及矢高的测值等进行校核和控制。

14.3.2 施工控制及计算方法

下面对三跨悬索桥的架设调整方案和计算方法进行介绍。

1. 吊装调整方案

悬索桥的架设吊装首先是安装主缆，而主缆安装的关键在于塔顶索鞍的安装。在三跨悬索桥中，主缆支承在塔顶主鞍座上一般都是连续的。如前所述，在各个架设施工阶段，桥上的荷载是变化的，而不同荷载的作用，会使不同跨径内主缆的线性产生变化。因此，塔顶所受相邻跨径主缆的水平拉力也在变化，只有通过跨径和矢高的调整和控制，也就是索鞍位置的变控，才能得到新的平衡。

悬索桥的架设安装大致分三个阶段：

① 安装索鞍及主缆。此时主缆呈悬链线形状，因其自重较轻、索长较短、线形较高；

② 吊装加劲梁。此时主缆内力增大、缆索增长、线形下降，加劲梁吊装成形后，主缆呈抛物线形；

③ 铺装桥面系。桥面系铺装完成，也就是全部恒载已经形成，此时主缆已逐渐伸长至设计几何长度，线形达到设计的抛物线。

在全部恒载作用下，主、边跨的线形一般都是设计成以桥塔为中心的对称抛物线。这样，就可以保证塔顶主、边跨主缆的水平力相平衡，见图 14-2。

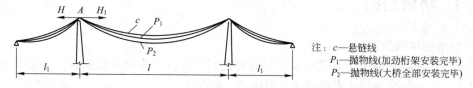

图 14-2 三跨悬索桥施工架设的三条主缆曲线

为了使主缆安装时，主、边跨主缆在塔顶的水平拉力相等，应在主缆安装时使塔顶主鞍座的中心向岸方向有一个适当的预偏量。这个预偏量主要是由于恒载没有加上时，桥塔左、右主缆线形不对称而引起的，它是三跨悬索桥吊装调整计算的关键。

2. 主鞍座预偏量计算

为推导三跨悬索桥鞍座预偏量的计算式，首先从悬链线和抛物线的基本特性出发，通过幂级数展开，分别建立主、边跨主缆拉力与其跨度、索长的关系式。然后，以塔顶主、边跨主缆水平拉力互相平衡为依据，建立平衡方程，得到以悬索桥跨径为未知量的五次方程式。分别解出悬链线桥跨 l_C 及全恒载情况下抛物线桥跨 l_A 后，即可按下式算得鞍座预偏量。

$$\Delta = \frac{1}{2}(l_C - l_A)$$

在求得鞍座预偏量后，即可建立线形曲线方程，进行悬索桥吊装调整计算，计算出每根吊索的调整数据。

3. 自由状态下主缆线形调整

如前所述，在主缆架设时，在自由状态下呈悬链线。其线形的调整靠主缆索长度的变化来调整，并由跨中垂度来控制。这时，只要拧紧锚碇拉杆的螺母，使主缆变短，就能使跨中垂度升高；相反，放松螺母，主缆变长，跨中垂度就下降。而垂度的控制，是由桥位下根据经纬仪测量的高程值进行的。

4. 恒载作用下主缆线形的调整

在恒载作用下，主缆呈抛物线时，它的二次导数是常数，另一个特点是各吊索的受力是一致的。因此，调整时可以采用如下两种方法：一是可以调整吊索的拉力，使各吊索受力一致；二是测主缆各吊点的中心高程，使各吊点的中心高程二次差相等。

而调整吊索拉力或调整各吊点中心高程都是靠调整吊索的长度进行的，当拧紧吊索调整螺杆上的螺母时，吊索变短，吊索拉力增大，该处主缆中心标高下降；反之，放松吊索调整螺杆螺母，吊索变长，吊索拉力减小，该处高程上升。

由于桥上某吊索受力（或吊点处主缆中心高程）调整，会影响到其他吊索，因而调整时要经过多次反复，而且每次调整量不能过大。一般不超过需要调整量的一半，另一半靠调附近的吊索时来自动完成。

14.4 索塔结构分析

14.4.1 桥塔结构

1. 桥塔的结构型式

悬索桥桥塔一般设计为柔性结构，其腹杆的组合形式，在塔的美观设计中起着重要作用。其常用的腹杆组合形式有桁架式、刚构式、组合式。

主缆在桥塔上的布置方式，有主缆中心与塔柱中心一致的直塔、主缆中心与塔柱中心偏心的直塔、主缆中心与塔柱中心一致的斜塔。

从材料上分类，悬索桥桥塔可设计成：石砌圬工塔、摆动式钢塔或下端固定钢塔、混凝土塔。下面介绍其设计中的考虑：

1) 石砌圬工塔

早期小跨度悬索桥的桥塔多采用石砌圬工塔。设计时，塔的下端总是固定的，塔顶上设置主鞍座，主鞍座上面是主缆。若设计中将主鞍座固定于塔顶，就会迫使主缆在鞍座上面滑动，而这一滑动会使主缆磨损。所以采用在鞍座下设置滚轴，并采取压紧措施，不让主缆在鞍座上滑动。采用石砌圬工塔的悬索桥，其最大跨度就是美国的布鲁克林（Brooklyn）桥，跨度为 284+488+284 (m)，塔高 74 m，建于 1883 年。

2) 摆动式钢塔

在 20 世纪的桥塔设计中，多用钢塔代替石砌圬工塔。初期，对于中小跨度悬索桥，设计中多采用摆动式钢塔。这是因为当塔顶主缆纵向位移时，塔身必然要承受弯矩，为了减轻塔身所受的弯矩值，可以在塔的下端设铰，并让塔顶鞍座固接于塔上。这样，主缆在塔顶的纵向位移，就可借塔的摆动来实现。且塔身所受的弯矩减小了，塔的用钢量也就省了。

3) 下端固定的钢塔

对于跨度超过 400 m 的大跨度悬索桥，由于桥塔所受的荷载大，若仍采用摆动式钢塔，随之而来的，一是其脚铰的造价及维修费用会大大增加，二是在施工阶段需要采用特殊的构造措施使塔的下端暂时同桥墩固接。这两个问题，随着跨度的增加很难既经济又合理的解决，所以目前所设计的大跨度悬索桥，其桥塔多采用下端固定的钢塔。

4)混凝土塔

1959年法国建成的坦卡维尔（Tancarville）桥，主跨608 m，桥塔为高124 m的钢筋混凝土塔。1981年英国建成的恒比尔河（Humber）桥，跨度为305＋1410＋530（m），桥塔为高155 m的钢筋混凝土塔。在跨度达3 500 m的意大利墨西拿海峡悬索桥的方案设计中，其桥塔亦设计为高400 m的钢筋混凝土塔。

2. 桥塔结构的断面型式

由于悬索桥桥塔顶受有很大的主缆作用力，则塔基部承受着巨大的弯矩和轴力。因此，桥塔设计时，塔顶断面和塔基断面都应作局部加强。又因塔基部在地震时和架设时，其自由直立状态下受风荷载作用会产生负反力，为此还需在塔基部设置锚碇螺栓。此外，在悬索桥桥塔的设计中，还必须根据风洞实验结果，用相应的减振装置，消除因风引起的振动。

一些长大跨度悬索桥桥塔设计的有关数据资料列于表14-4。

表14-4 长大跨度悬索桥桥塔结构参数

桥 名	国家	开工年月 竣工年月	主跨/m	桥塔结构型式	塔身高/m	塔身宽/m 底部 顺桥	塔身宽/m 底部 横桥	塔身宽/m 顶部 顺桥	塔身宽/m 顶部 横桥	横撑型式
乔治华盛顿桥	美国	1927.3 1931.10	1 067	底部固定柔性钢桁	170	17.07	14.48	11.43	11.05	水平2（下方拱状）
金门桥	美国	1933.1 1937.5	1 280	底部固定柔性刚构	210	13.89	7.49	7.49	3.23	水平7 X型2
旧金山奥克兰海湾桥	美国	1933.7 1936.11	705	底部固定柔性刚构	139	9.57	5.79	4.57	3.66	水平4 X型5
布朗克斯怀特斯通桥	美国	1937.6 1939.4	701	底部固定柔性刚构	106	5.49	4.88	3.66	4.88	水平2
塔科马旧桥	美国	1938.11 1940.6	853	底部固定柔性刚构	128	5.79	3.96	3.96	3.96	水平4
塔科马新桥	美国	1938.11 1950.10	853	底部固定柔性刚构	140	5.69	5.33	3.58	3.58	水平7 X型3
特拉华纪念二桥	美国	1948.7 1951.8	655	底部固定柔性刚构	127	6.1	4.57	4.11	4.57	水平2
瓦尔特惠特曼桥	美国	1953.8 1957.5	610	底部固定柔性刚构	105	6.71	4.88	4.27	3.66	水平2
麦基诺水道桥	美国	1954.5 1957.11	1 158	底部固定柔性刚构	156	9.3	7.62	4.57	4.42	水平4
坦卡维尔桥	法国	1956 1959.7	608	底部固定混凝土柱	123/121	4.65	6.55	4.65	3.05	水平1
福斯湾桥	英国	1958.8 1964.9	1 006	底部固定柔性刚构	149	7.32	2.9	5.49	2.9	水平2 X型5
维拉扎诺海峡桥	美国	1961.1 1961.11	1 298	底部固定柔性刚构	191	14.94	10.84	10.67	8.71	水平2
塞文桥	英国	1961.5 1966.9	988	底部固定柔性刚构	135	5.18	3.66	5.18	2.9	水平3
萨拉扎桥（4月25日桥）	葡萄牙	1962.11 1966.8	1 013	底部固定柔性刚构	190	9.14	3.82	5.49	3.82	水平2 X型5

3. 桥塔的受力分析

1) 桥塔上的荷载

如上所述，长大跨度悬索桥的桥塔基部一般是设计成固定的，而塔顶由主缆系住，形成所谓可挠曲的塔。这时桥塔承受的荷载主要可分成两部分：一是直接作用于塔上的风、地震、温度等产生的各种组合荷载；二是由主缆、加劲梁等的自重及作用于悬索桥体系上的活载、温度、地震等所产生的各种组合荷载。后者通过主缆在塔顶作为竖直荷载作用，随着主缆的位移，塔顶也发生顺桥向的水平位移。另外，在塔的下部还有由加劲梁的反力作为竖直荷载的作用。

2) 桥塔的设计计算

悬索桥桥塔结构的设计计算包括：顺桥向桥塔结构的设计计算和横桥向桥塔结构的设计计算两部分。前者，一般用传递矩阵法进行计算；后者可用一般平面构架的有限变形理论来分析。总之，常用的计算模型如图 14-3 所示，设计计算框图如图 14-4 所示。

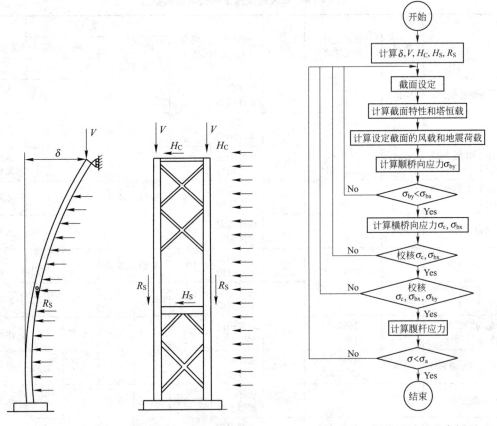

图 14-3 桥塔结构的设计模型　　图 14-4 桥塔设计的程序框图

按照图 14-4，一般悬索桥桥塔设计可按以下六步来做：

① 算出作用于塔的外力及其位移。此外力为通过主缆传到塔顶的竖直反力及加劲梁的反力；位移是指塔顶水平位移和加劲梁反力点的位移。整个计算是按照整个悬索桥体系结构，在各种荷载状态下进行的。

② 截面的拟定。充分考虑制造、运输和施工的方便，以刚度为大致标准拟定各部件的

截面和尺寸,在这一阶段中要对桥塔的各截面尺寸进行几次试算。

③ 塔顶和塔基的加劲。根据拟定的截面算出塔的恒载和风、地震荷载,算出这些全部外力后,据此对塔顶和塔基截面加劲并检算。

④ 对桥塔截面应力和桥塔屈曲进行检算。首先根据顺桥向的应力 σ_c(轴向压应力)和 σ_{by}(弯曲压应力)的计算,并按照荷载组合考虑容许应力的增额来检算各截面的应力。其次根据横桥向的应力 σ_c 和 σ_{by}(横桥向弯曲压应力)的计算来检算桥塔横桥向截面。最后还要对顺桥及横桥两向的两轴弯曲应力及屈曲进行检算。对于具有腹杆桁架式桥塔,其顺桥向应力所占比例较大,一般应先检算该方向的应力。

⑤ 检算腹杆截面。根据算出的腹杆应力,检算腹杆截面。当腹杆截面不够时,一般采用对横桥向截面反复试算。

⑥ 承载力检算。最后检算桥塔的承载力,确保其不会被毁坏。

14.4.2 缆索结构

1. 主缆的结构

早期,在欧洲和美洲,悬索桥的主缆曾采用过眼杆,其主要优点是可以适应缆力沿桥变化而改变截面,用料经济。1931年,在巴西建成的佛罗里亚诺波利斯(Florianopolis)桥,是跨度为 129+340+129(m)的悬索桥,其主缆中段和加劲梁上弦合成一体,其经济性更加明显。随后,美国也曾经修建几座这种样式的悬索桥。但这种用眼杆作主缆的悬索桥有一致命弱点,那就是某一眼杆其净截面裂通会导致全桥破坏、甚至坠毁。所以,随着工业技术的发展,悬索桥主缆多采用抗拉强度和疲劳强度更高的钢丝。此时,为了施工方便,中、小跨度悬索桥多使用钢绞线。但是,钢绞线的弹模低,使得桥的变形增大;且钢绞线作主缆时不易按设计截面形状压紧、也难采取有效的防腐措施。所以,大跨悬索桥主缆又多采用平行钢丝来制作。

1)主缆的材料

在设计悬索桥时,其主缆材料要求的条件可按以下考虑:① 材料单位有效面积的抗拉强度大;② 材料拉伸的延伸率小;③ 材料弹性模量大;④ 材料截面密度大;⑤ 材料疲劳强度高、徐变小;⑥ 方便主缆制作;⑦ 制成主缆后其锚固和防锈容易;⑧ 材料价格便宜。以上8条要求,可随各桥的具体情况和重要程度而异,所以在悬索桥主缆设计中必须综合地考虑。

2)主缆的类型

目前,在悬索桥主缆的设计中,多是根据上述材料要求条件而选择主缆的类型。而主缆类型主要有如下两类:① 钢丝绳主缆,多用于中、小跨悬索桥中,它又分为钢绞线绳和螺旋钢丝绳(Spiral rope 又简称 SPR)、封闭式钢绞线索(Locked coil rope 又简称 LCR);② 平行丝股主缆,主要用于大跨悬索桥,根据制作方法分为空中绕线法的平行丝股主缆(Air spinning method 又简称 AS)和预制丝股法平行丝股主缆(Shop-fabricabled parallel wire strand method 又简称 PWS 或 PS)两种。

一些悬索桥主缆设计参数可以从其他的设计手册上查到。一般来说,钢丝绳主缆仅用于 600 m 以下跨度的悬索桥,而平行丝股主缆用于跨度在 400 m 以上的悬索桥。当悬索桥跨度在 400~600 m 范围,钢丝绳主缆和平行丝股主缆两者的经济性基本相同。设计中可根据其具体情况考虑采用。

3) 主缆的结构型式

大多数悬索桥都采用双面主缆，但也有单面主缆者。至于主缆的根数，一般是一侧布置一根。但因主缆太粗、架设困难或者工期限制等原因，也有一侧用两根主缆的设计。若在桥的每侧都用两根主缆，并且两主缆在立面的几何形状不同，这就称为复式主缆。它以跨中为界，一缆的曲率在跨中的这一侧较大，在另一侧较小；而另一缆的曲率分布就和它相反。这样，当单跨加活载时，在该半跨中曲率较大的那一根主缆当承担较大活载时，这就有利于减小挠度，并减小加劲梁的弯矩。这对大跨悬索桥尤为重要。

如上所述，目前悬索桥主缆设计多采用平行丝股，而根据其制作方法的不同分成预制丝股（PWS）和空中绕线（AS）两种。对有隧道式锚碇墩的或特大跨的悬索桥，采用空中绕线法或许更为有利。

悬索桥主缆丝股外形多按六角形配置，一般有尖顶型和平顶型两种，见图14-5。

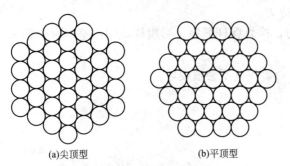

图14-5 悬索桥主缆丝股排列型式

2. 主缆的设计

1) 主缆几何线形的确定

（1）主缆矢跨比的选择

悬索桥主缆的矢跨比直接影响悬索桥的整体刚度。选择较小的矢跨比有利于提高全桥的刚度，但会相应增大主缆的拉力，从而有可能使得同一荷载条件下的主缆面积需相应增大。一般情况下悬索桥的矢跨比在 $1:9 \sim 1:10$ 左右。

（2）主缆的成桥线形计算

主缆成桥线形的几何计算，首先依据桥梁的纵断面线形，求出控制主缆几何线形基本点的位置，计算图示见图14-6。

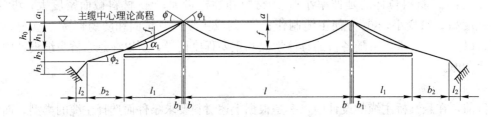

图14-6 主缆几何线形的计算图示

先求边跨矢高 f_1，根据主缆在塔顶处恒载水平拉力相等可以得出：

$$f_1 = \frac{w_1 g l_1^2}{w g l^2} f \approx \frac{l_1^2 f}{l^2} \quad (w, w_1 \text{为中边跨恒载集度})$$

$$a = b \tan \phi$$

塔顶主缆中心线理论高程：

$$h_0 = (\text{跨中主缆中心线高程} + a + f) - \text{岸侧跨端主缆中心线高程}$$

$$a_1 = \frac{b_1}{l_1+b_1}(h_0+4f_1)$$

$$h_1 = h_0 - a_1$$

$$\tan\alpha_1 = h_1/l_1$$

$$\tan\phi_1 = \tan\alpha_1 + 4f_1/l_1$$

$$\tan\phi_2 = \tan\alpha_1 - 4f_1/l_1$$

散索鞍座主缆中心线高程：岸侧跨端主缆中心线高程$-b_2 \cdot \tan\phi_2$

至此，控制主缆几何线型的基本点均已确定，再根据锚碇方式就可以确定h_3、l_2 等数值。

2) 主缆截面设计

架设主缆设计成由 10 010 根 $\phi 5$ mm 的镀锌高强度钢丝组成，其设计面积为$A_C =$ 0.196 5 mm^2。10 010 根钢丝分成 110 股平行钢丝束，每束 91 根钢丝。主缆架设时，先将 110 股预制平行钢丝束编排成六角形截面，再挤成圆形。截面挤紧的空隙率在一般部位按20%考虑，其相应的外径为 570 mm 左右，在安装索夹的部位由于索夹的紧固作用，空隙率将压缩至 18% 左右，此处主缆的外径约为 560 mm，见图 14-7。

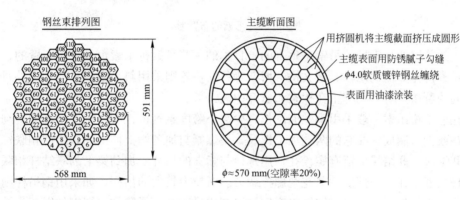

图 14-7 主缆截面设计

每股预制的平行钢丝束由 91 根直径为 5.1 mm 的镀锌钢丝组成六角形截面，见图 14-8。这样设计的截面具有截面紧凑、几何稳定性好、便于编束定位和方便施工等优点。为保持预制平行钢丝束的截面形状，沿长度方向每隔 1.5 m 用特殊纤维强力胶带将钢丝束包扎定型。

如图 14-8 所示，在六角形截面的右上角设有一根喷涂红色油漆的观察钢丝，其作用是在制作和架设钢丝束过程中用以观察、辨别钢丝束是否发生扭转。在截面的左上角设有一根标准长度钢丝，此钢丝是每股预制平行钢丝束下料长度和标涂各标记点（如塔顶鞍座中心、跨中中点等部位）的依据，它是预先将钢丝展开伸直并通过精密测量刻记后制成的。根据国外的有关规定，标准长度钢丝的长度误差应小于 1/36 000。

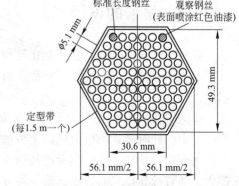

图 14-8 平行钢丝束截面

3) 钢丝束无应力长度的计算

钢丝束无应力长度系指钢丝束两端锚头前支撑面间无应力状态下的长度,此长度计算准确与否直接关系到悬索桥主缆几何线形的精确程度。

钢丝束无应力长度的计算以成桥状态下标准温度为 20 ℃时,主缆的设计几何线形为依据,先求出成桥状态下主缆钢丝束的几何长度,然后扣除一、二期恒载作用下主缆钢丝束产生的弹性伸长量,从而得到自由悬挂状态下的悬链线长度,此长度再扣除由钢丝束自重产生的弹性伸长量,即可得到钢丝束的无应力长度。

14.4.3 吊索的结构

悬索桥吊索的立面布置一般有垂直布置和斜向布置两种形式,见图 14-9。

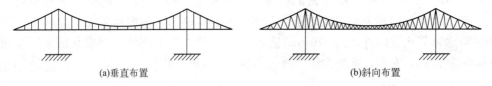

(a)垂直布置　　　　　　　　　　(b)斜向布置

图 14-9 吊索的布置形式

传统的美国式悬索桥的吊索是垂直的,日本的一些悬索桥吊索也是垂直布置的,而欧洲的一些悬索桥比如恒比尔桥、塞文桥、博斯普鲁斯桥等则采用斜吊索。目前,国外对斜吊索存在不同的看法,对其利弊正在探索和研究中。

现在悬索桥吊索一般采用钢丝绳制作,少数小跨度悬索桥也有用刚性吊杆的。刚性吊杆是由圆钢或钢管制成,在它的两端加工螺纹,用螺帽与加劲梁上伸出的联结件相联;或是两端焊上联结块,联结块上留有螺栓孔,用螺栓与索夹的吊耳及加劲梁上的联结杆相联。为了调整吊杆长度,在其中部加一节花兰螺栓调节。对拉力较大的吊杆,如采用钢吊杆则截面过大,构造上不好处理,一般采用高强度钢丝绳制成吊索。为了联结,把钢丝绳两头散开伸入联结套筒,浇入合金使钢丝绳与套筒联结成整体而形成锚头。吊索的上端通过套筒与吊索的吊耳联结,吊索下端通过套筒与调整眼杆联结,眼杆通过联结件与加劲梁联结。

现代长大悬索桥吊索与索夹的联结方式可分为倒 U 骑挂式和铰接式两种。

14.4.4 吊索的设计

悬索桥吊索因活载、温度变化等所引起拉力的计算方法可分为以下两种。

① 传统式的计算方法。不考虑加劲梁的活载分配效应,局部荷载仅由局部的吊索承受。

② 考虑加劲梁的荷载分配效应。即依靠加劲梁刚度将局部荷载传递给左右邻近的吊索,共同受力,此时吊索的拉力可由全桥整体解析得出。

由于第一种计算方法不考虑加劲主梁的荷载分配效应,因而计算出的吊索设计拉力往往偏大。随着计算技术的进步,第一种方法逐渐被第二种方法所代替。日本本四公团的《吊索设计要领(案)》中明确规定吊索的设计拉力应考虑加劲梁的荷载分配效应,即规定按第二种方法设计。

经荷载组合的筛选，确定吊索拉力的设计荷载组合为：恒载＋活载＋温度效应＋吊索制造误差＋吊索架设误差＋弯曲二次应力。吊索的截面设计受此种荷载组合的控制，同时保证有一定的安全储备。

14.5 预应力混凝土悬索桥的工程实例

下面我们以江阴长江公路大桥为例进行说明。

14.5.1 概述

江阴长江公路大桥跨越长江，位于江苏省中部，是同江到三亚沿海高速公路和京沪高速公路两条国家主干线共线后的越江工程。它不仅是华东地区一条十分重要的南北主干线的通道，也是江苏南北两地共同发展经济的重要桥梁。它是双向各三车道的高速公路桥，桥面净宽 29.5 m。长江下游的航运十分繁忙，而所选的桥位又正好是该段河流最窄处，江面宽仅 1.4 km，从维持河势稳定、不影响泄洪和通航出发，选用了一跨过江的悬索桥方案，主跨为 1 385 m。为了防止船舶撞击桥墩，南塔布设在岸边，北塔布设在最大水深 3 m 的浅滩上，通航净高为 50 m（图 14-10）保证了五万吨级海轮的通航。

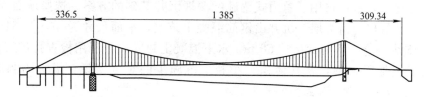

图 14-10 江阴长江公路大桥桥型图（尺寸单位：m）

该桥于 1994 年 11 月 22 日开工，1999 年 9 月 28 日通车，投资 28.3 亿元，是世界上工期较短、投资较省的一座 km 以上跨度悬索桥。

该桥主桥桥跨布置为 336.5 m＋1 385 m＋309.34 m，主跨为带风嘴的钢箱梁，两边跨是与钢箱梁等高的预应力混凝土连续箱梁。北岸引桥长 1 190 m，由预应力混凝土简支梁组成，南岸引桥由利用山体的道路和预应力混凝土高架桥组成。设计车辆荷载为汽车超-20级，挂车-300，考虑多车道折减等因素，六车道按 40 kN/m 计算。利用风嘴作为检修道的人群荷载为 3.15 kN/m，设计风速达 40.8 m/s，地震基本烈度为Ⅵ度。

14.5.2 桥塔

本桥的桥塔采用混凝土刚构式塔架，南北塔架高 186 m 和 183 m，每个塔由两个单箱双室钢筋混凝土的塔柱和三道预应力混凝土横梁组成。采用爬模施工，每个桥塔的混凝土用量达 19 000 m³，工期为 7 个月。南塔基础置于层面向江中倾斜的砂岩上，为了加大基础的稳定性，采用 34 根直径 3 m 的嵌岩钻孔灌注桩，把力传到深层中去。而且对桩的上端 10 m 采取了桩壁和岩体的隔离措施，防止岩体产生的附加水平力作用到桩上来。北塔处的覆盖层厚达 80 m，而且土质较松软，北塔采用了嵌岩钻孔灌注桩群桩基础，平均桩长 85 m，直径 2 m，由 96 根桩组成。采用最小桩距布置，无补桩的位置，要求 100% 的成功率，同时要求倾斜率为 1/200，施工中全部达到。

14.5.3 锚碇

南锚碇位于山体上，由于岩石节理比较发育，锚碇采用重力式嵌岩锚。锚体表面做成带齿坎的斜面，以增大抗滑力，减少混凝土的用量。南锚结构混凝土用量为 58 065 m³，回填基坑混凝土用量为 64 000 m³。

北锚碇的地质条件较差，地表以下 20 m 范围内是淤泥质亚粘土与松散亚砂土、粉砂互层，呈饱和状态，高压缩性，承载力低；埋深 20～40 m 范围为亚砂与亚粘土互层和粉细砂，由松散向中密到密实发展；再下 10 m 范围主要是硬塑或半坚硬的粉质粘土层并夹有粉细砂层；埋深在 50 m 以下为密实的细砂，含砾中粗砂层并含有少量的结核。到达风化的灰岩面埋深在 78～86 m 之间。而承压水层分别在 0～−20 m、−20 m～−50 m 以下两层，承压水与长江水是连通的。两层承压水之间由粉质粘土层为隔水层。而北锚碇要受到主缆传来的 640 MN 的缆力（分解后为 550 MN 的水平分力和竖直向上的 270 MN 上拔力），要把这个力有效地传给地基，并使沉降和水平位移限制在容许值以内，以保证控制全桥的变位。通过多方案的比较，最终选用了重力式锚碇配深埋沉井基础的方案。选择地面 50 m 以下紧密含砾中粗砂层作为持力层。沉井由钢筋混凝土筑成，平面尺寸为 69 m×51 m，井内分为 6×6＝36 个隔仓，下沉深度达 58 m。水下混凝土封底后，利用检查孔进行高压水泥浆劈裂灌浆工艺加固地基，就其体积大小和下沉施工的难度来说，堪称为当时的世界第一。

北锚沉井是一个主要依靠自重克服摩阻力下沉的重型钢筋混凝土沉井。在施工中，采用砂桩和砂垫层加固上层土，以便第一、二节沉井制作，及在下沉时对于不同的地质水文条件，采用不同的施工方法。在地表以下 30 m 范围内，由于土质较松软，承压水量不是很大，采用了强大的井点排水系统，使地下水位降到施工时的沉井底部，便于人下去用高压水泵冲泥和泥浆泵吸泥。由于采用这样的排水下沉方法，看得见、速度快、易控制、造价低，使沉井均匀下沉，形成了一个良好的下沉路径。这一阶段施工偏位小于 4 cm，扭角仅 20″，平均每天下沉 54.6 cm。对余下的 28 m，由于承压水与长江相通，地下水量丰富，井壁结构强度有限，不可能再用井点排水办法降低地下水位，故只能用不排水下沉的办法。取土的方法采用了空气吸泥法，即用高压射水枪和空气吸泥器组合成一个空气吸泥机。对于硬粘土在吸泥机上还增加两个潜水钻以帮助破坏硬土层，或者增加水平射水枪，破坏刃脚和隔墙下的土体加快下沉；对于砂土以吸为主，对于粘土以冲为主。由于在较深的水中，用较大的供气量，压差大，吸泥效果良好。在沉井的格舱上布置有可移动的龙门吊，使空气吸泥机能在任何位置上吸泥，及时纠偏，避免出现大的偏差，以防止沉井平面位移。不论是用排水还是不排水下沉，沉井面和泥面间布置测压力计和刃口反力计进行测量。对于这样大的沉井及时调整吸泥机位置和吸泥量,就能使沉井平衡下沉。在下沉到最后 1 m 时,由于阻力很大,而且还要控制下沉速度,调整沉井的位置和高差。采用局部和分批开动空气幕的办法纠正偏差,时间很短,可以很快地下沉到设计高程,顶面中心总偏差 9.9 cm,扭转 7′53″。平均每天下沉 15.6 cm,沉井施工总耗时 20 个月,挖土 20.6 万立方米,浇注混凝土共 10.4 万立方米。

江阴大桥北锚碇是巨型沉井,坐落在紧密的砂砾层上,由于在有偏心的自重和在主缆传来的巨大拉力作用下,沉井在整个施工和运营期受力不断地变化。在这些荷载作用下,沉井地基产生不均匀的压力,使沉井有不均匀的沉降。沉井上的锚碇是偏在后方(北侧),以便产生很大的抗倾力矩抵抗主缆传来的巨大的倾覆力矩。在主缆架设以前,沉井易向后倾。为了减少后倾,在锚碇后缘 5 m 的混凝土暂不浇注,待加劲梁架设以后再浇注这部分锚体。为了监控北锚及沉井基础的变位和稳定,在沉井顶面四个角点和鞍部顶面各布置了 4 个监测点。从锚体浇注完成到架设主缆前这四个多月时间内沉井北侧下沉 19.9 mm,南侧下沉 6.8 mm,南北方向沉降差 14 mm;当主缆架设完毕后,沉井沉降南侧大于北侧,不均匀沉降约 4 mm;在加劲梁节段架设过程中不均匀沉降继续在扩大。从架缆开始到运行后一年来,锚碇顶处的散索鞍向河方向总位移 48 mm,而且在下一年的位移仅 2 mm,已趋于稳定。位移值远小于设计允许总值 149 mm 的要求。

14.5.4 缆索

江阴桥的主缆由平行高强度镀锌钢丝组成,钢丝直径为 5.35 mm,抗拉强度为 1 600 MPa,每根主缆中跨由 169 股、每股 127 根钢丝组成,边跨各增加 8 股背索。中跨主缆直径达 864 mm,垂跨比为 1/10.5。两根主缆间距 32.5 m,吊杆由平行高强镀锌钢丝束股和钢丝绳组成,间距 16 m,上、下销接于索夹和钢箱梁上。

在主缆索股架设时必须事先架设一个平行于主缆轴线的空中人行天桥—猫道。每个猫道由作为走道索的 6 根 ϕ38 mm 钢丝绳和为扶手索的两根 ϕ32 mm 钢丝绳,作为行走和防护作用的钢筋网片和木楞所组成,并布置有抗风索和横向通道。

主缆架设的质量控制除了要求达到设计线形外,还要求钢丝平直和排列紧密。在施工中严格要求索股不扭转、不鼓丝、不弯折、不交叉。为了减少或避免索股扭转,将滚轮宽度减小和它的侧壁做陡,同时也在索股上安装鱼雷形夹具,插入钢棒后人可以控制它的转动。为了减少内圈索股在钢索盘上的松弛,又在钢索盘上增加了索股锚头"紧索器";为了减小索股的牵引力,不仅要减少滚轮与滑轮组之间的摩擦力,还要注意滚轮的间距不宜过大,以控制索股下垂。

为了克服鼓丝和弯折,在进入鞍槽前每根索股架设要进行整形,特别要求在跨中和接近鞍座处的地方必须达到正六边形,使钢丝保持平顺无弯折和索股之间排列紧密,以使主缆在紧缆以后的孔隙率全桥平均达 16.6%,低于设计要求的 18%,超过了国际水平。主缆孔隙率小,意味着钢丝交叉、扭转少、受力均匀的保证性高,桥面铺装后主缆可收缩量也小,有利于超前缠丝。主缆紧缆后用钢带扎紧,索夹固定好,表面涂有腻子并用 ϕ4 mm 钢丝横向缠紧,在其表面涂有五层油漆,以防钢丝锈蚀。主缆缠丝防护腻子和防护油漆应特别注意各层油漆性能的配合和相容性。

为了防止主缆上的雨水沿主缆渗入储室内,还专门设计了一个倒扣的装置,隔断了水路。

14.5.5 加劲梁

加劲梁为扁平闭合箱型断面,如图 14-11 所示。断面选择通过节段风洞试验确定。梁体宽 32.5 m,梁高 3.02 m,高宽比为 1/10.7。加上悬挑的风嘴总宽 36.9 m,具有充分的气动安全性。

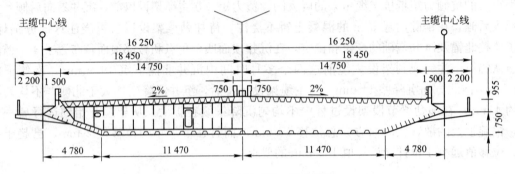

图 14-11 钢箱梁断面图（尺寸单位：mm）

钢箱梁的面板为正交异性板,钢箱梁面上铺有 48 mm 厚的沥青混凝土路面。以上措施都是为了减轻箱梁的重量,以减少主缆对锚碇的水平拉力。因为北锚碇的基础是在土基上,需尽可能减少它的负担。

江阴大桥的吊杆间距为 16 m,虽然设计时分为 87 个节段,但施工中有足够大的起吊能力和运输能力,把标准节段长改为 32 m,共 44 节段,每节段重 450 t。每节钢箱梁有四个吊点,十分平稳。这样减少起吊后高空焊接的工作量约 1/2,既加快了施工速度,也更容易保证质量。

钢箱梁的制作是采用工厂预制顶底板与横隔板的加劲板单元和风嘴的角单元,然后水运到离桥位不到 1 km 的拼装场胎架上进行组拼,这样保证了钢箱梁在高空焊接时吻合性好,运输变形小。板单元的制作都用自动焊接的流水线,在板的胎架上考虑了焊接变形设有预拱度。

风嘴角单元现场焊接困难,需在工厂设有预变形的专制模具上进行。

胎架制作时,按桥面竖曲线的要求预设了拱度;在胎架上拼装的时候,预留了高空焊接的收缩量,考虑了吊装后控制桥面线形和吊杆间距,在钢箱梁上设置了临时连接的匹配件,以保证在吊装以后,连接这些匹配件基本上能达到桥面线形的要求。在钢箱梁拼装完成移到堆放场时,把桥上的栏杆护手、护栏、电缆桥架和除湿系统等附属设施全部安装好,既减少了空中作业的麻烦,又保证了安全。钢箱梁吊装采用了骑跨在主缆上的吊机起吊,用驳船运送箱梁节段的方法。在梁段起吊初期,相邻节段仅在上缘用临时连接件连接,下口张开。在吊装过程中,主缆线形逐步趋于成桥线形,下口逐步合拢。吊装 2/3 的节段以后,梁段下缘会顶紧,并在底板装焊压紧装置以免梁段接口受压变形。对于靠岸的三个节段,由于水浅不能直接起吊,采用拖动方法吊装。

从钢箱梁吊装和焊接直到桥面铺装，不断地对索夹螺栓的轴力进行复测，当轴力小于设计轴力70%时应及时补紧，使索夹轴力始终保持设计的轴力。

14.5.6 钢桥面上的桥面铺装

在钢桥顶面上必须用铺装来保护桥面免受车辆荷载的冲击、雨水和气象灾害，还对保证车辆的行车舒适性起了重要的作用。但是它也是桥梁上很重要的静荷载。在江阴大桥设计中，为了进一步减轻自重，减少对北锚碇的压力，参考了香港青马大桥，采用了48 mm厚的浇注式沥青混凝土作为铺装层。浇注式沥青混凝土（沥青玛碲脂），是一次摊铺，表面摊铺包裹了沥青粒径为14 mm的石子碾压成型，以保证表面粗糙度。在其下各层分别是作为防水层（厚1.5 mm～2.5 mm）的沥青橡胶基层，由可溶性橡胶沥青组成的粘结底层和在钢板面上用环氧富锌漆涂装的防锈层。钢桥面的沥青混凝土铺装要解决高温稳定性、低温抗裂性、常温抗疲劳和各层粘接力问题。用这种方法在钢桥面上进行桥面铺装也是一种尝试，还有待于时间和运营的考验后才能做出结论。

习　　题

一、填空题

1. 预应力混凝土悬索桥上部结构的主要构件为_____、_____、_____，其次还有吊索、_____、索夹等。

2. 预应力混凝土悬索桥的索夹以_____的形式紧固在主缆上。

3. 预应力混凝土悬索桥加劲梁的主要功能是_____。

4. 预应力混凝土悬索桥主缆的锚固体系通常有_____和_____两种。

5. _____是预应力混凝土悬索桥设计计算中最为重要的内容，也是主要构件设计的最主要依据。

6. 预应力混凝土悬索桥的施工通常包括索塔、_____、猫道架设、_____、_____、加劲梁吊装、_____等。

7. 与其它桥梁相比，预应力混凝土悬索桥在施工过程中的_____较难控制和管理，容易产生施工误差。

8. 预应力混凝土悬索桥的桥塔一般设计为柔性结构，其常用的腹杆组合形式有_____、_____、_____。

9. 从材料上分类，预应力混凝土悬索桥的桥塔可设计成：_____、_____、_____。

10. 对预应力混凝土悬索桥来说，当桥塔基部设计成固定的时候，桥塔承受的荷载主要可分为_____、_____两部分。

11. 预应力混凝土悬索桥主缆的类型主要有_____、_____两大类。

12. 目前预应力混凝土悬索桥主缆设计采用平行丝股，而根据其制作方法的不同分成_____、_____两种。

13. 预应力混凝土悬索桥吊索的立面布置一般由_____、_____两种形式。

二、简答题

1. 什么是预应力混凝土悬索桥计算中的弹性理论？它有什么特点？
2. 预应力混凝土悬索桥挠度理论中的计算假定有哪些？为何挠度理论不适合用计算机来求解？
3. 什么是预应力混凝土悬索桥的有限位移理论？试比较弹性理论、挠度理论和有限位移理论。
4. 预应力混凝土悬索桥在横向荷载作用下的分析理论有哪些？并简要进行解释。
5. 预应力混凝土悬索桥的施工控制原则主要包括哪几个方面？
6. 预应力混凝土悬索桥的架设安装主要分为哪几个阶段？
7. 在自由状态和恒载作用下分别如何调整预应力混凝土悬索桥的主缆线形？
8. 一般的预应力混凝土悬索桥的桥塔设计分为哪些步骤？
9. 对预应力混凝土悬索桥主缆材料应考虑哪些内容？
10. 预应力混凝土悬索桥吊索的计算方法有哪些？各有何特点？

参考文献

[1] JTG D60—2004，公路桥涵设计通用规范（S）.
[2] JTG D62—2004，公路钢筋混凝土及预应力混凝土桥涵设计规范 [S].
[3] TB 10002.1—2005，铁路桥涵设计基本规范 [S].
[4] TB 10002.3—2005，铁路桥涵钢筋混凝土和预应力混凝土结构设计规范 [S].
[5] 宋玉普. 预应力混凝土桥梁结构 [M]. 北京：机械工业出版社，2007.
[6] 宋玉普. 新型预应力混凝土结构 [M]. 北京：机械工业出版社，2006.
[7] 吕志涛，孟少平. 现代预应力设计 [M]. 北京：中国建筑工业出版社，2000.
[8] 李国平. 桥梁预应力混凝土技术及设计原理 [M]. 北京：人民交通出版社，2004.
[9] 薛伟辰. 现代预应力结构设计 [M]. 北京：中国建筑工业出版社，2003.
[10] 徐雪. 混凝土桥 [M]. 北京：中国铁道出版社，2000.
[11] 裴伯永，盛兴旺. 桥梁工程 [M]. 北京：中国铁道出版社，2003.
[12] 熊学玉，黄鼎业. 预应力工程设计施工手册 [M]. 北京：中国建筑工业出版社，2003.
[13] 陶学康. 后张预应力混凝土设计手册 [M]. 北京：中国建筑工业出版社，1996.
[14] 林同炎. 预应力混凝土结构设计 [M]. 3版. 北京：中国铁道出版社，1983.
[15] 房贞政. 预应力结构理论与应用 [M]. 北京：中国建筑工业出版社，2005.
[16] 周志祥，范亮，吴海军. 预应力混凝土桥梁新技术：探索与实践 [M]. 北京：人民交通出版社，2005.
[17] 谢醒悔，韩选江，叶湘蕴. 现代预应力混凝土结构设计理论与应用 [M]. 北京：机械工业出版社，2007.
[18] 张树仁. 桥梁设计规范学习与应用讲评 [M]. 北京：人民交通出版社，2005.
[19] 范立础. 桥梁工程 [M]. 3版. 北京：人民交通出版社，1996.
[20] 熊学玉. 预应力结构原理与设计 [M]. 北京：中国建筑工业出版社，2004.
[21] 姚玲森. 桥梁工程 [M]. 北京：人民交通出版社，1995.
[22] 王承礼，徐名枢. 铁路桥梁 [M]. 北京：中国铁道出版社，1990.
[23] 邵旭东. 桥梁工程 [M]. 北京：人民交通出版社，2004.
[24] 邬晓光，邵新鹏，万振江. 刚架桥 [M]. 北京：人民交通出版社，2001.
[25] 马保林. 高墩大跨连续刚构桥 [M]. 北京：人民交通出版社，2001.
[26] 中国科学技术咨询服务中心预应力技术专家组，中国科学技术咨询服务中心预应力技术联络网. 预应力工程实例实用手册：桥梁结构篇 [M]. 北京：中国建筑工业出版社，1996.
[27] 刘士林. 斜拉桥 [M]. 北京：人民交通出版社，2002.
[28] 严国敏. 现代斜拉桥 [M]. 成都：西南交通大学出版社，1996.
[29] 严国敏. 现代悬索桥 [M]. 北京：人民交通出版社，2002.
[30] 陈仁福. 大跨度悬索桥理论 [M]. 成都：西南交通大学出版社，1994.

[31] 潘永仁. 悬索桥结构非线性分析理论与方法 [M]. 北京：人民交通出版社，2004.
[32] 向中富. 桥梁施工控制技术 [M]. 北京：人民交通出版社，2001.
[33] 铁道部大桥工程局桥梁科学研究所. 悬索桥 [M]. 北京：科学技术文献出版社，1996.
[34] 王文涛. 刚构—连续组合梁桥 [M]. 北京：人民交通出版社，1993.
[35] 陈天本. 桁式组合拱桥 [M]. 北京：人民交通出版社，2001.
[36] 顾安邦，孙国柱. 拱桥 [M]. 北京：人民交通出版社，2001.
[37] 朱尔玉，季文玉，冯东. 土木工程结构试验基础教程 [M]. 北京：中国科学技术出版社，2009.
[38] 朱尔玉，朱晓伟，贾英杰，等. 土木工程结构试验高级教程 [M]. 北京：中国科学技术出版社，2009.
[39] 朱尔玉. 铁路桥梁重力式桥墩极限状态设计和可靠性分析 [R]. 北京：北方交通大学，1996.
[40] 朱尔玉，李学民，周勇政，等. 一种扩大截面预应力孔道波纹管成孔装置 [P]. 中国专利：201010139649.3，2011-09-14.
[41] 朱尔玉，董德禄，蒋红根. 沥青基灌浆材料在预应力施工中的应用方法 [P]. 中国专利：20071017304303.2，2010-08-11.
[42] 朱尔玉，陈锐，杨永月. 混凝土地道桥施工中的预应力应用方法 [P]. 中国专利：200710122095.4，2010-06-02.
[43] 朱尔玉，董德禄，蒋红根. 用热缩材料对预应力锚具保护的方法 [P]. 中国专利：20071 0175404.4，2009-11-11.
[44] 朱尔玉，董德禄，蒋红根. 预应力孔道灌浆密实装置 [P]. 中国专利：200710178301.3，2009-09-02.
[45] 朱尔玉，娄运平. 一种混凝土养护被 [P]. 中国专利：00245771.7，2000-08-09.
[46] 党海军，朱尔玉. 35m预应力混凝土箱梁锚垫板张拉破坏事故分析与处理 [J]. 铁道建筑技术，2010 (4)：59-61.
[47] 张彩然，朱尔玉，程京甫. 不确定型AHP在单轨桥梁状态评估中的应用 [J]. 北京交通大学学报，2010，34 (6)：16-20.
[48] 周勇政，朱尔玉，李学民，等. 预制箱梁快速降温的措施及效果分析 [J]. 铁道建筑，2010 (7)：10-13.
[49] FENG GUO, ERYU ZHU, ZIYU GUO, et al. Superelevation Study of Monorail Transit Emergency Track Beam [A]. Key Technologies of Railway Engineering, High-speed Railway Heavy Haul Railway and Urban Rail Transit [C]. 2010：904-908.
[50] YUNKUN HUANG, ERYU ZHU, HAO WANG. The study on structure design and dynamic behaviour of emergency track beam [A]. Innovation & Sustainability of Modern Railway Proceedings of ISMR' 2008 [C]. 2008：94-99.
[51] 郭峰，朱尔玉，孙明璋. 桥梁震后加固措施的探讨 [J]. 铁道工程学报，2008 (12增刊)：221-227.
[52] 李秀敏，朱尔玉，刘磊. 跨座式单轨交通25m直线PC轨道梁静力抗弯试验 [J]. 铁

道建筑，2008（8）：19-21.

[53] 张洪伟，朱尔玉，王二伟. 大尺寸无粘结预应力压力管道受力分析［J］. 北京交通大学学报，2008，32（4）：116-119.

[54] 段海东，朱尔玉，徐刚. 单轨交通轨道梁的抗扭设计分析［J］. 铁道建筑，2008（2）：16-18.

[55] 陈锐，朱尔玉. 施加预应力对框架式混凝土地道桥的影响［J］. 铁道建筑，2007（12）：16-17.

[56] 林文泉，朱尔玉，孙玲. 一阶优化法在拱桥施工控制中的应用［J］. 北京交通大学学报，2007，31（4）：89-91.

[57] 江斌，朱尔玉，董德禄. 跨座式单轨交通预应力轨道梁的静载试验［J］. 都市快轨交通，2007，20（5）：67-69.

[58] 张彩然，吕晓寅，朱尔玉. 跨座式单轨交通系统中预弯钢-混简支组合梁的结构设计探讨［J］. 北京交通大学学报. 2006（30增刊）：258-262.

[59] 朱尔玉，刘椿，何立. 预应力混凝土桥梁腐蚀后的受力性能分析［J］. 中国安全科学学报，2006，16（2）：136-140.

[60] 朱晓伟. 预应力混凝土轨道梁张拉施工中的变形和应力［J］. 铁道建筑，2006（2）：13-14.

[61] 刘椿，朱尔玉，朱晓伟. 受腐蚀预应力混凝土桥梁病因分析［J］. 铁道建筑，2006（1）：33-35.

[62] 王春芝，朱英磊，朱尔玉. 铁路混凝土箱型梁现场蒸汽养生工艺探讨［J］. 铁道建筑，2006（1）：28-29.

[63] 朱晓伟，朱尔玉，杨庆山. 大跨连续刚构桥悬臂灌注施工线形控制分析［J］. 铁道建筑，2006（1）：20-21.

[64] ERYU ZHU. Stress Analysis and Experimental Verification on Corroded Prestressed Concrete Beam［A］. Key Engineering Materials［C］，2006：302-303，676-683.

[65] 刘宾，朱尔玉，周子云. 钢轨道梁的受力性能有限元分析［J］. 哈尔滨：哈尔滨工业大学学报，2005（12）：81-84.

[66] 刘椿，朱尔玉，朱晓伟. 受腐蚀预应力混凝土桥梁受力检算和试验验证［J］. 铁道建筑，2005（12）：1-3.

[67] 刘椿，朱尔玉，朱晓伟. 预应力混凝土桥梁的发展状况及其耐久性研究进展［J］. 铁道建筑，2005（11）：1-2.

[68] ERYU ZHU. Stress performance analysis on corroded prestressed concrete beam［A］. ISISS 2005：INNOVATION & SUSTAINABILITY OF STRUCTURES［C］，VOL 1-3，NOV 20-22，2005.

[69] 朱尔玉，林文泉，朱英磊. 从台湾高铁看混凝土桥梁预应力施加方式［A］. 铁路客运专线建设技术交流会论文集［C］. 武汉：长江出版社，2005：226-230.

[70] 徐刚，朱尔玉. PC轨道梁结构设计软件分析系统［A］. 城市单轨交通国际高级论坛论文集［C］. 北京：中国铁道出版社，2005：471-475.

[71] 董德禄，朱尔玉，赵永波. PC轨道梁桥设计中的问题和拟优化设计内容［A］. 城市

[72] 周子云,朱尔玉,吕晓寅.钢—混凝土预弯简支组合轨道梁结构设计探讨[A].城市单轨交通国际高级论坛论文集[C].北京:中国铁道出版社,2005:485-489.

[73] 朱尔玉,徐瑞龙,董德禄.PC轨道梁制造控制系统开发与应用[A].城市单轨交通国际高级论坛论文集[C].北京:中国铁道出版社,2005:489-493.

[74] 董德禄,朱尔玉.25m PC轨道直梁静动力试验研究[A].城市单轨交通国际高级论坛论文集[C].北京:中国铁道出版社,2005:498-503.

[75] 董德禄,朱尔玉.22m PC轨道曲梁静动力试验研究[A].城市单轨交通国际高级论坛论文集[C].北京:中国铁道出版社,2005:503-508.

[76] 孙玲,朱尔玉,林文泉.拱桥悬臂现浇施工中斜拉扣索的受力分析[J].工业建筑,2005,35(4).

[77] 周子云,朱尔玉,吕晓寅.钢—混凝土简支组合轨道梁的优化设计[J].铁道建筑,2004(11):17-19.

[78] 孙玲,朱尔玉,苏国明.钢筋混凝土拱桥悬臂现浇施工控制分析[J].铁道建筑,2004(11):26-27.

[79] ERYU ZHU. The Expansive Concrete and Its Application in Bridge Engineering [A]. International Conference on Advances in Concrete and Structures [C]. RILEM Publications S. A. R. L, Vol 1 and 2, 2003, 899-905.

[80] 徐瑞龙,许庆,朱尔玉.刚构桥悬浇施工所用新型挂篮的受力分析[J].黄河水利职业技术学院学报,2003,15(1):39-41.

[81] 许庆,朱尔玉,张文辉.桥梁施工过程的三维动画仿真技术[J].建设科技,2002(11):39-41.

[82] 朱尔玉,赵大宝.青藏铁路桥梁混凝土养护方法的探讨[A].青藏铁路学术研讨会论文集[C],2001:125-126.

[83] 朱英磊,朱尔玉.正交异性曲线桥的设计与施工[J].国外桥梁,2001(2):21-23.

[84] 朱英磊,朱尔玉.预应力技术在结构加固与改造工程中的应用[J].工业建筑,2001,31(3):73-74.

[85] BYUNG HWAN. Realistic Long-Term Prediction of Prestressed Forces in PSC Box Girder Bridges [J]. Journal of Structural Engineering, 2001(9):1109-1116.

[86] 朱尔玉,娄运平,刘昕.无粘结部分预应力混凝土叠合梁裂缝宽度计算的试验研究[J].水利学报,2000(5):12-16.

[87] 朱尔玉.使用荷载下无粘结部分预应力混凝土叠合梁裂缝控制[J].建筑结构,2000,30(1):19-21.

[88] 朱尔玉.无粘结部分预应力混凝土迭合梁变形计算研究[J].土木工程学报,1999,32(2):75-80.

[89] 朱尔玉,刘福胜.体外预应力混凝土的优越性和进展[J].山东水利专科学校学报,1999,11(1):4-6.

[90] Zhu Eryu, Liu Guohui, Yang Jianxin, et al. Experimental Research on Calculation Methods of Crack Width of Unbonded Partially Prestressed Concrete Composite

Beams [A]. Theories and Practices of Structural Engineering [C]. 1998: 345-356.

[91] 刘福胜,朱尔玉,王冰伟. 无粘结部分预应力混凝土迭合梁正截面承载力的试验研究],建筑结构,1998,28(7):22-24.

[92] 朱尔玉,刘福胜,王冰伟. 对无粘结部分预应力混凝土迭合梁变形计算方法的研究和探讨[J]. 水利学报,1997(10):10-17.